LA LEY DE SEPARACIÓN DE 1905 Y LA GÉNESIS DE LA IDEA DE LAICIDAD EN FRANCIA

ALEJANDRO TORRES GUTIÉRREZ
Catedrático de Universidad.
Departamento de Derecho Público.
Universidad Pública de Navarra.

LA LEY DE SEPARACIÓN DE 1905 Y LA GÉNESIS DE LA IDEA DE LAICIDAD EN FRANCIA

Dykinson, S. L.

Editorial DYKINSON, S.L. Meléndez Valdés, 61 - 28015 Madrid
Teléfono (+34) 91 544 28 46 - (+34) 91 544 28 69

e-mail: info@dykinson.com
http://www.dykinson.es
http://www.dykinson.com

Consejo editorial véase www.dykinson.com/quienessomos

ISBN: 978-84-9085-114-2
Depósito Legal: M-25181-2014

A María Bueyo,
que tanta felicidad ha traído a mi vida

ÍNDICE

INTRODUCCIÓN

Resulta imposible comprender el ordenamiento jurídico de un país sin conocer la evolución histórica que el mismo ha experimentado. Esta afirmación es especialmente atinada en lo que hace referencia al modelo francés de relaciones entre la Iglesia y el Estado, de modo que para poder captar su esencia se hace imprescindible conocer los hitos principales de dicha evolución, entre los que destaca muy significadamente la Ley de separación de 9 de diciembre de 1905, con la que se rompe definitivamente con el *galicanismo* concordatario napoleónico, pues ambos polos, Iglesia y Estado, comienzan una nueva andadura por separado.[1]

Surgida en el siglo XIX,[2] la idea de *laicidad* como todos los conceptos *lábiles* ha sufrido una profunda evolución en estos últimos cien años,

---

[1] ARECES PIÑOL, MARÍA TERESA. *Francia: Cien años de laicidad.* En: *Laicidad y Libertades. Escritos Jurídicos.* Número 5. Volumen I. Madrid. 2005. Página 63.

[2] BAUBÉROT entiende con GAUTHIER y NICOLET que la primera exposición sistemática del concepto se encuentra en el voluminoso trabajo de FERDINAND DE BUISSON, *Dictionnaire de pédagogie et d'instruction primaire,* aparecido entre 1880 y 1887. Considerado por PIERRE NORA como auténticas *masas de granito* y una verdadera *catedral de la escuela primaria* y por MAYEUR como la *Biblia de los inspectores y de los directores de la escuela normal.* BAUBÉROT, JEAN. *Laïcité 1905-2005, entre passion et raison.* Seuil. París. 2004. Página 14. Véase: GAUTHIER, G. y NICOLET, C. (Ed.) *La Laïcité en mémoire.* Édilif. 1987. Páginas 203 a 215. DARCOS, XAVIER. *L'Etat et les Églises. La question laïque.* Odile Jakob. París. 2006. Páginas 59 y 60. MAYEUR, FRANÇOISE. *Histoire générale de l'enseignement et de l'éducation en France . III.* Nouvelle Libraire de France. 1981. Página 545. NORA, PIERRE. *Le Dictionnaire de pédagogie de Ferdinand de Buisson, cathédrale de l'école primaire.* En: NORA, PIERRE. *Les Lieux de mémoire.* Tomo I. *La Répulique.* Gallinard. 1984. Página 353. Unas reflexiones especialmente interesantes del significado del principio de laicidad desde el punto de vista del derecho español actual se encuentran en: CASTRO JOVER, ADORACIÓN. *Laicidad y actividad positiva de los poderes públicos.* En: *Revista General de Derecho Canónico y Derecho Eclesiástico del Estado.* Número 3. Octubre de 2003. Iustel. 2003. Páginas 1 a 32. ROCA, MARÍA JOSÉ. *Laicidad del Estado y garantías en el ejercicio de la libertad: Dos caras*

hasta el punto que puede hacernos dudar si realmente estamos hablando de un único concepto, y es que para explicarnos con mayor propiedad, convendría distinguir en puridad entre los conceptos de *laicidad* y de *laicismo*. Comparten ambos la idea de separación entre la Iglesia y el Estado, pero se diferencian en que mientras que el primero aboga por un trato *neutral* de las creencias religiosas por parte del Estado, y de los poderes públicos en general, por el contrario, en el caso del segundo, se esconde un tratamiento hostil hacia el fenómeno religioso. *Laicidad* y *razón* serán las dos columnas sobre las que se asienta el Estado moderno.[3]

En Francia, la idea de *separación* tendrá un mayor peso que la de *neutralidad,* algo especialmente patente en el primer momento de elaboración y aplicación de la Ley,[4] aunque con el paso del tiempo este fenómeno acabará matizándose. Superada la tentación laicista consistente en una beligerante actitud *anticlerical*[5] que caracterizó a determinados sectores, concretamente los más extremistas del arco parlamentario republicano, la idea dominante en nuestros días es justamente la contraria, la de admitir el concepto de laicidad como elemento definidor del Estado, una idea que ha calado con tal fuerza en la sociedad, que forma parte de los caracteres que indiscutidamente definen a la República.

Entre tanto, salen a nuestro encuentro los grandes debates abiertos durante la III República, muy particularmente el régimen jurídico de las congregaciones religiosas y la cuestión escolar, con las leyes Falloux y Ferry, detrás de las cuales se esconde un planteamiento ideológico diverso, pero que resultan imprescindibles para entender la solución normativa dada al derecho a la educación y a la libertad de enseñanza, en el preciso momento histórico en el que se va a terminar por consolidar la enseñanza pública, gratuita, laica y obligatoria, una conquista llamada

---

de la misma moneda. En: *El Cronista del Estado Social y Democrático de Derecho. Marzo de 2009.* Iustel. 2009. Páginas 44 a 51. Un encuadre del modelo general francés dentro de los diferentes sistemas que ofrece el derecho comparado, lo encontramos en: CELADOR ANGÓN, ÓSCAR. *Religión y derechos Humanos.* En: *Historia de los Derechos Fundamentales*, Tomo IV, Vol. 1, Libro II. Dykinson. Madrid. 2013. Páginas 579 a 624.

[3] LLAMAZARES FERNÁNDEZ, DIONISIO. *Prólogo* a la obra: JAURÉS, JEAN. *Seamos laicos. Educación y laicidad.* Trama editorial. Madrid. 2011. Página 7.

[4] LLAMAZARES FERNÁNDEZ, DIONISIO. *Derecho de la Libertad de Conciencia. I. Libertad de conciencia y laicidad.* Thomson – Civitas. Madrid. 2007. Página 159.

[5] Un estudio sobre el anticlericalismo en Francia puede verse en: RÉMOND, RENÉ. *L'anticléricalisme en France de 1815 à nous jours*. Fayard. 1976.

a permanecer de forma indeleble en el modelo constitucional republicano, y que contribuirá decisivamente a la construcción de una sociedad francesa más justa y equitativa. El conocimiento de la génesis de la Ley nos obliga a adentrarnos en el de los actores políticos en escena, durante la III República. Parlamentarios como Briand, Combes, Clemenceau, Jaurés o Waldeck-Rousseau, con su fuerte personalidad, sus luces y sus sombras, son sencillamente irrepetibles.

Una de las claves de la Ley pasa por la determinación del régimen jurídico de las asociaciones cultuales contempladas en su artículo 4, a las que deberían transferirse los bienes muebles e inmuebles de los establecimientos públicos de culto de la época concordataria. Desde los sectores próximos a la Iglesia católica se temía qué podría acontecer con estas asociaciones, de las que el proyecto de Ley sólo decía que *serán legalmente formadas para el ejercicio del culto,* lo que suscitaba la angustia de quién estaría *detrás* de ellas. La tramitación parlamentaria de la Ley a su paso por la Cámara de Diputados, dará lugar a *transacciones y conciliábulos* en los que intervienen *lo mejor de cada casa*, Jean Jaurès, Aristide Briand, Francis de Pressensé, Denis Cochin, Alexandre Ribot, y *numerosas personalidades de derecha, de izquierda y de los medios eclesiásticos.* A resultas de todo ello, el texto final de la Ley, al referirse a las asociaciones cultuales acabará especificando respecto a las mismas que su formación legal se haría *ajustándose a las reglas de organización general del culto, cuyo ejercicio se propongan asegurar*. Una perífrasis laboriosa, pero suficientemente clara, que indica a las claras la necesidad de respetar a la jerarquía eclesiástica, y que suscita el enfado de los anticlericales más radicales, como Hubbard, Beptmale o Dumont. El titánico esfuerzo de personalidades como Briand, por buscar una fórmula de compromiso, susceptible de ser aceptada por la Iglesia, topará con la actitud de rechazo de Pío X y de su Secretario de Estado, Merry del Val. A esta incomprensión mutua entre la Iglesia y el Estado, contribuye la *inesperada* crisis de los inventarios, que tiene lugar a raíz del poco tacto con que se legisla en la materia, y la descontrolada reacción popular en las calles.[6]

Ni Pío X, ni los obispos franceses, serán capaces de apreciar las ventajas que paradójicamente podían desprenderse del nuevo estado de

---

[6] LALOUETTE, JACQUELINE. *La séparation des églises et de l'État.* Éditions du Seuil. París. 2005. Página 409.

cosas, pues queda asegurada la libertad de culto y la independencia frente al Estado, desde el momento en que el poder temporal deja de inmiscuirse en la designación de los prelados franceses, de modo que la separación va a ser también beneficiosa para la Iglesia, pues va a suponer su plena independencia frente al Estado, por lo que el clero no va a estar sometido al Estado, (que hasta ese momento le había venido retribuyendo, y amenazando o suspendiendo el pago de sus remuneraciones en caso de disidencia frente al poder político, así el clero va a poder decir lo que piensa sin que sobre el mismo caiga una amenaza de suspensión de su retribución, o de tener que comparecer ante el Consejo de Estado), sino tan solo a las autoridades eclesiásticas. Roma va a poder escoger con plena autonomía a los nuevos obispos, y la Iglesia va a ganar la total libertad para crear nuevas parroquias y modificar la planta eclesiástica, sin tener que dar explicaciones a nadie. Supone el finiquito del galicanismo desde este punto de vista. El sistema concordatario napoleónico aportaba cierta *seguridad,* (especialmente financiera) a la Iglesia, pero también implicaba una pesada servidumbre frente al poder político, por lo que a partir de este momento, los católicos franceses, aunque van a ser un poco más pobres, también van a ser bastante más libres.[7]

La laicidad nunca fue *objeto de exportación*, ya que no llegó a ponerse en práctica plenamente en los territorios coloniales africanos, ni en el ultramar francés, por motivos de conveniencia política, al resultar innegable la pragmática utilidad de la acción misionera en la consolidación de la presencia francesa en dichos territorios, algo para lo que la mejor solución no consistía precisamente en *enviar más soldados*. Ni tampoco, aunque esta vez por razones históricas, en los departamentos de Alsacia y Mosela. Esta situación de excepción llega hasta nuestros días, en los 3 departamentos metropolitanos de Alto Rin, Bajo Rin y Mosela, y en los antiguos territorios coloniales aún bajo soberanía francesa, y contribuye paradójicamente a matizar la definición del propio principio de laicidad en el país que constituye el prototipo de Estado laico, en el continente

---

[7] BARBIER, MAURICE. *La Laïcité.* L´Harmattan. París. 1995. Página 54. FABRE, RÉMI. *Un siglo después de la Ley de separación de las Iglesias y el Estado. La laicidad francesa en entredicho.* En: *Historia contemporánea.* Número 42. Página 418. MAYEUR, JEAN-MARIE. *La separation de l´Eglise et de l´État. (1905).* Firmin- Didot. París. 1966. SÉVILLIA, JEAN. *Quand les catholiques étaient hors la loi.* Perrin. París. 2006. Páginas 229 y ss.

europeo. Pese a dicha *inexportabilidad*, ejercerá una especial influencia en otros países europeos como Portugal, mediante la aprobación de la Ley de separación de las Iglesias, de 20 de abril de 1911.[8]

Se ha pasado de una Francia masivamente rural y campesina, (un 90% en 1905), a otra urbana, industrial y obrera. De un país católico, donde más del 90% de la población había sido bautizada, con sólo 80.000 personas que se autodeclarasen *sin religión*, en 1872, a una sociedad descristianizada, secularizada, multicultural y multireligiosa. Francia pasó de experimentar el *espíritu laico* de personalidades como Montesquieu o Condorcet, a un *régimen laico*, en detrimento del modelo religioso y confesional que históricamente caracterizó al país durante el Antiguo Régimen, evolucionando desde un régimen legal de separación, (1905), a un principio constitucional de laicidad, (1946).[9] La sociedad francesa de nuestros días se ve obligada a afrontar nuevos retos que no estaban presentes cuando se debatió en la Asamblea Nacional, la Ley de separación. El más apasionante es sin duda el de la integración del islam, de modo que se haga compatible con los *principios*, (y lo que es más difícil, los *límites*) que inspiran el concepto de *orden público constitucional* francés, lo cual obliga a repensar las fórmulas legales a adoptar, y reflexionar críticamente sobre las diferencias de trato existentes en el ordenamiento jurídico francés.

La Ley de separación ha promovido los tres grandes valores en los que consiste dicha *emancipación*: la libertad de conciencia, la igualdad de todos los ciudadanos con independencia de cuál sean sus creencias religiosas, y la opción por un modelo de derecho común, contribuyendo a consolidar lo que se podría denominar como una *emancipación laica*. La República se niega a convertirse en árbitro de las creencias, cualesquiera que sean éstas. El corolario no puede ser otro que la negativa a financiar ningún tipo de culto, ni a sus ministros, pues el Estado laico únicamente retribuye a sus funcionarios, en cuanto encargados de un servicio público,

---

[8] DA COSTA SEABRA, JOÃO MARÍA FÉLIX. *A Lei Portuguesa da Separação do Estado das Igrejas de 20 de abril de 1911.* Centro Cultural de Lisboa Pedro Hispano. Lisboa. 2008. DA COSTA SEABRA, JOÃO MARÍA FÉLIX. *O Estado e a Igreja em Portugal no início do Século XX. A Lei da Separação de 1911.* Principia. Cascais. 2009. TORRES GUTIÉRREZ, ALEJANDRO. *El Derecho de Libertad religiosa en Portugal.* Dykinson. Madrid. 2009.

[9] POULAT, ÉMILE y GELBARD, MAURICE. *Scruter la loi de 1905. La République française et la Religion.* Fayard. Millau. 2010. Páginas 221 y 360.

algo que no es predicable ni de los ministros de culto, ni de las propias creencias religiosas, respectivamente.[10]

El pleno respeto del principio de laicidad conlleva el abandono de perspectivas unilaterales, la aceptación de una coexistencia no hegemónica de las diferentes confesiones religiosas, y la necesidad de conformar los valores religiosos de acuerdo con los derechos fundamentales y los principios constitucionales, comúnmente compartidos.[11]

Cabría preguntarse si lo que hicieron los legisladores franceses en 1905, no fue sino anticiparse a lo que el país ha ratificado más tarde con el paso del tiempo, pues un hipotético referéndum celebrado en ese año, tal vez hubiera rechazado el contenido de la Ley. La respuesta es francamente difícil, porque entonces no existían los modernos sondeos de opinión pública, (que por otro lado no siempre tienen la *virtud* de *acertar*). Lo cierto es que convergen muchos factores que sirven para explicar la buena salud de una Ley que es ya centenaria, entre los que se encuentran la instauración progresiva de un nuevo régimen jurídico en materia de libertad religiosa que ha dotado de contenido real a la propia Ley de separación, (como prueba la adopción para la Iglesia católica del modelo de asociaciones diocesanas en sustitución de las cultuales), o el dato fáctico de la constatación que nada cambió sobre la práctica habitual del culto por los creyentes (y practicantes, claro), a lo que hay que unir la contumacia y la capacidad de adaptación de la propia Iglesia católica a la nueva situación, o la evolución experimentada por la opinión pública francesa, que pasa nada más y nada menos que por encima del *desmoronamiento* del *país real*, tal y como estaba *concebido* en 1905, que muy poco tiene que ver con la secularizada sociedad actual. Y es que con las *leyes*, una vez que son promulgadas, sucede como con los *automóviles*, los ingenieros los diseñan, las fábricas los producen, los clientes los compran, y después, comienzan los *problemas de circulación*.[12]

---

[10] PENA-RUIZ, HENRI. *Permanence de la loi de 1905*. En: ZARKA, CHARLES YVES. *Faut-il reviser la Loi de 1905?* Presses Universitaires de France. París. 2005. Páginas 138, 149 y 150.

[11] ZARKA, CHARLES YVES. *Nouvelles conditions du rapport des religions à la laïcitè*. En: ZARKA, CHARLES YVES. *Faut-il reviser la Loi de 1905?* Presses Universitaires de France. París. 2005. Páginas 171 a 174.

[12] POULAT, ÉMILE. *Notre laïcité publique. "La France est une République laïque"*. Berg. París. 2003. Página 112.

El estudio de la génesis histórica de la Ley de separación ha sido para mí un motivo de apasionada ocupación intelectual. Quisiera mostrar muy especialmente mi agradecimiento al Profesor Bernard Callebat, con el que he tenido la oportunidad de colaborar en los últimos años, en el Instituto Católico de Toulouse, a él le tengo que agradecer mi curiosidad por el conocimiento del modelo francés de relaciones Iglesia-Estado, y con él he contraído una deuda impagable de gratitud, intelectual y personal, la que surge del debate, la cooperación amistosa, y la generosidad que de él se irradian, y que contribuyen a que la Universidad sea más enriquecedora, y por qué no, también más *entretenida*, en paradójico contraste con la pobreza y ese solemne *aburrimiento* que reinan precisamente en aquellas sociedades en las que, por desgracia, *todos piensan lo mismo*.

Alejandro Torres Gutiérrez.
Catedrático de Derecho Constitucional.
Departamento de Derecho Público.
Universidad Pública de Navarra.

CAPÍTULO I.
LOS ANTECEDENTES REMOTOS DE LA IDEA DE SEPARACIÓN

1. LA EDAD MEDIA

Francia recibirá el título de *Fille aînée de l'Église*,[13] al ser ese el tratamiento dado por el Papa Esteban II al reino de Pipino el Breve y de sus hijos, que no en vano lo consagra como Rey de los francos, el 28 de julio de 754, proclamándolo *Defensor de la Iglesia Romana.*[14]

A lo largo de la Edad Media se asiste en Francia a un control de la heterodoxia por parte de la Iglesia católica, que definirá unilateral e inapelablemente los límites de lo ortodoxo y de lo que no lo es. La herejía cátara o albigense, que arraigará con especial fuerza a lo largo del siglo XII en el Mediodía francés, especialmente en la región de Languedoc, se situará pronto en el punto de mira de los defensores de la verdad oficial al afirmar una dualidad creadora, la de Dios y Satanás, predicar la salvación mediante el ascetismo, el rechazo al mundo material, negando sacramentos como el del bautismo o el matrimonio con fines de procreación, y reivindicando la castidad. Inocencio III no dudará en organizar una cruzada contra esta herejía, y Gregorio IX en 1231 introducirá la Inquisición, con su bula *Excommunicamus,* estableciéndose severos castigos mediante un instrumento represor sujeto directamente a la jurisdicción del pontífice.

La idea de secularización del Estado ahonda sus raíces en plena Edad Media, cuando Felipe el Hermoso, trata de lograr su independencia de

---

[13] *Hija primogénita de la Iglesia,* sic.

[14] CABANEL, PATRICK. *Les mots de la Laïcité.* Presses Universitaires du Mirail. Toulouse. 2004. Página 47.

la tutela papal, y controlar a la Iglesia en Francia, entrando en conflicto con Bonifacio VIII al intentar participar en las rentas de la Iglesia, como potente recurso financiero con el que atender el déficit crónico de recursos de la real hacienda, especialmente en tiempos de guerra, contraviniendo la doctrina canónica medieval en virtud de la cual el poder secular no podía imponer tributos a la Iglesia, sin su previo consentimiento.

Era en el fondo un viejo dilema, el de la licitud del pago de tributos al César, *dando al César lo que del César era, y a Dios lo que a Él pertenecía.*[15] Felipe el Hermoso deseaba recaudar un subsidio extraordinario para su lucha contra Inglaterra, al que debían contribuir también los bienes eclesiásticos, rompiendo su inmunidad fiscal.[16] Ello provoca la reacción del Papa Bonifacio VIII, que a través de la bula *Clericis laicos*, el día 24 de febrero de 1296, envía una seria admonición contra la hostilidad del Rey francés, amenazando con la pena de excomunión a cuantos eclesiásticos satisfagan tributos al Rey, sin la autorización pontificia previa.[17] El

---

[15] *Caesaris Caesari, Dei Deo.* Mt. XX, 15-21, Mc. XII, 13-17, Lc. XX, 19-25.

[16] Entre la numerosa bibliografía al respecto, podemos citar: GONZÁLEZ URIBE, H. *Teoría Política.* Ed. Porrúa. México. 1972. Página 627. ORLANDIS, JOSÉ. *Historia de la Iglesia (I). La Iglesia Antigua y Medieval.* Ediciones Palabra. Madrid. 1982. 4ª Edición. Página 302 y ss. RIVIÈRE, J. *Le problème de l'Eglise et de l'État au temps de Philippe le Bel. Etude de théologie positive.* París. 1926. SABA, A. *Storia della Chiesa (II) Dal potere temporale dei papi a Bonifacio VIII.* Unione Tipografico-Editrice Torinense. Turín. 1940. TORRES GUTIÉRREZ, A. *Orígenes canónico-medievales del concepto moderno de Estado.* En: *Escritos en Honor de Javier Hervada. Ius Canonicum. Volumen Especial. 1999.* Instituto Martín de Azpilcueta. Facultad de Derecho Canónico. Universidad de Navarra. Pamplona. 1999. Páginas 987 a 998. WOOD, CH. T. *Felipe "el Hermoso" y Bonifacio VIII. El Estado contra el Papado.* Trad. de Luisa Pasamanik. *Philip the Fair and Boniface VIII.* Unión Tipográfica Editorial Hispano Americana. México. 1968.

[17] *Ad perpetuam memoriam. Clericis laicos infestos opido tradit antiquitas, quod ad presentium experimenta temporum manifesta, declarant, dum suis finibus non contenti nituntur in vetium. Ad illicita frena relaxant. ... ab ipsis suorum proventuum vel bonorum dimidiam deciman seu vicesimam vel quamvis aliam portionen aut quotam exigunt ... Nos igitur talibus iniquis actibus obviare volentes, ... statuimus quod quicunque prelati ecclesiasticeque persone religioses vel seculares, quorumcunque ordinum, conditionis seu statuum, collectas vel tallias, decimam, vicesimam seu centesiman ... absque auctoritate sedis ejusdem ... eo ipso sententiam excommunicationis incurrant.* Es decir: *Para perpetua memoria. El tiempo nos ha demostrado que los laicos han sido siempre hostiles en exceso para con el clero; y esto lo demuestra claramente la experiencia de los tiempos presentes, pues, no contentos con sus limitaciones, los laicos desean cosas prohibidas y dan rienda suelta a la búsqueda de la ganancia ilícita. ... Arrancan a tales personas -los clérigos- y*

soberano francés reacciona el 17 de agosto de 1296 prohibiendo envíos de moneda a Roma, y los pagos por parte de los banqueros italianos en Francia destinados al Papa y a los cardenales, lo cual levanta la cólera de Bonifacio VIII, que en su bula *Ineffabilis*, elabora una depurada doctrina de la supremacía de la autoridad pontificia, de indudable contenido teocrático.[18] La reacción ante esta bula no se hace esperar a través de numerosos libelos, uno de los cuales, *Diálogo entre un clérigo y un caballero*, llega a afirmar que la inmunidad eclesiástica, acordada por las cartas de privilegio de los príncipes, puede ser revocada o suspendida por ellos en interés público, y que nadie puede decir que el derecho de revocación pertenece sólo al Emperador y no a los monarcas: el Rey de Francia tiene derecho a modificar la legislación imperial; él está por encima de las leyes.[19]

No faltaron incluso intentos por parte de los obispos de Francia de conseguir a una solución pactada, llegando a pedirle por escrito una autorización para el establecimiento de un diezmo sobre las iglesias, conscientes de la necesidad de contribuir a la defensa del país. Bonifacio VIII se ve obligado a realizar concesiones, como apunta BOUTARIC,[20] de modo que en la bula *Romana mater ecclesia* autoriza en caso de necesidad exigir la contribución de diezmos eclesiásticos sin el consentimiento

---

requieren de ellas el pago de una mitad, un décimo, un vigésimo o alguna otra cuota de su propiedad o renta. ...Deseando, por tanto, poner fin a estas prácticas inicuas, ... decretamos que los prelados o personas eclesiásticas, ya monásticas o seculares, de cualquier orden, condición o estado, que paguen, prometan o consientan en pagar a los laicos contribuciones o alcabalas, diezmos, vigésimos o centésimos, ... sin la autoridad de esta misma Sede Apostólica, ... incurrirán por el mismo acto en la pena de excomunión. GALLEGO BLANCO, E. *Relaciones entre la Iglesia y el Estado en la Edad Media*. Ediciones de la Revista de Occidente. Madrid. 1973. Páginas 272-273.

[18] Puede verse: TORRES GUTIÉRREZ, ALEJANDRO. *Iglesia y Fisco en la Historia de España*. Servicio de Publicaciones de la Facultad de Derecho de la UCM. Madrid. 2000. Páginas 57 a 61.

[19] LANGLOIS, CH. V. *Francia: su política relativa al poder*. En: WOOD, CH. T. *Felipe "el Hermoso" y Bonifacio VIII. El Estado contra el Papado*. Trad. de Luisa Pasamanik. Philip *the Fair and Boniface VIII*. Unión Tipográfica Editorial Hispano Americana. México. 1968. Páginas 49 a 51.

[20] BOUTARIC, E. *La importancia de los asuntos italianos*. En: WOOD, CH. T. *Felipe "el Hermoso" y Bonifacio VIII. El Estado contra el Papado*. Trad. de Luisa Pasamanik. *Philip the Fair and Boniface VIII*. Unión Tipográfica Editorial Hispano Americana. México. 1968. Páginas 43 y 44.

de la Santa Sede, sólo con el del clero sería suficiente. En la bula *Noveritis nos* llega a dejar en manos del Rey, si tuviera la edad adecuada, o de su Consejo, si aquél fuera menor de edad, el enjuiciar si era necesario o no, y el derecho de imponer diezmos eclesiásticos, aun sin consultar con el Papa. Esta desconocida *mansedumbre* pontificia se explicaría por los precarios momentos por los que atravesaba el Pontífice en sus estados.

Un breve período de calma fue motivado por el jubileo del nuevo siglo, las hostilidades se reanudan con motivo del juicio y condena de Bernardo Saisset, obispo de Pamiers, por parte de los tribunales regios, que provoca la emisión de la bula *Ausculta filii,* el 5 de diciembre de 1301, y que por su grotesco tono paternalista, produce una serie de libelos antipapales, que son respondidos por Bonifacio VIII en su bula *Unam Sanctam*, el 18 de noviembre de 1302, en la cual se contiene una completa exposición de la doctrina pontificia sobre la autoridad papal.[21] Guillermo de Nogaret, asesor real, asalta Anagni, ciudad italiana en la que se encontraba el Papa, y lo hace prisionero. Liberado por el pueblo, Bonifacio VIII publica la bula *Super Petri Solio*, en la que excomulga al Rey de Francia, y desliga a sus súbditos del deber de fidelidad. Un escenario de tensión semejante entre el poder temporal y el espiritual, se reproduce

---

21 *Unam sanctam ecclesiam catholicam et ipsam apostolicam urgente fide credere cogimur et tenere, ... Igitur ecclesiae unius et unicae unum corpùs, unum caput, non duo capita, quasi monstrum, ... Uterque ergo est in potestate ecclesia, spiritualis scilicet gladius et materialis. Sed is quidem pro ecclesia, ille vero ab ecclesia exercendus. Ille sacerdotis, is manu regum et militum, sed ad nutum et patentiam sacerdotis. Oportet autem gladium esse sub gladio, et temporalem auctoritatem subiici potestati. ... Spiritualem autem et dignitate et nobilitate terrenam quamlibet praecellere potestatem, oportet tanto clarius nos fateri, quanto spiritualia temporalia antecellunt.* En castellano: *Según nuestra fe estamos obligados a creer y sostener que hay una sola Iglesia, Santa, Católica y Apostólica, ... Por tanto, hay en esta sola y única Iglesia un solo cuerpo y una sola cabeza, no dos cabezas como si fuera un monstruo, ... De donde ambas espadas se contienen en el poder de la Iglesia; esto es, las espadas espiritual y temporal; la una, para ser utilizada a favor de la Iglesia, y la otra, por la Iglesia; la primera, por el sacerdote; la última por la mano de reyes y caballeros pero a voluntad y con consentimiento tácito del sacerdote. Pues es necesario que una espada esté subordinada a la otra, y que la autoridad temporal esté sujeta a la espiritual. ... Pero es necesario que confesemos sin rodeos que el poder espiritual excede a todo poder temporal en dignidad y nobleza, como las cosas espirituales superan a las temporales.* GALLEGO BLANCO, E. *Relaciones entre la Iglesia y el Estado en la Edad Media.* Ediciones de la Revista de Occidente. Madrid. 1973. Páginas 282-285.

con Eduardo de Inglaterra,[22] y con Fernando IV de Castilla,[23] en este caso por el cobro ilícito de las tercias por parte del Rey, amenazándosele de excomunión el 28 de enero de 1301, aunque el 16 de septiembre el Papa le concederá su recaudación por tres años, previa devolución de las ilícitamente exaccionadas, y conminando al monarca a devolver todos los bienes usurpados a las iglesias.[24]

2. EL RENACIMIENTO Y LA INVENCIÓN DEL ESTADO

Con el Renacimiento, a partir del siglo XVI, Europa asiste a la ruptura definitiva del *consenso intelectual* sobre una serie de creencias hasta ese momentos indiscutibles, dando comienzo un imparable fenómeno de *laicización* del pensamiento a partir de la aportación de hombres como Erasmo, Giovanni Pico della Mirandola o François Rabelais, lo cual tendrá enormes repercusiones en el mundo no solo de las creencias religiosas, sino también del pensamiento político, desde el momento en que la política deja de entenderse como la realización de un proyecto divino, y la ciencia deja de estar vinculada a la teología, secularizándose la investigación científica en campos de importancia decisiva que van desde la medicina, con hombres como Miguel Servet o Ambroise Paré, a la astronomía y las matemáticas, con Nicolás Copérnico, Galileo Galilei, Johannes Kepler y René Descartes, de modo que la razón remplazará a

---

[22] Aunque sin unas consecuencias tan dramáticas. BOUTARIC, E. *La importancia de los asuntos italianos.* En: WOOD, CH. T. *Felipe "el Hermoso" y Bonifacio VIII. El Estado contra el Papado.* Trad. de Luisa Pasamanik. *Philip the Fair and Boniface* VIII. Unión Tipográfica Editorial Hispano Americana. México. 1968. Página 42.

[23] LADERO QUESADA, MIGUEL ÁNGEL *Fiscalidad y poder real en Castilla (1252-1369).* Editorial Complutense. Madrid. 1993. Página 197. NIETO SORIA, JOSÉ MANUEL. *Las relaciones entre monarquía y episcopado en Castilla. 1252-1312.* Universidad Complutense de Madrid. Madrid. 1983.

[24] El documento otorgado por Bonifacio VIII en Anagni el 16 de septiembre de 1301, se recoge en: MANSILLA REOYO, D. *Catálogo documental del Archivo Catedral de Burgos (804-1416).* Consejo Superior de Investigaciones Científicas. Instituto "Enrique Flórez". Madrid-Barcelona. 1971. Doc. nº. 1031. Página 262. También es de interés: Doc. nº. 1178. Página 298. El Rey se comprometerá, el 15 de junio de 1307 a *non demandar pedidos ninechar seruiçios nin otros pechos desaforados a los sus vassallos e del cabildo de la su eglesia sin seer él llamado, e otorgado por él en corte.* HERNÁNDEZ SÁNCHEZ, F. J. *Cartularios de Toledo. Catálogo Documental.* Fundación Ramón Areces. Madrid. 1996. 2ª Edición. Página 453. Documento nº. 513.

la teología, a la hora de dar una explicación en el campo de la ciencia, sustituyéndose las ideas absolutas medievales por hipótesis relativas, cuando no la duda.[25]

Paralelamente se asiste a la afirmación de la autonomía del Estado en cuanto poder soberano, el poder civil comienza a invadir parcelas anteriormente reservadas en exclusiva al poder religioso, y los soberanos de los incipientes estados reivindican su independencia frente al poder del Papa, algo que ya se encuentra dibujado en plena Edad Media en el pensamiento de Dante Alighieri, Marsilio de Padua, Guillermo de Ockham, y algunos legistas consejeros del Rey de Francia Felipe IV, el Hermoso, (1268-1314), pero que se consolida plenamente con Nicolás Maquiavelo, Thomas Hobbes y Jean Bodin, por lo que la irrupción de los conceptos de *Estado* como organización política, y *soberanía*, marcan un antes y un después en el modo de entender la organización política de la sociedad europea.[26]

El Concordato de Bolonia de 18 de agosto de 1516 entre Francisco I y León X, deroga la Pragmática sanción de Bourges de 1438,[27] e inaugura un nuevo modo *concordado* de relaciones entre Francia y la Santa Sede llamado a perpetuarse hasta la Revolución, (y más tarde desde 1802 hasta 1905). El Concordato de Bolonia permite al Papa poder disponer parcialmente de los ingresos obtenidos por la Iglesia católica en Francia. Asimismo, la Santa Sede ve reconocido su derecho de veto a las nominaciones reales de cargos eclesiásticos, y la supremacía del Papa sobre cualquier Concilio, poniendo fin a la discusión conciliarista, unas tesis condenadas por el V Concilio de Letrán, celebrado entre 1512 y 1517. El Concordato de 1516 va a favorecer una nacionalismo eclesial que ensalza la *défense des libertés de l´Église gallicane* con respecto al Papa. Un galicanismo que se asienta sobre la propia antigüedad de la Iglesia francesa, que habría aportado la *verdadera fe* al resto de la cristiandad, y

---

[25] DUCOMTE, JEAN-MICHEL. *La laicïcité.* Milan. Toulouse. 2009. Páginas 4 y 5.

[26] DUCOMTE, JEAN-MICHEL. *La laicïcité.* Milan. Toulouse. 2009. Página 5.

[27] Rechazada por Roma, y que en su artículo primero declara la supremacía de los concilios generales sobre la Santa Sede, y limita grandemente los poderes del Papa, restableciendo la libre elección de los obispos y abades por los capítulos, poniendo fin a la nominaciones hechas por la Santa Sede, y a su derecho a plantear objeciones ante tales nominaciones, y limita la prerrogativa de Roma de elevar los impuestos sobre el clero francés, con lo cual el Rey de Francia se asegura la lealtad del clero galo.

que conlleva el reconocimiento de un cierto poder temporal del soberano sobre la propia Iglesia.[28]

3. TOLERANCIA *VERSUS* INTOLERANCIA DURANTE LA EDAD MODERNA

Entre 1520 y 1560 se asiste a la introducción e implantación del calvinismo en Francia, algo que se consigue a pesar de su reducido número inicial, por la excelente organización del movimiento. La persecución del protestantismo es un hecho claramente palpable a finales del reinado de Francisco I, y durante el de su sucesor, Enrique II. La aparición de la Reforma y el auge de la heterodoxia durante el Renacimiento, conllevan como respuesta la reactivación de la Inquisición durante el pontificado de Paulo IV, (1555-1559), centrando los esfuerzos del Concilio de Trento, (1545-1563). Nadie estará autorizado a cuestionar la cosmovisión del Universo representada en la Biblia, una visión monocorde de lo ortodoxo que costará la vida a personalidades como Étienne Dolet, ahorcado y quemado en París en 1546, y Lucilio Vanini, ajusticiado en Toulouse en 1619. Juicios como el del comerciante protestante Jean Calas, que en 1762, tras un proceso sin las suficientes garantías es condenado a la rueda en Toulouse, y posteriormente estrangulado y quemado en la hoguera, mueven a Voltaire a escribir su *Traité sur la tolérance à l´occasion de la mort de Jean Calas,* siendo posteriormente rehabilitada su memoria en 1765.[29]

Otro episodio de enorme trascendencia en este largo fenómeno de secularización del Estado en Francia lo encontramos en la promulgación del Edicto de Nantes, el 13 de abril de 1598, por Enrique IV, que pone fin a las guerras de religión, continuando el espíritu del Edicto de Saint-Germain de Carlos IX, (1562), también conocido como *Edicto de enero,* y el Edicto de Amboise, (1563), (limitado únicamente a favor de los gentilhombres), así como la Paz de Saint Germain, (1580), que reconocía la libertad de conciencia y de culto, así como 4 plazas fuertes,

---

[28] BAUBÉROT, JEAN. *Histoire de la laïcité en France.* Presses Universitaires de France. París. 2000. Página 6. CABANEL, PATRICK. *Les mots de la Laïcité.* Presses Universitaires du Mirail. Toulouse. 2004. Página 100.

[29] DUCOMTE, JEAN-MICHEL. *La laicïcité.* Milan. Toulouse. 2009. Páginas 6 y 7. LLAMAZARES FERNÁNDEZ, DIONISIO. *Derecho de la Libertad de Conciencia. I. Libertad de conciencia y laicidad.* Thomson – Civitas. Madrid. 2007. Página 94.

La Rochelle, Cognac, Montauban y La Charité-sur-Loire, a favor de los protestantes. El Edicto de Nantes, pese a mantener al catolicismo como la religión del Estado, reconoce a los protestantes la posibilidad de ejercer su propio culto, aunque en condiciones restrictivas, y les permite acceder a cargos públicos. El Edicto de Nantes, que se inspira en la reflexión de juristas como Jean Bodin, que separan la idea de ciudadanía de la religión, es recibido por el Papa Clemente VIII con consternación. Los católicos habrán de aceptarlo a regañadientes, por entender que era excesivamente generoso con sus antagonistas. Es una política novedosa, pragmática e inteligente, que trae por fin la paz religiosa a Francia, aunque su puesta en práctica no sea siempre fácil, y durante el reinado de Luis XIII se reanuden las hostilidades bélicas entre 1621 y 1629.[30]

El poder civil siente la necesidad de reivindicar su independencia frente al Papa y frente a la Reforma. Así, de sus anhelos de independencia de Roma, pueden servir como botón de muestra los Cuatro Artículos adoptados por la Asamblea del clero y el Parlamento en 1682, en virtud de los cuales, *los papas únicamente han recibido de Dios un poder espiritual*, y *los reyes y los príncipes no están sujetos en las cosas temporales a ninguna poder eclesiástico.*[31]

Frente a la Reforma, el espíritu de tolerancia que imbuía el Edicto de Nantes, desaparece con la promulgación del Edicto de Fontainebleau, el 17 de octubre de 1685, que lo revoca, sobre la base de la afirmación del principio *une foi, une loi, un Roi,* y viene precedido por otro edicto de marzo de ese mismo año decretando la expulsión de los judíos. El catolicismo ve garantizada su posición de monopolio como religión del Estado. A raíz del Edicto, 200.000 hugonotes franceses tratan de buscar refugio fuera de las fronteras del país, encontrando el apoyo de algunos soberanos extranjeros, especialmente el elector de Brandemburgo, deseoso de

[30] BAUBÉROT, JEAN. *Histoire de la laïcité en France.* Presses Universitaires de France. París. 2000. Página 5. BONET-MAURY, GASTON. *La liberté de conscience en France depuis l'Édit de Nantes jusqu'à la séparation (1598-1905).* Félix Alcan Editeur. París. 1909. Páginas 11 y ss. CAIRE-JABINET, MARIE-PAULE. *Histoire des religions en France. (16e-20e siècles).* Armand Colin. París. 2000. Páginas 53 y 54.

[31] DE LANESSAN, JEAN-LOUIS. *L'État et les églises en France depuis les origines jusqu'à la séparation.* Félix Alcan Editeur. París. 1906. Página 59. SCOT, JEAN PAUL. *Gènese de la loi de 1905.* En: ZARKA, CHARLES YVES. *Faut-il reviser la Loi de 1905?* Presses Universitaires de France. París. 2005. Página 9.

incentivar su acomodo en Berlín, para los que permanecen en Francia, se abre una larga travesía en el *desierto*. La sangría de capital humano es inmensa, haciéndonos recordar episodios semejantes vividos en España a raíz de la expulsión de los judíos en 1492 por los Reyes Católicos, y la de los moriscos en 1609, por Felipe III.[32] Era el triste colofón al siglo de *compromiso* de los protestantes con el Estado absoluto que transcurre entre 1598 y 1685, con ello Francia se ve privada de la aportación de un importante capital humano, que se asentará fuera de las fronteras de Francia.[33]

Poco a poco la relación entre el Estado y la Iglesia se funde entre sí. Luis XIV en una Ordenanza de 1712, prohibirá a los médicos asistir a los enfermos que no hubieran hecho llamar a un confesor. Luis XV condenará en 1757 a la pena de muerte a todos aquellos escritores e impresores de obras en los que se ataque a la religión católica.[34]

Entretanto el jansenismo, que defiende las tesis de la gracia eficaz, la autoridad de los obispos en detrimento de la del Papa, y las regalías de la Corona, es condenado por la bula *Unigenitus*, en 1713, dictada a instancias de Luis XIV, contra el libro de Pasquier Quesnel, *Réflesions morales sur le Nouveau Testament*.[35]

4. LA OBRA DE LOS ILUSTRADOS Y LA REVOLUCIÓN

La *Ilustración* y la obra de los *ilustrados*, suponen una bocanada de aire fresco en el mundo de la filosofía, la teoría política y la propia organización de la sociedad. Con Montesquieu se atribuye al Derecho la exclusiva capacidad de delimitar el poder, despejando este campo de posibles interferencias religiosas. Y al afirmarse que los hombres son iguales ante la Ley, y que la suma de sus voluntades soberanas hace nacer

---

[32] CAIRE-JABINET, MARIE-PAULE. *Histoire des religions en France. (16e-20e siècles).* Armand Colin. París. 2000. Páginas 78 y 79.

[33] Sobre las circunstancias que rodearon su revocación, y sus consecuencias, puede consultarse la magnífica obra: GARRISON, JANINE. *L'Édit de Nantes et sa révocation.* Ed. du Seuil. París. 1985.

[34] DE LANESSAN, JEAN-LOUIS. *L'État et les églises en France depuis les origines jusqu'à la séparation.* Félix Alcan Editeur. París. 1906. Página 58.

[35] VAN KLEY, DALE K. *Les origines religieuses de la Révolution française. 1560-1791.* Seuil. París. 2002. Páginas 31, y 118 y ss.

una voluntad general, que servirá de base al poder constituido, se estará dando el golpe de gracia al Antiguo Régimen, es eso y no otra cosa lo que se deriva de la obra *Le Contrat social* de Rousseau en 1762.[36]

En vísperas de la Revolución, las minorías religiosas se encuentran fuertemente debilitadas, en una *France toute catholique,* donde la potencia económica del clero es considerable. La persecución contra los protestantes se ha prolongado durante buena parte del siglo XVIII, y hay que esperar a 1787 para que un edicto de tolerancia reconozca la posibilidad de un matrimonio civil para los protestantes. Los judíos son objeto de un tratamiento discriminatorio, siendo percibidos prácticamente como si fueran extranjeros, haciéndose referencia a ellos frecuentemente como *nations juives.*[37]

Los acontecimientos revolucionarios suponen un nuevo aldabonazo en el proceso de secularización del Estado. Queda cuestionado el origen divino de la monarquía, y la legitimidad del poder civil pierde su fundamento religioso. La obligación de creer pasa a ser sustituida por la libertad de conciencia y la libertad de expresión. La Declaración de Derechos del Hombre y del Ciudadano de 26 de agosto de 1789 se efectúa *en presencia del Ser Supremo.* Llama la atención la omisión del nombre de *Dios*, como *autor* de los *derechos*, a diferencia de lo que ocurre con la Declaración de Independencia de Estados Unidos de América de 1776.[38] Algunas de las novedades legislativas estarán llamadas a dejar un influjo indeleble en la cultura jurídica occidental, muy particularmente las afirmaciones contenidas en el artículo I, en virtud del cual los hombres nacen y permanecen libres e iguales en derechos, el artículo III, por el que la soberanía reside esencialmente en la Nación, produciéndose una laicización del concepto, por lo que la soberanía deja de residir en un Rey por derecho divino, o en el artículo X de la Declaración de Derechos del Hombre y del Ciudadano, en virtud del cual nadie deberá ser molestado por sus opiniones, ni incluso por las religiosas, siempre que al manifestarlas no se causen trastornos del orden público establecido por la Ley, (un añadido que pronto se

---

[36] DUCOMTE, JEAN-MICHEL. *La laicïcité.* Milan. Toulouse. 2009. Página 7.

[37] BAUBÉROT, JEAN. *Histoire de la laïcité en France.* Presses Universitaires de France. París. 2000. Páginas 5 y 6.

[38] BAUBÉROT, JEAN. *Histoire de la laïcité en France.* Presses Universitaires de France. París. 2000. Página 7.

volverá en contra del clero refractario). El catolicismo pasa a ser con Napoleón la *religión de la mayoría de los franceses*, tras haber sido la *religión del Estado.* Con ello se pone fin a la alianza entre el trono y el altar que había convertido a la Francia del Antiguo Régimen en un Estado confesional, es el fin del origen divino del poder real, a la par que se dan los primeros pasos de cara al reconocimiento pleno de la libertad de conciencia.[39]

La normativa revolucionaria se despliega en cascada:

1) El 4 de agosto de 1789 son abolidos los diezmos eclesiásticos, y el 2 de noviembre siguiente la Asamblea Nacional decreta que todos los bienes eclesiásticos pasan a disposición de la Nación, que poco después comienzan a ponerse en venta con el fin de contribuir al sostenimiento de la famélica hacienda pública. El 28 de octubre de 1789 quedan suspendidos los votos monásticos, y el 13 de febrero de 1790 se disuelven las órdenes y congregaciones religiosas, que quedan suprimidas el 18 de agosto de 1792.

2) Los protestantes, comediantes, y excomulgados, se convierten en electores y elegibles, siendo admitidos los protestantes a todos los empleos, el 24 de diciembre de 1789. El 7 de mayo de 1791, un decreto reconoce a todo el mundo la *libertad de ejercer el culto religioso al que pertenezca,* una fórmula que se incorpora a la Constitución de 3 de septiembre de 1791. El 27 de septiembre de 1792, se concede el estatuto de ciudadanos a los judíos, (tres días antes, se le había denegado a la población de color de las colonias). Previamente, en mayo de 1791 la Asamblea ha suprimido *esa multitud de delitos imaginarios ... de herejía de lesa majestad divina, de sortilegios y de magia.*[40]

3) La Constitución Civil del Clero, adoptada el 12 de julio de 1790, (y aprobada por Luis XVI, el 24 de agosto, ante los infructuosos esfuerzos dilatorios de Pío VI), supone la derogación del Concordato de 1516, e incorpora un radical programa galicano por el que la nación se encarga de sostener la retribución del clero católico, pero los obispos y sacerdotes serán elegidos por la feligresía, por lo que el Papa pierde su

---

[39] BELLON, CHRISTOPHE. *La séparation des Eglises et de l'État. De la genèse à l'application de la loi de 1905.* En: *Histoires & Géographes.* Número 391. Página 194.

[40] BAUBÉROT, JEAN. *Histoire de la laïcité en France.* Presses Universitaires de France. París. 2000. Página 9. POULAT, ÉMILE. *Notre laïcité publique. "La France est une République laïque".* Berg. París. 2003. Página 61.

derecho de investidura canónica. Supone un desconocimiento pleno de la idea de separación, desde el momento en que es el Estado quien legisla unilateralmente sobre la organización interna de la Iglesia, modificando las circunscripciones territoriales católicas, (diócesis y parroquias), para adaptarlas a las civiles, (departamentos y municipios). Las diócesis y parroquias son remodeladas siguiendo el modelo de las demarcaciones administrativas. Las diócesis pasan de ser 135 a tan solo 83, a razón de una por departamento. Trata de convertirse a los párrocos católicos en *funcionarios públicos eclesiásticos*. Los obispos percibirían un salario del Estado de entre 12.000 y 50.000 libras, y los curas entre 1.200 y 6.000. Los eclesiásticos serían elegidos en las mismas condiciones que los representantes de la Nación en la futura Asamblea Legislativa, es decir, por los delegados del departamento, elegidos a su vez por los denominados *ciudadanos activos*, unos 4.300.000 individuos, que hubieran cumplido los 25 años y satisficieran una contribución directa al menos igual al valor de 3 jornadas de trabajo, para una población francesa del orden de 24.000.000 de habitantes. Los protestantes y judíos que fueran ciudadanos *activos* pasarían también a ser electores. En contrapartida, los nuevos electos deben prestar un doble juramento, el primero de fidelidad a su fe, el segundo a la Nación, a la Ley y al Rey, así como a la Constitución Civil del Clero. Se trata de crear una verdadera Iglesia nacional, sustraída a la autoridad del Papa, configurando una Iglesia estrechamente vinculada al poder civil, lo cual es rechazado por un importante sector del clero católico.[41]

[41] AMSON, DANIEL. *La Querelle religieuse*. Odile Jakob. París. 2004. Página 125. BARBIER, MAURICE. *La Laïcité*. L'Harmattan. París. 1995. Página 28. TACKETT, TIMOTHY. *La Revolution, l'Église, la France: le serment de 1791*. París. CERF. 1986.

CLERO JURAMENTADO, PRIMAVERA-VERANO DE 1791.[42]

	Juramentados	Clero Total	%
Clero parroquial total[43]	26.542	50.876	52,2
Clero parroquial total, con exclusión de los departamentos *inciertos*.[44]	24.114	46.088	52,3
Curas	18.639	32.516	57,3
Vicarios	6.534	13.661	47,8
Sirvientes	542	997	54,4
Total	25.715	47.174	54,5
Curas regulares	70	123	57,0
Clero no parroquial			
Profesores de colegio			
Seculares	243	653	37,2
Regulares y congregaciones	391	535	73,1
Inciertos	204	337	60,5
Total	838	1.525	55,0
Profesores de Seminario	24	327	7,3
Profesores de Universidad	8	37	22,0
Capellanes	211	504	41,9

El 14 de julio de 1790, en aquel entonces Fiesta de la Federación, el obispo diputado Talleyrand oficia en presencia del Rey, de la Asamblea y de las delegaciones que han venido de toda Francia, escenificando el cambio de rumbo operado. La Constitución Civil del Clero es inmediatamente condenada por Pío VI, que la considera un texto herético, sacrílego y cismático, *fruto podrido* de la *detestable* Declaración de Derechos de 1789. Obligados a prestar juramento, la inmensa mayoría de los obispos se niegan a ello, únicamente 7 sobre un total de 160, entre ellos dos obis-

[42] Las cifras son conocidas en el verano de 1791. VOVELLE, MICHEL. *Du serment constitutionnel à l'ex-voto peint: un exemple d'histoire régressive.* En: LE GOLF, JACQUES y RÉMOND, RENÉ. (Dir.) *Histoire de la France religieuse.* Tome III. *Du roi Très Chrétien à la laïcité républicaine.* JOUTARD, PHILIPPE. (Dir.) Seuil. París. 1991. Página 211.

[43] Se incluyen algunos departamentos en los que los sacerdotes no parroquiales tenidos a prestar juramento han sido mezclados con los curas y los vicarios, (Loire-et Cher, Niève, Nord, etc.).

[44] Aisne, Bouches-du-Rhône, Corrèze, Corse, Gers, Jura, Lozère, Oise, Deux-Sèvres.

pos miembros de la Asamblea, Talleyrand y Gobel. Entre los sacerdotes se aprecia sin embargo una neta división, pues entra en juego no sólo sus problemas de conciencia, sino también la actitud de sus parroquianos, produciéndose una muy diversa reacción en diferentes territorios. Se produce la escisión entre *juramentados* o *constitucionales*, (entre el 52% y el 55%), y el resto, que serán conocidos como *refractarios,* para los que los sacramentos dados por los anteriores, carecen de validez. En algunos distritos del oeste del país, más del 75% de los sacerdotes se niegan a prestar el juramento. Una división difícil de resolver en un contexto en que distribuir la comunión es considerado como una función pública, por lo que se trata de buscar una fórmula conciliadora, en que la ausencia de juramento, no impida a los sacerdotes poder oficiar la misa. Talleyrand, obispo de Autun, consagra a los dos primeros obispos constitucionales, con el fin de proveer a los nuevos obispados y reemplazar a los obispos refractarios. En dos meses, lo serán una sesentena, para 83 sedes. Las consagraciones ilícitas son inmediatamente condenadas por la Santa Sede, mediante el breve *Quod aliquantum* y la bula *Charitas* de 13 de abril de 1791, por la que Pío VI repudia explícitamente a la Constitución Civil del Clero y el juramento impuesto. La Asamblea Legislativa sin embargo se decanta por la represión, por lo que los sacerdotes que no hayan prestado juramento, *sospechosos de sedición*, podrán ser deportados, (mayo de 1792).[45]

El 18 de septiembre de 1794, la Convención suprime el presupuesto de culto católico a favor del clero *constitucional*, mediante el Decreto Cambon,[46] avalando una situación de hecho. Un Decreto de 21 de febrero de 1795, (3 de Ventôse del año III), cuya inspiración intelectual es deudora de Boissy d´Anglas, (diputado de raíces protestantes, pero desvinculado de toda religión), y del propio padre Grégoire, proclama que la República *no retribuye ningún culto*, lo cual ejercerá un directo influjo en los padres de la Ley de 1905. Las ceremonias externas, (procesiones y toques de campanas), y los signos exteriores, (empleo de hábitos ecle-

---

[45] AMSON, DANIEL. *La Querelle religieuse.* Odile Jakob. París. 2004. Página 127. BAUBÉROT, JEAN. *Histoire de la laïcité en France.* Presses Universitaires de France. París. 2000. Páginas 10 y 11. JANSSEN, GUY. *La Petite Église en 30 questions.* Geste Éditions. La Crèche. 2006. Páginas 11 y 12. POULAT, ÉMILE. *Notre laïcité publique. "La France est une République laïque".* Berg. París. 2003. Página 57.

[46] Cambon, responsable de la hacienda pública, toma esta decisión con el fin de reducir el déficit, en detrimento de la Iglesia *constitucional.*

siásticos fuera de las celebraciones religiosas), permanecen prohibidos. La Constitución del año III establece que nadie va a poder ser impedido del ejercicio de su culto, ni puede ser obligado a contribuir a los gastos de un culto, de modo que la República no retribuye ninguno. De este modo la política religiosa de la Revolución va a debilitar al sector de la Iglesia que se alió con ella.[47]

4) Se secularizan los registros civiles, (cuya llevanza se atribuye a los ayuntamientos, de modo que los nacimientos, matrimonios y defunciones serán consignados por un oficial del estado civil), el matrimonio se convierte en un mero contrato civil y pierde su naturaleza sacramental, (dejando de ser un requisito para poder fundar legítimamente una familia, una matización capital, incluso si se tiene en cuenta que durante un largo periodo de tiempo, la mayoría de los contrayentes cumplieran con ambas ceremonias), introduciéndose el divorcio en 1792. Éste último será suprimido en 1816 con la Restauración borbónica, para volver a reintroducirse en 1884, mediante la Ley Naquet, así denominada por venir apadrinada por Alfred Naquet, que fue aprobada definitivamente en el Senado el 27 de julio de 1884, aunque en condiciones más restrictivas que durante el periodo revolucionario, quedando supeditado el divorcio al consentimiento mutuo o a la incompatibilidad de caracteres, siendo para ello preciso que hubiera excesos, sevicias, injurias graves o condena a una pena infamante que hiciera intolerable el enlace matrimonial, para que el divorcio pudiera ser pronunciado a instancias del marido o de la mujer, constituyendo la regulación básica en esta materia durante prácticamente un siglo, con pequeñas modificaciones.[48]

5) En lugar del calendario occidental gregoriano adoptado por Francia en 1582, la Revolución decretará un nuevo *año cero*, más exactamente un año I, a contar desde el 22 de septiembre de 1792, y sustituye a la

---

[47] BAUBÉROT, JEAN. *Histoire de la laïcité en France.* Presses Universitaires de France. París. 2000. Página 16. DUCOMTE, JEAN-MICHEL. *Laïcité, Laïcité(s)?* Privat. Toulouse. 2012. Página 239. BONET-MAURY, GASTON. *La liberté de conscience en France depuis l'Édit de Nantes jusqu'à la séparation (1598-1905).* Félix Alcan Editeur. París. 1909. Páginas 114 y ss. FABRE, RÉMI. *Un siglo después de la Ley de separación de las Iglesias y el Estado. La laicidad francesa en entredicho.* En: *Historia contemporánea.* Número 42. Página 411.

[48] BAUBÉROT, JEAN. *Histoire de la laïcité en France.* Presses Universitaires de France. París. 2000. Página 12. DÉMIER, FRANCIS. *La France du XIXe siècle. 1814-1914.* Éditions du Seuil. París. 2007. Página 337.

bíblica semana por un sistema decimal, compuesto por 10 días, en que el *decadi,* sustituirá al *domingo*, el *día del Señor*, no siendo restituido el calendario gregoriano hasta el 1 de enero de 1806. Una secularización del calendario en cualquier caso incompleta, pues un Decreto de 29 de Germinal del año X instaurará 4 fiestas religiosas: la Ascensión, la Asunción, Todos los Santos y Navidad.[49]

Comienza una reflexión sobre la laicización de la escuela, que desembocará en una revisión del papel de la Iglesia dentro del sistema educativo. Destaca en este sentido la aportación de Nicolás de Condorcet, que propone suprimir la enseñanza religiosa en el sistema de instrucción pública, y que presentará ante la Asamblea Legislativa los días 20 y 21 de abril de 1792 un proyecto de reformas que se anticipa un siglo a la realidad. Condorcet, propone un modelo de enseñanza laica a partir de una visión *del progreso indefinido del espíritu humano,* en el que la moral, fundada sobre *los solos principios de la razón,* permanecerá *invariable, cualquiera que sea el cambio de las opiniones religiosas.* En 1793 los colegios confesionales se ven privados de sus medios al ponerse en venta sus bienes, siendo prohibidas las congregaciones religiosas en agosto de ese año, y bajo el impulso de Joseph Lakanal, la Convención anuncia la creación de las *escuelas centrales departamentales.*[50]

A partir del otoño de 1793, con la instauración del régimen del Terror y los cultos revolucionares, comienza una lucha contra las religiones reveladas, que va pareja a la violencia iniciada a raíz de las masacres de

---

[49] A los que durante la III República, una Ley de 8 de marzo de 1886 añadirá los días feriados del lunes de Pascua y Pentecostés. A esta festividades se unirán el 1 de enero, (1810), la Fiesta Nacional del 14 de julio, (1880, lo cual suscita una cierta reticencia en un sector de los católicos franceses, en un primer momento), el 11 de noviembre, (1922), el 8 de mayo, (1946), y el 1 de mayo, (1947). CABANEL, PATRICK. *Les mots de la Laïcité.* Presses Universitaires du Mirail. Toulouse. 2004. Página 45.

[50] Concordet es un adelantado a su tiempo, brillante matemático, es un hombre que destaca por su polivalencia como sociólogo y filósofo. Aboga por la abolición de la esclavitud y de los derechos feudales, defendiendo los derechos de la mujer y el reconocimiento del sufragio universal, también a favor de éstas. Contrario a la pena de muerte, votará en contra de la ejecución de Luis XVI. Fallecerá como un proscrito en condiciones que no quedaron del todo claras. BAUBÉROT, JEAN. *Histoire de la laïcité en France.* Presses Universitaires de France. París. 2000. Página 13. DUCOMTE, JEAN-MICHEL. *La laicïcité.* Milan. Toulouse. 2009. Páginas 9 y 22. PEÑA-RUIZ, HENRI y TEJEDOR DE LA IGLESIA, CÉSAR. *Antología laica. 66 textos comentados para comprender el laicismo.* Ediciones de la Universidad de Salamanca. Salamanca. 2009. Páginas 166 y ss.

septiembre de 1792. El clero refractario es puesto pronto en el punto de mira de los revolucionarios, aunque tampoco escapa el clero constitucional, ni las minorías protestante y judía. Varios miles de religiosos son asesinados, en muchos casos sin juicio, y en otros tras un proceso sumario y sin garantías. *El culto de la Razón eterna es el único digno de una nación libre e ilustrada,* y en París se celebra una *fiesta de la diosa Razón* en la catedral de Notre-Dame. Y los cultos revolucionarios se extienden a nuevas deidades femeninas, Razón, Libertad o Patria, a lo que hay que unir los nuevos mártires revolucionarios caídos durante las guerras de Vendée. Robespierre decretará en mayo de 1794 que *el pueblo francés reconoce la existencia del Ser supremo y de la inmortalidad del alma.*[51]

Con la Revolución se cuestiona seriamente el origen divino del poder real, y se reivindica la soberanía popular, y aunque ello no impedirá las solemnes consagraciones de Napoleón y de Carlos X, lo cierto es que quedan asentadas las bases del principio del fin de estas ideas milenarias, desde el momento en que los hombres van *a nacer y permanecer libres e iguales en derechos.*[52]

Tal vez ninguna Revolución anterior a la bolchevique, presente unas más profundas connotaciones anticristianas, que la Revolución francesa, que priva a la Iglesia católica de los diezmos, nacionaliza sus bienes, rediseña de modo unilateral la geografía eclesiástica, abole el clero regular y convierte al secular en meros funcionarios asalariados por el Estado, y no duda en perseguir al clero *refractario* que se niega a prestar juramento a unas *reformas* que han sido impuestas de un modo unilateral y autoritario por parte del Estado, y que en su fase final desencadenará un cruel derramamiento de sangre de los miembros del clero, no dudando en rescribir el calendario cristiano, llegando incluso a modificar la denominación de los lugares cristianos, destruyendo o desfigurando la iconografía cristiana, rebautizando las iglesias como *Templos de la Razón* o de un cierto *Ser Supremo.*[53]

---

[51] BAUBÉROT, JEAN. *Histoire de la laïcité en France.* Presses Universitaires de France. París. 2000. Páginas 14 y 15.

[52] Artículo 1 de la Declaración de Derechos del Hombre y el Ciudadano, de 26 de agosto de 1789.

[53] VAN KLEY, DALE K. *Les origines religieuses de la Révolution française. 1560-1791.* Seuil. París. 2002. Página 15.

5. NAPOLEÓN: EL CONCORDATO DE 1801 Y EL SISTEMA DE *CULTOS RECONOCIDOS*

La Constitución de 1799, que instaura el Consulado, guarda un significativo silencio sobre la regulación del fenómeno religioso, algo que BARBIER achaca no tanto a una actitud de *indiferencia* hacia el problema, cuando a la propia *complejidad* del mismo.[54]

La Ley de 8 de abril de 1802, (18 de Germinal del año X), recoge la Convención o Concordato de 15 de julio de 1801, (26 de Messidor del año IX),[55] compuesto por un preámbulo seguido de 17 artículos, firmado entre Napoleón y Pío VII, así como los 77 artículos orgánicos redactados unilateralmente por Portalis, por recomendación del ministro Charles Maurice de Talleyrand, que no son reconocidos por Roma, y que tratan de configurar una Iglesia católica galicana, sujeta a un estrecho control por parte del poder temporal, a los que hay que sumar otros 44 artículos orgánicos que afectan a los protestantes, que blindan la supremacía de la autoridad civil sobre la religiosa, cuyos miembros vienen a ser considerados en cierto modo verdaderos funcionarios públicos, remunerados por el Estado. Esta obra será completada por los Decretos de 17 de marzo de 1808, que regulan el culto judío. El Cuerpo Legislativo ha aprobado la Ley de 8 de abril de 1802 por 228 votos a favor, frente a 21 en contra y 51 abstenciones, no es la unanimidad que hubiera deseado el Primer Cónsul, pero es una muy amplia mayoría, y que deja abierta las puertas para una solemne misa seguida por un *Te Deum*, a celebrar en *Notre Dame* de París, con el fin de celebrar la paz de Amiens de 25 de marzo de 1802 con Inglaterra, y la reconciliación con Roma.[56]

Detrás del Concordato se esconden dos grandes objetivos perseguidos por Napoleón, el primero será el de conseguir la reconciliación de los franceses en materia religiosa, tras los traumáticos acontecimientos

---

[54] BARBIER, MAURICE. *La Laïcité.* L´Harmattan. París. 1995. Página 34. Sobre la particular peripecia española puede consultarse el actualizado estudio: PARDO PRIETO, PAULINO CÉSAR. *Laicidad y Acuerdos del Estado con Confesiones religiosas.* Tirant lo Blanch. Valencia. 2008.

[55] RAUX, GEORGES. *La République et le Concordat de 1801.* Ancienne Maison Quantin. Librairies-Imprimeries Réunies. París. 1895. Páginas 315 y ss.

[56] MINART, GÉRARD. *Les opposants à Napoléon. 1800-1815 L´élimination des royalistes et des républicains.* Privat. Toulouse. 2003. Páginas 103 y 104.

revolucionarios, y el segundo, controlar todas las riendas del poder y de la instituciones, lo que obliga a tener atadas en corto también a las confesiones religiosas, y muy especialmente a la Iglesia católica.[57]

El Concordato procede a redefinir las relaciones entre el trono y el altar, buscando la sumisión del segundo al primero, y viene a *resolver* tres cuestiones candentes, desde un punto de vista galicano, inspirado en buena parte en lo que en Austria se conocerá como *espíritu sacristán*[58] del soberano:[59]

1) El estatuto de la Iglesia católica, reconociéndose a la religión católica como la de *la gran mayoría* de los franceses, pero no la *oficial* del *Estado*, (como ocurría durante el Antiguo Régimen), una fórmula verdaderamente decepcionante, por su limitación. Un catecismo católico único enseña la fidelidad al Emperador, pues Dios *ha establecido a Napoleón nuestro soberano, le ha convertido en ministro de su poder y su imagen sobre la Tierra. Honrar y servir a nuestro Emperador es por lo tanto honrar y servir a Dios mismo.* La desobediencia es considerada como un *pecado mortal.*[60]

2) La designación de los obispos, a raíz de uno por departamento, con una intensa injerencia del poder temporal, al ser nombrados por el Primer Cónsul, limitándose el Papa a conceder a posteriori la *investidura canónica*, es decir, el derecho a ejercer sus funciones espirituales. El Concordato reduce las diócesis francesas de las 139 del Antiguo Ré-

---

[57] MARTY, NICOLAS. *L'emergence de la loi de 1905 et son contexte.* En: MARTY, NICOLAS y GAUDELET, BRUNO. (Dir.) *Centenaire de la Loi de Séparation des églises et de l'État du 9 décembre 1905.* Presses Universitaires de Perpignan. Perpignan. 2007. Página 25. POULAT, ÉMILE. *Notre laïcité publique. "La France est une République laïque".* Berg. París. 2003. Página 68 y ss.

[58] Apelativo puesto desde Prusia a José II de Austria.

[59] BAUBÉROT, JEAN. *Histoire de la laïcité en France.* Presses Universitaires de France. París. 2000. Páginas 20 y ss. CAIRE-JABINET, MARIE PAULE. *Histoire des religions en France. (16e-20e siècles).* Armand Colin. París. 2000. Página 93. DUCOMTE, JEAN MICHEL. *La Loi de 1905. Quand l'État se séparait des Églises.* Milan. Toulouse. 2005. Páginas 6 y 7.

[60] BÉTHOUART, BRUNO. *Religion et culture en Europe Occidentale de 1800 a 1914.* Editions du Temps. París. 2001. Página 23. PENA-RUIZ, HENRI. *Permanence de la loi de 1905.* En: ZARKA, CHARLES YVES. *Faut-il reviser la Loi de 1905?* Presses Universitaires de France. París. 2005. Página 140.

gimen y las 87 *constitucionales*, a 52, 9 arzobispados y 43 obispados.[61] Los obispos deberán prestar un juramento de fidelidad al Primer Cónsul, en lugar de a la Constitución. Un nuevo episcopado surge a raíz de las disposiciones concordatarias, que nunca volverá a desempeñar el papel jugado durante el Antiguo Régimen. De los sesenta primeros obispos y arzobispos nombrados por Napoleón, únicamente 32 eran nuevos, los restantes 28 ya lo eran con anterioridad, de los cuales 16 eran refractarios y 12 constitucionales. Los sacerdotes serán nombrados igualmente por el Estado, a proposición de los obispos, que les consagran. El Papa acepta la alienación de los bienes del clero, como hecho consumado, y a cambio, los ministros de culto van a ser pagados por el Estado, y las parroquias se convierten en establecimientos públicos.[62]

3) La cuestión de los *bienes nacionales*, o si se prefiere, *nacionalizados,* durante la Revolución, que no serán restituidos a la Iglesia, comprometiéndose Napoleón como contrapartida a retribuir al clero católico, lo cual era sin duda una herramienta de doble filo para la Iglesia, pues la convertía en extremadamente dependiente respecto al Estado, prueba de ello era el *Catéchisme de toutes les Églises catholiques de l´Empire français*, o *Catecismo Imperial* redactado por Bernier, promulgado el 4 de abril de 1806 por decreto imperial, (con el fin de conseguir la *unidad de fe,* o la *unidad del Imperio*, según se opte por la óptica de la Iglesia, o la del poder civil),[63] en que queda patente el intento de buscar un clero dócil y sumiso al poder civil, que no en vano es quien le retribuye, con

---

[61] LENIAUD, JEAN-MUCHEL. *L´Administration des Cultes pendant la période concordataire.* Nouvelles Editions Latines. París. 1988. Página 48. SIAT, JEANNINE. *Les catholiques en France, du Concordat à la Séparation de l´Église.* En: CARRIER-REYAUD, BRIGITTE. (Dir.) *Histoire de la religion et de la culture en Europe de 1800 à 1914.* Ellipses. París. 2001. Página 79. POULAT, ÉMILE. *Notre laïcité publique. "La France est une République laïque".* Berg. París. 2003. Página 72.

[62] AMSON, DANIEL. *La Querelle religieuse.* Odile Jakob. París. 2004. Página 150. DUCOMTE, JEAN-MICHEL. *La laicïcité.* Milan. Toulouse. 2009. Página 11. BAUBÉROT, JEAN y MILOT, MICHELINE. *Laïcités sans frontières.* Seuil. París. 2011. Página 260.

[63] En que se especifican los deberes de los cristianos hacia Napoleón del siguiente modo: *l´amour, le respect, l´obéissance, la fidélité, le service militaire, les tributs ordonnés pour la conservation, la défense de l´Empire et de son trône; nous le devons encore des prières ferventes pour son salut et pour la prospérite spirituelle et temporelle de l´État.* POULAT, ÉMILE. *Notre laïcité publique. "La France est une République laïque".* Berg. París. 2003. Páginas 75 a 77.

salarios que oscilan entre los 15.000 francos para los arzobispos, y 1.000 para los curatos de 2ª clase.

El Concordato no fue un *matrimonio por amor,* sino una *asociación interesada.* El Primer Cónsul calificará al Papa como *viejo zorro,*[64] y no dudará en afirmar que él había sido *musulmán en Egipto* y *católico aquí.* Pío VII nunca tuvo la menor confianza en Napoleón, su mayor preocupación será tratar de conseguir salvaguardar su poder temporal y su autoridad sobre la Iglesia de Francia. Aunque en su política religiosa pueda verse una cierta *traición* a la representada por los ideales republicanos, pese a ser un hijo de la Revolución.[65]

El nuevo acuerdo contribuirá a la pacificación de la cuestión religiosa, a pesar de haber suscitado la oposición de los católicos ultramontanos, temerosos del debilitamiento de la autoridad del Papa, y también por razones distintas, por parte de determinados juristas, miembros de las grandes instituciones del Estado, que interpretaron que el mismo suponía una alianza entre *el trono y el altar*, entre *el sable y el hisopo.* El liberalismo del siglo XIX hará uno de sus estandartes con la revisión del modelo concordatario de relaciones entre la Iglesia y el Estado, arraigando dichos planteamientos liberales no sólo en un amplio sector de la izquierda republicana, sino también en sacerdotes como Félicité de Lamennais, poco entendidos en su época, que defenderán la separación entre la Iglesia y el Estado como un modo de garantizar la independencia de la Iglesia, y la libertad necesaria para poderse renovar.[66]

---

[64] *Vieux renard,* sic.

[65] Ni el episcopado *refractario*, ni el *constitucional*, supondrán en opinión de LANESSAN un serio obstáculo para Napoleón. El jefe de los refractarios, el cardenal Maury, no dudará en declarar que *con una buena policía y un buen clero, el Emperador podrá asegurar siempre la tranquilidad pública, pues un arzobispo es también un prefecto de policía.* En cuanto a los constitucionales, aunque éstos enviarán al Primer Cónsul con ocasión de la firma del Concordato, un escrito de protesta, reclamando el mantenimiento del sistema electivo para el reclutamiento de la jerarquía eclesiástica francesa, terminarán por inclinarse ante las pretensiones del autócrata. La situación del bajo clero podía resumirse en una actitud mayoritaria de clara sumisión a los dictados de los obispos, y del poder civil, mal pagado e insuficientemente instruido, con frecuencia veía con recelo a las congregaciones, que acaparaban los mejores puestos y se aseguraban la clientela católica más acomodada económicamente. DE LANESSAN, JEAN-LOUIS. *L'État et les églises en France depuis les origines jusqu'à la séparation.* Félix Alcan Editeur. París. 1906. Páginas 136 y 137.

[66] CABANEL, PATRIK. *1905, la séparation des Églises et de l'État en 30 questions.* Geste. La Crèche. 2005. Página 30. CABANEL, PATRICK. *Entre religions et laïcité. La*

Los artículos orgánicos entrarán también a regular el estatuto jurídico de las minorías religiosas:[67]

1) Los protestantes (reformados o calvinistas, y seguidores de la confesión de Augsburgo o luteranos), son organizados por los artículos en abril de 1802, conforme a un régimen jurídico aún más estricto que el de los católicos, pues el Gobierno controla estrechamente todas sus actividades, incluido lo relativo a cuestiones de disciplina. Los pastores van a ser elegidos por los consistorios locales, siendo ulteriormente ratificados por el poder civil, y tienen que prestar juramento de fidelidad al Estado, que los remunera.

2) El culto judío se organiza más tarde por sendos Decretos de 17 de marzo de 1808, bajo un estrecho control imperial. Los miembros de los consistorios y del consistorio central deben de ser aprobados por la autoridad civil. Los rabinos y grandes rabinos son retribuidos por el ejercicio de sus funciones, pero el montante de tales remuneraciones, así como los gastos de culto, son soportados en última instancia por los propios judíos, conforme a un plan de reparto propuesto a los respecticos prefectos. El fin último perseguido es intentar reagrupar a los judíos franceses alrededor del Estado nacional de un poder centralizador, tratando de limitar las funciones del consistorio, al menos inicialmente, a las cuestiones religiosas y educativas.[68]

Con Napoleón los cuatro cultos reconocidos, (católico, luterano, calvinista y judío, en un país en el que apenas el 2% de la población es protestante y un 0,2% judía[69]), pasan a convertirse en verdaderos *servicios públicos*, (aunque no por ello reciben un trato igualitario por parte del Estado, pues éste no financia directamente el culto judío), enterrando la idea revolucionaria de separación, e independencia económica, que volverá a renacer un siglo más tarde, al promulgarse la Ley de separación de 1905.

---

voie française: XIXe-XXIe siècles. Privat. París. 2007. Página 69 y ss. VANDENBUSSCHE, ROBERT. *Les Églises et l´État: d´une séparation à l´autre, 1789-1905*. En: VV.AA. *Les Églises et l´État d´une séparation à l´autre. 1789-1905*. Snoeck. 2005. Página 13.

67 BARBIER, MAURICE. *La Laïcité*. L´Harmattan. París. 1995. Página 36.

68 GIOLITTO, PIERRE. *Histoire de l´enseignement primaire au XXe siècle. L´organisation pédagogique*. Nathan. París. 1983. Página 14.

69 Los pastores protestantes comienzan a ser retribuidos por el Estado a partir de 1804, y se reúne un Gran Sanedrín y una Asamblea de notables judíos en 1807, y al año siguiente se reorganiza el *culto israelita* por medio de un Decreto. BAUBÉROT, JEAN. *Histoire de la laïcité en France*. Presses Universitaires de France. París. 2000. Páginas 21 y 27.

Por el contrario el Concordato es un fiel reflejo del espíritu utilitarista con el que Napoleón mira a la religión, que le impide renunciar a la tentación de intentar servirse de ella para consolidarse en el trono.[70]

El sistema concordatario no afecta a las congregaciones u órdenes religiosas, que han sido prohibidas, pero un Decreto de 1804 autoriza algunas órdenes religiosas misioneras, y otro de 1809 reconoce a las congregaciones hospitalarias de mujeres.[71]

El Concordato de 1801, supone la pacificación de la Iglesia de Francia, que se encontraba dividida a raíz de la Revolución entre religiosos a favor y en contra de la República, y el nuevo ordenamiento constitucional. En la oposición al Concordato se encuentra un doble grupo de motivos, el primero de ellos de carácter dinástico, (que se resuelve con la caída de Bonaparte en 1814, y la vuelta de los Borbones), y el segundo de naturaleza religiosa. Los partidarios de una perspectiva *ultramontana,* especialmente numerosos dentro del clero de segundo rango, serán fundamentalmente anti concordatarios, pues son favorables a la preeminencia absoluta del Papa sobre los obispos, y defienden ideas de naturaleza esencialmente teocrática, siendo uno de sus máximos exponentes el cardenal Pie, (1815-1880). Una de las principales consecuencias *colaterales* del ultramontanismo será el colocar a los católicos en la oposición política a la III República, al lado de los monárquicos, a partir de 1870.[72]

El Concordato va a ser objeto de rechazo por un sector de la Iglesia católica, conocido como la *Petite Église,* y en cuyo origen se encuentra un cierto número de obispos que terminarán en buena parte por someterse, y una serie de sacerdotes, que en su mayoría morirán sin reconciliarse, llegando hasta nuestros días, afectando a un limitado número de laicos, recibiendo diversos nombres.[73] Clasificada por CABANEL como *una*

---

[70] Al pedir Napoleón al general Delmas su opinión sobre el esplendor del *Te Deum* solemne celebrado en Notre-Dame el 18 de abril de 1802, Domingo de Pascua, éste le responderá que para esto no había hecho falta sacrificar a 100.000 hombres: *Il n'y manque que les 100.000 hommes qui se sont fait tuer pour supprimer tout cela,* sic.

[71] BARBIER, MAURICE. *La Laïcité.* L'Harmattan. París. 1995. Página 36.

[72] LENIAUD, JEAN-MUCHEL. *L'Administration des Cultes pendant la période concordataire.* Nouvelles Editions Latines. París. 1988. Página 26.

[73] *Dissidents* en Poitou, *Illuminés* en Gascogne, *Enfarinés* en Rouergue, *Clémentins* y *Blanchardistes* en Normandía, *Filochois* en Touraine, *Stévénistes* en Bélgica, *Louisets* en Bretaña, por ser seguidores de Luis XVIII, *Bétournes* o *Basniéristes* en Cotentin y Avranchin, *Élus* en Perche, *Fidèles* en Provenza, *Purs* en Languedoc. DROCHON, JEAN-EMMANUEL

especie de extrema derecha católica, desesperada y no sin grandeza, en su fidelidad casi clandestina, conservada de generación en generación.[74] Las pequeñas comunidades que han llegado hasta nuestros días, se caracterizan por carecer de sacerdotes, pues los últimos religiosos anti concordatarios fallecieron hace más de siglo y medio. Hoy en día continúan empleando los misales en latín de la época de Luis XVI.

La *Petite Église* llegará a agrupar a unos 100.000 católicos a principios del siglo XIX, dos siglos después, en nuestros días son apenas 4.000 fieles. Las razones para oponerse al Concordato son muy diversas, encontrándose en buena parte recogidas en las *Réclamations Canoniques* de 6 de abril de 1803, dirigidas a Pío VII por los obispos franceses que se negaban a dimitir, siguiendo los dictados de Napoleón. En el fondo convergen motivos como la consideración de Napoleón como un usurpador, frente a los derechos monárquicos defendidos por los legitimistas, el rechazo de la fórmula *Salvam fac Republicam, salvos fac Consules,* añadida en las plegarias por el artículo 8 del Concordato, y del juramento impuesto por el artículo 6 del mismo, consistente en la fórmula *Je jure et promets à Dieu, sur les saint Évangiles, de garder obéissance et fidelité au gouvernement établi par la Constitution de la République Française.* O la negativa a dar por buena la pérdida de los bienes de la Iglesia, convertidos en bienes nacionales, que son considerados como bienes expoliados.[75] O las tensiones derivadas de la fusión forzada de parroquias,[76] y la supresión de festividades religiosas, y la dimisión forzada de todos los obispos franceses,[77] que abre una grave crisis en el seno de la Iglesia de Francia. Por el breve *Tam multa,* de 15 de agosto de 1801, el Papa Pío VII requiere a los prelados franceses que dimitan de sus sedes en el espacio de 10 días. Ante la demora en seguir sus dictados, el 29 de noviembre de 1801, por la bula *Qui Christi Domini vices,* declara las diócesis libres y vacantes, de todos aquellos obispos legítimos cuyas dimisiones no hubieran llegado a Roma. Las *Réclamations Canoniques* de 6 de abril de 1803, ponen de relieve el inédito carácter en la historia de la Iglesia, de

---

B. *La Petite Église. Essai historique sur le schisme anticoncordataire.* Maison de la Bonne Presse. París. 1894. Páginas XI y XII, y 133.

[74] CABANEL, PATRICK. *Entre religions et laïcité. La voie française: XIXe-XXIe siècles*. Privat. París. 2007. Página 68.

[75] Artículo 13 del Concordato.

[76] Artículo 9 del Concordato.

[77] Artículo 3 del Concordato.

estas dimisiones forzadas, haciendo un llamamiento a la inamovilidad del episcopado, y a la indisolubilidad del matrimonio espiritual entre los obispos y sus diócesis.[78]

El sistema concordatario napoleónico estará llamado a pervivir durante más de un siglo, hasta 1905, (llegando incluso hasta nuestros días en el caso de Alsacia y Mosela, así como en mayor o menor extensión, en Bélgica, el Gran Ducado de Luxemburgo y Mónaco), a pesar de las vicisitudes que rodean su origen, con una negociación larga y una aprobación laboriosa, a pesar de haber sido visto por los fieles a los ideales de 1789 como una traición a las víctimas republicanas de las guerras de Vendée, que enfrentaran a los partidarios de la Revolución francesa y a los contrarevolucionarios, y por sectores realistas ultras, como una capitulación.[79]

El Código Civil napoleónico de 1804 guarda un significativo silencio sobre cuestiones religiosas, contribuyendo a la secularización del Estado y del Derecho, contradiciendo en algunos aspectos al Derecho Canónico, permitiendo el préstamo con intereses, secularizando el derecho de familia, el estado civil de las personas, el matrimonio[80] y mantiene la posibilidad de divorcio, algo inaceptable para la Iglesia, que no obstante obtendrá su interdicción entre 1816 y 1884.[81]

El modelo napoleónico tiene en cuenta la diversidad de cultos, pero somete a las confesiones religiosas al control del Estado, descartando una solución separatista. El balance revolucionario es por lo tanto ambivalente, pues aunque supone un aldabonazo en pro de la secularización del Estado, no consigue la efectiva realización del principio de libertad de conciencia, ni del de igualdad de los ciudadanos, con independencia de cuál fueran sus creencias. La propia obra legislativa de Napoleón es también ambivalente, al abandonar el principio de separación entre la

[78] DANE, PIERRE. *Les Dissidents du Bocage. De la Révolution à la «Petite Église».* Éditions du Petit Pavé. Saint-Jean des Mauvrets. 2004. JANSSEN, GUY. *La Petite Église en 30 questions.* Geste Éditions. La Crèche. 2006. Páginas 6 y 9 a 10.

[79] ÉTÈVENAUX, JEAN. *L'Église et l'État. La grand histoire de la laïcité.* Saint-Léger Éditions. 2012. Página 212. DUCOMTE, JEAN-MICHEL. *La laicïcité.* Milan. Toulouse. 2009. Página 11.

[80] El Código Penal de 1810 prohibirá toda *bendición nupcial* con anterioridad a la celebración del matrimonio civil. Dicha *bendición nupcial*, deja de ser obligatoria.

[81] BAUBÉROT, JEAN. *Histoire de la laïcité en France.* Presses Universitaires de France. París. 2000. Páginas 22 y 23.

Iglesia y el Estado, y apostar por un particular modelo galicano, en que el poder público se interfiere en la designación de los obispos. Como señala BAUBÉROT, lo importante de las revoluciones, es lo que queda después de ellas, y en este sentido hay que admitir que algunos pasos adelante se consolidan, como el reconocimiento del principio de igualdad ante la Ley de todos los ciudadanos, avanzándose en la consolidación del derecho a la libertad de conciencia y religiosa, a pesar de los límites, como por ejemplo la prohibición a los obispos de salir de sus diócesis, sin contar con la autorización de los prefectos.[82]

El rechazo por parte de Pío VII a adoptar una toma de posición servil y seguidista respecto a la política internacional de Napoleón, negándose a impedir por ejemplo que las naves inglesas recalaran en Civita Vecchia, hace que el Emperador se decida a invadir los Estados Pontificios y encarcelar al Papa, que lo excomulga. En diciembre de 1809 el Senado rompe el matrimonio con Josefina, pero el Papa y muchos cardenales se niegan a reconocer el matrimonio religioso con la Archiduquesa María Luisa, el 1 de abril de 1810. El Papa rechaza confirmar los obispos nombrados por Napoleón, pero finalmente se ve obligado a firmar el *Concordato de Fontainebleau,* de 19 de enero de 1813[83] algo de lo que luego Pío VII se retracta, para terminar haciendo su entrada triunfal en Roma en 1814.[84]

6. LA RESTAURACIÓN BORBÓNICA Y LA REVOLUCIÓN DE 1830

Al producirse la restauración borbónica en 1814 en la persona de Luis XVIII, la generación que entonces tiene 30 años de edad, no se encuentra forzosamente asociada a la práctica de la religión, pues los acontecimientos revolucionarios no han pasado en vano. El nuevo soberano ostentará

---

[82] BARBIER, MAURICE. *La Laïcité.* L´Harmattan. París. 1995. Página 36. BAUBÉROT, JEAN. *Histoire de la laïcité en France.* Presses Universitaires de France. París. 2000. Página 19.

[83] El artículo 4 del mismo establecía un plazo máximo para ello de 6 meses. Pasado el cual sin que S.S. diera la institución, el metropolitano, o en su defecto el obispo más antiguo de la provincia, procedería a la institución del nuevo obispo, de modo que no estuviera vacante en ningún caso una sede episcopal, por espacio superior a un año.

[84] BÉTHOUART, BRUNO. *Religion et culture en Europe Occidentale de 1800 a 1914.* Editions du Temps. París. 2001. Página 23.

el trono hasta su fallecimiento en 1824 con el breve paréntesis del regreso por espacio de cien días de Napoleón, el catolicismo vuelve a recuperar su condición de *religión de Estado*, sucediéndose los intentos por revertir el estado de cosas dejado por la Revolución, como la restitución a la Iglesia del control sobre los registros del estado civil de las personas o la imposición de la negociación de un nuevo Concordato, lo que no se llega a consumar. La Carta otorgada por Luis XVIII en 1814, refleja en algunos aspectos que la Revolución no ha pasado en vano, al reconocer en su artículo V que *cada uno profesa su religión con igual libertad y obtiene para su culto la misma protección,* y en su artículo VII reconoce la financiación pública de los cultos cristianos, (católico y protestante), aunque en su artículo VI indica que *la religión católica, apostólica y romana es la religión del Estado,*[85] lo cual no deja de ser contradictorio especialmente con lo afirmado en su artículo V. El clero católico muestra desde el principio su adhesión a la Restauración borbónica, y la ruptura con el orden revolucionario, organizando ceremonias expiatorias por las víctimas de la Revolución, si bien Luis XVIII trata de mantener un actitud prudente en materia religiosa, y no se mostrará excesivamente entusiasta de dotar a la Iglesia de un estatuto jurídico privilegiado, perdiendo definitivamente el marco favorable característico del Antiguo Régimen.[86]

La adopción de la Carta de 1814 no conlleva una vuelta a la situación inmediatamente anterior a 1789, pues hay algunos acontecimientos revolucionarios que están llamados a dejar su impronta de cara al futuro en la regulación del derecho a la libertad de conciencia en Francia, el más importante de todos ellos, el reconocimiento del derecho de libertad religiosa, algo para lo que se tendrá que esperar en España hasta la Constitución de 1869, y aunque la afirmación de la religión católica como la *religión del Estado,* supone un indudable paso atrás con respecto al Concordato, (en que se definía como la religión de *la mayor parte de los franceses*), no por ello se puede pasar por alto el fracaso de los sectores

---

[85] BAUBÉROT, JEAN. *Histoire de la laïcité en France.* Presses Universitaires de France. París. 2000. Páginas 29 y 30. DUCOMTE, JEAN-MICHEL. *La laicïcité.* Milan. Toulouse. 2009. Página 13.

[86] CAIRE-JABINET, MARIE PAULE. *Histoire des religions en France. (16e-20e siècles).* Armand Colin. París. 2000. Página 94. MAYEUR, JEAN-MARIE. *La question laïque. XIXe-XXe siècle.* Fayard. 1997. Página 17.

más ultras en su intención de borrar de un plumazo los derechos de luteranos, calvinistas y judíos.[87]

El sistema electoral es modificado con el fin de favorecer a los grandes propietarios. En 1821, la Cámara invita al Rey a *fortalecer la autoridad de la religión sobre el espíritu de los pueblos y a depurar las costumbres por un sistema de educación cristiana y monárquica.* La Ordenanza de 27 de febrero de 1821, pone la instrucción secundaria en manos de la Iglesia, estableciendo en su artículo 13 que las bases de la educación son la *religión, la monarquía, la legitimidad y la Carta,* y atribuye en su artículo 14 a los obispos el derecho de vigilancia sobre todos los colegios de su diócesis, reconociéndoles un derecho de visita que podría ejercerse bien personalmente, o bien por medio de sus vicarios generales. El artículo 20 preveía la distribución de medallas de oro entre aquellos profesores que se distinguieran por su *conducta religiosa y moral* y por el éxito de la enseñanza.[88]

A Luis XVIII, le sucede su hermano Carlos X, (constituyendo la única sucesión conforme al Derecho establecido, en la Jefatura del Estado en Francia, a lo largo del siglo XIX),[89] el cual se hace coronar en Reims el 29 de mayo de 1825, siguiendo el viejo rito ceremonial del Antiguo Régimen, en una ceremonia que comienza a resultar a todas luces como anacrónica, y que desarrolla una política ultraconservadora y contra revolucionaria, legislando el 20 de abril de 1825 duras penas contra el sacrilegio, (incluyendo trabajos forzados y la pena de muerte para la profanación de las hostias consagradas), y promulgando la denominada ley *du milliard aux émigrés,* en 1825, que trata de indemnizar a aquellos

---

[87] MARTY, NICOLAS. *L'emergence de la loi de 1905 et son contexte.* En: MARTY, NICOLAS y GAUDELET, BRUNO. (Dir.) *Centenaire de la Loi de Séparation des églises et de l'État du 9 décembre 1905.* Presses Universitaires de Perpignan. Perpignan. 2007. Página 27.

[88] DE LANESSAN, JEAN-LOUIS. *L'État et les églises en France depuis les origines jusqu'à la séparation.* Félix Alcan Editeur. París. 1906. Página 144.

[89] Carlos X y Luis Felipe caen a raíz de sendas revoluciones. Napoleón III es derrotado en la guerra franco-prusiana, proclamándose a continuación la III República, y ningún presidente del la III República concluirá su mandato en el siglo XIX, hasta que Émile Loubet sea reemplazado por Armand Fallières en 1906.

nostálgicos del Antiguo Régimen que hubieran perdido sus bienes, vendidos durante la Revolución.[90]

La monarquía de la restauración se amoldará muy bien al Concordato, y no dudará en utilizar todos los resortes que el mismo le brinda para hacer callar a los obispos díscolos, demasiado *romanos*, mediante el denominado procedimiento del recurso de abuso ante el Consejo de Estado, como ocurrirá con monseñor Clermont-Tonnerre, obispo de Toulouse, al que se le retira su retribución pública en 1828, por haber criticado la política del Ministro de Cultos.[91]

Entre tanto las vocaciones van en aumento, pasando de 918 ordenaciones en 1815, a 2.537 en 1830. A partir de 1820 se crean 30 nuevas diócesis, que se suman al medio centenar al que habían quedado reducidas tras Napoleón, de modo que en 1870, ascendían a 89. Y 19 arzobispos y obispos pasan a formar parte de la Cámara de los Pares. En junio de 1828 se prohíbe a los jesuitas el ejercicio de la enseñanza, y se limita a 20.000 el número de alumnos de los seminarios menores, suprimiéndose la censura de la prensa.[92]

Un sector minoritario de los católicos, desean poner fin al contrato leonino que supone el Concordato. Entre sus más significados exponentes encontraremos a Félicité de Lamennais, que en otoño de 1830 hace un llamamiento desde *L'Avenir*, a la separación entre la Iglesia y el Estado, a una *Iglesia libre en un Estado libre*. Lamennais será condenado por el Papa, pero sus tesis renacerán en ciertos sectores de la Iglesia, en vísperas de la separación.[93]

---

[90] BONET-MAURY, GASTON. *La liberté de conscience en France depuis l'Édit de Nantes jusqu'à la séparation (1598-1905).* Félix Alcan Editeur. París. 1909. Páginas 138 y ss.

[91] LENIAUD, JEAN-MUCHEL. *L'Administration des Cultes pendant la période concordataire.* Nouvelles Editions Latines. París. 1988. Página 48. MARTY, NICOLAS. *L'emergence de la loi de 1905 et son contexte.* En: MARTY, NICOLAS y GAUDELET, BRUNO. (Dir.) *Centenaire de la Loi de Séparation des églises et de l'État du 9 décembre 1905.* Presses Universitaires de Perpignan. Perpignan. 2007. Páginas 27.

[92] BÉTHOUART, BRUNO. *Religion et culture en Europe Occidentale de 1800 a 1914.* Editions du Temps. París. 2001. Páginas 23 y 24.

[93] CABANEL, PATRIK. *1905, la séparation des Églises et de l'État en 30 questions.* Geste. La Crèche. 2005. Página 30. CABANEL, PATRICK. *Entre religions et laïcité. La voie française: XIXe-XXIe siècles.* Privat. París. 2007. Página 69 y ss. PEÑA-RUIZ, HENRI y TEJEDOR DE LA IGLESIA, CÉSAR. *Antología laica. 66 textos comentados*

La Revolución de julio de 1830 pone fin a su reinado, y provoca la llegada al poder de Luis Felipe de Orleans, (*Monarquía de Julio*, 1830-1848), que se convierte así en *Rey de los franceses,* (el último por cierto), hasta su caída en 1848, el cual renuncia a erigirse en lugarteniente de Dios en la tierra, de modo que la religión católica deja de ser la oficial *del Estado* para volver a ser *la profesada por la mayoría de los franceses.* Se deroga la durísima legislación penal borbónica en materia de represión del sacrilegio, pero por el contrario no se revisa la prohibición del divorcio.[94] La Revolución de julio de 1830 presenta claras connotaciones anticlericales, y la casa de Orleans no participará de la misma concepción del poder, (y la religión), que la casa de Borbón, por lo que Luis Felipe no dudará en aplicar los artículos orgánicos en toda su extensión, procediendo además a un ajuste de la dotación del clero católico, apoyándose en ministros como Guizot, de credo protestante.[95]

La Ley de 8 de febrero de 1831 establece que el Estado toma a su cargo la retribución de los rabinos judíos, concretamente 8 grandes rabinos, 23 rabinos y 41 chantres o ministros oficiantes, que pasan a equipararse a los sacerdotes católicos y los pastores protestantes. Un judío procedente de Nimes, Adolphe Crémieux, que ocupará el Ministerio de Justicia con motivo de la constitución del Gobierno provisional de 1848, dedicará todos sus esfuerzos a la erradicación del infamante juramento *more judaico,* y la adopción de la fórmula general *Je le jure,* para todos los franceses de origen judío, sin discriminación alguna. La integración y promoción de los judíos en Francia, en el siglo XIX, se hará sin que ello suponga la pérdida de su identidad judía, y las conversiones al cristianismo serán

---

para comprender el laicismo. Ediciones de la Universidad de Salamanca. Salamanca. 2009. Páginas 120 y ss. VANDENBUSSCHE, ROBERT. *Les Églises et l´État: d´une séparation à l´autre, 1789-1905.* En: VV.AA. *Les Églises et l´État d´une séparation à l´autre. 1789-1905.* Snoeck. 2005. Página 13.

[94] BAUBÉROT, JEAN. *Histoire de la laïcité en France.* Presses Universitaires de France. París. 2000. Página 33. BELLON, CHRISTOPHE. *La séparation des Eglises et de l´État. De la genèse à l´application de la loi de 1905.* En: *Histoires & Géographes.* Número 391. Página 194. DUCOMTE, JEAN-MICHEL. *La laicïcité.* Milan. Toulouse. 2009. Páginas 12 y 13.

[95] MARTY, NICOLAS. *L´emergence de la loi de 1905 et son contexte.* En: MARTY, NICOLAS y GAUDELET, BRUNO. (Dir.) *Centenaire de la Loi de Séparation des églises et de l´État du 9 décembre 1905.* Presses Universitaires de Perpignan. Perpignan. 2007. Páginas 28.

muy pocas, (apenas un centenar entre 1808 y 1840), y circunscritas a medios burgueses.[96]

La necesidad de reconocer el derecho a la libertad religiosa comienza a arraigar entre los intelectuales, entre los que encuentra su plasmación en la obra de Benjamín Constant, *De la religion, considérée dans sa source, ses formes et ses développements,*[97] (1824-31), como un elemento clave para garantizar la independencia entre el poder religioso y el político. En 1825 el teólogo protestante Alexandre Vinet se muestra partidario de impedir que el Estado se pronuncie sobre cuestiones religiosas, y suprimir el presupuesto de culto y clero. Paul-Louis Courier se une a esas tesis de forma más anticlerical. Incluso el otrora sacerdote ultramontano Félicité de Lamennais, (1782-1854), aboga al final de sus días por la idea de separación. Durante la *Monarquía de Julio*, (1830-1848), la separación es defendida por Lamartine, unas ideas que más tarde serán apoyadas por los historiadores Jules Michelet, (1798-1874) y Edgar Quinet, (1803-1875), desde sus cátedras universitarias, este último explicará en 1865 el papel de adversario de la República jugado por el catolicismo a lo largo de la primera mitad del siglo XIX, por la incapacidad de la propia Revolución francesa a la hora de promover una religión concurrente. Guizot le destituirá de su cátedra en 1846, por sus ataques contra los jesuitas, no siendo reintegrado hasta 1848, y deberá exiliarse en Suiza en 1868. Estará llamado a ejercer un indudable influjo en personalidades como Jules Ferry y Ferdinand Buisson.[98]

Se reconoce además una mayor libertad a las congregaciones religiosas, algunas de las cuales son restauradas, (benedictinos en 1836 y dominicos en 1841), creándose otras nuevas.[99]

---

[96] IANCU, CAROL. *Les juifs en France: De l'émancipation à l'intégration.* En: AMALVI, CHRISTIAN. (Coord.). *Mouvements religieux et culturels en France de 1800 à 1914.* Sedes. Lieja. 2001. Páginas 97 y ss.

[97] *De la religión considerada en su fuente, sus formas y sus desarrollos*. Sic.

[98] DUCOMTE, JEAN-MICHEL. *La laicïcité.* Milan. Toulouse. 2009. Página 8. DARCOS, XAVIER. *L'Etat et les Églises. La question laïque.* Odile Jakob. París. 2006. Páginas 44 y ss. SIMON-NAHUM, PERRINE. *La République et les républicains adversaires du religieux et des religions.* En: FONTAINE, MARION; MONIER, FRÉDÉRIC y PROCHASSON, CHRISTOPHE. *Une contre-histoire de la IIIe République.* La Découverte. París. 2013. Páginas 191 y 192.

[99] BARBIER, MAURICE. *La Laïcité.* L'Harmattan. París. 1995. Página 39.

Algunos sectores de la sociedad comienzan a presentar evidentes síntomas de secularización, prueba de ello es la gran difusión de las obras de Voltaire, que entre 1814 y 1824, tienen una tirada de 1.600.000 ejemplares. Los factores para comenzar a poner en cuestión el catolicismo son múltiples, entre otros, las críticas formuladas contra la Iglesia y la Monarquía con motivo de los acontecimientos revolucionarios de 1789, han dejado mella en la forma de pensar de la gente. La ignorancia religiosa es otro factor a tener en cuenta, pues toda una generación de franceses nacida durante la Revolución, no ha podido ser convenientemente catequizada, una laguna que se prolonga entre las élites del país, con la creación de la Universidad Imperial, a la que se atribuye el monopolio del sistema educativo. La irreligiosidad comienza a ser una nota que caracteriza los liceos, algo que es pronto puesto de manifiesto por Lamennais, que ya en 1823 los calificaba como *seminarios del ateísmo.* Las causas de este cambio de actitud social son profundas, de neto contenido ideológico, hundiendo sus raíces en la cultura burguesa de principios de siglo.[100]

7. LA REVOLUCIÓN DE 1848, LA II REPÚBLICA Y EL II IMPERIO

La Revolución de febrero de 1848 obliga a abdicar a Luis Felipe, no es un fenómeno en puridad antirreligioso o anticlerical, y da paso a la proclamación de la II República, que se dilata del 25 de febrero de 1848 hasta el 2 de diciembre de 1852, un breve periodo de tiempo, en que se toman medidas políticas de gran calado, llegándose a implantar por primera vez en Francia el sufragio universal masculino, y decretándose la abolición de la esclavitud.

La Constitución de 1848 reconoce que *cada uno profesa libremente su religión y recibe del Estado, por el ejercicio de su culto, una igual protección,* sin hacer una mención *ad hoc* al culto católico, pero establece

[100] VERNEY-CARRON, NICOLE. *Catholicisme et bourgeoisie en France au XIXe siècle.* En: CARRIER-REYAUD, BRIGITTE. (Dir.) *Histoire de la religion et de la culture en Europe de 1800 à 1914.* Ellipses. París. 2001. Página 38.

el compromiso de retribuir a los ministros de los cultos reconocidos por el Estado, o que lo fueren en el futuro.[101]

La Ley Falloux, de 15 de marzo de 1850, así llamada por ser su autor el Ministro Alfred Falloux, es vista como la respuesta de los católicos al *peligro* socialista. Resulta prioritario proceder a una *adecuada* educación de los *espíritus*. Es el fruto de un hábil estratega, legitimista, conservador, y católico, lo que le lleva a preocuparse por las cuestiones sociales y la libertad de enseñanza, partidario de potenciar la educación católica como modo de poner remedio a la miseria de la población trabajadora. Es el resultado de los trabajos de una comisión que se reunirá 29 veces entre el 6 de enero y el 14 de mayo de 1849, balo la presidencia de Falloux y la vicepresidencia de Thiers, y controlada por liberales católicos y orleanistas laicos.[102]

La Ley Falloux reforma la enseñanza primaria y secundaria, obligando a los ayuntamientos de más de 800 habitantes a abrir una escuela primaria de niñas y reconoce la libertad de enseñanza a favor del clero secular y las órdenes religiosas, cuyos miembros estarían autorizados a enseñar, por el mero hecho de obtener una *lettre d'obédience,*[103] mientras que por el contrario a los laicos se les pedirá un grado universitario, para poder impartir docencia en los liceos. Al ser pocos los profesores laicos, las congregaciones religiosas, especialmente las femeninas, se multiplican, autorizándose 932 congregaciones entre 1852 y 1859, que en su mayor parte se dedican a la enseñanza, abriendo gran número de centros escolares, sobre todo en el ámbito rural, donde la escolarización de las niñas ha sido tradicionalmente deficitaria. Además los párrocos supervisarán las escuelas primarias. Es una Ley muy beneficiosa por lo tanto para la Iglesia, de cara a fortalecer su capacidad de influencia social a través del sistema educativo. Los maestros debían acreditar un certificado de bautismo, ayudar al párroco y conducir a los alumnos a misa. En este contexto histórico se produce una depuración de los maestros laicos dentro del sistema educativo, siendo cesados unos 4.000 de ellos, pues como señalara Montalembert, jefe del partido católico durante la II República, *hay dos ejércitos presentes, el ejército de los maestros y el de*

---

[101] BARBIER, MAURICE. *La Laïcité.* L'Harmattan. París. 1995. Página 38.

[102] PICHOT-BRAVARD, PHILIPPE. *Le pape ou l'empereur. Les catholiques et Napoléon III.* Tempora. Perpignan. 2008. Páginas 66 y ss.

[103] *Una carta de obediencia*, sic.

los curas. Al ejército desmoralizador y anárquico de los maestros, hay que oponer el ejército del clero.[104]

La Ley Falloux instaura un Consejo Superior de Instrucción Pública, compuesto por 28 miembros, 7 de los cuales serán representantes de las confesiones religiosas, cuatro de ellos serán obispos elegidos por sus pares. Además se prevé la presencia de 2 protestantes y 1 judío. En cada departamento la Ley va a instaurar un Consejo Académico, del cual serán miembros entre otras personalidades, el respectivo obispo, o su representante. Frente a las escuelas públicas, mantenidas por el Estado, los departamentos o los ayuntamientos, reconoce las denominadas *escuelas libres* que serán *fundadas y mantenidas por los particulares o por asociaciones,* las cuales podrán obtener de los ayuntamientos, de los departamentos o del Estado, un local o una subvención, sin que la misma pudiera exceder el 10% del presupuesto de gastos del centro, una disposición cuyo objetivo será el de garantizar la independencia de las escuelas libres. Las escuelas secundarias eclesiásticas existentes, serán mantenidas, a condición de quedar sujetas a la inspección del Estado, no pudiéndose abrir nuevos centros sin autorización estatal, conforme establece su artículo 70.[105]

La citada Ley será contestada por intelectuales como Víctor Hugo, que pronuncia en la Asamblea Nacional el 15 de enero de 1850 su célebre frase, *Je veux L´État chez lui et L´Église chez elle,* es decir, *cada uno a lo suyo,*[106] abogando por una *saludable separación* entre la Iglesia y el Estado, una afirmación que cobra todo su significado si se tiene en cuenta que su autor era creyente.[107] Pero será también rechazada por los

---

[104] DARCOS, XAVIER. *La escuela republicana en Francia: obligatoria, gratuita y laica. La escuela de Jules Ferry, 1880-1905.* Prensas Universitarias de Zaragoza. Zaragoza. 2008. Página 32. REINA, VÍCTOR. *Laicidad y escuela pública en Francia.* En: *Estudios jurídicos en homenaje al profesor Vidal Guitarte.* Servicio de Publicaciones de la Diputació de Castelló y de la Facultad de Derecho de la Universitat Jaume I y de la Universidad de Valencia. Valencia. 1999. Página 794.

[105] AMSON, DANIEL. *La Querelle religieuse.* Odile Jakob. París. 2004. Páginas 204 y 205. PICHOT-BRAVARD, PHILIPPE. *Le pape ou l´empereur. Les catholiques et Napoléon III.* Tempora. Perpignan. 2008. Páginas 71 y ss.

[106] *Yo quiero al Estado a lo suyo, y la Iglesia a lo suyo.* Sic.

[107] ALBERTINI, PIERRE. *L´École en France du XIXe siècle à nos jours de la maternelle à l´universitè.* Hachette. París. 2006. Página 49. BAUBÉROT, JEAN. *Histoire de la laïcité en France.* Presses Universitaires de France. París. 2000. Página 35. SCOT, JEAN PAUL.

sectores católicos más intransigentes, como Louis Veuillot y el periódico *L'Univers*. Para Veuillot la enseñanza es *un derecho de la Iglesia, un derecho absoluto como el de decir la misa, y predicar la palabra de Dios*. A su modo de ver, no es posible que la Iglesia se allane a aceptar que se restrinja ese derecho, transigiendo con una Universidad Imperial en la cual se dispensa un pensamiento racionalista. Rechaza que los prelados se sienten en el Consejo Superior de Instrucción Pública, instaurado por la Ley, sin que les sea reservada una posición de preeminencia, al entender que *los obispos no están hechos para ir a deliberar con los filósofos y los heréticos sobre la manera en la que conviene dirigir la enseñanza de la juventud católica.* Llega a intentar persuadir a la Santa Sede para que rechace que los obispos formen parte de estos órganos colegiados, pero su acción no tendrá resultado alguno, pues el Papa felicitará a Montalembert, Falloux y Molé, dado que se encuentra satisfecho con la solución alcanzada. La Ley Falloux será de este modo rechazada no sólo por la izquierda del arco parlamentario, sino también por un puñado de diputados legitimistas próximos a Veuillot. Estas desafecciones hacen que la Ley consiga 399 votos a favor, y tenga 237 votos en contra. Falloux dirá con cierta *sorna*, que la hostilidad de *L'Univers hizo perder cinco o seis votos por la derecha e hizo ganar al menos cincuenta por la izquierda.*[108]

La II República tiene una vida efímera, pues el entonces Presidente de Francia, Carlos Luis Napoleón Bonaparte, sobrino de Napoleón Bonaparte,[109] que había llegado al poder tras las primeras elecciones celebradas con sufragio universal masculino, aupado por el campesinado católico, disuelve la Asamblea Nacional, tras el autogolpe de Estado de 2 de diciembre de 1851, poniendo de manifiesto sus veleidades dictatoriales, habiendo promulgado una serie de leyes en materia de libertad de enseñanza, que al atribuir a la Universidad estatal el monopolio en la expedición de títulos es mal recibida desde ciertos sectores católicos,

---

L'État chez lui, l'Église chez elle. Comprendre la loi de 1905. Le Seuil. París. 2005. SCOT, JEAN PAUL. *Gènese de la loi de 1905.* En: ZARKA, CHARLES YVES. *Faut-il reviser la Loi de 1905?* Presses Universitaires de France. París. 2005. Página 7. SCOT, JEAN PAUL. *El Estado a lo suyo; la Iglesia a lo suyo.* En: PEÑA RUIZ, HENRI y TEJEDOR DE LA IGLESIA, CÉSAR. *Antología laica. 66 textos comentados para comprender el laicismo.* Ediciones Universidad de Salamanca. Salamanca. 2009. Página 214 y ss.

[108] PICHOT-BRAVARD, PHILIPPE. *Le pape ou l'empereur. Les catholiques et Napoléon III.* Tempora. Perpignan. 2008. Páginas 77 y ss.

[109] Al ser hijo de su hermano Luis.

e imponiendo también una serie de límites a la libertad de expresión mediante la Ley de Prensa. El final del II Imperio llegará en 1870, al ser capturado Napoleón III en la batalla de Sedán, el 1 de diciembre de 1870, y proclamarse en París el 3 de diciembre, la III República Francesa.

Es durante el II Imperio, cuando el Papa Pío IX, (1846-1878), el 8 de diciembre de 1864, critica en su encíclica *Quanta cura,* junto con el *Syllabus complectens praecipuos nostrae aetatis errores,*[110] en el cual se condenan los 80 errores que en él se contienen en materia de fe, el panteísmo, el naturalismo, el racionalismo, y el indiferentismo, además del utilitarismo, el socialismo, el comunismo, el liberalismo, la separación entre la Iglesia y el Estado, (afirmándose que la religión católica debe ser la del Estado, lo que conlleva la condena de la libertad de culto propiciada a raíz de la Revolución francesa y del *Risorgimento* italiano), la libertad de pensamiento, imprenta y de conciencia, así como el liberalismo. La controversia estaba servida.[111]

Durante el II Imperio se aprecia un auge de las vocaciones, pues las ordenaciones sacerdotales pasan de ser 1.309 en 1847, a 1.753 en 1869, produciéndose un excedente de 500 nuevos sacerdotes sobre el número total de los fallecidos ese año. El número total de sacerdotes pasa durante este periodo histórico de 46.000 a 56.000 en 1870, algo a lo que ayuda la perspectiva de promoción social en las diócesis más pobres, pero también el auge de la fe popular durante el siglo XIX.[112] El porcentaje de alumnos escolarizados en las escuelas libres evoluciona del 15,7% en 1850, al 20,9% en 1866, y el de alumnas, del 44,6% al 55,4%, en igual periodo de tiempo. La alianza entre el Papa y el Emperador alcanza su apogeo durante la guerra de Crimea, (1854-1856), con el telón de fondo de la disputa por el control de los Santos Lugares entre católicos y ortodoxos griegos, apoyados respectivamente por Francia y Rusia.[113]

---

[110] *Listado recopilatorio de los principales errores de nuestro tiempo*, sic. RAUX, GEORGES. *La République et le Concordat de 1801.* Ancienne Maison Quantin. Librairies-Imprimeries Réunies. París. 1895. Páginas 321 y ss.

[111] Puede verse al respecto: DENÈFLE, SYLVETTE. *Sociologie de la sécularisation. Être sans-religion en France à la fin du XXe siècle.* L´Harmattan. París. 1997. Página 89. FRANCE, ANATOLE. *L´Eglise et la Republique.* Bosch. Utrecht. 1964. Páginas 29 y 30, donde se realiza una profunda crítica a la misma.

[112] SÉVILLIA, JEAN. *Quand les catholiques étaient hors la loi.* Perrin. París. 2006. Páginas 37 y 38.

[113] AMSON, DANIEL. *La Querelle religieuse.* Odile Jakob. París. 2004. Página 207.

El *milagro* de Lourdes, o *El origen de las especies* de Darwin, reabren el debate entre ciencia y religión. La escuela teológica alemana se propaga por Francia, y en 1863 Ernest Renan la populariza, con *La vie de Jésus*, en que Jesús aparece como *hombre admirable,* pero no como *hijo de Dios.*[114]

La constitución dogmática *Pastor Aeternus*, promulgada por Pío IX el 18 de julio de 1870, tras haber sido elaborada y aprobada por el Concilio Vaticano I, incorpora la definición solemne del dogma de la infalibilidad pontificia, cuando el Romano Pontífice habla *ex cathedra.*[115] La Iglesia aprovecha la caída del II Imperio, para difundir en Francia, sin previo examen del Consejo de Estado, (como contemplaba el primero de los artículos orgánicos del Concordato), los cánones del Concilio. La publicación del *Syllabus* y la definición del dogma de la infalibilidad papal serán objeto de una dura contestación desde sectores sociales e intelectuales laicos. Los críticos al mismo afirmarán que *al Papa Rey le ha sucedido el Papa Dios,* al ser promulgado en el crítico momento en que el Papa ha perdido los últimos restos de su poder real.[116]

Desde un punto de vista sociológico va a comenzar a desarrollarse un sentimiento anticlerical en un doble plano, pues es perfectamente detectable cómo empieza a arraigar en un sector de la *elite* dirigente, y a la par se puede apreciar un anticlericalismo *popular*, espoleado por la tradición contrarrevolucionaria adoptada por la Iglesia. La idea de separación es formulada por Laboulaye en su obra *La Liberté religieuse*, y por Prevost-Paradol en *Du protestantisme en France,* conectando intelectualmente en este sentido con las ideas generales sostenidas tiempo atrás por Alexandre Vinet.[117]

---

114 BAUBÉROT, JEAN. *Histoire de la laïcité en France.* Presses Universitaires de France. París. 2000. Página 37.

115 Esta doctrina será ratificada por la constitución dogmática *Lumen Gentium* del Concilio Vaticano II.

116 FRANCE, ANATOLE. *L'Eglise et la Republique.* Bosch. Utrecht. 1964. Páginas 135 y 136. SCOT, JEAN PAUL. *Gènese de la loi de 1905.* En: ZARKA, CHARLES YVES. *Faut-il reviser la Loi de 1905?* Presses Universitaires de France. París. 2005. Página 17.

117 BELLON, CHRISTOPHE. *La séparation des Eglises et de l'État. De la genèse à l'application de la loi de 1905.* En: *Histoires & Géographes.* Número 391. Página 195. DUCOMTE, JEAN-MICHEL. *La laicïcité.* Milan. Toulouse. 2009. Páginas 8.

Pronto comenzará a cuestionarse el estatuto del clero, especialmente el del clero regular, reprochándose a la Iglesia sostener una moral construida sobre la idea de *sumisión* al orden establecido.[118]

---

[118] DUCOMTE, JEAN-MICHEL. *La laicïcité.* Milan. Toulouse. 2009. Página 15.

CAPÍTULO II. LA III REPÚBLICA: CONTEXTO LEGAL Y SOCIAL

1. LA PROCLAMACIÓN DE LA III REPÚBLICA

La humillante derrota contra Prusia en la batalla de Sedán, los días 1-2 de septiembre de 1870, precipita la caída del II Imperio, y el advenimiento de la III República, por León Gambetta, líder de la oposición republicana en la Asamblea Nacional, el 4 de septiembre, constituyéndose un Gobierno de Defensa Nacional, del que forman parte además de Gambetta, Jules Favre, Jules Ferry, Henri Rochefort, Jules Simon, Emmanuel Arago y Adolphe Crémieux, que tiene que enfrentarse al sitio prusiano de París, y que llega a pactar un armisticio el 28 de enero de 1871, con el fin de poder celebrar unas elecciones legislativas a la Asamblea Nacional, el 8 de febrero de 1871, a resultas de las cuales, Adolphe Thiers ocupa la Presidencia de Francia, o si se prefiere, la jefatura del poder ejecutivo de la República, en una Cámara en la que la mayoría parlamentaria estaba configurada por diputados monárquicos.

Con motivo del movimiento revolucionario de la Comuna de París, (18 de marzo a 28 de mayo de 1871), se proclama la separación entre la Iglesia y el Estado, algo que supone una vulneración del Concordato, y que a pesar de su vida efímera, pone sobre la mesa una *nueva* realidad, la constatación de que el Concordato comienza a ser contestado por un sector de la población francesa. Numerosos sacerdotes son detenidos, y el arzobispo de París es ejecutado el 27 de mayo. A ello sigue la *Semana Sangrienta* del 21 al 28 de mayo de ese año, aunque en realidad las ejecuciones masivas se prolongaron durante medio mes. Se produce un enfrentamiento entre republicanos y los partidarios de una restauración monárquica, apoyados por un catolicismo intransigente, simultáneamente seguidores de Pío IX y del conde de Chambord, y empieza a arraigar la idea de la incompatibilidad entre los conceptos de *republicanismo* y *catolicismo*.[119]

En la Asamblea constituyente electa ese año, pronto comienzan a oírse voces a favor de la separación, no sólo procedentes de los escaños republicanos, como es el caso de Henri Brisson, sino también por parte de diputados católicos y protestantes. Intelectuales como Paul Bert, Marcelin Berthelot, y filósofos de ideología republicana como Émile Littré y Charles Renouvier, se muestran partidarios de la separación, que será uno de los elementos centrales del programa de las sociedades vinculadas al movimiento de la *Libre Pensée*, que habían comenzado a crearse en 1848, o la *Ligue pour la séparation des Églises et de l'État*, a lo que hay que añadir el amplio eco que estas ideas tienen dentro de la francmasonería, no en vano en 1877 la Logia del *Grand Orient*, abandona toda referencia deísta o religiosa, en pro de la libertad de conciencia, al suprimir del artículo 1 de sus estatutos toda referencia a Dios, al Gran Arquitecto del Universo, y a la inmortalidad del alma. El deísmo no da paso sin embargo al ateísmo, sino a la neutralidad religiosa. Durante la III República la francmasonería se refuerza, democratiza y laicifica. Las logias masónicas han hecho coexistir a todas las familias desunidas de republicanos oportunistas, radicales y moderados, imponiendo la *disciplina republicana* y garantizando la fidelidad a los candidatos *únicos* mejor situados en la segunda vuelta de las elecciones.[120] Una posición anticlerical es asimismo

---

[119] BAUBÉROT, JEAN. *Histoire de la laïcité en France.* Presses Universitaires de France. París. 2000. Página 38. MARTY, NICOLAS. *L'emergence de la loi de 1905 et son contexte.* En: MARTY, NICOLAS y GAUDELET, BRUNO. (Dir.) *Centenaire de la Loi de Séparation des églises et de l'État du 9 décembre 1905.* Presses Universitaires de Perpignan. Perpignan. 2007. Página 29.

[120] En 1870, al proclamarse la III República, los francmasones eran 10.000 personas, en 1903 eran unos 25.000 y en 1908 unos 36.700. El *Grand Orient de France* que aglutina al 80% de los masones, buena parte de ellos médicos, farmacéuticos, abogados, magistrados, profesores, periodistas y pequeños industriales, a los que cada vez se suman mayor número de funcionarios, comerciantes y artesanos, es más representativo de las clases medias urbanas que la más elitista *Grand Loge de France.* Su orientación ideológica bascula principalmente entre el partido radical, principalmente, y el socialista, en menor medida, (SCOT calcula que hacia 1905, un tercio de los masones eran socialistas). Como diría el senador radical Delpech en 1902, *la francmasonería enseña la tolerancia, educa a los ciudadanos y recluta a los soldados del ejército republicano.* Sin embargo no se puede equiparar a

adoptada por Victor Hugo, Sainte-Beuve, Erckmann-Chatrian, Flaubert, Émile Zola. El positivismo de Auguste Comte, se enmarca también en esta línea ideológica anticlerical. El anticlericalismo francés en la segunda mitad del siglo XIX tenderá a negar toda validez de la dimensión institucional de la religión. *Cada uno de nosotros porta su propio templo en sí mismo, cada uno de nosotros es su propio sacerdote,* como señalara Léon Richer, considerando a las religiones instituidas como socialmente nocivas, tal y como defendiera Eugène Vacherot, quien llega a sostener que toda religión estructurada tiende a convertirse en *autoritaria, incompatible con el progreso moral vinculado a la ciencia, la modernidad y necesaria para el ejercicio de la democracia.*[121]

Sin embargo, al iniciarse la III República, la mayoría de la Asamblea Nacional era más bien favorable a la Iglesia, fuera por conveniencia política o por convicción, pero a raíz de los procesos electorales que tienen lugar en virtud de las leyes constitucionales de 1875, el escenario cambia, al alcanzar los republicanos la mayoría en la Cámara de Diputados en las elecciones de 1876, y en el Senado a raíz de su primera renovación trienal en 1879. A partir de 1879, la Iglesia ya no va a tener la misma influencia sobre el Estado que tuvo bajo el II Imperio, decayendo la presencia sistemática de la jerarquía eclesiástica en las instituciones estatales, de modo que por ejemplo, los cardenales dejan de ser miembros automáticos del

---

la francmasonería con el partido radical, porque no es del todo correcto, SCOT pone dos ejemplos que rebaten dicha eventual equiparación, el primero de ellos lo tenemos cuando la convención del *Grand Orient* de septiembre 1903 rechaza una proposición de socialistas y radicales, partidaria de denunciar el Concordato, optando por una actitud más prudente. Inversamente, dicha convención propone un monopolio escolar, suprimiendo todo tipo de enseñanza confesional, algo que es rechazado por el partido radical. En nombre de la libertad de conciencia, Ferdinand de Buisson, (que poco a poco se va configurando como uno de los líderes radicales, y que, por cierto, no es masón), y Georges Clemenceau no son partidarios del monopolio escolar estatal. Ello no obsta para que pueda haber una amplia comunidad de pensamiento y objetivos entre masones y radicales, pero el posicionamiento último de los segundos estará fuertemente apegado al campo de la *factibilidad* de las medidas. SCOT, JEAN PAUL. *L'État chez lui, l'Église chez elle. Comprendre la loi de 1905.* Le Seuil. París. 2005. Páginas 138 a 140.

[121] BAUBÉROT, JEAN. *Des cultes reconnus à la laïcité. Religion, politique et culture dans la France du XIXe siècle.* En: FRÉCHET, HÉLÈNE. (Coord.) *Religion et culture de 1800 à 1914.* Editions du Temps. París. 2001. Páginas 237.

DUCOMTE, JEAN MICHEL. *La Loi de 1905. Quand l'État se séparait des Églises.* Milan. Toulouse. 2005. Páginas 9 y 15.

Senado.[122] La idea de la separación entre las Iglesias y el Estado, había sido defendida parlamentariamente por Jules Simon en 1867, y forma parte del programa del partido republicano expuesto por León Gambetta en Belleville en 1869, el vecindario donde la Comuna tendrá sus más decididos partidarios, y en el cual se defiende la supresión del presupuesto de cultos, la separación de la Iglesias y del Estado, la instrucción primaria gratuita, obligatoria y laica.[123] León Gambetta en un discurso pronunciado el 4 de mayo de 1877 en la Cámara de Diputados llega a afirmar que "*le cléricalisme, voilà l'ennemi!*".[124] Con la llegada al poder de los republicanos, el anticlericalismo será uno de los puntos esenciales de su programa político, pues para ellos el mantenimiento del republicanismo exigirá el debilitamiento al máximo de la Iglesia, sin embargo no denunciarán el Concordato, cuya aplicación en el último tercio del siglo XIX, no deja de ser una llamativa paradoja, desde el momento que dentro del régimen de *cultos reconocidos*, el culto católico era con diferencia el más importante en términos cuantitativos, revistiendo las características de un verdadero *servicio público no monopolístico*, en que los obispos eran nombrados por el Gobierno, siguiendo un estricto esquema galicano, y en contrapartida el Estado dispensa una serie de privilegios a los cultos por él reconocidos, una escenario que es exactamente lo contrario de lo que hoy entendemos por *laicidad*. Gambetta, uno de los principales árbitros de la vida política en el momento de proclamarse la III República, una vez fallecido Thiers, se mostrará contrario a la denuncia del Concordato, no tanto por falta de ganas para ello, cuanto por la existencia de un cierto temor a no poder controlar la respuesta del clero. Sin embargo, pronto comienza a detectarse una cierta fractura dentro del partido republicano entre quienes desde el Gobierno no desean renunciar a las prerrogativas concordatarias, que permiten ejercer un control sobre la Iglesia, y los que desde la militancia anhelan poner fin a la financiación estatal de los cultos reconocidos, (y muy particularmente del católico), y de este modo herir mortalmente el reclutamiento de nuevas vocaciones. Esto

---

[122] MARTY, NICOLAS. *L'emergence de la loi de 1905 et son contexte.* En: MARTY, NICOLAS y GAUDELET, BRUNO. (Dir.) *Centenaire de la Loi de Séparation des églises et de l'État du 9 décembre 1905.* Presses Universitaires de Perpignan. Perpignan. 2007. Página 30.

[123] SÉVILLIA, JEAN. *Quand les catholiques étaient hors la loi.* Perrin. París. 2006. Página 31.

[124] *El clericalismo, éste es el enemigo*, sic.

explica que la irrupción de una Ley de separación en el orden del día no tenga lugar hasta la VIII Legislatura de la III República, abierta tras las elecciones de 1902, incluso si ello no estaba del todo claro al principio de esa Legislatura.

En esta tensión entre clericalismo y anticlericalismo, quedan definidas *dos Francias*, claramente diferenciadas ideológicamente, y entre ambas pronto estallará el conflicto. La III República encontrará su *leitmotiv* en el debate sobre la laicidad, como la IV República lo hará respecto a la resistencia, o la V República con el problema de Argelia. La protesta de un sector de los católicos franceses en 1878, contra los fastos oficiales por la celebración del centenario de la muerte de Voltaire, lo que a sus ojos constituía una verdadera provocación, simboliza lo que venimos diciendo.[125]

El censo de 1872 al interpelar sobre la declaración de pertenencia religiosa arroja unas cifras en virtud de las cuales la inmensa mayoría de la población se considera católica, pues así declaran 35.400.000 personas, sobre un total de 36.100.000, frente a tan sólo 82.000 personas que se consideran como *sin culto.* Otra cosa muy diferente es el índice de práctica religiosa.[126] Entre tanto la Iglesia católica experimenta un auge en las vocaciones. En 1875, cuando se promulga la nueva legislación constitucional que da forma jurídica a la III República, se celebran en Francia 1.682 ordenaciones sacerdotales, una cifra muy cercana al máximo de 1.753 ordenaciones que tiene lugar en 1868, aunque esas cifras pronto tienden a descender en 1.877 a tan sólo 1.582 ordenaciones, algo que parece anticipar un proceso que se acentuará con el transcurso del tiempo, llegando a configurarse como *le grand péril de l'Eglise de France.* En 1875 hay en Francia un ratio de 1 sacerdote por cada 639 habitantes, 55.369 personas integran el clero secular, para atender a un población de 35.387.703 católicos, hablándose por SORREL de un cierto apogeo numérico al alba de la III República, si se tiene en cuenta que

---

[125] AMALVI, CHRISTIAN. *«La guerre de Cents Ans»: affrontements de mémoire et croisades religieuses liées au passé national en France de 1800 à1914.* En: FRÉCHET, HÉLÈNE. (Coord.) *Religion et culture de 1800 à 1914.* Editions du Temps. París. 2001. Página 223. MÉGRINE, BERNARD. *La question scolaire en France.* Presses Universitaires de France. París. 1960. Página 43.

[126] POULAT, ÉMILE. *Aux carrefours stratégiques de l'Église de France. XXe siècle.* Berg International. París. 2009. Página 52.

eran apenas 30.000, los miembros del clero secular católico francés en 1814. El clero regular ha experimentado un importante impulso durante el siglo XIX, contando en 1878 con 30.000 religiosos y 130.000 religiosas, un dato que contrata con el panorama de 60 años antes, cuando en 1816 sólo subsistían unos centenares de hermanos de las escuelas cristianas y unas 12.000 religiosas, por lo que el clero regular, que había sido diezmado por la Revolución, experimenta un auge espectacular, máxime si se tiene en cuenta que no se ve afectado por la protección económica que representaba el Concordato.[127]

En mayo de 1880, comienza a circular en Francia una petición por la que se solicita la *Separación del Estado y de las Iglesias en Francia,* que en agosto de ese año ha recogido 40.000 firmas. En este contexto, el 1 de marzo de 1882 se crea una *Ligue pour la séparation des Églises et de l´État*, que reivindica la derogación de las leyes y reglamentos concordatarios, la supresión del presupuesto de cultos y la abolición de los privilegios reconocidos a los miembros del clero. Con ello se abre la veda, y a partir de los años 80, comienzan a presentarse, con cierta regularidad, una serie de proyectos encaminados a la supresión del Concordato, como la propuesta hecha el 12 de diciembre de 1891 por Gustabe Hubbard, invitando al Gobierno a preparar en breve la separación. Estas iniciativas, llamadas a no prosperar parlamentariamente, sirven sin embargo para comenzar a poner en la agenda política el controvertido tema de la separación, y anticipan lo que va a acontecer en 1905.[128]

2. LOS CAMBIOS OPERADOS EN LA SOCIEDAD FRANCESA

La sociedad francesa había venido experimentando un profundo proceso secularizador, innegable en vísperas de la promulgación de la Ley

---

[127] LATREILLE, A. y RÉMOND, R. *Histoire du Catholicisme en France. III. La période Contemporaine.* Editions Spes. París. 1962. 2ª Edición. Páginas 422, 425 y 427. SÉVILLIA, JEAN. *Quand les catholiques étaient hors la loi.* Perrin. París. 2006. Página 38. SORREL, CHRISTIAN. *La formation du clergé catholique en France de 1800 à 1914.* En: FRÉCHET, HÉLÈNE. (Coord.) *Religion et culture de 1800 à 1914.* Editions du Temps. París. 2001. Página 28.

[128] DARCOS, XAVIER. *L´Etat et les Églises. La question laïque.* Odile Jakob. París. 2006. Página 116.

de separación de 1905. No todos los bautizados guardaban una misma fidelidad a la Iglesia católica, con independencia de la observancia de los cuatro grandes actos religiosos correspondientes al bautismo, la primera comunión, el matrimonio y las ceremonias fúnebres, o a la asistencia a las grandes festividades religiosas del año correspondientes a Todos los Santos, Navidad, Pascuas, y la Asunción, que todavía es algo significativo en el conjunto del país, lo que con un cierto sentido del humor permite hablar de *conformistas de temporada* y de *católicos estadísticos,* que inflan artificialmente las cifras teóricas de católicos franceses.[129]

Todo ello lleva a afirmar a ciertos autores como MAYEUR[130] que la Francia cristiana no es más que un *mito,* o un *tema literario,* y para ello se apoya en la existencia de amplias zonas rurales que nunca llegaron a ser profundamente cristianizadas, la desconexión que el mundo obrero comienza a desarrollar frente a la Iglesia a lo largo del siglo XIX, la proximidad de un sector de la pequeña burguesía por la *religión del progreso,* y el índice de práctica religiosa se hunde en determinadas demarcaciones territoriales, como Seine-et-Marne, en las proximidades de París, donde algunas encuestas sociológicas apuntan a un mero 2% de practicantes, como la realizada por Jean Vernant, publicada en el periódico *Le Briard.* Un escenario que se solapa con las tentativas de León XIII por retomar la iniciativa, que tendrá como consecuencia el nacimiento de un *catolicismo social,* que cristaliza en su encíclica *Rerum Novarum.*

Los informes de los prefectos y de los misioneros católicos de la década de los años 70 apuntan a que los habitantes de Seine-et-Marne *no ponen los pies en las iglesias* y que *el servicio divino se celebra en una soledad completa.* En los departamentos limítrofes de Aube *el abandono es casi completo de las prácticas,* y el de Yonne *es esencialmente irreligioso.* En la diócesis de Orleans, que cuenta con 350.000 almas, únicamente 45.000 cumplen con sus obligaciones pascuales. El proceso de urbanización no hace sino acentuar la secularización de la sociedad francesa. En París, el porcentaje de niños sin bautizar, pasará del 12% en

---

[129] DANSETTE, ADRIEN. *Histoire religieuse de la France contemporaine. Sous la IIIème République.* Flammarion. 1951. Páginas 30 y 31.

[130] MAYEUR, JEAN-MARIE. *La separation de l'Eglise et de l'État. (1905).* Firmin-Didot. París. 1966. Páginas 18 y 19.

1875, al 38% en 1908.[131] Los niños que preparan su primera comunión apenas asisten a misa. Aunque hay ciertas festividades como Pascuas, Todos los Santos o Navidades, en que la Iglesia se llena, lo cierto es que durante el resto del año ocurre justamente lo contrario. La práctica se va reduciendo al bautismo, la primera comunión, el matrimonio y las exequias religiosas, en base a unos sentimientos atávicos, que dejan entrever una terrible secularización social. En la región de Brie, en una encuesta realizada sobre 416 ayuntamientos con una población de 216.000 habitantes, únicamente 5.200 cumplen con sus obligaciones religiosas, poco más del 2% de la población.[132]

De la misma opinión es LARKIN, que al analizar la alusión que León XIII hace en su encíclica *Inter innúmeras solicitudes* de 20 de febrero de 1892, al considerar a Francia como una *nación católica por sus tradiciones y por la fe presente en la gran mayoría de sus fieles,* establece un inteligente paralelismo con la figura del Rey Lear, el célebre personaje de la tragedia *King Lear* de Willian Shakespeare, (llevada a la ópera por Verdi, en su *Re Lear*), el padre que sufre una situación de autoengaño respecto a la verdadera personalidad de sus hijas, en este caso, Francia, la *hija primogénita de la Iglesia.*[133] Una afirmación demasiado *entusiasta,* que contrasta con la más *prudente* perspectiva del Concordato napoleónico de 1801, en el que el Gobierno de la República se limitaba a reconocer que la religión católica era *la religión de la gran mayoría de los ciudadanos presentes,* el que estuviera *presente* quizás fuera ya un mero *mito*, habida cuenta que aunque el 90% de la población era inmediatamente bautizada nada más nacer, y más del 80% de los matrimonios eran bendecidos en la Iglesia después de la *insípida* ceremonia de matrimonio civil ante las autoridades municipales, el índice de práctica religiosa, pasada la adolescencia, comenzaba a ser muy bajo, (si se exceptúan las ceremonias solemnes del bautismo, matrimonio y funeral), fruto de los cambios socioeconómicos experimentados en el siglo XIX, y de la previa experiencia revolucionaria, inauguradora a finales del siglo XVIII de una

---

[131] DANSETTE, ADRIEN. *Histoire religieuse de la France contemporaine. Sous la IIIème République.* Flammarion. 1951. Página 32. Anatole France reduce esa cifra a tan sólo 37.000 personas. FRANCE, ANATOLE. *L'Eglise et la Republique.* Bosch. Utrecht. 1964. Página 124. SÉVILLIA, JEAN. *Quand les catholiques étaient hors la loi.* Perrin. París. 2006. Página 37.

[132] FRANCE, ANATOLE. *L'Eglise et la Republique.* Bosch. Utrecht. 1964. Página 124.

[133] *Fille aînée de l'Église*, sic.

nueva, (y hasta ese momento desconocida), política de hostilidad contra la Iglesia, y cuya legislación anticlerical, (especialmente contra la Iglesia católica), estará destinada a dejar una honda impronta, de modo que en vísperas del siglo XX, tal vez únicamente entre 1/3 y 1/6 de la población adulta podría ser considerada como verdaderamente católica practicante, aunque la situación no fuera homogénea en todo el territorio, destacando el mayor índice de práctica característico de la península bretona, el macizo central, y las tierras altas del este, (relativamente aisladas de las nuevas tendencias de comportamiento), o las áreas limítrofes con Bélgica, Renania, (en que el catolicismo estaba fuertemente arraigado), así como al sur en el País Vasco y la región de Béarn, y en ciertos enclaves en que la presencia del protestantismo había provocado una reacción de autoafirmación en la fe católica, y donde la asistencia regular a la iglesia constituía un acto de lealtad *tribal*. La comunidad protestante a finales del siglo XIX contaría con apenas 650.000 personas bautizadas, y la judía podría rondar los 80.000 miembros, a raíz del incremento experimentado a causa de las últimas migraciones de refugiados judíos procedentes de la Europa Oriental, pero tendrá que hacer frente al hándicap del resurgimiento del antisemitismo debido a una doble causa, la recesión económica experimentada en esos años, y las consecuencias del caso Dreyfus. Será en cualquier caso entre protestantes y judíos, donde la idea de la laicidad levante menos suspicacias, durante la III República, encontrando incluso convencidos defensores y partidarios de la misma, quizás porque tenían algo que ganar, y poco que perder, en caso de consolidación de dicho principio.[134]

Cabe preguntarse por las causas de este proceso secularizador. A ello había podido contribuir el propio espíritu racionalista del pueblo francés, y el desarrollo histórico de los acontecimientos revolucionarios. Lo cierto es que las creencias religiosas se mantienen con mayor intensidad en las regiones apartadas y de difícil acceso, o en donde las fuertes tradiciones mantienen una estructura social jerarquizada. Otros factores influyen sin duda en el cambio de la mentalidad, como son el desarrollo de la instrucción pública, de la prensa, de los medios de comunicación, e incluso, a partir de 1872, la instauración del servicio militar obligatorio, y la movilidad geográfica que ello comporta. Un elemento adicional a tener en

---

[134] LARKIN, MAURICE. *L'Église et l'État en France. 1905: La crise de la Séparation*. Privat. Toulouse. 2004. Páginas 24 a 26.

cuenta es el proceso de inmigración del campo a la ciudad. Francia era a finales del siglo XVIII un país rural en sus 4/5 partes, en 1846 dicha proporción se ha reducido a ¾, y en 1872 ya sólo lo es en 2/3. La población de París se multiplica por cuatro entre 1801 y 1881, en que es de unos 2.800.000 habitantes. En 1890, sólo 1 mujer de cada 12, y 1 hombre de cada 50, son católicos practicantes en París, por lo que el número total de practicantes apenas sería de 100.000 personas, concentradas especialmente en los distritos burgueses de la ciudad. En la parroquia de San Agustín se contaba con unos 6.500 practicantes frente a una población total de 29.000 habitantes, por el contrario en Belleville los practicantes eran apenas 1.500 sobre un total de 60.000 almas.[135]

Tampoco hay que perder de vista para explicar dicha secularización, la influencia de las sociedades de libre pensamiento, cuyo crecimiento es exponencial en los años inmediatamente posteriores a la proclamación de la III República. Los librepensadores consiguen federarse en torno a la *Fédération Française de la libre pensé*, en 1890, con motivo del centenario de la Revolución, pero su sectarismo y politización suscitan críticas. En noviembre de 1902, a iniciativa de Victor Charbonnel, director del semanario anticlerical *La Raison*,[136] se hace una apelación a constituir una *Association nationale des libres-penseurs de France*, en cuyo seno se darán cita personas con un denominador ideológico común de *izquierdas* aunque de diversa procedencia, incluyendo a personalidades del mundo de las letras, las ciencias y la política, ya que van desde radicales de la talla de Ferdinand Buisson, o Édouard Herriot, socialistas como Maurice Allard, Jean Allemane, Aristide Briand o Marcel Sembat, y anarquistas, como Sébastien Faure, pasando por sacerdotes secularizados como Victor Charbonnel, hasta intelectuales como el químico Marcellin Berthelot, o los partidarios de Dreyfus, como Alphonse Aulard, o el Premio Nobel de Literatura Anatole France, que devolviera su Legión de Honor, cuando le fue retirada a Émile Zola, a raíz de su defensa de Dreyfus. El movimiento de la *Libre-Pensée* reivindica una ideología democrática, laica y social,

---

[135] DANSETTE, ADRIEN. *Histoire religieuse de la France contemporaine*. Sous la IIIème République. Flammarion. 1951. Páginas 33 a 36.

[136] A principios de siglo, *La Raison* tenía una tirada de unos 37.000 ejemplares, liderando una campaña contra la infiltración clerical en la Universidad, y apoyando la política de Combes. Bajo la dirección de Ferdinand Buisson, contribuirá de manera decisiva a crear el clima necesario para que se abra paso la idea de la separación.

rechazando un triple yugo, el de todo tipo de dogmatismo, y particularmente en el ámbito religioso y moral, el de los privilegios en materia política, y el de las ganancias económicas. Sus detractores pondrán el punto de mira de sus críticas en sus planteamientos secularizadores en materia religiosa, cuestiones como el cierre de la embajada vaticana, la supresión de la financiación pública de las confesiones religiosas, la clausura de las escuelas privadas confesionales y la derogación de la Ley Falloux, (y más tarde, del estatuto escolar especial de Alsace-Moselle, cuando esta región se reintegre en Francia, tras la I Guerra Mundial).[137]

A principios del siglo XX, Francia[138] cuenta con 55.000 sacerdotes seculares, a razón de 1 por cada 690 habitantes,[139] un ratio medio a nivel nacional bastante razonable, pero al proceso de secularización va a contribuir sin duda la falta de sacerdotes en número suficiente para atender las necesidades del nuevo proletariado que está surgiendo con fuerza en las nuevas áreas industriales y en la periferia de las grandes ciudades, un elemento que sin ser el único, ayuda a explicar un proceso sociológico, que no puede ser calificado en puridad como de *descristianización*, porque afecta de lleno a una nueva generación que ha nacido y crecido fuera de la Iglesia, que no es capaz de reaccionar a tiempo, entre otras cosas porque el Concordato le ata de pies y manos a la hora de poder adaptar la planta de la distribución geográfica de sus sacerdotes de manera adecuada a las necesidades reales de la sociedad, ante la poca sintonía de las autoridades civiles de cara a crear nuevos curatos financiados con fondos públicos, allí donde las nuevas necesidades lo están demandando.[140]

---

[137] SCOT, JEAN PAUL. *L'État chez lui, l'Église chez elle. Comprendre la loi de 1905.* Le Seuil. París. 2005. Páginas 142 y 143.

[138] Debe recordarse que se encuentra privada de Alsacia y Lorena que están en manos de Prusia.

[139] PIERRARD, PIERRE. *Un siècle de l'Église de France. 1900/2000.* Desclée de Brouwer. París. 2000. Página 17.

[140] LARKIN pone de manifiesto como la secular supervisión del clero por el Estado, así como el hecho de depender económicamente del mismo, anestesió al clero francés, privándole de los reflejos necesarios para responder de modo adecuado a las necesidades sociales. A ello contribuirá involuntariamente la Santa Sede, al ser reticente Pío X a autorizar reuniones periódicas del episcopado, debido al fantasma latente del galicanismo. El régimen concordatario desincentivaba la posibilidad de una iniciativa autónoma de la Iglesia, por otra parte necesaria, y además, al poner la designación de obispos en manos de un poder civil cada vez más hostil, (especialmente a medida que se avanza en la III República), comenzaba a ser más contraproducente que positivo para la Iglesia, aunque esta paradoja pareciera

La presión de los movimientos y organizaciones anticlericales, será determinante en la actitud y las decisiones que adopten los partidos que se integren en el *Bloc des gauches,* o Bloque de Izquierdas, creado en 1899 con el fin de concurrir a las elecciones de 1902, tras la conmoción nacional que supone el *affaire* Dreyfus. El resultado en número de votos arroja una victoria del Bloque de Izquierdas, tras una participación del 80%, al haber bajado la abstención del 23,9% en las elecciones de 1898, a tan sólo el 20,8%, debido a la intensa politización experimentada. En la primera vuelta, el margen de diferencia entre los dos grandes sensibilidades políticas es de apenas 300.000 votos sobre un censo de 11.058.702 electores inscritos, apenas el 2,27%, pero en la segunda vuelta arrasa el Bloque de Izquierdas, que gana las elecciones con unos 350 escaños, frente a tan solo 250 de la oposición, espoleado por el modo de escrutinio y la disciplina de voto de los republicanos.[141]

Waldeck-Rousseau, que ha salido bien parado de las elecciones, no desea sin embargo continuar al frente del Gobierno, por varias razones, entre ellas por adolecer de un cáncer de hígado, (que en un par de años le va a costar la vida), y porque ni quiere dirigir, ni tampoco estorbar, a la nueva mayoría de izquierdas. Es él quien sugiere al Presidente Loubet el nombre de su sucesor, Émile Combes, que se ha distinguido por su beligerancia parlamentaria en la legislatura anterior, especialmente en lo relativo a la Ley de asociaciones, y que aunque en un primer momento parece no ser la opción que más le convence a Loubet, va a ser el finalmente elegido, al no aceptar formar gabinete Henri Brisson, ni Léon Bourgeois.[142]

El resultante Gobierno de Émile Combes gozará de una *desconocida* estabilidad, pues permanece en el poder desde el 7 de junio de 1902 hasta el 18 de enero de 1905, con un sencillo programa de marcado contenido anticlerical, que pasará por eliminar las congregaciones religiosas, y comenzar el desarrollo de la política de separación Iglesia-Estado. Combes

---

difícil de comprender, especialmente por parte de aquéllos que más reflejos deberían haber demostrado en verlo. LARKIN, MAURICE. *L'Église et l'État en France. 1905: La crise de la Séparation.* Privat. Toulouse. 2004. Páginas 62 y 63.

[141] MAYEUR, JEAN-MARIE. *La vie politique sous la Troisième République. 1870-1940.* Editions du Seuil. París. 1984. Página 185. SÉVILLIA, JEAN. *Quand les catholiques étaient hors la loi.* Perrin. París. 2006. Página 114.

[142] SÉVILLIA, JEAN. *Quand les catholiques étaient hors la loi.* Perrin. París. 2006. Página 115.

será visto como la encarnación de Satán,[143] pese a que tres días después de haber constituido su gabinete, el 10 de junio, pronunciase ante la Cámara una declaración de política general, que pretendía inscribir en una línea de continuidad con la de su predecesor, advirtiendo que no toleraría ningún tipo de injerencia del clero en los asuntos estatales. Lo cierto es que los hechos pondrán pronto a la vista sus verdaderas intenciones, haciendo cerrar unas 3.000 escuelas religiosas.[144] Su caída a raíz del escándalo de las *fichas*, (o seguimiento ilegal de adversarios políticos, y manipulación del sistema de ascensos en el ejército con el fin de evitar la promoción de militares monárquicos y favorecer a los republicanos), era previsible por ser demasiado conservador para los socialistas, y demasiado orientado a la izquierda para los moderados. Su sucesor Maurice Rouvier, que estará al frente del Gabinete del 24 de enero de 1905 al 18 de febrero de 1906, conformando un ejecutivo más orientado al centro, será quien finalmente consiga que se promulgue la Ley de separación el 9 de diciembre de 1905.[145]

Las ordenaciones sacerdotales que habían ascendido en 1901 a 1.733, sufren un profundo deterioro. Entre 1905 y 1914 se producirá un derrumbamiento del número de ordenaciones anuales, que pasan de 1.503 a únicamente 704. La legislación secularizadora, junto con los cambios sociales operados, no han pasado en balde. La gravedad de la situación no era pequeña, pero Pío X se resiste a realizar grandes cambios estructurales en la planta de diócesis y parroquias, al encontrarse demasiado anclada en los intereses locales, como para permitir una fácil restructuración de la misma, en que incluso la ciudad más anticlerical no estaba dispuesta a verse privada de su obispo, y en un país en que cada seminarista, *portaba una mitra en su equipaje*.[146]

---

[143] Puede verse al respecto la caricatura de E. Muller, que le representa como la encarnación del maligno en: RÉMOND, RENÉ. *Une laïcité pour tous.* Textuel. París. 1998. Página 19.

[144] SÉVILLIA, JEAN. *Quand les catholiques étaient hors la loi.* Perrin. París. 2006. Páginas 121 y ss.

[145] VERNE, PIERRE. *Le Petit Père Combes.* En: SCHIAPPA, JEAN-MARC. (Coord.). *1905 ! La loi de séparation des Églises et de l'État.* Syllepse. París. 2005. Páginas 111 a 114.

[146] ÉTÈVENAUX, JEAN. *L'Église et l'État. La grand histoire de la laïcité.* Saint-Léger Éditions. 2012. Página 180. LARKIN, MAURICE. *L'Église et l'État en France. 1905: La crise de la Séparation.* Privat. Toulouse. 2004. Páginas 234 y 235.

Paradójicamente, durante la III República, de modo paralelo a dicho fenómeno de secularización de la sociedad francesa, se apreciará otro minoritario de conversión de un cierto número de intelectuales al catolicismo, limitado en número, pero especialmente significativo.[147]

3. LA SECULARIZACIÓN DEL DERECHO FRANCÉS DURANTE LA III REPÚBLICA

3.1. La secularización de la vida

En el cónclave de 1878, tiene lugar la elección de León XIII, un hombre cuya apariencia frágil hacía prever un pontificado más breve que el de su predecesor Pío IX, que había ocupado la cátedra de San Pedro durante 32 años, (el periodo más extenso de la historia de la Iglesia), y aunque ello quizás pudo contribuir a facilitar su elección, haciendo que se sumaran al final un buen número de votos adicionales, lo cierto es que su estancia al frente de la Iglesia se prolongará por espacio de 25 años. A pesar de su inclinación francófila, su pontificado coincidirá con la promulgación en cascada de toda una batería de legislación secularizadora, que abarcará los más diversos campos.

Desde sectores jurídicos próximos a la Iglesia católica en Francia se verá con enorme recelo a toda normativa que estuviera en conexión con la idea de separación entre la Iglesia católica y el Estado. Esto es así desde el propio comienzo de la III República, cuando en 1875 se produce la apertura de Universidades católicas, inmediatamente se procede a la creación de Facultades de Derecho en las que se aboga por la defensa de los intereses jurídicos de la Iglesia, un claro ejemplo de lo que venimos diciendo es la *Revue catholique des institutions et du droit,* editada por la Asociación de jurisconsultos católicos, en la que pronto se comienzan a publicar artículos críticos con la idea de *separación*. Uno de ellos aparece en 1888, y es obra de Fernand Butel, que denuncia dicho *peligro* de reducción de la Iglesia al derecho común de asociación, impuesta por el Estado, y las consecuencias que ello acarrearía, como la tutela jurídica sobre el clero y los edificios de culto, la supresión del presupuesto de

[147] GUGELOT, FRÉDÉRIC. *La conversion des intellectuels au catholicisme en France. 1885-1935.* CNRS. París. 1998.

culto, la controversia social dentro del país, y el debilitamiento de la pujanza colonial francesa en los territorios de ultramar. En esta misma línea, Yves de Bruyères insistía en 1893 en que el salario del clero no era otra cosa que una justa compensación por el despojo patrimonial operado en tiempos de la Asamblea constituyente, en plena Revolución.[148]

Ello no evitará la promulgación en cascada de una normativa secularizadora, algunos de cuyos ejemplos son los siguientes:[149]

1) Es en este tiempo cuando se ordena la retirada del crucifijo de las escuelas, hospitales, juzgados y ayuntamientos. Un circular de 2 de noviembre de 1882, cuya autoría intelectual corresponde a Buisson dice que la retirada del crucifijo deberá de hacerse teniendo en cuenta la voluntad de la población escolar, debiendo los prefectos actuar caso por caso, de modo que cuando el mismo debiera ser quitado, se hiciera con el debido respeto, evitando posibles incidentes, con el fin de no llevar el problema a las familias o a las escuelas.[150]

2) Se pone fin a la obligación de descansar en domingo por Ley de 12 de julio de 1880, por entender que era una reminiscencia confesional, no siendo restablecido hasta un cuarto de siglo después con el fin de proteger a los trabajadores, y por Ley de 14 de agosto de 1884, se suprime el rezo público al comienzo de las sesiones parlamentarias, así como las plegarias públicas en general, instauradas por una Ley de 16 de julio de 1875.

3) Al legislarse en materia de libertad de prensa, el 29 de julio de 1881, se suprime el delito de ultraje a la moral religiosa y a las religiones reconocidas por el Estado.

---

[148] DUMONS, BRUNO y MOULINET, DANIEL. *Les laïcs catholiques face à la Séparation.* En: CHANTIN, JEAN-PIERRE y MOULINET, DANIEL. (Dir.). *La Séparation de 1905. Les hommes et les lieux.* Les editions de l´atelier. París. 2005. Páginas 72 y 73.

[149] BELLON, CHRISTOPHE. *La séparation des Eglises et de l'État. De la genèse à l'application de la loi de 1905.* En: *Histoires & Géographes.* Número 391. Página 196. BARBIER, MAURICE. *La Laïcité.* L´Harmattan. París. 1995. Página 39. DANSETTE, ADRIEN. *Histoire religieuse de la France contemporaine. Sous la IIIème République.* Flammarion. 1951. Página 95. SICARD, GERMAIN. *La laïcité de Jules Ferry.* En: D´ONORIO, JÖEL, (Dir.). *La Laïcité au défi de la Modernité.* París. 1990. Página 94. RIMBAUD, THIERRY. *Le principe de séparation des cultes et de l'État en Droit public comparé.* LGDJ. París. 2004. Página 79.

[150] BAUBÉROT, JEAN. *Histoire de la laïcité en France.* Presses Universitaires de France. París. 2000. Páginas 46 y 47.

4) El 27 de julio de 1884 se restablece el divorcio, y al legislarse en materia matrimonial, el Estado sólo reconocerá el matrimonio civil.

5) La capellanía militar es disuelta por Ley de 8 de julio de 1880. Un Decreto de octubre de 1883, prohíbe a las tropas que rinden honores militares, entrar en edificios religiosos, y otro de diciembre de ese mismo año prohíbe al ejército escoltar las procesiones religiosas. Una Ley de 15 de julio de 1889, obliga a los miembros del clero a cumplir con sus deberes militares, al prever para los seminaristas un servicio militar de un año, (el normal tenía una duración de 3 años), que en caso de movilización debería cumplirse en los servicios sanitarios de la armada. La Ley de 21 de marzo de 1905 equiparará a clérigos y laicos en este punto, previendo un servicio militar obligatorio de 2 años. Esta medida es contestada desde las filas católicas por entender que no está dirigida tanto a reclutar un millar y medio más de soldados al año, cuanto a dificultar las vocaciones de nuevos sacerdotes, presentando problemas de objeción de conciencia, desde el punto de vista del cumplimiento de la máxima evangélica de *no matarás*.

6) La policía administrativa de las iglesias se atribuye a los alcaldes, que tendrán derecho a hacer sonar las campanas en ceremonias civiles, y a los cuales se les atribuye el encargo de mantener el orden en la vía pública, pudiendo con este motivo prohibir la celebración de procesiones, en virtud de la Ley de 5 de abril de 1884.

7) Los cafés, cabarets y despachos de bebidas dejan de estar sujetos a autorización administrativa, con la Ley de 17 de julio de 1880.

8) Disminuye el presupuesto de cultos que pasa de 53,5 millones de francos en 1878, a 45 millones en 1891, y se reduce la retribución de arzobispos y obispos, mediante las leyes de 27 de diciembre de 1789 y 21 de marzo de 1887.

Cabe preguntarse por la actitud de los católicos ante esta evolución de los acontecimientos, en un país que sobre el papel sigue siendo mayoritariamente católico. Sin embargo, lo cierto es que esta normativa va a ser aprobada por un Parlamento que a partir de 1882 es controlado por una mayoría anticlerical, lo cual parece apuntar hacia la existencia de una clara contradicción entre las creencias de los católicos y su comportamiento político.[151] Ello puede quizás explicarse por la unidad táctica seguida desde el bloque republicano, (y las ligas masónicas que se encuentran detrás del mismo), lo cual contrasta con la desunión y malentendidos que con frecuencia imperan entre los católicos. Los propios obispos franceses que rechazan sin dudar la legislación secularizadora en materia educativa aprobada en 1882, no se ponen de acuerdo unánimemente sobre qué actitud adoptar, por lo que no se lanza una consigna general de huelga escolar. León XIII, sigue una actitud de extrema prudencia frente a la secularización escolar, pues aunque piensa que *no puede haber una desgracia mayor que ver la moral del Evangelio desterrada de las escuelas,* no llega a publicar una encíclica sobre ello, aunque en un primer momento estuvo tentado a hacerlo. Los nuncios en París, monseñores Czacki y Di Rende, recibirán instrucciones de adoptar una política de extrema prudencia. León XIII prefiere no levantar suspicacias sobre la actitud de los católicos, incentivando que los mismos declaren su adhesión republicana, en espera de mejor momento para proceder a la reforma de esta normativa. Sin embargo, un importante sector del episcopado francés, entre los que cabría citar a monseñores Forcade, (Aix), Isoard, (Annecy), Cotton, (Valence), Turinaz, (Nancy), se muestran partidarios de una respuesta más combativa, como se pone de manifiesto en sus pastorales y en las misivas que envían a los ministros, y algunos sacerdotes realizan un llamamiento desde los púlpitos para que los padres quemen en lugares públicos, los manuales escolares *impíos*.[152]

El corolario de esta legislación secularizadora en cascada lo será la Ley de asociaciones de 1901, obra del Gabinete de Waldeck-Rousseau, que será aplicada hasta sus últimas consecuencias por el nuevo Gobierno surgido de las elecciones de 1902, y en el cual el nuevo hombre fuerte es Émile Combes, (aunque para algunos políticos conservadores el heredero ideólogo de la actuación del nuevo gabinete en política religiosa fuera Jean Jaurès, *verdadero jefe del combismo* del que Combes sería una mera *marioneta*, e incluso Ferdinand de Buisson, *eminencia gris de*

[151] Una situación que por otra parte se puede apreciar también entre ciertos librepensadores, cuyas convicciones políticas no siempre corren paralelas a las decisiones que adoptan en su vida privada a la hora de optar por el matrimonio religioso, o la educación religiosa de sus hijos.

[152] LATREILLE, A. y RÉMOND, R. *Histoire du Catholicisme en France. III. La période Contemporaine.* Editions Spes. París. 1962. 2ª Edición. Páginas 466 a 470.

Combes), lo cual no hace sino agravar los contenciosos entre la Iglesia y la República, al darse cerrojazo a la autorización de nuevas congregaciones y procederse a la prohibición total de la actividad de enseñanza por parte de las congregaciones religiosas, con la Ley de 7 de julio de 1904, que supone el final del marco normativo aperturista que representó la Ley Falloux en 1850, en el contexto de una marcada aceleración en la producción normativa que incluía la secularización de los hospitales de la marina por Camille Pelletan, el 11 de noviembre de 1903, la de los enterramientos, votada el 29 de diciembre de 1903 a instancias de Ferdinand Rabier, la retirada de los crucifijos y emblemas religiosos de los tribunales, decretada por una circular de 1 de abril de 1904, festividad de viernes santo, y la prohibición a los eclesiásticos de presentarse a concursos de agregaduría, ordenada en junio de 1904 por Chaumié, Ministro de Instrucción Pública.[153]

Las latentes suspicacias anticlericales no tardarán en aflorar, pero, cabe preguntarse por en qué consistía dicho argumentario. SCOT resume el problema en torno a cuatro grandes acusaciones realizadas por los sectores más anticlericales. El primer motivo de agravio sería que el *clero ultramontano se creía por encima* de las leyes francesas, al considerar que violaba sistemáticamente los artículos orgánicos del Concordato, al sostener que no eran *leyes aplicables como las otras leyes.* La segunda acusación era la *intromisión permanente del clero en la vida pública,* algo especialmente grave según ellos, a partir de la promulgación del *Syllabus.* El apoyo de un sector del clero al general Boulanger, partidario de una política de mano dura con Alemania, que aglutina a los descontentos con la III República, provoca que 350 sacerdotes pierdan su derecho a percibir sus remuneraciones con cargo a fondos públicos, que es la única forma de sanción disciplinaria que permite el Concordato, por cierto, con dudosos efectos disuasorios, pues hace que muchos obispos pidan el voto para los candidatos católicos en las próximas elecciones legislativas de

[153] BELLON, CHRISTOPHE. *La séparation des Eglises et de l'État. De la genèse à l'application de la loi de 1905.* En: *Histoires & Géographes*. Número 391. Página 197. CAPÉRAN, LOUIS. *L'invasion laïque. De l'avènement de Combes au vote de la séparation*. Desclée de Brouver & Cie. París. 1935. Páginas 141 y 142. SCOT, JEAN PAUL. *L'État chez lui, l'Église chez elle. Comprendre la loi de 1905.* Le Seuil. París. 2005. Página 154. VANDENBUSSCHE, ROBERT. *Les Églises et l'État: d'une séparation à l'autre, 1789-1905.* En: VV.AA. *Les Églises et l'État d'une séparation à l'autre. 1789-1905*. Snoeck. 2005. Página 15.

1893, con resultados decepcionantes, pues en vez de un aumento de la representación de republicanos católicos, lo que se produce es una entrada de medio centenar de diputados socialistas. La tercera imputación era que la Iglesia conspiraba permanentemente para desestabilizar la República, como si estuviera más preocupada por el éxito de su doctrina, resumida en el *Syllabus*, que por la *tranquilidad* del Estado, una tesis que no se ve matizada ni siquiera con el cambio de orientación a raíz de las encíclicas del dilatado pontificado de León XIII, (1878-1903). A ello habría que unir una cuarta, el desarrollo de su actividad al margen de la Ley por parte de los congregacionistas. Como botón de muestra se podría poner a los jesuitas, que habían sido expulsados de Francia en 1764, 1828, y nuevamente en 1880, pero que apenas 10 años después habían reabierto numerosos centros docentes, como establecimientos privados. O el caso del impuesto sobre bienes inmuebles introducido en 1884, que una década más tarde no era abonado por 2/3 de las congregaciones religiosas católicas.[154]

3.2. La secularización de la *muerte*

La regulación de los cementerios databa del Decreto napoleónico de 23 de Prairial del año XII, 12 de junio de 1804, en cuyo artículo 1 se prohibía la inhumación en iglesias, templos sinagogas, capillas y lugares cerrados, en que los ciudadanos se reunieran para la celebración de culto, previendo que los cementerios debieran guardar una distancia mínima de al menos entre 35 y 40 metros del casco urbano de los municipios.[155] Además prescribía que en aquellos municipios en los que se profesaran varios cultos, cada uno de ellos debería tener un lugar de inhumación particular, y en caso de existir un único cementerio, el mismo debería estar partido por muros, setos o fosas en tantas partes como cultos diferentes hubieran, con una entrada particular para cada una de ellas, cuyo espacio

---

[154] SCOT, JEAN PAUL. L´*État chez lui, l´Église chez elle. Comprendre la loi de 1905.* Le Seuil. París. 2005. Páginas 123 a 125.

[155] Artículo 2 del Decreto de 23 de Prairial del año XII. Su ubicación debería emplazarse a poder ser en lugares elevados y de orientación norte, debiendo plantarse árboles de modo que no impidieran la circulación del aire, (artículo 3 del Decreto), estableciendo una detallada regulación de las dimensiones de las fosas, (artículos 4 y 5 del Decreto), y del urbanismo en la materia.

estaría en proporción con el número de fieles de cada culto.[156] El Derecho Canónico prohibía la inhumación en terrenos bendecidos de los niños muertos sin bautismo, de los muertos sin sacramentos, de los suicidas, de los fallecidos en duelo, y de los no católicos. Muchos cementerios poseían parcelas sin bendecir, en las cuales se recibía a los niños muertos sin bautizar, o a los muertos no pertenecientes a la religión católica. En numerosos cementerios, este espacio marginal recibía a los cuerpos de los suicidas, y a aquellos otros fallecidos a los que la autoridad religiosa católica había excluido del derecho a una sepultura eclesiástica, y que estaba sujeta al oprobio a los ojos de la población. El capítulo de problemas no terminaba con esto, pues con el transcurso del tiempo cada vez fueron más numerosos los casos de personas que poseyendo una sepultura de familia en un cementerio católico, fueran no practicantes notorios, suicidas, conversos a otra religión o se hubieran esposado con una persona de religión diferente, con la cual quisieran ser sepultados, a lo que había que unir los casos de aquellas personas que rechazaban abiertamente los últimos sacramentos o las exequias católicas, un problema especialmente agudo a partir del final del II Imperio.[157]

El cuestionamiento de los cementerios confesionales comienza a plantearse a finales del II Imperio. Puede servir como botón de muestra el problema suscitado con ocasión del *affaire Tamelier* en la localidad de Ville d´Avray, a raíz del fallecimiento de una joven protestante, el 24 de diciembre de 1869, y la negativa del sacerdote a enterrarla en la parte católica del cementerio, y de los padres a que fuera inhumada en la sección dedicada a los ahogados, suicidas, y a los muertos sin bautizar, por entender que ello era una humillación infamante. El cadáver fue depositado durante 18 días en una especie de cabaña en la que los operarios del cementerio guardaban sus herramientas, siendo finalmente sepultado en la localidad de Sèvres, donde un cura *más tolerante* aceptó hacerlo en el cementerio católico. El 6 de junio de 1870, el diputado Jules Barthélemy-Saint-Hilaire interpelaba en el Parlamento al Ministro del Interior, Chevandier de Valdrôme, por la necesidad de modificar el Decreto de 23 de Prairial del año XII, de forma que fuera más acorde a

[156] Artículo 15 del Decreto de 23 de Prairial del año XII.

[157] BERTRAND, RÉGIS. *Limites d'une laïcisation de la mort.* En: CHANTIN, JEAN-PIERRE y MOULINET, DANIEL. (Dir.). *La Séparation de 1905. Les hommes et les lieux.* Les editions de l´atelier. París. 2005. Páginas 38 y 39.

la nueva realidad social de la época, respondiéndole el ministro que era intención del Gobierno enviar a las Cámaras un proyecto de Ley que modificara el artículo 15 del citado Decreto, a la par que afirmaba que dicho artículo había quedado en desuso en numerosas ciudades, citando como ejemplo París, en que los muertos eran sepultados sin atender a su confesión religiosa, y que la intolerancia suscitada en esa localidad en concreto, no era la regla general.[158]

Una primera proposición de Ley con el fin de derogar el artículo 15 del Decreto de 23 de Prairial del año XII, fue presentada el 29 de abril de 1871, avalada por los diputados Journault, Barthélemy-Saint-Hilaire y Rameau. A ella seguirá una segunda proposición obra de Ferdinand Boyer, en que se mostraba partidario de añadir a dicho artículo la previsión de la existencia de sendas zonas en los cementerios, una para los fieles de aquellos cultos practicados en el municipio, y otra para los no creyentes. El asunto se cierra en falso, con un informe presentado el 26 de julio de 1875, realizado por el barón Chaurand en que se preveía el mantenimiento de los cementerios confesionales. La idea de derogar el citado artículo 15, se retoma a raíz de una nueva iniciativa parlamentaria fechada el 22 de febrero de 1879, abanderada por Rameau, Journault y Albert Joly, que es votada el 7 de marzo de 1881, obteniendo un resultado favorable de 335 votos a favor, frente a 119 en contra, haciendo infructuosos los esfuerzos de Boyer y Freppel por mantener el artículo 15. El 29 de octubre el Senado la adopta por 146 votos frente a 86, tras rechazar una enmienda presentada por los senadores Chesnelong, Daussel, Lucien Brun y Desbassyns de Richemont, que retomando el proyecto de Boyer de 1872, había propuesto una división tripartita de los cementerios, reservándose una zona para los fieles del culto de la religión mayoritaria en el municipio en el que radicara, otra para los fieles de las demás confesiones, y una tercera para los no creyentes. Asimismo se rechaza una segunda enmienda avalada por Ravignan, por la que se autorizaba a los municipios a crear cementerios confesionales. El artículo único de la Ley de 14

---

[158] BARATTE, LÉON. *Rapports de l'autorité civile et de l'autorité religieuse en matière de sépulture (ancien droit et droit actuel). Association ouvrière*. Le Mans. 1904. Página 118. BENELBAZ, CLÉMENT. *Le principe de laïcité en droit public francais*. L´Harmattan. París. 2011. Página 80. BERTRAND, RÉGIS. *Limites d´une laïcisation de la mort*. En: CHANTIN, JEAN-PIERRE y MOULINET, DANIEL. (Dir.). *La Séparation de 1905. Les hommes et les lieux*. Les editions de l´atelier. París. 2005. Páginas 39 y 40.

de noviembre de 1881 decía: *El artículo 15 del Decreto de 23 Prairial del año XI es expresamente derogado. La presente Ley, deliberada y adoptada por el Senado y por la Cámara de Diputados, será ejecutada como Ley del Estado.* De este modo se secularizan los cementerios, prohibiéndose la realización de distinciones a la hora de proceder a los enterramientos en función de las creencias religiosas y las condiciones en las que se produjo la muerte de los finados, lo cual supone poner fin a la reserva de espacios *ad hoc* para los fieles de determinadas confesiones religiosas, y a los suicidas. Esta Ley se verá complementada por el artículo 93 de la Ley de 5 de abril de 1884, que preveía que los alcaldes y subprefectos estaban autorizados a proveer de urgencia para que toda persona fallecida fuera *sepultada decentemente, sin distinción de culto ni de creencia,* prohibiéndose en su artículo 97.4 que la policía funeraria municipal pudiera *establecer distinciones o prescripciones particulares en razón de las creencias o del culto del difunto o de las circunstancias que hayan acompañado su muerte*.[159]

La Ley de 15 de noviembre de 1887, dará otro gran paso en este lento proceso de *secularización de la muerte*, al reconocer a todos los ciudadanos la libertad de funerales y permitir la cremación de cadáveres.[160] Había venido precedida de una decisión del Consejo de Estado, de 1883, en virtud de la cual las voluntades del difunto prevalecían sobre cualquier otra autoridad concurrente en cuanto a la elección de la sepultura a recibir.[161] En su artículo 1 se extiende la posibilidad de rendir honores fúnebres, a *cualquiera que sea el carácter de los funerales, civil o religio-*

---

[159] BERTRAND, RÉGIS. *Limites d'une laïcisation de la mort.* En: CHANTIN, JEAN-PIERRE y MOULINET, DANIEL. (Dir.). *La Séparation de 1905. Les hommes et les lieux.* Les editions de l'atelier. París. 2005. Página 41.

[160] En los debates del proyecto, los partidarios de la cremación trataron de reconocer explícitamente en el tenor de la Ley la posibilidad de practicar la misma, así el diputado Antoine Blatin había depositado una enmienda el 30 de marzo de 1886, en que se decía que *Todo mayor o menor emancipado, con capacidad de testar, podrá determinar libremente el modo de su sepultura, optar por la incineración o la inhumación.* La propuesta fue aceptada por la Cámara de Diputados por 321 votos frente a 174, pero en su tramitación en el Senado, se suprimió el final de la frase, por estimarse que la alternativa estaba implícitamente reconocida en tanto en cuanto se reconocía la libertad de elección en el modo de sepultura. Un reglamento administrativo sobre la cremación fue publicado el 27 de abril de 1889.

[161] BAUDOUT, PIERRE-IVES. *La mort en attente de laïcisation (1887-1904).* En: WEIL, PATRICK. *Politiques de la Laïcité au XXe siècle.* PUF. París. 2007. Páginas 395.

so.[162] En el artículo 2 de la Ley se prohibía toda decisión administrativa o prescripción particular que fuera *aplicable a los funerales, en razón de su carácter civil o religioso*. Con ello se pretendía evitar resoluciones administrativas como las adoptadas por Ducros, prefecto de Rhône, que el 18 de junio de 1873 impuso a las exequias civiles un *madrugador* horario, pues debían celebrarse a las 6 de la mañana en verano y a las 7 en invierno, así como la obligación de observar un trayecto que siguiera *las vías menos transitadas*, unas medidas vejatorias que parecían recordar las adoptadas por Luis XIV en relación con los protestantes. El artículo 3 establecía que todo mayor de edad o menor emancipado, con capacidad de testar, podría regular las condiciones de sus funerales, en particular en lo concerniente a su carácter civil o religioso y el modo de sepultura, pudiendo encomendar a una o más personas, la observancia de sus disposiciones. Su voluntad, expresada en un testamento ante notario o en forma privada, tendría idéntica fuerza que las disposiciones testamentarias relativas a la disposición de bienes, quedando sujeta a idénticas reglas en cuanto a las condiciones para su revocación.[163] Correlativamente, el artículo 433.21.1 del Código Penal sancionará *a toda persona que diera a los funerales un carácter contrario a la voluntad del difunto.*[164]

Otra cuestión que quedaba pendiente era el monopolio de las pompas fúnebres, que los artículos 22 a 26 del Decreto de 23 de Prairial del año XII, reservaban a las fábricas y consistorios, que de este modo acaparaban en régimen de exclusividad el derecho de proveer los carruajes y ornamentos necesarios para las pompas fúnebres. Se prohibía expresamente a cualquier otra persona, cualesquiera que fueran sus funciones, el

---

[162] De este modo se superaba la praxis de algunos generales como Barrail en 1873 y Berthaut en 1877, que en caso de ceremonias no religiosas, limitaban el rendimiento de los mismos a la casa mortuoria, sin hacer cortejo al convoy. Esto ya se había superado mediante un Decreto de 23 de octubre de 1883, que prescribía que los mismos tendrían lugar con motivo del levantamiento del cadáver.

[163] Con ello se extendía la regulación contenida en el Decreto de Napoleón de 16 de julio de 1806, que prescribía que las personas serían sepultadas conforme a los ritos de la religión que hubiera profesado en vida, salvo que hubiera solicitado lo contrario, mediante un acto de última voluntad, que debía haber sido explícita y previamente declarado ante el ayuntamiento.

[164] BENELBAZ, CLÉMENT. *Le principe de laïcité en droit public francais.* L´Harmattan. París. 2011. Página 81. BERTRAND, RÉGIS. *Limites d´une laïcisation de la mort.* En: CHANTIN, JEAN-PIERRE y MOULINET, DANIEL. (Dir.). *La Séparation de 1905. Les hommes et les lieux.* Les editions de l´atelier. París. 2005. Páginas 41 y 42.

ejercicio de tales servicios, previéndose el oportuno régimen sancionador en caso de contravención.[165] En las localidades en que el derecho anterior no pudiera ser ejercido por las fábricas, la solución correspondería a las autoridades municipales, con aprobación de los prefectos.[166] La forma de establecer las tasas por los servicios fúnebres era completada por un segundo Decreto de 18 de mayo de 1806, que en parte matizaba al anterior,[167] de modo que los emolumentos a percibir por los servicios prestados en el interior de los templos, (catafalcos, cirios y otros ornamentos que decoraban los edificios de culto), eran fijados por la fábricas y los consistorios,[168] mientras que las tasas por los servicios exteriores, (transporte del cuerpo e inhumación), eran establecidos por las autoridades municipales tras requerir su previo parecer al obispo. Estas dos tarifas eran finalmente aprobadas por el prefecto o por el Jefe del Estado, en función de la importancia del municipio. Las cantidades recaudadas por la prestación de estos servicios serían destinadas al mantenimiento de las iglesias, de los lugares de inhumación y a la remuneración del personal que los prestaban.[169] Así las cosas, este privilegio eclesiástico era justificado por parte de monseñor Freppel como una compensación a la Iglesia por los expolios cometidos durante la etapa revolucionaria. Este escenario que había permanecido incuestionado hasta la proclamación de la III República, comienza a resquebrajarse, cuando un sector de la población, los librepensadores, desean recibir funerales civiles, y en algunos casos, (no muchos, bien es cierto), las autoridades eclesiásticas rehúsan a poner a su disposición los medios para el transporte de los cadáveres, o en cualquier modo, se ven obligados a pagar una tasa o *impuesto* a una confesión religiosa en la que no creían.[170]

---

[165] Artículo 24 del Decreto de 23 de Prairial del año XII.

[166] Artículo 26 del Decreto de 23 de Prairial del año XII.

[167] El artículo 25 del Decreto de 23 de Prairial del año XII se limitaba a decir que los emolumentos a satisfacer por los servicios funerarios, incluidos los enterramientos, carruajes y transporte de los cuerpos serían fijados mediante una tarifa propuesta por las autoridades municipales y confirmada por los prefectos.

[168] Artículo7 del Decreto de 18 de mayo de 1806.

[169] Artículo 23 del Decreto de 23 de Prairial del año XII.

[170] BENELBAZ, CLÉMENT. *Le principe de laïcité en droit public francais.* L´Harmattan. París. 2011. Página 81. BERTRAND, RÉGIS. *Limites d´une laïcisation de la mort.* En: CHANTIN, JEAN-PIERRE y MOULINET, DANIEL. (Dir.). *La Séparation de 1905. Les hommes et les lieux.* Les editions de l´atelier. París. 2005. Página 42.

El modelo legal monopolístico anteriormente descrito establecido por los Decretos napoleónicos de 1804 y 1806, tratará de ser modificado con la proclamación de la III República. El primer intento en este sentido tiene lugar con la proposición presentada el 17 de marzo de 1879 por el diputado Antoine-Dieudonné Belle, que preveía la atribución del monopolio del servicio fúnebre exterior a los municipios. A esta proposición, que no llega a convertirse en Ley, le sucederá una segunda de Charles Lefevre, que lleva fecha de 13 de diciembre de 1881, que atribuía el servicio a los municipios, los cuales podrían ejercerlo bien directamente, o bien en régimen de adjudicación a terceros, excluyéndose de la posibilidad de ser atribuidos a las fábricas y consistorios. Al ser discutida en el Senado, se incluirá una enmienda infructuosamente defendida por monseñor Frappel en la Cámara de Diputados, consistente en permitir la concurrencia de municipios y fábricas en la prestación de los servicios de transporte. El texto remitido de nuevo a la Cámara de Diputados, será objeto de discusión en comisión durante tres legislaturas. Durante el largo proceso de tramitación de la reforma de monopolio de las pompas fúnebres, tendrá lugar una prospección llevada a cabo en 1894 por el Ministerio de Cultos, que arrojó como resultado sorprendente que a pesar del tenor literal de la normativa napoleónica atribuyendo en términos manifiestamente claros el monopolio del servicio a las fábricas de las iglesias, lo cierto es que en la práctica el mismo era ejercido por ellas en un muy reducido número de municipios, en los cinco departamentos del Sud-Est, sólo operaba en 135 de los 808 ayuntamientos, es decir, apenas el 17%, mientras que en Basses-Alpes el monopolio sólo era explotado en 5 municipios sobre un total de 250. Una segunda encuesta llevada a cabo a instancias del Senado, en 1904 arrojó que sobre un total de 86 capitales de departamento, las fábricas sólo ejercían su monopolio en 47, y en 16 únicamente aseguraban el transporte de los cuerpos. Sobre 275 subprefecturas, sólo 75 se encontraban bajo régimen de monopolio de las fábricas. Eran datos suficientemente significativos, a pesar de faltar los de 9 capitales de departamento y de 29 subprefecturas.[171] La

[171] La estadística era aún más contundente en el seno de las pequeñas comunidades rurales, de modo que la explotación real del monopolio sólo era una realidad en un reducido número de localidades, por lo que la cuestión corría de manos de entidades mutuales o confraternidades (tanto católicas como judías), u otro tipo de asociaciones, así como de los

Ley no verá la luz hasta el 28 diciembre de 1904, promovida por el diputado Fernand Rabier, previéndose su entrada en vigor a partir del 1 de enero de 1905, y será desarrollada por una Circular del Ministerio del Interior de 25 de febrero de 1905. La nueva normativa atribuía a las autoridades municipales el monopolio sobre los servicios exteriores de pompas fúnebres, que quedaban configurados como un servicio público, pudiéndolo prestar bien directamente o por medio de concesionarios autorizados, *sociedades caritativas laicas,* que desarrollarían su actividad bajo supervisión municipal, una forma de dar cabida a las sociedades de socorros mutuos. La Ley de 1904 estará en vigor hasta ser sustituida por la Ley de 8 de enero de 1993, que define los servicios funerarios exteriores como un servicio público respecto al cual las entidades locales carecen de un derecho de exclusividad.[172]

En qué medida la finalidad secularizadora que inspiró esta legislación fue plenamente conseguida es otra cuestión, pues en numerosos municipios persistió la situación *de facto* consiste en el mantenimiento de cementerios separados para católicos y protestantes, (como es el caso de Nimes, en que cada uno de ellos estaba en un extremo de la ciudad), especialmente en aquellas localidades en que la *pertenencia religiosa* formaba parte de la propia *identidad de la familia*, como en la región de los Cévennes en el Macizo Central, en localidades como Alès, o en la comarca del Luberon, donde los protestantes republicanos no hicieron especial hincapié en la secularización de estos recintos. El propio carácter confesional de este tipo de lugares no será cuestionado ni siquiera por la mismísima Ley de separación, cuyo artículo 28 preveía una excepción a la prohibición general de erigir o colocar signos o emblemas religiosos

entidades municipales, o por convenios suscritos con empresarios privados, y la provisión de féretros solía correr de la mano de comerciantes particulares.

[172] BAUDOUT, PIERRE-IVES. *La mort en attente de laïcisation (1887-1904).* En: WEIL, PATRICK. *Politiques de la Laïcité au XXe siècle.* PUF. París. 2007. Páginas 391 y ss. BELLANGER, EMMANUEL. *La mort laïcisée, neutralisée et rationalisée. Municipalisation des pompes funèbres, syndicalisation des communes et magistère mayoral en banlieu Parísienne au XXe siècle.* En: WEIL, PATRICK. *Politiques de la Laïcité au XXe siècle.* PUF. París. 2007. Páginas 417 a 439. BENELBAZ, CLÉMENT. *Le principe de laïcité en droit public francais.* L´Harmattan. París. 2011. Página 81. BERTRAND, RÉGIS. *Limites d´une laïcisation de la mort.* En: CHANTIN, JEAN-PIERRE y MOULINET, DANIEL. (Dir.). *La Séparation de 1905. Les hommes et les lieux.* Les editions de l´atelier. París. 2005. Páginas 43 a 47.

en monumentos o emplazamientos públicos, que afectaba (además de a los propios edificios de culto, museos o exposiciones), a los *terrenos de sepultura en los cementerios,* y a *los monumentos funerarios.*[173]

---

[173] BENELBAZ, CLÉMENT. *Le principe de laïcité en droit public francais.* L´Harmattan. París. 2011. Página 81. BERTRAND, RÉGIS. *Limites d'une laïcisation de la mort.* En: CHANTIN, JEAN-PIERRE y MOULINET, DANIEL. (Dir.). *La Séparation de 1905. Les hommes et les lieux.* Les editions de l´atelier. París. 2005. Páginas 44 y 45.

CAPÍTULO III.
LA POLÍTICA EDUCATIVA Y SOBRE CONGREGACIONES RELIGIOSAS

1. LA CUESTIÓN ESCOLAR

1.1. Los antecedentes previos a la III República

La *Monarchie Très Chrétienne* característica de la Francia del Antiguo Régimen había reconocido a la Iglesia el derecho a formar a las almas. Con Napoleón se va a producir nada más y nada menos que el remplazo del monopolio de la Iglesia en esta tarea, (destruido por la Revolución), por el del Estado, en lo que concierne a los ciclos de enseñanza secundaria y universitaria.[174]

La Ley de 10 de mayo de 1806 trata de definir el monopolio de la enseñanza, formando *su Universidad Imperial*. El número de liceos pasa de 17 al comienzo del Imperio, a 38 en 1808. El Decreto de 17 de marzo de 1808, somete la apertura de centros docentes privados a autorización administrativa, que en la práctica no se aplicará de modo restrictivo. En 1811, se limita por decreto el número de establecimientos privados, y les

---

[174] DANSETTE, ADRIEN. *Histoire religieuse de la France contemporaine. Sous la IIIème République*. Flammarion. 1951. Página 17. Si se desea tener en consideración la evolución histórica particular de la cuestión educativa en el otro gran modelo de relaciones Iglesia-Estado del derecho comparado, el de Estados Unidos, resulta de particular interés la monografía: CELADOR ANGÓN, ÓSCAR. *Libertad de Conciencia y Escuela en Estados Unidos*. Dykinson. Madrid. 2013.

obliga a enviar sus alumnos a seguir los cursos de los centros públicos, a partir de los 10 años de edad.[175]

Napoleón inaugura una nueva época en que la construcción dogmática sobre el concepto de Estado se instrumentaliza al servicio de un hombre, él mismo, una empresa difícil de lograr, pero ante la cual adoptará una toma de posición de carácter pragmático, al colocarse al resguardo de la Iglesia, para conseguir sus hercúleos objetivos. La posición de la Iglesia no era francamente fácil, tras los desastrosos acontecimientos revolucionarios, por lo que asume con pragmatismo el yugo napoleónico, mucho más pesado de llevar que el de los monarcas del Antiguo Régimen, a la espera de poder reestructurarse y recuperar su pasada fortaleza, lo que MÉGRINE califica como *aproximarse para perdurar*, es decir lo que en castellano puede traducirse como *de la necesidad, hacer virtud.* Algo que tiene consecuencias positivas, pues conlleva que muchas congregaciones religiosas sean autorizadas a regresar a territorio francés, y que la Universidad adopte como base los *preceptos de la Iglesia católica.* Los hermanos de las escuelas cristianas, (congregación autorizada desde 1810), despliegan una amplia actividad en el campo de la enseñanza primaria, de modo que en 1830 escolarizan a 87.000 alumnos, y allí donde aquéllos no lleguen, el maestro será designado por el alcalde, de acuerdo con el párroco.[176]

La Restauración conlleva la afirmación de la posición de la Iglesia en el sistema educativo. Los curas son reconocidos como *vigilantes especiales* en las escuelas primarias, y al obispo se le otorga una especial función inspectora, (1816), con el contrapeso de los alcaldes, prefectos y rectores. Con Luis XVIII, se exige el visado previo eclesiástico, para poder declarar la idoneidad de los candidatos a la enseñanza primaria, (29 de febrero de 1816), y los jesuitas, que han regresado al país, ponen todo su empeño en erradicar los restos de galicanismo presentes en la sociedad francesa. Monseñor Denis-Antoine-Luc Frayssinous, dota de un claro acento clerical a la Universidad, de la que es nombrado *Grand*

---

[175] BONAFOUX, CORINNE. *Les enjeux politiques et culturels de la liberté de l'enseignement en France, 1800-1914.* En: FRÉCHET, HÉLÈNE. (Coord.) *Religion et culture de 1800 à 1914.* Editions du Temps. París. 2001. Páginas 280 y 281.

[176] ALBERTINI, PIERRE. *L'École en France du XIXe siècle à nos jours de la maternelle à l'universitè.* Hachette. París. 2006. Página 47. MÉGRINE, BERNARD. *La question scolaire en France.* Presses Universitaires de France. París. 1960. Página 35.

Maître. Para los *clericales* la Universidad se encuentra bajo sospecha de ser controlada por los *voltarianos,* y a su vez los *liberales* recelan del poder de las órdenes religiosas, por lo que comienza a dibujarse en el subconsciente colectivo el boceto del esquema de lo que a largo plazo será conocido como la *guerra escolar*. La Iglesia va a verse forzada a reclamar su derecho a la libertad de enseñanza, o lo que es lo mismo, a *separarse para afirmarse.* Una Ordenanza de 8 de abril de 1824 impone a los maestros poseer un certificado de instrucción religiosa, poniendo a la enseñanza primaria bajo el control de la Iglesia. La Ordenanza de 26 de agosto de 1824, crea un Ministerio de Asuntos Eclesiásticos, al cual se une el servicio de Instrucción Pública, dependiente hasta ese momento del Ministerio del Interior. Pero la Ordenanza de 16 de junio de 1828, ordenará el cierre de las escuelas secundarias dirigidas por los jesuitas, y prohíbe la enseñanza a los miembros de las congregaciones religiosas no autorizadas.[177]

La Ley Guizot[178] sobre la instrucción pública de 28 de junio de 1833, obliga a cada departamento a tener una escuela normal masculina, (pasándose de 11 escuelas de magisterio masculinas en 1829, a 47 en 1833 y 74

---

[177] ALBERTINI, PIERRE. *L'École en France du XIXe siècle à nos jours de la maternelle à l'universitè.* Hachette. París. 2006. Página 46. BONAFOUX, CORINNE. *Les enjeux politiques et culturels de la liberté de l'enseignement en France, 1800-1914.* En: FRÉCHET, HÉLÈNE. (Coord.) *Religion et culture de 1800 à 1914.* Editions du Temps. París. 2001. Páginas 281 y 282. DUCOMTE, JEAN-MICHEL. *La laicïcité.* Milan. Toulouse. 2009. Página 13. MÉGRINE, BERNARD. *La question scolaire en France.* Presses Universitaires de France. París. 1960. Página 36.

[178] François Guizot considerará a la instrucción popular como *una necesidad económica y una obligación social.* Nacido en Nimes en 1787, protestante, era hijo de un abogado liberal guillotinado en 1794. Entiende que la Iglesia, (incluida también la católica), debe colaborar con el Estado en su misión escolar. Hombre políglota, desempeña la cátedra de historia moderna en la Sorbona desde 1812, siendo designado consejero de Estado y secretario del Ministerio de Justicia entre 1816 y 1820, hasta que es revocado por los ultrarealistas, regresando a la Universidad. De convicciones liberales, contribuirá al advenimiento de Luis Felipe, comenzando entonces una gran carrera política que le llevará a desempeñar por dos veces el Ministerio de Instrucción Pública, (entre octubre de 1832 y febrero de 1836, y entre septiembre de 1836 y abril de 1837), así como el Ministerio de Asuntos Exteriores, (entre 1840 y 1847), y la jefatura del último ministerio que sucumbe ante la Revolución de febrero de 1848. A raíz de tales acontecimientos se exilia en Inglaterra, pero regresará a Francia en 1849, para ocuparse de sus estudios de historia. GAILLARD, JEAN-MICHEL. *Un siècle d'école republicaine.* Editions du Seuil. París. 2000. Páginas 31 y 32.

en 1837), y los ayuntamientos de más de 500 alumnos deberán de poseer una escuela primaria de niños, (no se contempla la escolarización de las niñas), gratuita para los indigentes, aunque sin ser obligatoria, (deberían ser los padres quienes lo decidieran). Otorga a la enseñanza primaria estatal una marcada impronta religiosa, revistiendo la enseñanza de la religión carácter obligatorio, y el clero, cumpliendo unos requisitos mínimos de cualificación, va a obtener una amplia independencia docente. El Estado viene a reconocer las *necesidades de instrucción* masculinas, y para ello adopta las oportunas medidas reestructuradoras del sistema educativo, e intenta hacerlo de forma racionalizada y eficaz. Se sientan las bases de una enseñanza general que con el tiempo estará llamada a escapar de la tutela de la Iglesia.[179]

La Iglesia francesa del siglo XIX aspira no tanto a reconquistar su monopolio del sistema educativo, cuanto a obtener al menos una plena libertad de enseñanza, algo que consigue respecto a la enseñanza secundaria por medio de la Ley Falloux de 1850, y respecto a la superior en 1875.[180]

La Ley Falloux de 15 de marzo de 1850, inaugura el marco legal más beneficioso a la Iglesia en materia educativa desde la caída del Antiguo Régimen, reconociendo no sólo la libertad de enseñanza, sino previendo la posibilidad de financiación pública directa a favor de los establecimientos de enseñanza privada, y dispensando a las corporaciones locales de la obligación de abrir una escuela municipal en aquellas localidades en las que se encuentre ya operando un centro educativo privado. La presencia

[179] BAUBÉROT, JEAN. *Histoire de la laïcité en France.* Presses Universitaires de France. París. 2000. Páginas 33 y 34. CARPENTIER, JEAN y LEBRUN, FRANÇOIS. *Histoire de France.* Ed. du Seuil. París. 2000. Páginas 275 y ss. DANSETTE, ADRIEN. *Histoire religieuse de la France contemporaine. Sous la IIIème République.* Flammarion. 1951. Página 17. DARCOS, XAVIER. *La escuela republicana en Francia: obligatoria, gratuita y laica. La escuela de Jules Ferry, 1880-1905.* Prensas Universitarias de Zaragoza. Zaragoza. 2008. Páginas 10 y 30. DUCOMTE, JEAN-MICHEL. *La laicïcité.* Milan. Toulouse. 2009. Página 13. MÉGRINE, BERNARD. *La question scolaire en France.* Presses Universitaires de France. París. 1960. Página 37. REINA, VÍCTOR. *Laicidad y escuela pública en Francia.* En: *Estudios jurídicos en homenaje al profesor Vidal Guitarte.* Servicio de Publicaciones de la Diputació de Castelló y de la Facultad de Derecho de la Universitat Jaume I y de la Universidad de Valencia. Valencia. 1999. Página 794.

[180] DANSETTE, ADRIEN. *Histoire religieuse de la France contemporaine.* Sous la IIIème République. Flammarion. 1951. Página 17.

de las congregaciones religiosas en la enseñanza secundaria se duplica, con motivo de la misma, al pasar de educar a 706.917 alumnos en 1843 a 1.610.674 alumnos en 1863, creándose 250 nuevos establecimientos educativos. Un fenómeno que cobra toda su importancia si se toma en consideración que el sistema educativo, aún encontrándose bajo una clara influencia confesional, se halla en constante regresión. Será Victor Duruy, quien con su llegada al Ministerio de Instrucción Pública y Cultos, en 1863, trate de dar la vuelta a este proceso, a través de la creación de los Consejos Departamentales de Enseñanza Primaria, el desarrollo de la enseñanza de las niñas menores de edad, y el incremento de la financiación pública a las escuelas estatales.[181] Duruy, por herencia familiar, era un anticlerical moderado, que en los años 80 del siglo XIX reprobará la legislación de Ferry, siendo recibida su designación con desconfianza por parte del episcopado. El hecho de atribuir a la administración la inspección escolar, en su artículo 17, suscitará suspicacias por parte de los obispos franceses.[182] La Ley Duruy de 10 de abril de 1867 organizará la enseñanza primaria femenina, estableciendo la obligatoriedad de las escuelas para niñas en aquellas localidades de más de 500 habitantes. Duruy abrirá también la enseñanza secundaria a las chicas, al instituir las clases secundarias de Estado ese mismo año.[183]

A la caída de Napoleón III, tras el desastre de Sedán, la Comuna llega a proclamar la necesidad de suprimir para ambos sexos la *instrucción religiosa y dogmática* en todos aquellos establecimientos financiados con fondos públicos, y emerge toda una nueva generación de políticos, como Gambetta, de fuerte tendencia anticlerical. La escuela parece pronto vislumbrarse como uno de los decisivos campos de batalla en los que va a librarse la guerra en que se decidirá si Francia va o no a ser republicana, y si la sociedad francesa va abandonar su tradición católica.[184]

---

[181] MÉGRINE, BERNARD. *La question scolaire en France.* Presses Universitaires de France. París. 1960. Páginas 37 y 39.

[182] PICHOT-BRAVARD, PHILIPPE. *Le pape ou l'empereur. Les catholiques et Napoléon III.* Tempora. Perpignan. 2008. Páginas 82 y ss.

[183] DARCOS, XAVIER. *La escuela republicana en Francia: obligatoria, gratuita y laica. La escuela de Jules Ferry, 1880-1905.* Prensas Universitarias de Zaragoza. Zaragoza. 2008. Página 34.

[184] MÉGRINE, BERNARD. *La question scolaire en France.* Presses Universitaires de France. París. 1960. Página 40.

1.2. El estado de la cuestión al proclamarse la III República, y al comienzo de la obra de Jules Ferry

A principios de la III República, en 1876, el personal religioso instruía a casi la mitad del alumnado francés, al educar a 2.197.000 alumnos sobre una población escolar total de 4.919.000 estudiantes. En 1876, las escuelas primarias públicas escolarizaban a 2.600.000 alumnos, (2/3 de los cuales son niños), y las escuelas confesionales 1.400.000, (2/3 de ellos niñas). En la enseñanza secundaria, los centros religiosos atienden a 79.000 alumnos, frente a los apenas 66.000 de los liceos públicos.[185]

Con la III República se consolida un modelo de enseñanza básica obligatoria, y una escuela pública laica y gratuita. La política del partido republicano tratando de reducir el influjo de la Iglesia en la sociedad francesa, encontrará en el ámbito escolar uno de los principales campos de batalla en los que desarrollar su política legislativa secularizadora de la sociedad francesa, preparando el terreno a lo que con el tiempo dará lugar a la promulgación de la Ley de separación y la ruptura del Concordato napoleónico. Los republicanos son plenamente conscientes de la importancia que el desarrollo de la educación representaba políticamente para ellos, desde la perspectiva de tres grandes principios inspiradores de la misma: gratuidad, obligatoriedad y laicidad, que es una de las grandes líneas sobre las que se basa el Pacto de Belleville, que había agrupado a los republicanos para afrontar las elecciones de 1869, junto con la supresión del presupuesto de cultos, y la separación Iglesia-Estado.[186]

El acceso al poder de los republicanos en 1877, abre un periodo de intensa actividad en materia legislativa que se cierra en 1886 con la aprobación de la Ley de enseñanza primaria de 1886. Uno de los principales artífices de la política educativa será Jules Ferry, Ministro de Instrucción Pública en varios gabinetes, y Presidente del Gobierno en un par de

---

[185] DANSETTE, ADRIEN. *Histoire religieuse de la France contemporaine. Sous la IIIème République.* Flammarion. 1951. Página 17. SCOT, JEAN PAUL. *Gènese de la loi de 1905.* En: ZARKA, CHARLES YVES. *Faut-il reviser la Loi de 1905?* Presses Universitaires de France. París. 2005. Página 24.

[186] MAYEUR, FRANÇOISE. *Histoire de l'enseignement et de l'éducation. III. 1789-1930.* Perrin. 2004. Página 584.

ocasiones,[187] una de las principales personalidades del partido republicano, positivista, francmasón confeso, y que a pesar de haber nacido en el seno de una familia católica de Lorena, pierde la fe en su juventud. Padre de la escuela *laica, obligatoria y gratuita,* será detestado por un sector de la izquierda que le reprocha su anti jacobinismo, su rechazo de la Comuna, su colonialismo, (algo extraordinariamente paradójico para poder ser considerado como un verdadero *hombre de izquierdas*), y su tendencia desmesurada a no morderse la lengua y decir lo que piensa, que le hacen aparecer como un *burgués altanero* a los ojos de Clemenceau. Odio que es igualmente compartido por la derecha conservadora, que ve en él su verdadera *bestia negra* en todo lo que concierne a la política educativa, al ser padre de la escuela laica, y por todo lo que representa incluso su propia personalidad, la de un hombre religiosamente escéptico, casado civilmente, y partidario de la Ley del divorcio, e incluso porque su decidido colonialismo le pone en el punto de mira de los sectores más nacionalistas, temerosos de un debilitamiento de la línea defensiva frente a Prusia. Un hombre firmemente convencido de que la promoción del ser humano se funda sobre la ciencia, oponiendo la razón a la revelación, por

[187] La obra legislativa de Jules Ferry comienza con su llegada por primera vez al Ministerio de Instrucción Pública, con motivo de la formación del Gobierno de Waddington del 4 de febrero de 1879 al 23 de septiembre de 1880, periodo en el que: 1) Se crea la Escuela Normal Femenina de Sèvres, el 9 de agosto de 1879. 2) Se promulga la Ley de 17 de febrero de 1880, que descarta del Consejo Superior de Instrucción Pública, a los miembros de las confesiones religiosas. 3) Se retira a la enseñanza privada la prerrogativa de la colocación de los grados universitarios, mediante la Ley de 18 de marzo de 1880. 4) Se dispersa a las congregaciones religiosas no autorizadas, el 29 de marzo de 1880.

Jules Ferry alcanza la Presidencia del Gobierno del 23 de septiembre de 1880 al 10 de noviembre de 1881, periodo en el que se profundiza en la puesta en práctica de las Leyes de Enseñanza: 1) Extendiéndose a las niñas la enseñanza secundaria estatal, (Ley de 20 de diciembre de 1880. 2) Garantizándose la gratuidad de la enseñanza primaria, (Ley de 16 de junio de 1881).

Ferry ocupa de nuevo el Ministerio de Instrucción Pública del 31 de enero al 29 de julio de 1882, en el Gabinete Freycinet, periodo en el que se promulga la Ley relativa a la obligatoriedad y a la laicidad de la enseñanza, de 28 de marzo de 1882. Una vez más será Presidente del Consejo de 21 de febrero de 1883 al 30 de marzo de 1885, ocupando el Ministerio de Instrucción Pública y Bellas Artes hasta el 20 de noviembre de 1883, en que es reemplazado por Armand Fallières.

lo que la instrucción pública debe ser el primero de los servicios públicos, y debe ser, tarde o temprano, secularizado.[188]

Su anticlericalismo es heredero de los ideales de la *Razón* y el *Progreso* que caracterizan a la Ilustración, y en especial de Condorcet, cuyos proyectos pedagógicos le influirán determinantemente. Enlaza con los planteamientos del historiador Jules Michelet, el filósofo positivista Auguste Comte, o el lexicólogo y también filósofo, Émile Littré, discípulo el anterior. Ferry dedicará toda su carrera política a la consecución de la realización del principio de igualdad en materia educativa, para lo cual se rodea de un equipo de colaboradores en plena sintonía ideológica: Paul Bert, antiguo profesor de la Sorbona, librepensador y anticlerical, y Ferdinand Buisson, pedagogo, que ocupará el cargo de Director de Enseñanza Primaria. En un tiempo en que la Iglesia conoce las apariciones de Lourdes, (1858) y el Syllabus, (1864), y tiende hacia una deriva autoritaria y contraria a los intelectuales y libre pensadores, Ferry va a oponer un modelo basado en la emancipación de los individuos por la razón natural. Tras ser nombrado Ministro de Instrucción Pública el 4 de febrero de 1879, en el seno del gabinete Waddinton, cuando abandone el puesto en 1883, se habrá realizado toda una reforma en profundidad del sistema educativo francés, sin precedentes, de modo que a sus sucesores sólo les quedará dictar algunas normas de desarrollo, como la Ley Bert-Goblet de 30 de octubre de 1886, que seculariza al personal docente.[189]

Puede resultar paradójico que en esta primera fase de la III República, se abogue únicamente por la secularización de la Iglesia, pero no por poner en práctica un auténtico programa de separación entre la Iglesia y el Estado. Aunque Ferry pone todo su empeño en proceder a

---

[188] CHOLVY, GÉRARD. *Face à la sécularisation de l´enseignement primaire: une analyse quantitative des capacités de résistances des diocèses français (1879-1895)*. En: CABANEL, PATRICK. *Religion et culture dans les societés et dans les États européens de 1800 à 1914*. Editions Jacques Marseille. París. 2001. Páginas 395 y 396. DARCOS, XAVIER. *L´Etat et les Églises. La question laïque*. Odile Jakob. París. 2006. Páginas 50 y ss. GAILLARD, JEAN-MICHEL. *Un siècle d´école republicaine*. Editions du Seuil. París. 2000. Páginas 34 y 35.

[189] ALBERTINI, PIERRE. *L´École en France du XIXe siècle à nos jours de la maternelle à l´universitè*. Hachette. París. 2006. Página 62 y 63. LATREILLE, A. y RÉMOND, R. *Histoire du Catholicisme en France. III. La période Contemporaine*. Editions Spes. París. 1962. 2ª Edición. Páginas 456 y 457. SICARD, GERMAIN. *La laïcité de Jules Ferry*. En: D´ONORIO, JÖEL, (Dir.). *La Laïcité au défi de la Modernité*. París. 1990. Página 77.

la secularización del sistema educativo, sustrayéndolo de la influencia de la Iglesia, a los ojos de hombres como él, el Concordato era un *buen contrato* que *merecía la pena conservar*, pues supondría una *torpeza* renunciar a la posibilidad de *meter las narices* en los asuntos internos de la Iglesia mediante los instrumentos que el mismo proporcionaba, muy especialmente a través de la posibilidad de inmiscuirse en el sistema de designación de obispos, sin contar con los riesgos que podría conllevar el desconocimiento del importante peso que aún conservaba la Iglesia en Francia.[190]

1.3. Las *reformas* republicanas

Francia va a vivir en la década de los años 80 del siglo XIX una verdadera revolución de su sistema educativo, de modo que en 10 años, el presupuesto de educación se triplicará. A partir de 1883, se ponen en construcción 20.000 nuevas escuelas. Un esfuerzo enorme, que con todo, no supera al que realiza Alemania, que llega a dedicar el 1,9% del PIB a educación, frente al más modesto 1,3% de Francia. La escuela pasará a ser laica, obligatoria y gratuita. Las nuevas autoridades republicanas son plenamente conscientes del papel que la escuela debe desempeñar en la formación de la juventud, especialmente si se quiere hacer enraizar el espíritu republicano en los futuros ciudadanos, por ello se procede a un ambicioso programa de reforma educativas, que empieza por la escuela primaria, especial foco de atención de la administración educativa.[191]

1.3.1. La reforma de la enseñanza primaria

La enseñanza primaria ha conocido un proceso de expansión a lo largo del siglo XIX. Desde 1877 se va a ir trabajando en la reforma completa de la misma, a cuyo efecto se ha nombrado en la Cámara de Diputados

---

190 ORLANDIS, JOSÉ. *Ciento veinticinco años de escuela laica en Francia.* En: *AHig* 14, 2005. Página 85. REINA, VÍCTOR. *Laicidad y escuela pública en Francia.* En: *Estudios jurídicos en homenaje al profesor Vidal Guitarte.* Servicio de Publicaciones de la Diputació de Castelló y de la Facultad de Derecho de la Universitat Jaume I y de la Universidad de Valencia. Valencia. 1999. Página 794.

191 DÉMIER, FRANCIS. *La France du XIXe siècle. 1814-1914.* Éditions du Seuil. París. 2007. Páginas 332 y 333.

una comisión encargada de analizar el asunto, de la cual Paul Bert es a la vez presidente y ponente.[192]

LA ENSEÑANZA PRIMARIA EN FRANCIA: 1820-1882.[193]

Efectivos	1820	1832	1840	1863	1881-82
Escuelas	27.581	42.092	55.342	68.761	75.635
Alumnos	1.123.000	1.939.000	2.897.000	4.336.000	5.341.000
Alumnas		736.000	1.240.000	2.070.000	2.633.000
Maestros			63.000	109.000	125.000

Desempeñando Jules Ferry, el Ministerio de Instrucción Pública, se deposita el proyecto de Ley de 15 de marzo de 1879, regulador de los tribunales ante los que los estudiantes de las Universidades privadas debían examinarse, en cuyo artículo 7 se preverá *extemporáneamente* que nadie sería *admitido a dirigir un establecimiento de enseñanza pública o privada, de cualquier orden que sea, ni a impartir enseñanza, si perteneciere a una de las congregaciones no autorizadas.* Se trataba de un golpe bajo a las congregaciones religiosas católicas, pues sólo cinco órdenes masculinas cuentan con la preceptiva autorización legal para operar en Francia, los hermanos de las escuelas cristianas, (que eran el bastión de la escuela confesional primaria desde 1808), los lazaristas, sulpicianos, las misiones extranjeras y los padres del Espíritu Santo, los demás carecen de ella, entre otros los dominicos, jesuitas y maristas, especialmente presentes en el sistema educativo francés. El artículo 7 llega a ser criticado desde las filas protestantes, poco sospechosas de connivencia con los jesuitas, destacando el texto publicado por el pastor Parísino Eugène Bersier, titulado *Lettre d'un pasteur à M. Jules Ferry sur ses projets de Loi,* en que aunque se denuncian las persecuciones encabezadas por los jesuitas contra los protestantes, convirtiéndose en apologetas de *las más atroces violencia,* se desmarca de la nueva legislación, por ser contraria a los principios fundamentales de la democracia

[192] Sobre el punto concreto de la evolución de la organización pedagógica, las materias de enseñanza, planes de estudio y métodos pedagógicos, puede verse: GIOLITTO, PIERRE. *Histoire de l'enseignement primaire au XXe siècle. L'organisation pédagogique.* Nathan. París. 1983.

[193] ALBERTINI, PIERRE. *L'École en France du XIXe siècle à nos jours de la maternelle à l'universitè.* Hachette. París. 2006. Página 18.

política, y especialmente a los principios de libertad e igualdad. La polémica llega a la prensa conservadora, donde *Le Triboulet* ironizaba en su número de 5 de octubre de 1879 del siguiente modo: *Jules Ferry prend pour enseigne, / Liberté de l'enseignement, / Son article 7 nous enseigne / Qu'en liberté l'enseigne ...ment.* El artículo 7 es aprobado en la Cámara de Diputados, donde los republicanos gozan de una amplia mayoría, el 9 de julio de 1879. Se constituye un comité general de peticiones por la libertad de enseñanza, y la Liga de la Enseñanza, contraataca en sentido opuesto. El debate en el Senado se desarrolla en enero de 1880, donde dicho artículo es rechazado, por lo que la Ley debe ser aprobada con la mutilación del mismo.[194]

El Gobierno reacciona promulgando dos Decretos, el 29 de marzo de 1880, (que durante más de 30 años serán conocidos como *los decretos*), en virtud de los cuales, las congregaciones religiosas no autorizadas, (léase muy particularmente los jesuitas, a los que el destino parece haberles reservado tener que jugar el papel de chivos expiatorios de toda veleidad anticlerical), deberán disolverse en el plazo de 3 meses y desalojar sus establecimientos en el de 6 meses. Toda congregación no autorizada deberá solicitar la misma en dicho plazo, so pena de ser disuelta. La cuestión afecta a unos 9.000 religiosos y 100.000 religiosas. Las congregaciones religiosas se niegan a *auto disolverse*, por considerar que la Ley es objetivamente injusta. El rigor gubernamental en la aplicación de los decretos se ceba especialmente con las órdenes religiosas masculinas dedicadas a la enseñanza en territorio metropolitano, y muy particularmente con la Compañía de Jesús. El prefecto de policía Andrieux llega a personarse en una de las casas de jesuitas para proceder a su desalojo, concretamente la ubicada en la calle Sèvres de París, regresando los afectados al día siguiente. Cuatro o cinco años después de la promulgación de los decretos, buena parte de las órdenes religiosas expulsadas habían retomado sus

[194] DANSETTE, ADRIEN. *Histoire religieuse de la France contemporaine. Sous la IIIème République.* Flammarion. 1951. Páginas 74 a 85. ENCREVÉ, ANDRÉ. *Les protestants réformés face à la laïcisation de l'école au début des années 1880.* En: FRÉCHET, HÉLÈNE. (Coord.) *Religion et culture de 1800 à 1914.* Editions du Temps. París. 2001. Páginas 260 y 261. FRANCE, ANATOLE. *L'Eglise et la Republique.* Bosch. Utrecht. 1964. Páginas 41 y 42. OZOUF, MONA. *L'École, l'Église et la République, (1871-1914).* Éditions Cana / Jean Offredo. París. 1982. Página 59. SCOT, JEAN PAUL. *L'État chez lui, l'Église chez elle. Comprendre la loi de 1905.* Le Seuil. París. 2005. Página 155. SÉVILLIA, JEAN. *Quand les catholiques étaient hors la loi.* Perrin. París. 2006. Páginas 56 y ss.

actividades. *Le Monde* llega a describir la situación afirmando que *es la violencia y la persecución oficialmente promulgadas.*[195]

Los cambios legislativos que se pretenden introducir en la educación primaria descansan sobre tres grandes principios: su gratuidad, obligatoriedad e inspiración laica, levantando un claro temor en aquéllos que se dedicaban a la educación en el seno de la Iglesia, por la concurrencia que ello podría representar.

Las nuevas modificaciones legales se plasmarán en dos grandes textos normativos:

1) La Ley de 16 de junio de 1881, que aborda la cuestión de la gratuidad de la enseñanza primaria. Se trata de una cuestión clave, prácticamente una premisa para poder avanzar en la reforma que se propone acometer, porque paralelamente se está pensando en la idea de establecer la obligatoriedad de la misma, y resultaría muy difícil imponer una obligación de este tipo a los padres, que simultáneamente supusiera una importante carga económica para los mismos. Los adversarios de Ferry, cogidos a contrapié, presienten que una escuela pública gratuita, barrerá del mapa educativo a la enseñanza privada de pago, financiada exclusivamente por los padres. Ferry sostendrá que una sociedad democrática debe asegurar a todos los ciudadanos un mínimo de formación, (y con ello de oportunidades de promoción social), algo que sólo se puede conseguir si la enseñanza, al menos en sus primeros estadios, es obligatoria y gratuita. Chesnelong le echará en cara que no estaba diciendo toda la verdad, pues en su opinión está ocultando que lo que realmente se está pretendiendo es *universalizar una enseñanza anticristiana y destruir la enseñanza cristiana.*[196] Paul Bert ve en la nueva legislación un importante instrumento con el que recortar la influencia de las órdenes religiosas en el sistema educativo. Monseñor Freppel, siempre combativo, se queja al señalar que de este modo los católicos se verán discriminados, al tener que contribuir

---

[195] DANSETTE, ADRIEN. *Histoire religieuse de la France contemporaine. Sous la IIIème République.* Flammarion. 1951. Páginas 78, 83 y 84. FRANCE, ANATOLE. *L'Eglise et la Republique.* Bosch. Utrecht. 1964. Página 41. OZOUF, MONA. *L'École, l'Église et la République, (1871-1914).* Éditions Cana / Jean Offredo. París. 1982. Páginas 62 y 63. SÉVILLIA, JEAN. *Quand les catholiques étaient hors la loi.* Perrin. París. 2006. Página 61.

[196] SICARD, GERMAIN. *La laïcité de Jules Ferry.* En: D'ONORIO, JÖEL, (Dir.). *La Laïcité au défi de la Modernité.* París. 1990. Página 81.

con sus impuestos a la financiación de unas escuelas a las que no desean enviar a sus hijos, considerando que ello suponía un falso *señuelo* para los católicos. Con independencia de la eventual intencionalidad política que pudiera inspirar la actuación del Gobierno, consistente en recortar la influencia de la Iglesia en la formación de las conciencias en la sociedad francesa, lo cierto es que la medida redunda en una notable mejora del sistema educativo francés, y de las oportunidades puestas a disposición del proletariado y de las clases sociales más desfavorecidas de acceso a la educación, y con ello a una futura promoción social.[197]

2) La Ley Ferry de 28 de marzo de 1882, establece la obligatoriedad de la enseñanza primaria, para los niños y niñas comprendidos entre los 6 y los 13 años, configurándose además como una verdadera Carta Magna del laicismo en la escuela. La enseñanza de la religión deja de formar parte del programa educativo de la escuela pública, al sustituirse la *Instrucción moral y religiosa* por la *Instrucción moral y cívica,* a la que se concede una especial relevancia. La enseñanza religiosa se efectuará fuera de los centros educativos públicos, a cuyo efecto éstos habilitaran un día libre a la semana diferente al domingo. En los centros privados, la enseñanza religiosa será facultativa.[198] Se derogan los artículos 18 y 44 de la Ley Falloux de 15 de marzo de 1850, que otorgaba a los ministros de culto un derecho de inspección, vigilancia y dirección en las escuelas primarias públicas y privadas.[199] La enseñanza primaria será obligatoria para los menores de ambos sexos comprendidos entre los 6 y los 13 años de edad, y ello con independencia de la eventual oposición de los padres.[200] Paul Bert entiende que la *laicidad* es una condición de la *obligatoriedad,* pues no se puede obligar al padre de familia a enviar a sus hijos a una escuela, sin garantizarle que en la misma no se atente contra sus propias convicciones. Para el liberal Agénor Bardoux, antiguo Ministro de Educación, querer ensayar una fórmula *fuera de la fe en Dios y en la vida futura* era *imposible.* En semejante línea, Emile Keller protestará ardientemente contra lo que él considera *arrancar la enseñanza religiosa de millones de niños, toda una nueva generación de Francia,*

[197] DANSETTE, ADRIEN. *Histoire religieuse de la France contemporaine. Sous la IIIème République.* Flammarion. 1951. Página 86.

[198] Artículo 2 de la Ley de 28 de marzo de 1882.

[199] Artículo 3 de la Ley de 28 de marzo de 1882.

[200] Artículo 4 de la Ley de 28 de marzo de 1882.

clamando contra lo que en su opinión era una *violación de las conciencias* que imponía una nueva religión de Estado, a su juicio la peor de todas, la que consiste en *no tener ninguna.* Ferry les responderá que la neutralidad y secularización escolar, no eran otra cosa que el corolario de una larga evolución de las instituciones que había comenzado en 1789.[201]

Con motivo de los debates de la Ley de 28 de marzo de 1882, fracasan los intentos de introducir transaccionalmente la enseñanza religiosa en las escuelas. Entre ellos merece la pena destacar la propuesta de Vallée, que pretendía que la enseñanza primaria elemental comprendiera la enseñanza religiosa, que en ningún caso sería impartida en contra de la voluntad de los padres. Otras iniciativas en análoga dirección vienen avaladas por Parieu, y Jules Simon, partidario de hacer una mención a que *los maestros enseñarán a sus alumnos en los deberes hacía Dios y hacia la Patria.* Ferry se opondrá a todo ello, y les responderá que al maestro, en la escuela, le corresponde la enseñanza laica, y al sacerdote, la enseñanza de la religión. Añadiendo con aplomo que *No se vota a Dios en las Asambleas.*[202]

Se instituye una comisión municipal escolar en cada localidad, con el fin de vigilar e incentivar la asistencia a las aulas, que estaría compuesta por el alcalde y una serie de representantes de las autoridades locales, así como los inspectores de enseñanza primaria, y una serie de garantías adicionales tendentes a asegurar la escolarización efectiva de los menores comprendidos en dicho intervalo de edad, así como el control de las ausencias a clase, previendo la posibilidad de requerir las presencia de los padres o representantes legales ante la comisión municipal escolar, en caso de un número de ausencias mensual superior a cuatro, por parte del menor, estableciéndose la posible exigencia de responsabilidad penal de aquéllos, en caso de reiteración.[203]

Los nuevos programas aparecen en julio, redactados especialmente por Ferdinand Buisson y el filósofo Paul Janet. Y los *deberes hacia Dios,* dejan de ser la base de la educación moral. Sin tomar en consideración las prescripciones de las diferentes confesiones religiosas, los profesores

---

[201] SICARD, GERMAIN. *La laïcité de Jules Ferry.* En: D´ONORIO, JÖEL, (Dir.). *La Laïcité au défi de la Modernité.* París. 1990. Página 83.

[202] SICARD, GERMAIN. *La laïcité de Jules Ferry.* En: D´ONORIO, JÖEL, (Dir.). *La Laïcité au défi de la Modernité.* París. 1990. Página 84.

[203] Artículo 5 de la Ley de 28 de marzo de 1882.

enseñarán *un sentimiento de respeto y de veneración* hacia *el nombre de Dios,* haciendo comprender al alumno que *el primer homenaje que debe a la divinidad, es la obediencia a las leyes de Dios, tal y como le revelan su conciencia y su razón.* Con ello, tal y como apunta BAUBÉROT, se pretende dar a los maestros un cierto margen de maniobra. Además se incorpora en el currículo la educación física y la preparación para la educación profesional, así como el conocimiento de la organización política constitucional del país, complementada por una modesta cultura jurídica y económica.[204]

Con ello la controversia estaba servida. Los partidos de derecha entendían que la enseñanza para ser conforme con la voluntad de la mayoría de la población debería ser católica, y que a su juicio, para garantizar la libertad de conciencia de todos, resultaría suficiente con dispensar de la enseñanza religiosa a quienes no desearan recibirla. La nueva neutralidad impuesta por las autoridades resultaba a su modo de ver una quimera, al entender que no hablar de Dios, equivalía a su negación, al imponerse una escuela atea en contra de la conciencia de los cristianos. En el Senado, Jules Simon tratará de reintroducir la idea de Dios en la escuela, al proponer una enmienda en virtud de la cual *los maestros enseñarán a sus alumnos sus deberes hacia Dios y hacia la Patria.* La enmienda es votada por el Senado, pero la Cámara de Diputados restablecerá el texto primitivo.[205]

La disputa será finalmente decantada con el reforzamiento de la mayoría republicana en ambas Cámaras, tras los nuevos procesos electorales que se abren con motivo de la renovación de un tercio de los miembros del Senado en enero de 1882, y las elecciones de agosto y septiembre de 1882 a la Cámara de Diputados.

Desde publicaciones como *L'Universe* o *La Gazette de France,* los católicos intransigentes franceses llaman a realizar un boicot a la nueva legislación secularizadora, tratando de imitar el ejemplo de los católicos belgas, que se han opuesto a la legislación liberal laica en materia

[204] AMALVI, CHRISTIAN. *L'exemple des grands hommes de l'historire de France à l'école et au foyer (1814-1914).* En: CABANEL, PATRICK. *Religion et culture dans les societés et dans les États européens de 1800 à 1914.* Editions Jacques Marseille. París. 2001. Páginas 374 a 394. BAUBÉROT, JEAN. *Histoire de la laïcité en France.* Presses Universitaires de France. París. 2000. Páginas 45 y 46.

[205] DANSETTE, ADRIEN. *Histoire religieuse de la France contemporaine. Sous la IIIème République.* Flammarion. 1951. Páginas 87 y 88.

escolar, siguiendo la apelación hecha por sus obispos, y eso a pesar que la legislación belga es más tenue, pues permite a los sacerdotes acceder a las escuelas para impartir la enseñanza facultativa del catecismo, una solución intermedia que quizás hubiera podido resolver el problema en Francia, si los católicos franceses hubiesen podido llegar a esta solución transaccional, (y tenido la habilidad negociadora que para ello se requería), y que en Bélgica se traduce en el vuelco electoral de 1884. Pero en Francia, a diferencia de lo que ocurre en el país vecino del norte, la convocatoria sufre un estrepitoso fracaso por la concurrencia de diversos factores concatenados como son la indiferencia e indisciplina de los destinatarios de este llamamiento, el temor dentro de los propios católicos a las consecuencias que ello pudiera tener, y las suspicacias, (cuando no la alarma y el abierto rechazo), que la misma levanta en los sectores abiertamente anticlericales. Otra polémica se desata a raíz de la publicación de los nuevos manuales escolares relativos a la materia de instrucción moral y cívica, que es vista con recelo desde ámbitos católicos como *sustitutiva* del catecismo. Se trata de unos manuales que más que atacar frontalmente las creencias y el dogma católicos, negando la existencia de Dios, se limitan a no mencionarlo. El 15 de diciembre de 1882, la Sagrada Congregación del *Index*, condena desde Roma a 4 manuales escolares, cuya autoría correspondía a Paul Bert, Gabriel Compayré, Jules Steeg, (diputados de izquierda), y Madame Henry Gréville, (pseudónimo de Alice Marie Céleste Durand, nacida Fleury). Desde la Dirección de Cultos llega una prohibición de proceder a la lectura del decreto sobre el *Index* desde los púlpitos. Los prelados franceses advierten del peligro de los nuevos manuales de instrucción cívica, poniendo especial énfasis entre todos ellos el arzobispo de Albi, monseñor Radamié, (que hace mostrar su desaprobación al libro de Gabriel Compayré), monseñor Isoard, obispo de Annecy, (que se dispone a excluir de los sacramentos a los docentes, padres y niños que no destruyeran los citados materiales docentes y condena los manuales heterodoxos desde su cátedra, contraviniendo el primero de los artículos orgánicos del Concordato, por el que las letras pastorales o mandamientos de publicación de las bulas pontificias, no podían ser realizados sin el previo consentimiento de las autoridades civiles), además monseñor Cotton, obispo de Valence, rechaza la denominación de escuelas neutras, por entender que se trata en realidad de escuelas nihilistas. Y el obispo de Viviers, dirige una carta de amonestación a los padres de su diócesis, pidiéndoles que sus hijos no leyeran los manuales desaprobados por la Iglesia. La *solución* gubernamental consistirá en proceder a la suspensión del pago de sus emolumentos salariales con cargo al erario público, a los cinco obispos que publican el decreto, (y la de unos 2.000 párrocos), y reenviar a los prelados al Consejo de Estado, que el 28 de abril de 1882, a resultas de un *procedimiento por abuso* da la razón al Gobierno francés. El arzobispo de Albi, y los obispos de Annecy, Langres, y Viviers son condenados por haber publicado una decisión romana sin previa autorización del poder civil, y en cuanto al obispo de Valence, la condena por exceso de poder es doble, al haber criticado la actuación de las autoridades públicas y haber pronunciado amenazas contra los profesores, padres y alumnos. León XIII trata de apaciguar los ánimos, encargando de ello al cardenal Lavigerie, y dirigiendo una carta al Presidente de la República, Jules Grévy, el 12 de mayo de 1883, por la que deplora que todo el Gobierno de la República, antes de adoptar medidas tan graves como la supresión de la retribución del clero díscolo, se hubiera realizado de modo unilateral y sin acuerdo previo con la Santa Sede. Grévy le responderá que la oposición de un sector del clero a la República, constituía la causa verdadera de los males que sufría la religión. No obstante, esta intervención de Roma tendrá como efecto el restablecimiento de las retribuciones del clero que habían sido suprimidas a raíz del problema de los manuales escolares. El 30 de junio de 1883, Florens, Ministro de Cultos, informa a los obispos que la suspensión de sus retribuciones ha sido pospuesta, invitándolos a reexaminar con la administración los casos conflictivos. La adopción por las autoridades republicanas de una posición conciliadora hace que la aguas poco a poco vuelvan a su cauce, a partir de noviembre de 1883, cuando Jules Ferry, desde el Ministerio del Interior aconseje suprimir el uso obligatorio de los libros condenados por la Iglesia, dirigiendo el propio Ferry, a finales de 1883, su famosa *Carta a los Docentes*, en la que recalca que la enseñanza religiosa pertenece a las familias, y la instrucción moral a la escuela, insistiendo en la primacía de los docentes y en la relatividad de los manuales, que no deberían de convertirse en una especie de *nuevo catecismo,* recomendando a los profesores que no impongan unos concretos manuales a la fuerza, pues lo importante es que la población reconozca que *no tenéis otro pensamiento oculto que el de hacer que vuestros estudiantes sean más instruidos y mejores*, y que con ello se posibilite la victoria de la escuela laica. Unas palabras que sirven para tratar de templar los ánimos caldeados, pero que no despejan los recelos existentes entre amplios sectores del catolicismo francés, hacia las *verdaderas* intenciones gubernamentales.[206]

Una batalla que volverá a reproducirse a finales de septiembre de 1909, a raíz de una carta colectiva del episcopado francés, por la que la lectura, uso, y posesión de una docena de manuales, (9 de historia y 3 de moral), son prohibidos, de modo que si los docentes no renunciasen a su empleo, los padres deberían retirar a sus hijos de las escuelas, bajo pena de denegación de la absolución. La situación se tensa especialmente en las regiones más católicas, donde los libros heterodoxos son hechos añicos o quemados, y las escuelas laicas quedan vacías. Para algunos católicos, la escuela *sin* Dios se ha convertido en la escuela *contra* Dios. El contraataque desde las filas *laicas* consistirá en afirmar que el Vaticano *divide* a los franceses, y sirve a los intereses alemanes. Los republicanos fustigarán a los libros de historia redactados para la enseñanza católica, y ponen todo su énfasis en señalar las citas que consideran como *intolerables* en los manuales escolares editados desde sectores próximos a la Iglesia. Una decena de órdenes ministeriales dictadas entre 1898 y 1907, prohíben el empleo de 19 manuales, (casi todos de historia), publicados por sacerdotes, entre ellos el del célebre jesuita Loriquet.[207]

La encíclica de León XIII, *Nobilissima Gallorum Gens,* de 8 de febrero de 1884, vuelve sus ojos hacia Francia, tratando de abordar los problemas que se plantean a raíz de la promulgación de la nueva legislación secularizadora por parte de la III República, criticando particularmente la secularización del sistema educativo. La encíclica realiza un enfoque del problema desde una perspectiva histórica, apelando a la tradición que consideraba a Francia como la *Fille aînée de l'Église*. León XIII

[206] BAUBÉROT, JEAN. *Histoire de la laïcité en France.* Presses Universitaires de France. París. 2000. Páginas 47 y 48. BONNEFOY, JEANINE. *Catéchismes expression du cléricalisme et du pouvoir occulte (1870-1890).* L'Harmattan. París. 2001. Páginas 40 y 41. CABANEL, PATRICK. *Les mots de la Laïcité.* Presses Universitaires du Mirail. Toulouse. 2004. Página 69. DANSETTE, ADRIEN. *Histoire religieuse de la France contemporaine. Sous la IIIème République.* Flammarion. 1951. Páginas 88, 91 y 92. LAFON, JACQUES. *Les prêtes, les fidèles et l'État. Le ménage a trois du XIXe siècle.* Beauchesne. París. 1987. Página 317. LATREILLE, A. y RÉMOND, R. *Histoire du Catholicisme en France. III. La période Contemporaine.* Editions Spes. París. 1962. 2ª Edición. Páginas 466 a 470.

[207] BAUBÉROT, JEAN. *Histoire de la laïcité en France.* Presses Universitaires de France. París. 2000. Páginas 90 y 91. CABANEL, PATRICK. *Les mots de la Laïcité.* Presses Universitaires du Mirail. Toulouse. 2004. Páginas 70 y 71.

denuncia la nueva filosofía que trata de *erradicar los fundamentos de la verdad cristiana,* abogando por el mantenimiento de la enseñanza de la religión católica, como elemento de utilidad para la garantía del *orden* y de la *salud* de la República. Critica el que la juventud sea educada en la neutralidad en sus deberes hacia Dios, por *abrir directamente la vía al ateísmo,* por lo que hace un llamamiento a los padres de familia para que tomen sus responsabilidades, insistiendo en la reciprocidad de derechos y obligaciones entre el poder político y el religioso, sometidos ambos a la Ley natural y eterna. León XIII reivindica el derecho de la Iglesia a enseñar los principios divinos, y expresa su angustia ante el desarrollo de la nueva legislación y de los acontecimientos políticos en Francia. Asimismo evoca el problema de la disolución de las órdenes religiosas, y exhorta a obispos y clero a que defiendan la libertad de la Iglesia, haciendo un llamamiento a los laicos para que trabajen por el bien común.[208]

Pero la normativa que erradica la enseñanza de la religión del currículo era insuficiente para secularizar por completo el modelo educativo francés, debido a la importante presencia en el mismo de personal de las órdenes religiosas. Por ello, Paul Bert deposita en 1882 un proyecto que prevé la expulsión de las congregaciones religiosas de la educación primaria, por entender que no eran *aptas* para dar una instrucción cívica fundada en los principios republicanos, (o para ser más precisos, en la concepción gubernamental sobre los mismos). El proyecto, que sufrirá una larga travesía antes de convertirse en Ley, algo que finalmente tiene lugar al promulgarse la Ley Bert-Goblet de 30 de octubre de 1886, establece que el Estado funda, mantiene, y por consecuencia, dirige exclusivamente las escuelas públicas.[209] En su artículo 17, únicamente permitirá la presencia de maestros laicos en las escuelas públicas de todo orden, fijándose, en su artículo 18, un plazo de 5 años para que los maestros que

---

[208] Es una encíclica escrita en un tono muy mesurado, dejando abierta la puerta a una futura aproximación de los católicos con las autoridades republicanas, que tendrá lugar por medio de la encíclica *Inter sollicitudines*, es decir, *Au milieu des sollicitudes*, en 1892, la cual por otro lado no evitará la continuación en la promulgación de una legislación de marcado carácter anticlerical, en el contexto del cambio de siglo. SIAT, JEANNINE. *Les catholiques en France, du Concordat à la Séparation de l'Église.* En: CARRIER-REYAUD, BRIGITTE. (Dir.) *Histoire de la religion et de la culture en Europe de 1800 à 1914.* Ellipses. París. 2001. Página 81.

[209] DANSETTE, ADRIEN. *Histoire religieuse de la France contemporaine. Sous la IIIème République.* Flammarion. 1951. Páginas 91 y 92.

fueran clérigos dejaran su puesto. Con ello se pretende hacer revertir la situación preexistente, en que muchas escuelas primarias son municipales, es decir, sus profesores son remunerados por los ayuntamientos, de modo que en las regiones católicas, los alcaldes suelen confiarlas a las órdenes regulares. En lo sucesivo la designación de tales docentes no correrá a cargo de los alcaldes, sino de los prefectos, convirtiéndose los maestros en docentes nacionales, pagados por el Estado.[210] Los docentes que trabajen en los colegios públicos estarán obligados a observar una completa neutralidad con motivo del desempeño de sus funciones. Simultáneamente reafirma la libertad de enseñanza, que puede ser privada, es decir, fundada y mantenida por particulares o por asociaciones.[211] Con el comienzo del siglo XX, una segunda ola de legislación anticlerical determinará que las congregaciones religiosas no puedan dedicarse a la enseñanza, cerrándose miles de escuelas religiosas, salvo en Alsacia-Lorena, que se encontraba bajo dominio alemán.

Se trataba de controlar la formación de las generaciones futuras, pues a nadie se le escapa que con motivo de la proclamación de la III República, la Iglesia había simpatizado con los monárquicos, como una posible forma de erigir un muro de contención frente a los ideales secularizadores republicanos, ello llevará a que desde los partidos republicanos se vea con recelo el importante papel desempeñado por la Iglesia en educación de la juventud, no en vano, a finales del siglo XIX, 1/3 de la enseñanza primaria estaba en manos del sector privado, en su inmensa mayoría controlado por la Iglesia, erigiéndose el control de la formación de las futuras generaciones, en el centro del debate político, por lo que la medida prohibicionista encontraba en ello su motivación real.[212]

Desde los sectores más anticlericales se verá con extremo recelo el papel del clero regular, especialmente en el ámbito de la educación. Los decretos de Ferry de 1880 no conseguirán anular la importante presencia de los regulares en el sistema educativo. A principios de siglo XX existían

---

[210] SÉVILLIA, JEAN. *Quand les catholiques étaient hors la loi.* Perrin. París. 2006. Página 76.

[211] BAUBÉROT, JEAN. *Histoire de la laïcité en France.* Presses Universitaires de France. París. 2000. Páginas 56 y 57. JUSDADO RUIZ-CAPILLAS, MIGUEL ÁNGEL. *Laicismo en Francia: Precedentes de la Ley de separación de 1905. (En el Centenario de la Ley).* En: *ADEE.* Vol. XXII. 2006. Página 349.

[212] LARKIN, MAURICE. *L'Église et l'État en France. 1905: La crise de la Séparation.* Privat. Toulouse. 2004. Página 27.

en Francia unos 158.000 miembros del clero regular frente a únicamente 55.000 integrantes del clero secular. Entre los primeros, 29.000 eran varones, 22.000 de los cuales se dedicaban a la enseñanza, mientras que las 128.000 religiosas, se consagraban básicamente a la educación y a la asistencia sanitaria. Una cuarta parte de los niños escolarizados en la enseñanza primaria, cursaban sus estudios en escuelas de las congregaciones religiosas, y aunque el progreso de la escuela pública había sido importante, aún educaban a 1.400.000 alumnos, (frente a los 2.000.000 de 1876), el 15% de los niños y el 42% de las niñas. El porcentaje era aún mayor en la enseñanza secundaria, al escolarizar la enseñanza privada al 42% de los niños en 1898, (frente al 32% que suponía en 1887). No era suficiente con el importante esfuerzo hecho en materia de fortalecimiento de la enseñanza primaria pública, era necesario también formar a las futuras elites dentro del sistema educativo público.[213]

En vísperas de la I Guerra Mundial, la escolarización se ha convertido en verdaderamente obligatoria, y el personal docente se ha secularizado, pues si en 1876-1877, a poco de proclamarse la III República, más del 40% del personal docente en la enseñanza primaria eran religiosos o religiosas, por el contrario hacia 1906-1907, cuando la política contraria a las congregaciones ha desplegado buena parte de sus efectos, dicho porcentaje se ha reducido a apenas un 4,5%. Paralelamente, en la enseñanza *libre,* (es decir, *privada*), el número de laicos se ha triplicado en ese mismo periodo de tiempo, al pasarse de 10.785 docentes laicos a 31.896.[214]

1.3.2. La reforma de la enseñanza secundaria y de la formación de la mujer

Las autoridades republicanas eran plenamente conscientes de la importancia que tenía la formación de la mujer, un ámbito descuidado por el Estado hasta ese momento, a pesar de la importancia del papel desempeñado por las mujeres en la formación de la infancia, y por lo

---

[213] SCOT, JEAN PAUL. *L'État chez lui, l'Église chez elle. Comprendre la loi de 1905*. Le Seuil. París. 2005. Páginas 128 y 129.

[214] HILAIRE, Y.M. *L'école publique devient laïque.* En: CHOLVY, GÉRARD y HILAIRE, YVES-MARIE. *Histoire religieuse de la France Contemporaine. 1880/1930.* Privat. Toulouse. 1986. Página 63.

tanto de los futuros ciudadanos. Era la hora de *dar esposas republicanas a los hombres republicanos.*[215]

El 14 de enero de 1878, se deposita en la Cámara de Diputados por Paul Bert, un proyecto de Ley que hace obligatorio en todos los departamentos, la creación de una escuela normal de niñas, que se traducirá poco después en la Ley de 9 de agosto de 1879. A tales efectos, una escuela superior instalada en Fontenay-aux-Roses, se encargará de formar al futuro profesorado, y al personal directivo de las escuelas normales. El personal docente de las escuelas de niñas se encontraba mediocremente preparado, por lo que para superar esta situación, se piensa en la necesidad de suprimir la *carta de obediencia* eclesiástica, que daba a las profesoras de las congregaciones religiosas la habilitación equivalente al diploma de capacidad, por lo que toda persona que quisiera impartir docencia debería adquirir tal diploma oficial de capacitación, algo que se pone legalmente en práctica por la Ley de 16 de junio de 1881.[216]

La Ley Camille Sée de 21 de diciembre de 1880, procede a autorizar al Ministro de Instrucción Pública para la creación de liceos femeninos, que podrían ser transformados en internados, a instancias de las autoridades municipales, excluyendo la enseñanza religiosa en las horas de clase, pero que cabría ser impartida facultativamente por un capellán, (cuestión que se extiende a los Institutos de Enseñanzas Medias de niños por medio de un Decreto), y al año siguiente la Ley de 26 de julio de 1881 crea una escuela normal femenina en Sèvres, para la formación de profesoras de dichos liceos. Con ello se pretende secularizar la educación. De este modo la Iglesia pierde el monopolio que hasta entonces tenía sobre la formación de las jóvenes de clase media burguesa. Los obispos franceses tardan en reaccionar, contentándose con la exigencia de un certificado de enseñanza elemental para las maestras de la enseñanza secundaria *libre*, es decir, la confesional católica. Para tratar de remediar esta situación de inferioridad, una religiosa de las hijas de Nuestra Señora, la madre María del Sagrado Corazón, trata de fundar una escuela normal superior donde las órdenes religiosas femeninas dedicadas a la enseñanza pudieran enviar

[215] SCOT, JEAN PAUL. *L'État chez lui, l'Église chez elle. Comprendre la loi de 1905.* Le Seuil. París. 2005. Página 128.

[216] GAILLARD, JEAN-MICHEL. *Un siècle d'école republicaine.* Editions du Seuil. París. 2000. Página 38. OZOUF, MONA. *L'École, l'Église et la République, (1871-1914).* Éditions Cana / Jean Offredo. París. 1982. Páginas 95 y 96.

a sus enseñantes para recibir una mejor formación, encontrándose con no pocas dificultades, especialmente desde dentro del propio estamento eclesiástico, falleciendo en 1901. La primera escuela normal católica no se funda hasta 1906.[217]

En 1898, los alumnos de la enseñanza secundaria se repartían del modo siguiente: 12,5% en los seminarios menores, 36,2% en las escuelas secundarias católicas, 5,2% en los establecimientos libres laicos, y el 46% restante en los liceos y colegios públicos.[218]

1.3.3. La reforma del consejo superior de la instrucción pública y de la enseñanza superior

Las restauración monárquica, tras los acontecimientos revolucionarios de 1789, y en particular Carlos X, favorece netamente la intervención de la Iglesia sobre la Universidad Imperial instaurada por Napoleón, el cual nunca se preocupó en especial de la enseñanza primaria, (dejando manos libres a las escuelas cristianas en este campo), priorizando su política educativa en la formación de los denominados *maestros de escuela,* (a cuyos efectos se crea una primera academia en Estrasburgo, inspirándose en la pedagogía suiza, con el fin de promover la formación de un cuerpo de maestros de escuela capaces de remplazar el papel hasta ese momento jugado por los eclesiásticos en el desempeño de la función docente), y en la creación de la Universidad Imperial.[219]

La Ley Buffet de 12 de julio de 1875, auspiciada por el octogenario obispo de Orléans, monseñor Dupanloup, reconoce la libertad de enseñanza superior a favor de la Iglesia, a la que se reconoce su derecho a crear Facultades libres y agruparlas en Universidades libres, permitién-

---

[217] BAUBÉROT, JEAN. *Histoire de la laïcité en France.* Presses Universitaires de France. París. 2000. Página 41. DANSETTE, ADRIEN. *Histoire religieuse de la France contemporaine. Sous la IIIème République.* Flammarion. 1951. Páginas 26, 27, y 85.

[218] SECONDY, LOUIS. *L'enseignement secondaire catholique de 1850 à 1914: Les grandes options éducatives.* En: FRÉCHET, HÉLÈNE. (Coord.) *Religion et culture de 1800 à 1914.* Editions du Temps. París. 2001. Página 71.

[219] REINA, VÍCTOR. *Laicidad y escuela pública en Francia.* En: *Estudios jurídicos en homenaje al profesor Vidal Guitarte.* Servicio de Publicaciones de la Diputació de Castelló y de la Facultad de Derecho de la Universitat Jaume I y de la Universidad de Valencia. Valencia. 1999. Página 793.

dose la colocación de grados por tribunales mixtos en los que habría representantes de la Universidad estatal junto con los de las Universidades libres. El cardenal Guibert, titular de la sede Parísina, hará uso inmediato de esta posibilidad, organizando en París las Facultades de Letras, Derecho y Ciencias.[220]

Ferry no deseaba que la Iglesia estuviera representada en los consejos académicos, ni en las facultades.[221] El 15 de marzo de 1879, (fecha que coincide con la del aniversario de la Ley Falloux), se depositan dos proyectos de reforma parcial del sistema educativo, uno de ellos se dedica a excluir del Consejo Superior de la Instrucción Pública a todo representante extraño a la enseñanza pública, y dará lugar a la Ley de 27 de febrero de 1880, que descarta del Consejo Superior de Instrucción Pública a las autoridades sociales, tales como obispos, pastores, miembros del Consejo de Estado, que formaban parte del mismo desde la Ley Falloux, y los remplaza por representantes de la Universidad, excluyendo de dicho órgano a las personas *extrañas* a la enseñanza, lo que equivale a decir, al clero y a personas susceptibles de respaldar las tesis eclesiásticas, las más proclives a situarse en contra de las reformas de Ferry.[222] Cuando el 31 de mayo de 1880, se reúna por primera vez el nuevo Consejo, Ferry afirmará que por primera vez la Universidad, después de un largo periodo de pruebas y de desengaños, escapando a las injerencias extrañas, al reino de la desconfianza y la presión, entra como dueña de su bien y de su función.[223]

---

[220] A esta iniciativa seguirá la constitución de los Institutos Católicos de Lille, Lyon, Angers y Toulouse, que reciben esta denominación de *Institutos,* porque la Ley de 18 de marzo de 1880 suprimió para los establecimientos libres, el título de *Universidad.* ORLANDIS, JOSÉ. *Ciento veinticinco años de escuela laica en Francia.* En: *AHig* 14, 2005. Página 86. De este modo culmina la línea abierta por la Ley Falloux de 15 de marzo de 1850. MACÍAS OTÓN, ELENA. *La legislación reguladora del principio de laicidad en la escuela francesa.* En: *Anales de Derecho.* Número 26. 2008. Página 623.

[221] DARCOS, XAVIER. *La escuela republicana en Francia: obligatoria, gratuita y laica. La escuela de Jules Ferry, 1880-1905.* Prensas Universitarias de Zaragoza. Zaragoza. 2008. Página 10.

[222] DANSETTE, ADRIEN. *Histoire religieuse de la France contemporaine. Sous la IIIème République.* Flammarion. 1951. Páginas 74 a 85. HILAIRE, Y.M. *L'école publique devient laïque.* En: CHOLVY, GÉRARD y HILAIRE, YVES-MARIE. *Histoire religieuse de la France Contemporaine. 1880/1930.* Privat. Toulouse. 1986. Página 59.

[223] MAYEUR, FRANÇOISE. *Histoire de l'enseignement et de l'éducation. III. 1789-1930.* Perrin. 2004. Páginas 591 y 592.

El segundo proyecto se refiere a la regulación de los tribunales ante los cuales los estudiantes de las Universidades libres deberían realizar sus exámenes, que prevé la supresión de los tribunales mixtos, y se convertirá en la Ley de 18 de marzo de 1880, afectando especialmente a la enseñanza superior *libre* católica. La Ley *Buffet* de 12 de julio de 1875 que había autorizado este tipo de enseñanzas contemplaba un sistema mixto de tribunales, compuestos a medias por profesores de las Universidades estatales y de dichos centros superiores de enseñanza privados. La nueva Ley priva a dichos establecimientos de educación superior de adoptar el apelativo de *Universidad,* y atribuye al Estado el derecho exclusivo en la colocación de grados. Asimismo, el artículo 7 de este segundo texto, excluye de la docencia a los miembros de las congregaciones religiosas no autorizadas, que no podrían dirigir ningún tipo de establecimiento educativo, con independencia de su naturaleza, pública o privada, un artículo que fue rechazado por dos veces en el Senado. Ante este escenario, Ferry decide enviar sendos Decretos de 19 de marzo de 1880, por lo que se disuelven y dispersan algunas órdenes religiosas en el plazo de 3 meses, de modo que dentro de este plazo, las demás órdenes deberían presentar una solicitud de autorización, previéndose la supresión en un término de 6 meses, de los establecimientos docentes de religiosos que no estuvieran autorizados. El 29 de junio de 1880, los jesuitas son expulsados de sus residencias.[224]

2. LAS CONGREGACIONES RELIGIOSAS Y LA LEY DE ASOCIACIONES DE 1901

2.1. Antecedentes

Napoleón, libérrimo a la hora de regular el estatuto jurídico de las órdenes religiosas, que habían sido deliberadamente olvidadas en el Concordato de 1801, establece por medio de un Decreto de 1804, un marco legal llamado a perdurar por espacio de un siglo, consistente en distinguir

---

224 DANSETTE, ADRIEN. *Histoire religieuse de la France contemporaine. Sous la IIIème République.* Flammarion. 1951. Páginas 84 y 85. HILAIRE, Y.M. *L'école publique devient laïque.* En: CHOLVY, GÉRARD y HILAIRE, YVES-MARIE. *Histoire religieuse de la France Contemporaine. 1880/1930.* Privat. Toulouse. 1986. Página 59. ORLANDIS, JOSÉ. *Ciento veinticinco años de escuela laica en Francia.* En: *AHig* 14, 2005. Página 88.

entre congregaciones *autorizadas*, susceptibles de poseer bienes, y las meramente *toleradas*. La *autorización* debía ser legislativa, en el caso de las órdenes masculinas, conforme a una Ley de 2 de enero de 1817, mientras que revestía naturaleza meramente *administrativa,* en el caso de las órdenes femeninas, en virtud de una Ley de 24 de mayo de 1825. A pesar de la precariedad de este modelo, lo cierto fue que durante la sucesión de una serie de Gobiernos favorables a la Iglesia, se produce un notable incremento de la presencia de órdenes religiosas en Francia a lo largo del siglo XIX. A finales del mismo habían ya superado el número de miembros que tenían cuando estalló la Revolución. En 1877 había en Francia más de 158.000 personas que formaban parte del clero regular, de los cuales 30.287 eran religiosos y 127.000 religiosas. A esta eclosión contribuyen entre otros factores el florecimiento de la enseñanza libre y la vuelta al catolicismo de un importante sector de la burguesía, tras la Revolución de 1848.[225]

El diputado radical Henri Brisson publica en 1880 los resultados de una investigación sobre el patrimonio de las 6.937 congregaciones religiosas establecidas en Francia, estimando el valor de los inmuebles ocupados por las mismas entre 600 y 700 millones de francos, dos tercios de los cuales están en manos de congregaciones religiosas no autorizadas por el Estado, asegurando que desde 1850 dicha cifra ha experimentado un progresión de 1 a 10, clamando contra las consecuencias de esta amortización de bienes. Desde sectores católicos se le acusa de inflar las cifras, indicando que dicha valoración apenas alcanzaría los 381 millones de francos, y que se corresponde mayormente con edificios como hospitales, orfanatos, y colegios, que no están afectos a actividades lucrativas, representando un porcentaje insignificante en relación con los inmuebles en manos de las administraciones públicas. Su importante papel dentro del sistema educativo, hace que pronto sean puestas en el punto de mira de los políticos más proclives a la secularización de la vida pública durante la III República. En el curso 1878-79, más de 1/3 de los alumnos llamados a desempeñar puestos de futuros funcionarios del Estado habían recibido una formación clerical. A principios de la III Re-

[225] DANSETTE, ADRIEN. *Histoire religieuse de la France contemporaine. Sous la IIIème République.* Flammarion. 1951. Página 28. LATREILLE, A. y RÉMOND, R. *Histoire du Catholicisme en France. III. La période Contemporaine.* Editions Spes. París. 1962. 2ª Edición. Páginas 431 y 432.

pública, apenas transcurridos 25 años de la Ley Falloux, había unos 309 centros católicos de enseñanza secundaria, en los que se formaban más de 50.000 alumnos, a lo que tendríamos que añadir los 23.000 internos en seminarios menores. En el curso 1876-77, funcionan en Francia 71.457 escuelas primarias, con 4.716.935 alumnos matriculados. La enseñanza laica cuenta con 51.657 escuelas con 2.648.562 alumnos, las escuelas en manos de las congregaciones religiosas son 19.890, y escolarizan a 2.068.373 alumnos.[226]

El 29 de marzo de 1880, se establece a golpe de decreto que toda congregación que no hiciera una solicitud regular de autorización en el plazo de 3 meses, *se expondría a la aplicación de las leyes en vigor.* El 27 de abril, casi medio centenar de superiores de las congregaciones afectadas, adoptan la decisión de rehusar la presentación de las demandas de autorización, un acuerdo que se adopta por unanimidad de las órdenes masculinas, y una amplia mayoría de las femeninas. Jules Ferry confía a las autoridades administrativas y a la policía, la tarea de proceder a la disolución de las congregaciones que no se hubieran puesto en regla. En París, y más tarde en la provincia de Lille, los establecimientos de los jesuitas, dominicos, franciscanos, benedictinos y premostratenses, son desalojados. La decisión desata protestas y manifestaciones. León XIII le confiesa al cardenal Lavigerie, que los jesuitas están irremediablemente condenados, y que *trate de salvar a los demás*. El Presidente del Gobierno, Freycinet, protestante, y conciliador, poco partidario de hostigar a los católicos, trata de negociar con el cardenal Lavigerie una fórmula que resuelva el conflicto, retardando la dispersión del resto de congregaciones religiosas, en tanto en cuanto se elabora una nueva Ley de asociaciones, con tal que las órdenes religiosas no muestren su animadversión hacia el Gobierno. Lavigerie propone a las congregaciones religiosas firmar un documento conforme a los deseos de Freycinet, y a pesar de las recomendaciones en tal sentido hechas por el nuncio Czacki, los religiosos terminan por rechazar el proyecto de declaración del cardenal. Freycinet se dirige entonces a la Santa Sede, con el fin de lograr un acuerdo que tranquilice los ánimos, renunciando a exigir las solicitudes de autorización a cambio de una declaración de las congregaciones religiosas desaprobando cualquier idea de hostilidad política. León XIII

[226] LATREILLE, A. y RÉMOND, R. *Histoire du Catholicisme en France. III. La période Contemporaine.* Editions Spes. París. 1962. 2ª Edición. Páginas 433 a 438.

autoriza a las congregaciones religiosas a reconocer no estar *animadas por ningún espíritu de hostilidad* hacia las autoridades republicanas, y con su aprobación, los cardenales Guibert y Bonnechose trasladan a los religiosos un proyecto de declaración por el que las congregaciones declaran *su respeto y sumisión a las instituciones del país* y *rechazan ... toda solidaridad con los partidos y pasiones políticas.* Sin necesidad de manifestar su adhesión a la República, se acepta el poder establecido. Cuando la maniobra se hace pública, y el texto de la declaración aparece en la prensa, las pasiones estallan en la izquierda política, llegando a producirse serias discusiones en el seno del Gabinete, encabezando la revuelta Constans y Ferry, la situación es tal, que Freycinet se ve obligado a dimitir el 19 de septiembre, a pesar del apoyo de Grévy, Presidente de la República. Ferry se encarga de formar un nuevo Gabinete, y de ejecutar los decretos de disolución, con el auxilio de la fuerza pública, no sin recurrir a unas excesivas demostraciones de fuerza, como la que tiene lugar en las proximidades de Tarascon, donde un general, al frente de un regimiento de infantería, y de 5 escuadrones de dragones y de artillería, asedia el monasterio de Saint Michel de Frigolet, en Provenza, consiguiendo tras cuatro días de hostilidades la *rendición* de 37 premostratenses, una *importante victoria militar*, sin duda. La animadversión del Gobierno va dirigida especialmente contra las órdenes religiosas masculinas dedicadas a la enseñanza, y muy particularmente contra los jesuitas, sistemáticamente expulsados de sus colegios, que son puestos en manos del clero secular y de laicos. El rigor es menor en lo que respecta a las órdenes femeninas, y las congregaciones masculinas de Argelia, donde los religiosos desempeñan un papel auxiliar de primera magnitud de cara a consolidar la presencia francesa. Unos 5.700 religiosos son expulsados, lo que contribuye a distanciar a un importante sector de población católica, con respecto a las autoridades republicanas. Detrás de todas estas medidas se esconden diversas intenciones, que van desde eliminar posiciones de privilegios, como erradicar el cuasi monopolio clerical en lo que concierne a la formación de la mujer, y el intento de sustraer a ésta de la influencia de la Iglesia. Los católicos, pese a ser contrarios a la laicización de la vida francesa, se encuentran divididos en cuanto a la posible táctica a seguir, que va desde la convocatoria de manifestaciones callejeras, de carácter *efímero* y *limitado* en cuanto a sus efectos, hasta una desgarradora oposición parlamentaria, pero que es vista desde fuera como *oscurantista* y *reaccionaria*. La respuesta de la jerarquía católica puede muy bien resumirse en *nadar y guardar la ropa,* pues aunque desaprueban la política secularizadora, los obispos franceses no quieren correr el riesgo de forzar eventualmente *la gran desdicha de la denuncia del Concordato,* en palabras del nuncio Czacki,[227] una actitud contemporizadora que es compartida por los obispos designados por León XIII, siendo especialmente significativa la moderación de los prelados de Besançon, Burdeos, Rouen, Tours y Albi. Con el fin de evitar la confiscación que amenaza a los bienes de las congregaciones, los edificios quedan jurídicamente bajo la propiedad de sus fundadores, de notables que actúan como personas interpuestas, o de sociedades civiles, mostrándose recelosos y desconfiados frente al poder establecido.[228]

La política contraria a las congregaciones religiosas queda apaciguada durante la legislatura de 1894-1898, al configurarse parlamentariamente una mayoría republicana moderada, apoyada por la *derecha constitucional.* Los ministros Dupuy y Méline adoptan una actitud de apaciguamiento respecto a la Iglesia. La política de León XIII trae como consecuencia durante una década una serie de consecuencias beneficiosas para la Iglesia en Francia, y que se traducen no sólo en la perpetuación del Concordato, (cuya vigencia en 1889 podía verse amenazada), sino en la relajación, por no decir suspensión, de la política contraria a las congregaciones religiosas. Ello hace que numerosas órdenes de regulares, y entre ellos los jesuitas, vuelvan a sus conventos, y retomen tranquilamente sus actividades, en un contexto en que buena parte de la legislación anticlerical contra las congregaciones religiosas está siendo inaplicada, (con la complicidad gubernamental, al menos por omisión), y aunque la legislación militar y educativa no han sido modificadas, son aplicadas con moderación. La legislación secularizadora en materia educativa, pierde buena parte de su eficacia al producirse un importante desarrollo de la enseñanza privada confesional católica. La población escolar de las 700 instituciones de enseñanza secundaria católicas, (incluidos 150

[227] Włodzimierz Czacki ocupa la nunciatura en Francia entre 1879 y 1882.

[228] DANSETTE, ADRIEN. *Histoire religieuse de la France contemporaine. Sous la IIIème République.* Flammarion. 1951. Páginas 78 a 83. HILAIRE, Y.M. *L'école publique devient laïque.* En: CHOLVY, GÉRARD y HILAIRE, YVES-MARIE. *Histoire religieuse de la France Contemporaine. 1880/1930.* Privat. Toulouse. 1986. Páginas 60, 61 y 64. LATREILLE, A. y RÉMOND, R. *Histoire du Catholicisme en France. III. La période Contemporaine.* Editions Spes. París. 1962. 2ª Edición. Página 459. SÉVILLIA, JEAN. *Quand les catholiques étaient hors la loi.* Perrin. París. 2006. Página 65 y ss.

seminarios menores), supera a la estatal en un porcentaje del 52% frente a un 48%, respectivamente. Entre 1887 y 1895, son abiertas 3.000 nuevas escuelas de enseñanza primaria. Unos 50.000 docentes pertenecientes a las congregaciones católicas desempeñan sus funciones, en la década de los 90.[229]

Con Waldeck-Rousseau al frente del Gobierno, el 14 de noviembre de 1899, se presenta un proyecto de Ley sobre el contrato de asociación, que deja a las congregaciones religiosas fuera del derecho común, al someter su existencia a la previa autorización administrativa mediante un decreto del Consejo de Estado, un segundo proyecto de Ley cuya paternidad era atribuible a Georges Leygues, excluía del acceso a la función pública a aquellos candidatos que no hubieran realizado los tres últimos años de sus estudios en una escuela pública, un texto que tenía como indisimulado objetivo tratar de *depurar* anticipadamente a la administración, no sólo la educativa y judicial, sino muy especialmente la militar, pero que no pasó más allá de su examen en comisión.[230]

2.2. Importancia estratégica de las congregaciones religiosas

Las congregaciones católicas, especialmente los jesuitas y los asuncionistas, suscitaban gran inquietud en los sectores más anticlericales. Los jesuitas que habían sido expulsados de Francia a finales del Antiguo Régimen, y suprimidos por el Papa, tras su reconstitución consiguen consolidarse en Francia, especialmente a partir de la Ley Falloux de 1850, que les permite desarrollar una amplia red de colegios en la que educar a la burguesía y a un importante sector de la clase dirigente. Por su parte los asuncionistas, que han sido creados en 1845 por el padre D´Alzon, sacan partido a las nuevas posibilidades abiertas por la revolución industrial, resucitando los peregrinajes de jóvenes aprovechando los nuevos ferrocarriles, y posicionándose de forma muy importante en el campo de la prensa escrita. La pujanza que adquieren las órdenes religiosas levanta

---

[229] LATREILLE, A. y RÉMOND, R. *Histoire du Catholicisme en France. III. La période Contemporaine.* Editions Spes. París. 1962. 2ª Edición. Páginas 485 y 486.

[230] CAPÉRAN, LOUIS. *L´Anticléricalisme et l´affaire Dreyfus. 1897-1899.* Imprimiere Régionale. Toulouse. 1948. Página 357.

los recelos de los sectores más anticlericales, e incluso en el seno de la propia Iglesia, al desempeñar cada vez un papel más importante.[231]

El prejuicio que suscitan las órdenes religiosas católicas, y especialmente los jesuitas, es fácil de entender si se tiene en cuenta el importante papel que dichas órdenes desempeñaban dentro del sistema educativo francés a finales del siglo XIX. Bastaba para ello analizar los datos de ingresos en los años 90 en las instituciones de enseñanza superior, en que sólo los jesuitas aportaban una media del 18% de los candidatos que ingresaban en la Academia Militar de Saint Cyr, el 13% de los del Politécnico, o el 22% en la Escuela Naval, pese a que sus alumnos únicamente representaban el 5% de la población escolarizada en enseñanza secundaria. La escuela preparatoria de Sainte-Genevieve en París, gestionada por los jesuitas, presentaba unos excelentes resultados en cuanto a tasas de éxito académico, entre 1854 y 1916, 229 de sus alumnos alcanzaron el rango castrense de general, y 5 de ellos el de mariscal. A estos datos objetivos, venían a unirse los rumores, que con motivo del escándalo Dreyfus, asociaban con actividades subversivas, a los militares formados en estos centros controlados por los jesuitas. La polémica está servida, en torno a la influencia del clero en el ejército, y la influencia real, (o imaginaria), de personalidades como el padre Stanislas du Lac, jesuita, director del colegio privado de Sainte-Geneviève, también conocido como la *École des Postes,* por el antiguo nombre de la calle de su ubicación, preceptor del duque de Orléans, confesor de políticos como Albert de Mun, de militares como el general Raoul Le Mouton de Boisdeffre, Jefe del Estado Mayor, o del periodista ultraconservador Édouard Drumont. Du Lac era considerado por sus enemigos como el responsable de la *invasión clerical* en el ejército francés, aunque resulte difícil certificar dichos extremos. Para terminar de comprender la importancia desempeñada por las órdenes religiosas católicas en el sistema educativo francés de la época, aportaremos otro dato, el Colegio de Saint-Stanislas, de los hermanos maristas, (que levantaban algo menos de suspicacias que los jesuitas, en los sectores anticlericales), aportaba en los 90 una media de un 9% de los ingresos en la Academia Militar de Saint-Cyr, y un 10% en el Politécnico. La importante presencia en el ejército de militares formados en escuelas

---

[231] DANSETTE, ADRIEN. *Histoire religieuse de la France contemporaine. Sous la IIIème République*. Flammarion. 1951. Página 29.

católicas, y el hecho de que éstos a su vez enviasen mayoritariamente a sus hijos a colegios católicos, causaba especiales recelos en la militancia republicana, buen botón de muestra de todo ello puede ser la indagación encargada por Combes con motivo de su breve paso por el Ministerio de Instrucción Pública, (1895-1896), con el fin de conocer las preferencias de los cuerpos de oficiales del ejército en materia de enseñanza, llegándose a la conclusión que la mayor vinculación con el mundo católico se encontraba en la caballería, mientras que los brazos más técnicos de la armada, (ingenieros y artillería), mostraban una predilección por la escuela pública. Subyacía la sospecha, (nunca se sabrá a ciencia cierta hasta qué punto cierta o no), de la posible implicación del casi centenar de círculos militares católicos en la eventual preparación de un golpe de Estado. La cosa se complicaba aún más si se tiene en cuenta que numerosas familias republicanas enviaban a sus hijos a los colegios católicos, más prestigiosos, atraídos por la calidad de la educación que impartían. Al producirse el cambio de siglo, el 43% de la población masculina inscrita en la enseñanza secundaria, cursaba sus estudios en un centro católico, aunque un significativo número de ellos pudiera encontrarse en una situación administrativa irregular, no debiendo olvidarse que la existencia de colegios de jesuitas plenamente operativos, desafiaba el decreto de expulsión de 1880.[232]

Otra de las órdenes religiosas que estaban en el punto de mira de Waldeck-Rousseau eran los asuncionistas, aunque por motivos diversos que los jesuitas, pues en este caso lo que levantaba suspicacias no era su presencia en el sistema educativo, cuanto su importante implantación en el mundo de la prensa, llegando sus publicaciones a manos de medio millón de lectores, resultando imposible perdonarles su influencia en la vida política a través de la prensa escrita, perjudicando los intereses electorales y políticos del Presidente del Gobierno. El poder civil les acusa de difundir un antisemitismo virulento y de un antirepublicanismo nacionalista. Serán disueltos por ser considerados congregación ilícita,

---

[232] LARKIN, MAURICE. *L'Église et l'État en France. 1905: La crise de la Séparation.* Privat. Toulouse. 2004. Páginas 86 a 91. MARTY, NICOLAS. *L'emergence de la loi de 1905 et son contexte.* En: MARTY, NICOLAS y GAUDELET, BRUNO. (Dir.) *Centenaire de la Loi de Séparation des églises et de l'État du 9 décembre 1905.* Presses Universitaires de Perpignan. Perpignan. 2007. Página 30. SCOT, JEAN PAUL. *L'État chez lui, l'Église chez elle. Comprendre la loi de 1905.* Le Seuil. París. 2005. Página 127.

en enero de 1900, a pesar de haberse apresurado a testimoniar a su favor nada menos que el propio cardenal Richard, arzobispo de París, el cual hace una ostentosa visita a la sede central de la *Bonne Presse*, el buque insignia de esta congregación religiosa. El 31 de enero de 1900, el Gobierno reprueba al arzobispo de París, por su gesto, y suspende la retribución de los obispos de Aix, Montpellier, Viviers, Versailles, Valence y Tulle, por haber protestado contra la disolución de los asuncionistas. El Papa muestra su apoyo a los religiosos, pero deja entrever que desaprueba la visita de monseñor Richard a los locales de la congregación. La *Bonne Presse* no es disuelta, pues sería un atentado a la libertad de expresión, pero la actuación de los padres Bailly y Picard es desautorizada por el propio Papa León XIII. Poco después, en marzo de ese mismo año, recibirán instrucciones de Roma de renunciar a toda *literatura política*. Monseñor Gouthe-Soulard, obispo de Aix, suscribirá las palabras de un amigo que juzgó que los consejeros del Santo Padre le habían venido a sugerir *cortarse el dedo índice de la mano derecha*. Ello no implicará sin embargo la desaparición del periódico *La Croix*, el buque insignia de la prensa asuncionista, pues era *una pieza de artillería demasiado valiosa como para ser desmantelada,* cuya continuidad queda a partir de ese momento garantizada por un grupo de industriales del norte, poniéndose al frente de la misma a un nuevo director, Paul Féron-Vrau, para poder contar con *un tiro más ajustado sin perder su potencia de fuego.*[233]

Para comprender el equilibrio de fuerzas en el sistema francés en vísperas de la separación vamos a analizar los datos relativos al número de escuelas, docentes y alumnos, en el año 1901-1902.[234]

---

[233] Puede consultarse la interesante monografía: BEYLARD, HUGES. *Au service de la presse: Paul Feron-Vrau, 1864-1955.* Les editions du Centurion. París. 1961. Asimismo véanse: LARKIN, MAURICE. *L'Église et l'État en France. 1905: La crise de la Séparation.* Privat. Toulouse. 2004. Páginas 92 a 96. SCOT, JEAN PAUL. *L'État chez lui, l'Église chez elle. Comprendre la loi de 1905.* Le Seuil. París. 2005. Páginas 148 y 149. SÉVILLIA, JEAN. *Quand les catholiques étaient hors la loi.* Perrin. París. 2006. Página 104.

[234] LANFREY, ANDRÉ. *Sécularisation séparation et guerre scolaire. Les catholiques françaises et l'école (1901-1914).* CERF. París. 2003. Página 76.

ESCUELAS DEL SISTEMA EDUCATIVO FRANCÉS EN 1901-1902.

Escuelas primarias elementales públicas		Escuelas primarias elementales privadas	
		Mantenidas por laicos	2.542
		Idem. por congreg. religiosas	14.681
Total:	66.444	Total	17.223

De las 83.667 escuelas francesas, eran públicas 66.444, el 79,4%, y 17.223 privadas, el 21,7%

PERSONAL DEL SISTEMA EDUCATIVO FRANCÉS EN 1901-1902.

Enseñanza pública		Enseñanza privada	
Profesores laicos	55.095	Profesores privados laicos	1.220
Profesoras laicas	44.308	Profesores de las congreg.	10.021
Prof. de las congreg.	4.785	Profesoras privadas laicas	5.134
		Profesoras de las congreg.	33.535
Total:	104.188	Total	49.910

El profesorado de las congregaciones religiosas que trabaja en el sistema educativo, (de ellos 4.785 personas en la enseñanza pública, y 43.556 personas en la enseñanza privada -10.021 profesores y 33.535 profesoras-), representa el 31,37% del total de los docentes franceses.

ALUMNADO DEL SISTEMA EDUCATIVO FRANCÉS EN 1901-1902.

Enseñanza pública			Enseñanza privada			Total
Sexo	Alumnos	%*	Sexo	Alumnos	%*	
Niños	2.264.533	41,6%	Niños	441.083	8,1%	2.705.616
Niñas	1.808.571	33,2%	Niñas	919.115	16,9%	2.727.686
Total	4.073.104	74,97%	Total	1.360.198	25,03%	5.433.302

* Sobre el total de alumnos escolarizados.

El 74,97% de los alumnos se encontraba escolarizado por el sistema educativo público, frente a un 25% que asistía a centros educativos privados, en los cuales, el montante total de niñas escolarizadas, doblaba al de niños.

2.3. La ley de 1901 sobre asociaciones y las congregaciones religiosas

2.3.1. Génesis de la ley

A principios de siglo XX se encontraban *de facto* operando en Francia 3.216 congregaciones religiosas que contaban con cerca de 200.000 miembros, entre hombres y mujeres,[235] si bien sólo 5 órdenes religiosas masculinas y 909 femeninas contaban con autorización gubernativa. Especialmente importante era el papel desempeñado por algunas de éllas en el ámbito de la educación. Los hermanos de las escuelas cristianas tenían a su cargo la formación de unos 203.760 alumnos de enseñanza primaria. Muchas de las órdenes instaladas en Francia habían ido abriendo establecimientos educativos y hospitalarios sin contar con la previa autorización oficial. Waldeck-Rousseau, que no las consideraba como un peligro político, les había comunicado oficiosamente que no sería necesario un acuerdo con la administración para poder seguir operando, siempre que se hubieran instalado en Francia con anterioridad a la Ley de asociaciones de 1901. Sin embargo este punto de vista no será compartido por el nuevo Presidente del Gobierno, Combes. La mayor parte de las congregaciones religiosas que operaban en Francia en ese momento lo hacían sin contar con una autorización administrativa. El caso más significativo era quizás el de los jesuitas, que habían sido disueltos en 1880, a pesar de lo cual se encontraban operativos en territorio galo, entre otras cosas gracias a las garantías que de palabra les había dado Waldeck-Rousseau en 1899, al afirmar que *jamás, jamás, repetiré la falta de 1880.*[236]

---

[235] El número de miembros de las órdenes religiosas femeninas había venido experimentando un incremento exponencial en el siglo XIX tras el final de los acontecimientos revolucionarios, pasando de 16.000 religiosas en 1816, a 27.200 en 1825, 31.000 en 1831, 90.000 en 1861, y 130.000 en 1878, de modo que en 1901, serían unas 130.000 religiosas las que residían en Francia. Para comprender mejor el fenómeno había que tener en cuenta que Alsacia y Lorena habían sido anexionadas por Prusia, y no se computaban en esas cifras, como tampoco se tenían en cuenta las religiosas que residían en las colonias, (sólo en Argelia había unas 1.200), y en Bélgica había 9.100 religiosas en 1846, y 23.560 en 1880. Estos datos contrastan con los de España, donde había únicamente 35.000, e Italia, que contaba con 28.000, radicadas especialmente en el norte del país. CHOLVY, GÉRARD. *Le XIXe. «Grand siècle» des religieuses françaises.* Artège. Perpignan. 2012. Páginas 51 y 52.

[236] LARKIN, MAURICE. *L'Église et l'État en France. 1905: La crise de la Séparation.* Privat. Toulouse. 2004. Páginas 105 y 106.

Sin embargo esa declaración de intenciones pronto parece cuestionarse, cuando en octubre de 1900, el propio Waldeck-Rousseau pronuncia en Toulouse un *ruidoso* discurso contra las congregaciones religiosas. Poco después deposita un proyecto de Ley sobre libertad de asociación, en que se ocupa extensamente de las congregaciones religiosas, y que es presentado como el resultado de una larga reflexión, con el que se pretende cerrar definitivamente la cuestión de la definición del estatuto legal de las congregaciones religiosas en Francia, siendo mostrado, (no sin cierto cinismo), como una *obra de paz*, respecto al cual el clero católico no debía *recelar*, pues por el contrario, permitiría conservar y consolidar el propio Concordato.[237]

La Ley de asociaciones es adoptada el 1 de julio de 1901, tras obtener un amplio respaldo parlamentario, pues consigue 303 votos a favor y 224 en contra en la Cámara de Diputados, y 169 votos afirmativos frente a sólo 95 contrarios en el Senado. La pregunta a responder a partir de ese momento era la de si el Gobierno había pasado de una política de *defensa republicana* (propiciada por Waldeck Rousseau), a otra de *ofensiva anticlerical,* (como la defendida por Combes).[238]

2.3.2. Contenido normativo

La Ley de asociaciones trata de someter todas las asociaciones al derecho común, lo cual no deja de ser un paso adelante para las libertades públicas, posibilitando la creación de asociaciones sin ánimo de lucro, lo que permite dotar de un marco legal estable a los partidos políticos, y numerosas asociaciones culturales, deportivas, y de otra índole. Obedecía a una vieja demanda de los partidos republicanos, y es presentada en la Cámara de Diputados como un paso *preliminar indispensable de la separación entre la Iglesia y el Estado.* Pero los socialistas, y algunos radical-socialistas, deseaban ir más allá, y proceder a la disolución de las

[237] LATREILLE, A. y RÉMOND, R. *Histoire du Catholicisme en France. III. La période Contemporaine.* Editions Spes. París. 1962. 2ª Edición. Página 497.

[238] CARPENTIER, JEAN y LEBRUN, FRANÇOIS. *Histoire de France.* Ed. du Seuil. París. 2000. Página 297. SCOT, JEAN PAUL. *L'État chez lui, l'Église chez elle. Comprendre la loi de 1905.* Le Seuil. París. 2005. Página 150. SCOT, JEAN PAUL. *Gènese de la loi de 1905.* En: ZARKA, CHARLES YVES. *Faut-il reviser la Loi de 1905?* Presses Universitaires de France. París. 2005. Página 28.

congregaciones religiosas, y la confiscación de sus bienes, al haber sido prohibidos los votos perpetuos en 1789. Waldeck-Rousseau deseaba con la nueva Ley clarificar el estatuto legal de las congregaciones religiosas no autorizadas, y someterlas a un modelo de derecho común.[239]

La Ley de asociaciones comprendía básicamente dos partes claramente diferenciadas. En la primera de ellas se establecía la posibilidad de constituir asociaciones siguiendo una serie de formalidades extraordinariamente simples, siempre y cuando su fin no fuera contrario a la Constitución o al Estado. La segunda hacía referencia al sometimiento de las congregaciones religiosas al control por parte del Estado, el cual se reservaba el derecho a autorizar, o no, su existencia, en función de la utilidad que las mismas presentasen. Pero a diferencia de las demás asociaciones, que únicamente precisarían de declaración administrativa en aquellos casos que quisieran tener capacidad civil, toda congregación debería, bajo pena de disolución, requerir una autorización, que exigiría la votación de una Ley. Una vez autorizadas, las congregaciones no podrían crear nuevos establecimientos, sin un decreto que se lo permitiera, pudiendo ser disueltas por decreto administrativo.[240] Los miembros de las congregaciones religiosas no autorizadas no tendrían derecho a dirigir establecimientos educativos, ni a enseñar.[241] Los prefectos tendrían derecho a ejercer un control anual sobre sus bienes e ingresos.[242] Las congregaciones existentes en el momento de entrada en vigor de la Ley, deberían regularizar su situación en un plazo máximo de 3 meses, de no ser así, una vez transcurrido dicho breve periodo de tiempo, podrían ser disueltas y sus bienes embargados y liquidados, previo nombramiento de un liquidador judicial, que procedería a la venta de dichos bienes.[243] La Ley de asociaciones de 1901, y en particular su Título III, dedicado a las congregaciones religiosas, será vista por la Iglesia católica como un ataque a su línea de flotación, al sujetarlas a un restrictivo régimen de autorización. Por ello era especialmente importante dilucidar el modo en que la misma iba a ser desarrollada reglamentariamente y puesta en

---

239 SCOT, JEAN PAUL. *L'État chez lui, l'Église chez elle. Comprendre la loi de 1905.* Le Seuil. París. 2005. Páginas 149 y 150.

240 Artículo 13 de la Ley de asociaciones de 1901.

241 Artículo 14 de la Ley de asociaciones de 1901.

242 Artículo 15 de la Ley de asociaciones de 1901.

243 Artículo 18 de la Ley de asociaciones de 1901.

práctica, pues el grado de flexibilidad administrativa a la hora de proceder a la concesión de dichas autorizaciones era clave.[244]

2.3.3. Aplicación y consecuencias

2.3.3.1. El compás de espera hasta las elecciones de 1902

El artículo 18 de la Ley de asociaciones de 1901, como hemos visto, establecía un plazo de 3 meses para que las congregaciones que se encontrasen operando en Francia sin haber sido autorizadas o reconocidas por el Gobierno, procedieran a presentar una solicitud de autorización, so pena de ser *consideradas disueltas de pleno derecho.* La pregunta siguiente era responder a cuál sería la actitud gubernamental, ¿se tendría en cuenta este acto de sumisión a la Ley, y serían reconocidas? ¿o tal vez proceder a una denegación sistemática de las solicitudes, en base a una *oposición preventiva*?

Waldeck-Rousseau no tenía en mente, en realidad, proceder a la disolución arbitraria de todas las congregaciones religiosas, sino únicamente de las que habían demostrado una mayor hostilidad a las autoridades republicanas, especialmente a los jesuitas, que llevaban ya tiempo en el punto de mira de las mismas, y poner al resto bajo estricta vigilancia. El Presidente del Gobierno había hecho saber a la Santa Sede que las solicitudes de regularización serían acogidas con *benevolencia*, pero que las congregaciones *refractarias,* que rehusasen someterse a la Ley, deberían dispersarse, bajo pena de disolución y confiscación de sus bienes. Estas intenciones no parecen precisamente tranquilizar del todo a las autoridades eclesiásticas, pues al radical Ernest Vallé, ponente de la Ley en el Senado, se le había *escapado* que detrás de la Ley había dos regímenes netamente diferenciados, el de las *asociaciones* a las que les era reconocida una libertad hasta entonces desconocida, y a las *congregaciones religiosas*, a las que la ley rehusaba dicha libertad, añadiendo que *la distinción es por lo tanto muy neta.* Tras mostrarse su rechazo frontal

---

[244] LATREILLE, A. y RÉMOND, R. *Histoire du Catholicisme en France. III. La période Contemporaine.* Editions Spes. París. 1962. 2ª Edición. Página 498. SCOT, JEAN PAUL. *L'État chez lui, l'Église chez elle. Comprendre la loi de 1905.* Le Seuil. París. 2005. Página 150.

por parte de los superiores de las congregaciones, el Vaticano anuncia su condena, el 10 de julio de 1901, a estos *actos sacrílegos*, que llevarían a Francia a la *apostasía,* por lo que las *tranquilizadoras intenciones* del Waldeck-Rousseau no habían cumplido su *pretendido* efecto. Pero simultáneamente, la Santa Sede invita a las congregaciones religiosas a realizar las oportunas demandas de autorización con el fin de evitar males mayores, es más, les sugiere a las mismas *declararse* formalmente bajo la autoridad del obispo, dejando plena libertad de actuación a sus superiores. Por ahora el Concordato no estaba todavía en juego, aunque no tardaría poco, pero cuando menos habría que esperar con atención a lo que habría de ocurrir con la aplicación de la Ley, y desvelar cuáles eran las verdaderas intenciones del Bloque de Izquierdas.[245]

Waldeck-Rousseau desarrolla una política de defensa republicana, que pone la proa al nacionalismo y a las congregaciones religiosas, a las que se atribuye una fabulosa riqueza, el denominado *milliard des congrégations,*[246] acusándoselas de poner a la juventud francesa en contra de la República.[247]

Una de las cuestiones que se iban a decidir a raíz de los resultados de las elecciones generales de abril-mayo de 1902, era precisamente el destino de las congregaciones religiosas en Francia, algo de lo que las mismas eran perfectamente conscientes. Aunque León XIII era más partidario de ensayar alianzas con partidos políticos republicanos *moderados,* en lugar de crear un partido católico *ad hoc*, por el riesgo de quedar auto segregados en un gueto en caso de obtener unos malos resultados electorales, lo cierto es que no será esa la estrategia que finalmente se siga, procediéndose en junio de 1901 a la formación de un partido, la *Action Libérale*, fundada por Jacques Piou y Albert de Mun, que sin incluir una denominación expresamente católica, pretende configurarse como una herramienta para defender los intereses católicos, y que se presenta precisamente como un partido liberal y católico, que cuenta con el apoyo de

---

[245] SCOT, JEAN PAUL. *L'État chez lui, l'Église chez elle. Comprendre la loi de 1905.* Le Seuil. París. 2005. Páginas 150 y 151.

[246] Una cifra fabulosa de dinero de 1.000 millones de francos, que poco o nada tiene que ver con la riqueza real de las congregaciones religiosas.

[247] CARPENTIER, JEAN y LEBRUN, FRANÇOIS. *Histoire de France.* Ed. du Seuil. París. 2000. Página 297. SÉVILLIA, JEAN. *Quand les catholiques étaient hors la loi.* Perrin. París. 2006. Páginas 99 y ss.

la Santa Sede, *un gran partido nacional, cristiano en su moral, liberal en sus puntos de vista políticos, demócrata en sus tendencias sociales*. Sus planteamientos son en cierto modo maniqueos, pues sus líderes afirman que *hay que optar entre dos campos bien distintos: por un lado aquel de los violentos, jacobinos, de los sectarios apoyados por los colectivistas, y por otro, todos los liberales, los moderados, apoyados por los conservadores. El justo intermedio no es más que un recuerdo.*[248]

León XIII adopta una política prudente y conciliadora, e invita a los superiores de las órdenes religiosas a no desobedecer al poder temporal. Es una actitud que encuentra eco en personalidades como monseñor Fuzet, arzobispo de Rouen, y en los obispos de Dijon, Laval y Tarenteise, así como algunos laicos especialmente significados, como Albert de Mun, pues una pragmática actitud de contemporizar con el poder establecido podría dar resultados positivos, al menos en tanto en cuanto se espera a que se produzca un cambio político. Pero ésta no es una actitud unánime dentro del episcopado francés, pues algún prelado monárquico como monseñor de Cabrières, obispo de Montpellier, invita a la resistencia. Dentro de las órdenes religiosas la actitud tampoco es homogénea. Los menos entusiastas con los nuevos cambios legislativos son sin lugar a dudas los jesuitas, sabedores de estar en el centro de la nueva normativa. Pero las órdenes religiosas más numerosas prefieren adoptar una actitud de sumisión a la Ley, y solicitan su reconocimiento, es lo que hacen los benedictinos, cistercienses, dominicos, capuchinos, premostratenses, eudistas, e incluso los cartujos. SCOT estima que de las 753 congregaciones no autorizadas, 147 masculinas y 606 femeninas, solicitan la autorización 53 congregaciones masculinas y 482 femeninas. El 72% de las congregaciones no autorizadas han pasado por el aro de someterse a la Ley.[249]

Jacques Piou, se dirige al Vaticano para que éste exhorte a las congregaciones católicas a que contribuyan a la financiación de la campaña

---

[248] Su aparición coincide con la de la *Ligue des femmes françaises* y la *Ligue patriotique des françaises*, encargadas de recaudar fondos con el apoyo de los jesuitas y de las congregaciones religiosas. DELLA SUDDA, MAGALI. *Les femmes catholiques à l'épreuve de la laïcité. La Ligue patriotique des Françaises ou la primière mobilisation fémenine de masse. (1902-1914).* En: WEIL, PATRICK. *Politiques de la Laïcité au XXe siècle.* PUF. París. 2007. Páginas 123 a 142. SCOT, JEAN PAUL. *L'État chez lui, l'Église chez elle. Comprendre la loi de 1905.* Le Seuil. París. 2005. Página 137.

[249] SCOT, JEAN PAUL. *L'État chez lui, l'Église chez elle. Comprendre la loi de 1905.* Le Seuil. París. 2005. Páginas 151 y 152.

electoral, algo que en el fondo era un arma de doble filo, especialmente si ello llegaba a hacerse público, pues podría ser instrumentalizado por los partidos anticlericales de izquierda. Los resultados electorales serán desastrosos para los partidos de centro y conservadores. De los 588 escaños en juego, la Acción Liberal únicamente conseguirá 79 diputados, un auténtico batacazo frente a un potente conglomerado anticlerical de 370 escaños, que hacía inviable cualquier coalición de centroderecha, ni siquiera contando con la alianza, siempre peligrosa, de la extrema derecha. Por ello cuando a raíz de dichos resultados electorales, Combes alcanza la presidencia del Gobierno, no le temblará la mano a la hora de adoptar una política anti congregacionista.[250]

La suerte de las congregaciones estaba echada, máxime cuando quien va a aplicarla no es su promotor, Waldeck-Rousseau, (que dimite alegando razones de salud, aunque no se puede negar que también hay una clara desconfianza hacia la nueva mayoría radical), sino Émile Combes, designando un gabinete más escorado a la izquierda, cuyo programa tiene un marcado acento anticlerical, ya que se muestra firme partidario de la derogación de la Ley Falloux, una actitud plenamente compartida por la masonería y la *Ligue de l´Enseignement*. La política de Combes seguirá una doble orientación, retirar a las congregaciones religiosas por un lado su derecho a enseñar, y por otro, rechazar masivamente las solicitudes de autorización presentadas por ellas. Combes afirma que quiere evitar lo que él consideraba como *el error de 1880,* la publicación de los decretos de disolución de las congregaciones religiosas, sin efectos durables. Estaba dispuesto a aplicar la legislación en materia de asociaciones sin laxitud, con todas sus consecuencias, pues era importante *hacer sentir a todos el espíritu de la acción republicana y de libertad laica por el que el Gobierno está animado.*[251]

2.3.3.2. El desarrollo ulterior de los acontecimientos

La política anticlerical en materia de congregaciones religiosas se puede resumir como una tragedia en tres actos, que pasan por el cierre

[250] LARKIN, MAURICE. *L´Église et l´État en France. 1905: La crise de la Séparation.* Privat. Toulouse. 2004. Páginas 96 a 99.

[251] SCOT, JEAN PAUL. *L´État chez lui, l´Église chez elle. Comprendre la loi de 1905.* Le Seuil. París. 2005. Página 155.

de los centros educativos de las congregaciones no autorizadas, (Decreto de 27 de junio de 1902), la disolución de las mismas, y la prohibición de todo tipo de enseñanza confesional, (Ley de 7 de julio de 1904).[252]

2.3.3.2.1. *El cierre de los centros educativos de las congregaciones no autorizadas*

Teóricamente el texto de la Ley de asociaciones de 1901 era fácil de entender, las congregaciones podían ser clasificadas en autorizadas o no autorizadas, pero la aplicación de la norma deviene compleja y, cuando menos, problemática, al procederse por medio de un Decreto de 27 de junio de 1902, (apenas 20 días posterior a la constitución del nuevo gabinete), al cierre de un centenar largo de establecimientos educativos abiertos a partir del 1 de julio de 1901, por las congregaciones religiosas sin contar previamente con autorización administrativa. Combes se jacta en el Parlamento de haber puesto fin a la paciencia gubernamental y de *hacer triunfar en materia religiosa el espíritu de la Revolución.* El 4 de julio de 1902, la Cámara manifiesta su apoyo a la política del Gobierno en esta materia por 317 votos frente a 203. La segunda vuelta de tuerca viene cuando Combes, envalentonado, pretende aplicar la norma retroactivamente, (en contra de la intención inicial de Waldeck-Rousseau, partidario del principio de irretroactividad, y del respeto de los derechos adquiridos, consecuencias ambas directamente derivadas del principio de seguridad jurídica), y proceder al cierre de establecimientos educativos que ya se encontraban operativos con anterioridad a la entrada en vigor de la Ley de asociaciones de 1901, algo que podía afectar a un número de entre 2.500 y 3.000 escuelas libres, a cuyo fin imparte instrucciones a los prefectos por medio de una circular de 10 de julio de 1902 para que en el plazo de 8 días sean clausurados todos aquellos establecimientos educativos no autorizados respecto a los cuales no hubiera sido presentada una demanda de regularización. Combes se sentía fuerte, por contar con una amplia mayoría parlamentaria, emprendiendo la huida hacia adelante, por lo que el conflicto se enquista, al cebar su política anticlerical contra los establecimientos escolares de las congregaciones religiosas. Las consecuencias no podían ser más nefastas, pues aplicada fulminantemente la medida,

---

[252] SCOT, JEAN PAUL. *L'État chez lui, l'Église chez elle. Comprendre la loi de 1905.* Le Seuil. París. 2005. Páginas 156 y ss.

quedaba seriamente afectada la escolarización de miles de alumnos. Esta decisión da lugar a numerosos incidentes y a que los obispos franceses cierren filas, firmando 74 de ellos una *Protesta*, a lo que responde el Gobierno retirando la retribución de 2 de ellos.[253]

El nuncio Lorenzelli, se dirige el 16 de julio de 1902 a Delcassé, Ministro de Asuntos Exteriores, con el fin de interesarse por este problema, que a su vez trata de mediar ante Combes, Presidente del Gobierno, el cual le responde diciendo que el Concordato no autoriza a la Santa Sede a interferirse en los asuntos internos de Francia, (como es el caso de las congregaciones religiosas, una materia que queda fuera de las cláusulas concordatarias), amenazando con denunciar el propio Concordato, a través del cual el Estado está asumiendo la financiación de los sueldos y salarios de una buena parte del clero secular francés. El nuncio insiste señalando que si bien el Concordato no reconoce formalmente a las congregaciones religiosas, lo cierto es que su existencia quedaría amparada por el artículo 1 del mismo, que reconoce la libertad de actuación a favor de la Iglesia católica en Francia, y su sometimiento a normas de derecho común, incompatibles a su juicio con esta normativa excepcional de carácter extraordinariamente limitativo. Al nuncio se unen los cardenales Richard, Perraud, Labouré, Couillé y Langénieux, así como un buen número de prelados, como monseñor Goux, obispo de Versalles, políticos de centro y de derecha, y el ambiente social se calienta. Las manifestaciones pacíficas se reproducen en Finistère, Loire, y París. La protesta a los excesos de Combes viene desde más allá de las filas clericales, de la mano de intelectuales como los profesores Gabriel Monod y Michel Bréal, (que critican que la política gubernamental parece reproducir la errónea intransigencia del detestado *Syllabus*), y hasta el propio Waldeck-Rousseau muestra su disconformidad con la aplicación retroactiva de la Ley, en una carta dirigida al Presidente de la República. Frente a la *Ligue*

---

[253] CAPÉRAN, LOUIS. *L'invasion laïque. De l'avènement de Combes au vote de la séparation.* Desclée de Brouver & Cie. París. 1935. Página 27. DUCOMTE, JEAN MICHEL. *La Loi de 1905. Quand l'État se séparait des Églises.* Milan. Toulouse. 2005. Páginas 20 y 21. LATREILLE, A. y RÉMOND, R. *Histoire du Catholicisme en France. III. La période Contemporaine.* Editions Spes. París. 1962. 2ª Edición. Página 501. LEDUC, JEAN. *L'enracinement de la république. 1879-1918.* Hachette. París. 1997. Página 81. PIERRARD, PIERRE. *Un siècle de l'Église de France. 1900/2000.* Desclée de Brouwer. París. 2000. Página 41. SCOT, JEAN PAUL. *L'État chez lui, l'Église chez elle. Comprendre la loi de 1905.* Le Seuil. París. 2005. Página 156.

de l'enseignement que aprueba el cierre de los centros educativos de las congregaciones religiosas, desde las filas católicas se organiza una *Ligue de la liberté de l'enseignement,* para asegurar a las mismas la libertad de enseñanza de la que gozan en otros países como Inglaterra o Bélgica. Incluso desde el protestantismo y el judaísmo se alzan voces en contra de esta nueva situación, a su juicio injusta. Combes opta por el contrario por una *firme aplicación de la Ley republicana.*[254]

En octubre de 1902, Combes apadrina una Ley que prevé duras penas de prisión a quienes procedieran a abrir un establecimiento congregacionista sin contar con la previa autorización administrativa, o que habiendo sido ordenado cerrar, continuara abierto. La Cámara la aprueba el 11 de noviembre, y el Senado el 2 de diciembre, siendo promulgada el 4 de diciembre. La antevíspera del día de Navidad, Combes se dirige a los superiores de las órdenes religiosas para comunicarles la denegación de sus solicitudes de apertura de nuevos establecimientos.[255]

2.3.3.2.2. La disolución de las congregaciones no autorizadas

El 1 de diciembre de 1902, el Consejo de Estado dicta un decreto condenando por abuso a 74 arzobispos y obispos franceses, culpables de haber dirigido una *Petición* a los Senadores y Diputados de la República, *a favor de la demanda de autorización hecha por las congregaciones.* Con este modo de comportarse, podía entenderse que se habían vulnerado los artículos orgánicos 4º y 9º, que prohibían las resoluciones comunes de los obispos, circunscribiendo el ejercicio de su autoridad al término de sus respectivas diócesis. Un texto que al parecer se ha fraguado en una reunión celebrada en un bosque normando, en verano de ese año, por los obispos de Sées, monseñor Bardel, y de Niza, monseñor Chapon, y el arzobispo de Besançon, monseñor Fulbert Petit, y que ha quedado redactado el 11 de agosto, pasándose a continuación a recoger las firmas del resto de compañeros, dividiéndose la tarea por áreas geográficas, de

[254] CAPÉRAN, LOUIS. *L'invasion laïque. De l'avènement de Combes au vote de la séparation.* Desclée de Brouver & Cie. París. 1935. Páginas 29 a 31. LATREILLE, A. y RÉMOND, R. *Histoire du Catholicisme en France. III. La période Contemporaine.* Editions Spes. París. 1962. 2ª Edición. Página 502.

[255] CAPÉRAN, LOUIS. *L'invasion laïque. De l'avènement de Combes au vote de la séparation.* Desclée de Brouver & Cie. París. 1935. Páginas 52 y 53.

modo que el arzobispo de Besançon se ocupa de recoger las adhesiones en la región este, el obispo de Niza se encarga de la zona de Bretaña y el sur, y el obispo de Sées, de la zona norte y el centro del país, y de reunir todas las firmas. Este comportamiento supone una vulneración de los artículos orgánicos, que prohíben a los obispos franceses concertarse entre sí, motivo por el cual deciden utilizar un lenguaje codificado, para no ser descubiertos. Esta *Petición* debería haber sido entregada a cada parlamentario el 15 de octubre, fecha en la que estaba previsto el comienzo de las sesiones parlamentarias, pero había sido publicada 6 días antes en *Le Gaulois*, debido una indiscreción de monseñor Delamaire, obispo de Perigeaux. Tiene los efectos de una verdadera *bomba* en términos políticos, pues está suscrita por todos los arzobispos y obispos franceses, salvo 5, entre ellos monseñor Lecamus, obispo de La Rochelle, (partidario de otra forma de actuar), y cuatro prelados más, considerados *zapatones,* algunos de los cuales alegan haber sido informados demasiado tarde, el arzobispo de Rouen, monseñor Fouzet, el obispo de Tarenteise, monseñor Lacroix, y los díscolos prelados de Dijon, monseñor Le Nordez, y de Laval, monseñor Geay, que tienen graves problemas internos en sus propias diócesis, hasta el punto que su *llamada a capítulo* por Roma, acabará forzando la denuncia del Concordato. Es un documento que se asienta no sólo sobre la unidad de actuación del clero secular, sino también sobre la solidaridad de éste con el clero regular.[256]

El episcopado defiende *la libertad de la Iglesia,* y el derecho al legítimo desarrollo y expansión de las congregaciones religiosas, *compatibles con todos los derechos del Estado,* pidiendo que la regulación del estatuto jurídico de las congregaciones religiosas sea acordada con Roma. El texto de los obispos irrita sobremanera a Combes, que entiende que dicho comportamiento no está amparado por los artículos orgánicos del Concordato, constituyendo una provocación al poder civil, y que las pretensiones concordatarias del episcopado chocan frontalmente con lo regulado en la Ley de asociaciones de 1901, por lo que amenaza con la retirada de la dotación concordataria, a los firmantes del texto. El texto del episcopado surte un efecto contrario al deseado, pues no hace sino provocar un cierre de filas de la mayoría parlamentaria anticlerical que apoya al Gobierno. La comisión de congregaciones religiosas que es presidida

---

[256] LAFON, JACQUES. *Les prêtes, les fidèles et l'État. Le ménage a trois du XIXe siècle.* Beauchesne. París. 1987. Páginas 327 a 329.

por Buisson y que está dominada por los radicales, decide simplificar el procedimiento, de manera que de cara a abreviar la tramitación de las peticiones de reconocimiento de las congregaciones, será suficiente con la resolución de una de las Cámaras, pese a que la normativa vigente preveía la votación de una Ley en la Cámara de Diputados y en el Senado, (es decir en ambas Cámaras), para cada una de las congregaciones religiosas, lo que no hace sino complicar la situación de las mismas. El 20 de octubre de 1902, Henri Brisson presentaba un proyecto de Ley, sobre enseñanza secundaria, por el que se privaba del ejercicio de la misma a los miembros del clero secular y regular.[257]

Con Combes en el poder, las peticiones de autorización provenientes de las órdenes religiosas, son arrojadas a la hoguera, *como paladas de carbón*. Unas 625 solicitudes de autorización estaban a la espera, de las cuales, algo más de 60, hacían referencia a congregaciones masculinas, sólo 5 de ellas serán estimadas. En la primavera de 1903, Combes envía a la Cámara de Diputados 54 dosieres repartidos en tres grupos, acompañados todos ellos con un parecer negativo. Las denegaciones dirigidas a las 25 órdenes clasificadas como *enseñantes*, con 11.841 religiosos, se justificaban en que sus servicios no respondían a ninguna necesidad, y que su reconocimiento produciría en el país *divisiones profundas*. Sobre las 28 órdenes consideradas como *predicantes*, que contaban con 3.040 miembros, se argüía que sus demandas no se *corresponden a una necesidad real y que admitirlas sería comprometer en Francia la paz religiosa y el orden público*. Y sobre los Cartujos, la única orden tipificada como *comerciante*, sic, (por dedicarse a la producción de licores), se afirmaba que en virtud de sus estatutos *no responde a un interés general ... Se consideran ellos mismos como los serafines de la Iglesia militante ... enemigos de toda sociedad civil, que no se somete más que ciegamente a las órdenes de los jefes de la Iglesia.*[258] Únicamente el Senado autorizará

---

[257] CAPÉRAN, LOUIS. *L'invasion laïque. De l'avènement de Combes au vote de la séparation*. Desclée de Brouver & Cie. París. 1935. Páginas 55 y ss. SCOT, JEAN PAUL. *L'État chez lui, l'Église chez elle. Comprendre la loi de 1905*. Le Seuil. París. 2005. Página 159.

[258] La propia clasificación tripartita de las congregaciones religiosas no dejaba de ser un artificio, pues había órdenes *enseñantes* que también sostenían hospitales, y ciertas órdenes *predicantes* también se dedicaban a la enseñanza especialmente en los territorios coloniales. CAPÉRAN, LOUIS. *L'invasion laïque. De l'avènement de Combes au vote de la séparation*. Desclée de Brouver & Cie. París. 1935. Páginas 61 y 62.

a 5 órdenes religiosas, de las cuales 3 eran de carácter contemplativo, los cistercienses, trapenses, (cuyo silencio era garantía de ausencia de problemas políticos), y la orden hospitalaria de San Juan de Dios, (cuyos servicios eran enormemente valiosos para la sanidad del país), y 2 de carácter misionero, los padres blancos y la sociedad de misiones africanas de Lyon, de enorme ayuda en los territorios coloniales.[259] Particularmente hiriente era la justificación de los motivos por los que se denegaba la solicitud a los salesianos, cuya obra era vista como *una explotación de la infancia y de la credulidad pública, al mismo tiempo que constituye un peligro para el comercio y la industria privados.* Los jesuitas se habían dispersado con anterioridad a ser prohibidos, y algo semejante habían hecho otras congregaciones como los benedictinos, carmelitas, y otras que parten hacia el exilio. El francmasón Lefferre, afirmará categóricamente que *no hay ninguna congregación republicana.* Era un golpe tremendo a las congregaciones religiosas, a pesar de las iniciales intenciones *conciliadoras* de Waldeck-Rousseau, que ya enfermo, protesta tibiamente en el Senado. Clemenceau resumirá con gran precisión el desarrollo de los acontecimientos, al manifestar su aplauso a Waldeck-Rousseau cuando inició esta política, e igualmente a Combes, que había perseverado en la misma. La decisión suponía la expulsión de unos 20.000 religiosos, siendo especialmente impactantes las imágenes de la clausura del célebre convento de la Gran Cartuja, el 29 de abril de 1903, llevada *manu militari* por los dragones del ejército ante la mirada atónita del campesinado local. El denominado escándalo del *millón de los cartujos,* (1903-1904), pone de manifiesto las denuncias de las que es objeto Edgar Combes, sobrino del presidente, Émile Combes, acusado de chantajear a estos religiosos con el pretexto de obtener su reconocimiento gubernamental. Un posible chantaje podría haber contribuido a financiar la campaña electoral del partido radical. La cosa no llega a más, quedando entre tanto encima de la mesa una serie de acusaciones de corrupción dirigidas a la magistratura. No regresarán hasta junio de 1940, con el consentimiento del último Gobierno de la III República. El secuestro y liquidación de los bienes de las congregaciones religiosas, apenas revertirá al tesoro público.[260]

---

[259] Que para LARKIN prestaban en colonias unos servicios de cara a mantener la hegemonía francesa, mayores que una escuadra de aviones o una división de legionarios.

[260] BARBIER, EMMANUEL. *Histoire du catholicisme liberal et du catholicisme social en France. Du Concile Vatican à l'avènement de S.S. Benoît XV, (1870-1914).* Tomo IV. Imp. Cadoret. Burdeos. 1923-1924. Página 69. LATREILLE, A. y RÉMOND, R. *Histoire*

El celo de las autoridades republicanas con Combes a la cabeza, llega al extremo de prohibir a las regulares el poder predicar en las iglesias, interfiriéndose de modo sangrante en la vida interna de la Iglesia, llegando los librepensadores a obstaculizar dichos sermones, actuando por su cuenta y protagonizando algunos incidentes con los activistas afiliados a la *Action française* y las juventudes católicas de la *Jeune Garde*, el servicio de orden creado por el movimiento demócrata cristiano de *le Sillon*, fundado en 1894 por Marc Sangnier. La polémica está servida a partir del inmovilismo de Combes que afirmaba el 18 de marzo de 1903 que todas las congregaciones religiosa estaban partidas *por el mismo patrón*. Lo cierto es que la neutralidad del Estado en materia de libertad de conciencia y de libertad de asociación quedaba cuando menos en entredicho.[261]

Paul Feron-Vrau, acusado de actuar como persona interpuesta, y ser testaferro de la congregación religiosa no autorizada de los asuncionistas, se ve desposeído de los inmuebles de la *Bonne Presse,* a pesar de las pruebas que presenta de haber satisfecho la suma de 2 millones de francos. En noviembre de 1907 se publica un informe en el que se hace saber el importe de las cantidades recaudadas por los liquidadores de los bienes de las congregaciones religiosas disueltas, cuyo montante global según datos de finales de 1906 sería de 32 millones de francos, de los cuales únicamente habían sido ingresados 14 millones en la Caja de depósitos y consignaciones, una cifra que se encontraba a años luz de los 1.000 millones de francos prometidos por Waldeck-Rousseau, con los que supuestamente garantizar el retiro de los trabajadores jubilados, una promesa cuya demagogia quedaba ahora al descubierto. A dicha nimia cifra recaudada, había que descontar aún los gastos de abogados y realización de los inventarios, lo cual arrojaba un resultado todavía más decepcionante, pues el Estado había gastado 7 millones de francos, para recaudar 14.[262]

---

du Catholicisme en France. III. La période Contemporaine. Editions Spes. París. 1962. 2ª Edición. Páginas 502 y 613. SCOT, JEAN PAUL. *L´État chez lui, l´Église chez elle. Comprendre la loi de 1905.* Le Seuil. París. 2005. Página 159.

[261] PIERRARD, PIERRE. *Un siècle de l´Église de France. 1900/2000.* Desclée de Brouwer. París. 2000. Páginas 102 y 103. SCOT, JEAN PAUL. *L´État chez lui, l´Église chez elle. Comprendre la loi de 1905.* Le Seuil. París. 2005. Página 160.

[262] BARBIER, EMMANUEL. *Histoire du catholicisme liberal et du catholicisme social en France. Du Concile Vatican à l´avènement de S.S. Benoît XV, (1870-1914).* Tomo IV. Imp. Cadoret. Burdeos. 1923-1924. Página 72.

2.3.3.2.3. La prohibición de todo tipo de enseñanza congregacional

El papel de las órdenes religiosas en el sistema educativo, despertaba profundos recelos en los sectores anticlericales más radicalizados. Aunque 10.049 escuelas primarias religiosas habían sido cerradas a raíz de la política auspiciada por Combes, 5.839 habían reabierto inmediatamente sus puertas en 1903, de las cuales 3.858 con un personal de religiosos y hermanos secularizados. Por prudencia, los cargos directivos que dieran lugar a responsabilidad legal, solían estar cubiertos por laicos. Los religiosos, y especialmente las religiosas, han aceptado a la fuerza tener que secularizarse, pero hábilmente han conseguido reconstituir sus escuelas primarias privadas, que a partir de este momento son propiedad *efectiva*, (o al menos *formal*), de particulares. Este fenómeno es especialmente llamativo en el *Finistère* bretón, donde las antiguas escuelas congregacionales han sido secularizadas y reabiertas. Los hermanos de las escuelas cristianas escolarizan a 180.000 alumnos. Todo ello obviamente no podía pasar desapercibido a los sectores anticlericales más radicalizados, que comienzan a darse cuenta que la normativa que ha disuelto a la inmensa mayoría de las congregaciones religiosas puede perder buena parte de su eficacia, dada la situación descrita, porque la clave estaba en además apartar a las mismas del sistema educativo.[263]

El siguiente paso a dar no era otro que el de prohibir a las congregaciones religiosas el ejercicio de la enseñanza, y la consecuente derogación de la Ley Falloux de 1850, algo que ya se había contemplado respecto a la enseñanza secundaria mediante un proyecto de Ley presentado en el Senado el 6 de noviembre de 1902 por Chaumié, Ministro de Instrucción Pública, pero en las filas que apoyaban al Gobierno no había unanimidad, especialmente entre los radicales, a la hora de definir un modelo monopolístico de enseñanza pública, que por otra parte contaba con el apoyo entusiasta de socialistas como Jaurès, francmasones como Lafferre, y librepensadores como Henry Bérenger, director de *L'Action*. Entre los contrarios a dicho monopolio estatal del sistema educativo, la personalidad más destacada entre los afines a las autoridades gubernamentales

---

[263] BAUBÉROT, JEAN. *Histoire de la laïcité en France*. Presses Universitaires de France. París. 2000. Página 67. LARKIN, MAURICE. *L'Église et l'État en France. 1905: La crise de la Séparation*. Privat. Toulouse. 2004. Páginas 107 a 110. SCOT, JEAN PAUL. L'État chez lui, l'Église chez elle. Comprendre la loi de 1905. Le Seuil. París. 2005. Página 161.

era Buisson, que no obstante era partidario de una estricta supervisión pública de la enseñanza privada. Y la *Ligue de l'enseignement* propondrá en este contexto una pretendida fórmula *transaccional* elaborada por el senador Béraud, la de *la libertad en la laicidad,* es decir, la libertad de enseñanza reservada únicamente a los laicos. A esta tesis se sumarán Buisson, Hubbard y Chaumié. Al llegar la discusión al Senado, el 17 de noviembre de 1903, el Título III de la Ley Falloux concerniente a la enseñanza secundaria es derogado por 225 votos contra 31. Pero tras una ardiente intervención de Clemenceau, crítica por un lado contra las congregaciones religiosas por su *sumisión a un soberano extranjero*, y a su vez contra el riesgo del despotismo de un Estado laico, de modo que de nada serviría escapar de la tiranía de la Iglesia para acabar en la de aquél, el Senado va a rechazar también el monopolio del Estado, por 192 votos frente a 60. Combes se adhiere a una enmienda que propone la prohibición de la enseñanza a las congregaciones religiosas, incluso de aquellas autorizadas, y la enmienda es aprobada por 147 votos frente a 136. La Ley es votada en el Senado el 24 de diciembre de 1903, pero no será presentada nunca por Combes ante la Cámara de los Diputados, por lo que la Ley Falloux subsistiría a este envite.[264]

Combes había presentado el 18 de diciembre de 1903 una proposición de Ley que prohíbe la enseñanza a las congregaciones religiosas, incluso las autorizadas. Buisson deposita el 11 de febrero de 1904 un nuevo proyecto de Ley, que es denunciado por el Vaticano y el episcopado francés por suponer *un atentado al derecho y a la libertad,* se está gestando una nueva Ley que va a dar otra *vuelta de tuerca* a las congregaciones religiosas en Francia, y que se convertirá en la Ley de 7 de julio de 1904, por la que se incapacita para la enseñanza *de todo orden y de cualquier naturaleza* a las congregaciones religiosas, ordenándose el cierre de sus establecimientos escolares, salvándose únicamente de la quema, los noviciados para las misiones y los centros de formación de profesores para las escuelas de ultramar. Para Buisson resultaba incompatible la emisión de un voto de obediencia con el ejercicio de la función docente, pues quien *no es libre, no puede formar ciudadanos libres*. En una línea similar, Jaurès sostenía que el Estado debería ser *laico, democrático, racional y revolucionario.* La democracia debía tener derecho a retirar

[264] SCOT, JEAN PAUL. *L'État chez lui, l'Église chez elle. Comprendre la loi de 1905*. Le Seuil. París. 2005. Páginas 163 y 164.

la libertad de enseñar a todos aquéllos que no reconocen el carácter absoluto de la libertad de conciencia. Desde sectores próximos a la Iglesia católica, Charles Péguy denunciará que esta versión de anticlericalismo burgués no va dirigido contra el *clericalismo*, entendido como *el abuso de la injerencia de la Iglesia en el dominio gubernamental*, sino contra el catolicismo, reduciendo el pensamiento de Jaurès a un anticlericalismo vulgar. Asimismo se argumentará preguntando por qué no iba a poder el hombre, en pleno ejercicio de su libertad, inmolar su propia libertad a una idea sobrenatural, sin por ello comprometer su humanidad. El 28 de marzo de 1904, la Cámara de Diputados aprueba por 306 votos contra 241 que *la enseñanza de todo orden y de toda naturaleza está prohibida en Francia a las congregaciones religiosas.* Los religiosos tendrían un plazo de 10 años para cesar sus actividades o secularizar sus instituciones. El 5 de julio, el Senado adopta el mismo texto aprobado por la Cámara, por 167 votos frente a 108, siendo promulgada dos días más tarde. Combes decide inmediatamente ordenar el cierre de las 2.200 escuelas que tenían operando las congregaciones no autorizadas.[265]

La Ley de 7 de julio de 1904 afectaba a la totalidad de las órdenes religiosas, incluidas aquellas que contaban con centros especialmente autorizados para el ejercicio de la enseñanza, como los hermanos de las escuelas cristianas, y las hermanas de San Vicente de Paúl. La reacción de las congregaciones es diversa, en unos casos al rechazar la medida, son expulsados de sus centros, otros organizan una resistencia pasiva, procediendo a esconder sus bienes muebles o los envían al extranjero, o se disponen con angustia a esperar el cierre de sus colegios. La medida de Combes tendrá un éxito limitado en la práctica, pues sólo llegarán a cerrarse 1/3 de las escuelas de las órdenes religiosas. Ello supuso que 150.000 alumnos se quedaron sin colegio, la mitad serían reabsorbidos por las escuelas públicas, y la otra mitad se limitaron a cambiar de un colegio católico a otro. Si el Estado, en vez de haber tenido que atender *ex novo* a 71.000 nuevos alumnos, hubiera debido incorporar de golpe al sistema educativo público a 1.270.000 alumnos escolarizados en estable-

[265] SCOT, JEAN PAUL. *L'État chez lui, l'Église chez elle. Comprendre la loi de 1905.* Le Seuil. París. 2005. Páginas 165 a 168.

cimientos de las órdenes religiosas católicas, habría pagado una factura cuyo coste económico hubiera resultado prácticamente inasumible.[266]

En el curso 1912-1913, la enseñanza privada escolarizaba todavía a 1.068.000 alumnos, (el 19% en primaria), únicamente 313.000 alumnos menos que en el curso 1901-1902. La enseñanza pública sólo absorbió a 71.000 alumnos procedentes de las escuelas disueltas. Únicamente subsistían 250 escuelas de las congregaciones religiosas, con una reducida matrícula de 8.000 niños y 28.000 niñas. De los 8.200 establecimientos[267] autorizados que deberían haber desaparecido, más de 6.450 se habían secularizado y privatizado. Coincidimos con SCOT en considerar que el balance final de esta normativa era bastante magro, incluso si tenemos en cuenta que la presencia de profesorado laico en los nuevos colegios secularizados era más numerosa que en los antiguos colegios de las congregaciones, por lo que a pesar del avance secularizador que sin duda se había producido, la enseñanza privada había resistido el envite con soltura.

---

[266] La confiscación del importante patrimonio adscrito a los establecimientos no autorizados de las congregaciones religiosas disueltas, que algunas estimaciones aportadas por LARKIN cifran en torno a 200 millones de francos, se hizo en medio del profundo silencio de un amplio sector de la sociedad francesa de la época, si se exceptúa el conjunto de los medios de comunicación católicos. LARKIN, MAURICE. *L'Église et l'État en France. 1905: La crise de la Séparation.* Privat. Toulouse. 2004. Páginas 107 a 110. SCOT, JEAN PAUL. *L'État chez lui, l'Église chez elle. Comprendre la loi de 1905.* Le Seuil. París. 2005. Páginas 168.

[267] SCOT, JEAN PAUL. *L'État chez lui, l'Église chez elle. Comprendre la loi de 1905.* Le Seuil. París. 2005. Páginas 168 y 169.

CAPÍTULO IV.
LOS VAIVENES EN LAS RELACIONES Y OTROS PUNTOS DE CONFLICTO

1. LOS *VAIVENES* EN LAS RELACIONES IGLESIA-ESTADO: INTENTOS DE ACERCAMIENTO

1.1. El *realiniamiento* de la Iglesia Católica hacia la República: contexto histórico

A principios de la década de los años 90 del siglo XIX se aprecia una mejora de las relaciones entre la Iglesia y el Estado, a lo que contribuye sinérgicamente un doble escenario:[268]

1) La llegada al ejecutivo de políticos moderados de ideología centrista, partidarios de superar los aspavientos anticlericales de los sectores republicanos más radicales. Este paréntesis, permite hablar de una nueva época, la del *esprit nouveau* al que hará referencia Spuller, Ministro de Cultos en 1893, o en palabras de Jean Casimir-Perier, Presidente del Consejo, *La grande guerre est finie avec l'Église,* lo que supone una *tregua* en las hostilidades contra la misma, aunque sea por poco tiempo, porque con el cambio de siglo estas palabras no resultarán precisamente premonitorias.

2) Este temporal cambio de actitud de la clase política dirigente viene de la mano de una evolución en el talante de la Iglesia. La llegada al pontificado de León XIII, (1878-1903), un hombre culto, francófilo,

---

[268] DUCOMTE, JEAN MICHEL. *La Loi de 1905. Quand l'État se séparait des Églises.* Milan. Toulouse. 2005. Página 16.

preocupado por la cuestión social y tremendamente conciliador, prometía ser una buena oportunidad para relajar las tensiones entre la Iglesia y el Estado. León XIII hará prueba a lo largo de todo su pontificado de una exquisita moderación en lo que respecta a sus relaciones con las autoridades republicanas, rehusando llamar a la desobediencia civil y a la protesta callejera contra aquellas disposiciones legales o decisiones del ejecutivo con las que no estuviera de acuerdo. Por otra parte en la propia Iglesia francesa se aprecia un intento por quitar hierro a las tensiones suscitadas por la primera legislación anticlerical de los años 80.

Hacia 1890, una vez celebradas las elecciones el año anterior, León XIII siente la necesidad de hacer presente su buena voluntad al Gobierno francés, haciendo un llamamiento al episcopado acerca de la doctrina tradicional de obediencia debida al poder. Paralelamente se aprecia un apaciguamiento temporal de la política anticlerical republicana, y los católicos se agrupan en torno a Jacques Piou, que en marzo de 1890 ha fundado el grupo parlamentario de la *Droite Constitutionnelle,* que parte de la premisa de aceptar a las instituciones *legalmente establecidas,* puede parecer una toma de postura excesivamente *positivista,* pero no por ello deben perderse otros caracteres de la misma, pues es también *inteligente* y *pragmática.* Parece llegado el momento de exhortar a los católicos para que dejen de identificarse con la causa monárquica, renuncien a oponerse al régimen republicano, y dediquen sus fuerzas a mejorar la República en lugar de a combatirla. Hay muchos motivos para este cambio de orientación estratégica vaticana, entre los que MAYEUR viene a destacar la necesidad sentida por el propio pontífice de distinguir entre el poder espiritual y el temporal, la conveniencia de romper con la tradicional identificación de los católicos con la Monarquía, que comenzaba a ser algo desfasado y contrario al sentido de los tiempos, y el provecho que se derivaría de salvaguardar el presupuesto de culto y clero, algo que comienza a cuestionarse desde los sectores políticos más escorados a la izquierda. Pero es que además de estos argumentos de índole *interna* francesa, había otro no menos poderoso desde el punto de vista de las relaciones internacionales, y es que la Santa Sede corría el riesgo de quedarse *fuera de juego* en el ámbito centroeuropeo, con unas pésimas relaciones con Italia, empantanadas a raíz de la cuestión romana a causa del proceso de unificación, a lo que había que unir las mediocres relaciones con la Prusia protestante, o Austria-Hungría, donde la tradición josefina aún seguía presente. Por todo ello, para la Santa Sede era vital que las relaciones con Francia no se deteriorasen, pues había sinergias que podían resultar beneficiosas para ambas partes, especialmente en los territorios coloniales, donde la presencia evangelizadora y la difusión de la civilización y culturas francesas podrían salir reforzadas. León XIII contará en esta nueva política con la ayuda de tres grandes diplomáticos, el cardenal Rampolla, Secretario de Estado del Vaticano, monseñor Czacki, futuro nuncio en París, y monseñor Ferrata.[269]

El mundo de los *realineados* será un tanto heterogéneo, incluirá entre otros a un sector de la prensa, como *La Croix*, que es editada por los asuncionistas, que afirma aceptar la República, pero que hace un llamamiento a la constitución de un gran partido a favor de la religión, con el fin de instaurar en Francia una *República cristiana,* aceptando la bandera tricolor, pero haciendo figurar en la franja blanca central el símbolo del Sagrado Corazón, como muestra de la consagración de la República a Cristo.[270]

1.2. El cardenal Lavigerie y el *brindis* de Argel

Una figura clave en este sentido es la del cardenal Lavigerie, un hombre de una personalidad compleja, primado de África, arzobispo de Argel y de Cartago, delegado apostólico en el Sahara, fundador de la congregación de los padres blancos, será el encargado de dejar preparado el camino, tras una intensa y habilidosa actividad diplomática. Tras entrevistarse con el Presidente de la República, Carnot, el Presidente del Consejo, Freycinet, el Ministro de Asuntos Exteriores, Ribot, y el Ministro del Interior, Constans, llega a Roma, donde se reúne varias veces con León XIII a primeros de octubre de 1890.[271] El 12 de noviembre de 1890, con motivo de una ceremonia de bienvenida al estado mayor de la

---

[269] DANSETTE, ADRIEN. *Histoire religieuse de la France contemporaine. Sous la IIIème République.* Flammarion. 1951. Páginas 127 y 128. MAYEUR, JEAN-MARIE. *La vie politique sous la Troisième République. 1870-1940.* Editions du Seuil. París. 1984. Página 148.

[270] BAUBÉROT, JEAN. *Histoire de la laïcité en France.* Presses Universitaires de France. París. 2000. Página 61. MAYEUR, JEAN-MARIE. *La vie politique sous la Troisième République. 1870-1940.* Editions du Seuil. París. 1984. Página 152.

[271] DE MONTCLOS, XAVIER. *Le Toast d'Alger. Documents.* De Boccard. 1966.

escuadra francesa destinada en Argel, los niños de la escuela de los padres blancos interpretan el himno oficial, *La Marsellesa*, en honor del almirante Duperré, un acto irreprochable si se tiene en cuenta que es el himno oficial, pero que es sentido como una provocación por los monárquicos de la metrópoli, que ven todavía en el mismo, un cántico revolucionario, y el cardenal Lavigerie con motivo de un brindis afirma que la República no es contraria a los principios de la civilización cristiana y realiza un llamamiento a los católicos para que se *realineen*[272] a la República, por entender que los principios republicanos no se encuentran en contradicción con los que rigen las naciones cristianas y civilizadas, máxime *cuando la voluntad de un pueblo se ha afirmado netamente*. Señalando que *sería una locura esperar sostener las columnas de un edificio, sin entrar en el edificio mismo*. Es un llamamiento *a sacrificar todo lo que la conciencia y el honor permitan... por amor a la Patria*. Es la mejor síntesis definitoria del realineamiento, que consiste precisamente en eso, la aceptación del sufragio universal y de las instituciones, el rechazo de la política de *cuanto peor, mejor*, la voluntad de luchar contra el *peligro social*, y un cierto sentimiento patriótico de *lealtad institucional*. Sus palabras que habían dejado estupefactos a buena parte de los oficiales de marina, mayoritariamente monárquicos, siendo acogidas por un *silencio glacial*, podían deberse al *temperamento ardiente* del cardenal, pero lo cierto es que no fue obligado a rectificar por ninguna voz autorizada, entre otras cosas porque estaban en conexión directa con los nuevos vientos que venían del Vaticano. En Francia levantan diversidad de reacciones, que van desde la desconfianza de los radicales, que ven en el brindis una manifestación de astucia y audacia, pasando por el aplauso de la prensa *oportunista*, y la *reserva*, (cuando no una clara hostilidad) entre los católicos, así como una gran controversia, especialmente en los diarios monárquicos, desairados por estas declaraciones del *africano*, como con desdén le llaman sus detractores, la gran mayoría del episcopado francés le es hostil, y considera que estas declaraciones son cuando menos *intempestivas* e *inoportunas*, pero en su inmensa mayoría optan por guardar silencio en público, aunque monseñor Freppel, obispo de Angers, de consabida inclinación monárquica, no tiene inconveniente en tachar la

---

[272] *Ralliement*, sic.

actitud de Lavigerie de ser una mera *ilusión*, y de los pocos obispos que le felicitan, sólo un par de ellos se atreven a hacerlo público.[273]

Monseñor Freppel se dirige al Vaticano, con el fin de neutralizar el peligro de las palabras del *aventurero,* como despectivamente califica al cardenal Lavigerie, pero no consigue nada. Mientras tanto el propio Lavigerie trata de convencer a Émile Keller para que cree un partido conservador católico, con el apoyo de la estructura de las circunscripciones eclesiásticas, a pesar del escepticismo sobre las posibilidades de éxito de una aventura de este tipo en un país como Francia. En mayo de 1891 se constituía la *Unión por la Francia cristiana* que, al no haber cambiado los nombres, se configura como un *partido católico (monárquico),* que podemos considerar *yuxtapuesto* al tradicional *partido monárquico (católico).*[274]

Poco antes, en enero de 1891, el Papa había recibido a Jacques Piou, transmitiéndole la necesidad de aceptar la Constitución, (aunque no la legislación ordinaria contraria al magisterio de la Iglesia), participar en los procesos electorales bajo una etiqueta republicana, evitando formar un partido confesional que suscitara los recelos del anticlericalismo, y luchar en el Parlamento por la consecución de leyes que sean aceptables para los católicos. Es una política contraria a la que el propio León XIII preconiza en Italia, aunque persigue la misma estrategia, la de conseguir que las autoridades civiles francesas e italianas tengan en cuenta a los católicos.[275]

El 15 de mayo de 1891, ve la luz la encíclica *Rerum Novarum,* que pone su foco de mira en la cuestión social, condenando los excesos del liberalismo económico y del socialismo. Es la primera toma de posición de la Iglesia frente al problema obrero surgido de la revolución industrial, en que se reivindica la necesidad de salarios y condiciones de trabajo jus-

---

[273] DANSETTE, ADRIEN. *Histoire religieuse de la France contemporaine. Sous la IIIème République. Flammarion.* 1951. Páginas 129 a 131. LATREILLE, A. y RÉMOND, R. *Histoire du Catholicisme en France. III. La période Contemporaine*. Editions Spes. París. 1962. 2ª Edición. Páginas 472 y 473. MAYEUR, JEAN-MARIE. *La vie politique sous la Troisième République. 1870-1940.* Editions du Seuil. París. 1984. Página 149. SÉVILLIA, JEAN. *Quand les catholiques étaient hors la loi.* Perrin. París. 2006. Página 89.

[274] DANSETTE, ADRIEN. *Histoire religieuse de la France contemporaine. Sous la IIIème République*. Flammarion. 1951. Páginas 133 y 134.

[275] SÉVILLIA, JEAN. *Quand les catholiques étaient hors la loi.* Perrin. París. 2006. Página 89.

tos. Se trata de buscar la vuelta de la clase obrera al redil cristiano, en una sociedad que comienza a presentar profundos síntomas de secularización. El Papa denuncia la situación de la clase obrera a la que se impone un *yugo casi servil,* pero a su vez condena al marxismo.[276]

El 21 de enero de 1892, se publica una declaración de los cardenales franceses,[277] (Desprez, arzobispo de Toulouse, Langénieux, arzobispo de Reims, Place, arzobispo de Rennes, Richard, arzobispo de París, y Foulon, arzobispo de Lyon, es decir, todos a excepción de Lavigerie, que no es invitado), al parecer sin previa consulta con Roma, en que se denuncia *que el ateísmo práctico se ha convertido en la regla de acción,* pero en que a pesar de entender que existen motivos de queja por la política legislativa contraria a la Iglesia, se hace un llamamiento a los católicos para que defiendan *la fe amenazada,* haciendo *tregua de sus disensiones políticas,* y se coloquen *resolutamente sobre el terreno constitucional,* por una *aceptación franca y leal de las instituciones existentes.* Es un acto contrario al Concordato, que prohíbe al episcopado francés manifestarse colectivamente.[278] Se adhieren a la declaración 72 obispos franceses. Así planteado, el documento podría interpretarse como un caso de política agresiva en un espíritu de conciliación, o como una política de conciliación en un espíritu agresivo. Los monárquicos guardan silencio sobre el espinoso tema de la aceptación de la República, poniendo el acento en su rechazo de la legislación anticlerical. Los radicales atacan el *panfleto* cardenalicio. Por el contrario, los *oportunistas* acogen favorablemente el documento. El Gobierno decide enviar el texto al Consejo de Estado por entender que sobrepasa el contenido esperable de una carta pastoral, es decir, instruir a los fieles en sus deberes espirituales. La política vaticana de apaciguamiento puede correr peligro. El Presidente del Consejo, Freycinet, ha depositado un proyecto de Ley de asociaciones que intro-

---

[276] DANSETTE, ADRIEN. *Histoire religieuse de la France contemporaine. Sous la IIIème République.* Flammarion. 1951. Páginas 199 y ss. SIAT, JEANNINE. *Naissance et développement de la Doctrine sociale de l'Église en France et en Allemagne de 1848 à 1914.* En: CARRIER-REYAUD, BRIGITTE. (Dir.) *Histoire de la religion et de la culture en Europe de 1800 à 1914.* Ellipses. París. 2001. Página 49.

[277] La declaración lleva fecha de 16 de noviembre. RAUX, GEORGES. *La République et le Concordat de 1801.* Ancienne Maison Quantin. Librairies-Imprimeries Réunies. París. 1895. Páginas 331 y ss.

[278] SÉVILLIA, JEAN. *Quand les catholiques étaient hors la loi.* Perrin. París. 2006. Página 90.

duce incertidumbre sobre la situación legal de las órdenes religiosas, pues prevé la posibilidad de disolución de las mismas por decreto. Se trata de una concesión a los sectores situados más a la izquierda del arco parlamentario, que piden el 18 de febrero de 1892 la tramitación urgente del proyecto. Freycinet acepta, pero se niega a comprometerse a profundizar en la separación Iglesia-Estado que los radicales le piden, por lo que le retiran su apoyo. Ese mismo día, al no contar tampoco con el de los partidos conservadores, que consideran el proyecto como inaceptable, el ejecutivo cae. Loubet, que sustituye a Freycinet, trata conseguir un Gobierno de concentración.[279]

1.3. La encíclica Au milieu des sollicitudes

Un día antes de la caída del gabinete Freycinet, el 17 de febrero de 1892, *Le Petit Journal* publicaba una entrevista a León XIII, concedida el 14 de febrero al periodista Ernest Judet, en que el pontífice se declara favorable a que todos los ciudadanos *se reúnan bajo el terreno legal,* añadiendo que *cada uno puede mantener sus preferencias íntimas; pero en el dominio de la acción, no hay nada más que lo que se ha dado por el Gobierno de Francia.* Concluyendo que *la República es una forma de gobierno tan legítima como las otras.* Además se anunciaba que un documento oficial, firmado la víspera, el 16 de febrero, sería publicado el próximo día 20 en la prensa religiosa de París, era el anuncio de la encíclica *Au milieu des sollicitudes,*[280] que obedece a un evidente espíritu conciliador con las autoridades civiles, haciendo un llamamiento a los católicos para que acepten los poderes constituidos, y con ello por tanto, a la República. La Iglesia no se encontraba atada de pies y manos a ninguna forma de Gobierno, y una aceptación de la República no suponía dar por buena cualquier legislación hostil a la Iglesia. Cabía ahora preguntarse cómo habría que interpretar las palabras del Papa, dilucidar si había hablado *ex cathedra,* o si por el contrario se había limitado a dar un mero consejo, si estábamos ante una República *bautizada* que se había convertido en una *democracia cristiana,* o si por el contrario

[279] DANSETTE, ADRIEN. *Histoire religieuse de la France contemporaine. Sous la IIIème République.* Flammarion. 1951. Páginas 138 a 140.

[280] RAUX, GEORGES. *La République et le Concordat de 1801.* Ancienne Maison Quantin. Librairies-Imprimeries Réunies. París. 1895. Páginas 341 y ss.

seguíamos estando ante la República *laica* de Jules Ferry y compañía. Entre los católicos más conservadores se abren divisiones, y la *Union de la France chrétienne,* que hacía poco que se había constituido con el fin de aglutinar políticamente a los católicos franceses, se disuelve, pues sus líderes, Buffet, Chesnelong, Keller, Lucien-Brun, prefieren dar un paso atrás, y evitar la tesitura de tener que optar entre actuar en contra de la voluntad del Papa, o renunciar a sus propias convicciones, algo no menos doloroso para ellos. Caído Freycinet, el nuevo gabinete presidido por Loubet se configura como un Gobierno de concentración escorado a la izquierda, en el que se da cabida a los sectores más anticlericales.[281]

La encíclica *Au milieu des solicitudes* es recibida con recelos por un sector del episcopado francés, del que puede ser un buen representante el obispo de Nimes, monseñor Cabrières, muy crítico en privado con León XIII, al que llega a calificar como un *gran* Papa … *por el mal que nos hace*, sic. O monseñor Billard, obispo de Carcassonne, que la interpreta en el sentido de condenar sólo el *antagonismo sistemático e insurreccional contra la forma de Gobierno* republicana. Sin embargo la mayoría del episcopado francés la recibe favorablemente, bien por respeto a la propia estructura jerárquica de la Iglesia, bien porque sus sentimientos monárquicos no son equiparables a los de la aristocracia laica, al provenir en buena parte de familias modestas, y aunque rechazan la legislación anticlerical, su principal preocupación es velar por el interés de la Iglesia, siendo precisamente la defensa del mismo lo que realmente orienta su actitud ante el poder establecido. Pero en el fondo subyace en ellos un rechazo frontal a la República masónica, que defiende la escuela laica, que es hostil a las congregaciones religiosas, y favorable al divorcio. Un *realineamiento* formulado en estos términos resulta insuficiente, es por ello que León XIII demanda el reconocimiento de los poderes establecidos, y una mejora de las relaciones de la Iglesia con los mismos, que conduzca a una pacificación completa de las relaciones, y una disposición a acometer los esfuerzos que para ello sean necesarios.[282]

---

[281] DANSETTE, ADRIEN. *Histoire religieuse de la France contemporaine. Sous la IIIème République.* Flammarion. 1951. Páginas 141 y 142. MAYEUR, JEAN-MARIE. *La vie politique sous la Troisième République. 1870-1940.* Editions du Seuil. París. 1984. Página 151. SÉVILLIA, JEAN. *Quand les catholiques étaient hors la loi.* Perrin. París. 2006. Página 91.

[282] DANSETTE, ADRIEN. *Histoire religieuse de la France contemporaine. Sous la IIIème République.* Flammarion. 1951. Páginas 154 a 156.

Las nuevas directrices papales suponen un dilema para los líderes católicos franceses, como Chesnelong, Keller y De Mun, todos ellos legitimistas, pero católicos antes que precisamente legitimistas. A los dos primeros les resultará especialmente duro recomenzar su carrera política conforme a las nuevas ideas, Chesnelong llegará a afirmar respecto al realineamiento que *renegar del pasado es deshonrarlo,* tras trece años de resistencia al poder laico, sin otra satisfacción que la de sentir internamente que han cumplido con su deber. Chesnelong y Keller se retiran de la vida política, no así Albert de Mun, que se adhiere al realineamiento, y se manifiesta dispuesto a *colocar su acción política sobre el terreno constitucional y a conformar de ese modo así su actitud a la directiva dada por el Papa.* Como señala DANSETTE, *la hipotética llamada de una Francia tradicionalista a la resurrección de un pasado legendario, y la unión mística del trono y del altar* es ya cosa del pasado.[283]

Ni que decir tiene que para el partido realista, la encíclica *Au milieu des solicitudes* representa un golpe bajo para sus intereses, a pesar de lo cual reaccionan con extremada mesura. La minoría realista de derechas de la Cámara, liderada por el conde de Haussonville, publica una declaración en junio de 1892, cuya paternidad es atribuida a Cazenove de Pradines, (a la que no se unen sus colegas del Senado), en que como *católicos, se inclinan con respeto ante la autoridad infalible del Santo Padre en materia de fe,* pero como *ciudadanos, reivindican el derecho de las gentes a pronunciarse sobre todas las cuestiones que interesan al porvenir y a la grandeza de su país.* El conde de Haussonville, en representación del conde de París, en un discurso pronunciado en Montauban afirmará, que *no hay peor dolor para los hijos que recibir de su padre consejos a los que sienten que no se pueden conformar,* al sentir la necesidad de salvaguardar *un dominio inviolable y sagrado, aquél donde se refugia lo que es más íntimo y delicado del alma humana, aquel del honor.* Es la reacción propia de los denominados *refractarios,* que defienden una especie de *galicanismo político* que no está dispuesto a aceptar la intervención de la Santa Sede en cuestiones políticas. Chesnelong que se ha visto ante la alternativa como católico de tener que desobedecer al Papa, o faltar al honor como monárquico, prefiere optar por renunciar a la lucha política. Los católicos quedan divididos en este punto procesal

---

283 DANSETTE, ADRIEN. *Histoire religieuse de la France contemporaine. Sous la IIIème République.* Flammarion. 1951. Páginas 158 y 159.

entre *intransigentes* y *liberales*. Los católicos intransigentes, por fidelidad al *ultramontanismo*, se verán obligados a seguir las consignas papales, aunque pueda resultar paradójico.[284]

Los radicales no tuvieron que esperar a la publicación de la encíclica, para pronunciarse en contra del *realineamiento* de los católicos, a los que Floquet acusaba en enero de 1891 de *querer expulsar de la República las leyes, las doctrinas, las esperanzas republicanas.* Ferry llegará a declarar al día siguiente del brindis de Argel, que *La República es el bien de todos,* replicando a aquéllos que dicen que están dispuestos a aceptar la República cuando sean derogadas las leyes escolares, abogando por *veinte años en que la República sea hecha sin vosotros y contra vosotros; ella puede vivir y crecer sin vosotros.* Añadiendo en abril de 1891, con manifiesta desconfianza que *la evolución actual del clero puede convertirse en una máquina de guerra de las más peligrosas contra la República.*[285]

Una carta dirigida el 3 de mayo de 1892 a los cardenales franceses por parte de León XIII, les invita a *aceptar* la República, en aras al bien común y la tranquilidad pública. Y en una nueva misiva enviada al cardenal Lecot el 3 de agosto de 1893, León XIII le advierte que a su juicio las posibilidades de una restauración monárquicas son poco probables, y le avisa de las previsibles poco buenas consecuencias de una estrecha identificación de la Iglesia con el partido monárquico, criticando a los que se sirven de la religión para atacar al poder establecido. Pero no se trataba de *una* República en *abstracto*, sino *la* República de 1892, de inspiración positivista, naturalista, desconocedora de la misión divina del catolicismo. Ello suponía un giro radical respecto a la política seguida por su predecesor, Pío IX, respecto a las condenaciones solemnes contenidas en la encíclica *Quanta Cura*, una prueba de cómo el junco que no cede, acaba por quebrarse.[286]

---

[284] DANSETTE, ADRIEN. *Histoire religieuse de la France contemporaine. Sous la IIIème République.* Flammarion. 1951. Páginas 160 y 161. MAYEUR, JEAN-MARIE. *La vie politique sous la Troisième République. 1870-1940.* Editions du Seuil. París. 1984. Página 151.

[285] DANSETTE, ADRIEN. *Histoire religieuse de la France contemporaine. Sous la IIIème République.* Flammarion. 1951. Páginas 171 y 172.

[286] DANSETTE, ADRIEN. *Histoire religieuse de la France contemporaine. Sous la IIIème République.* Flammarion. 1951. Páginas 142 a 146.

1.4. El *esprit nouveau*

Entre los católicos hay que decir que no todos rechazan la República, ni mucho menos, pues aunque por ejemplo no participen de la legislación escolar secularizadora, están dispuestos a aceptar las instituciones republicanas y tratar de cambiar la sociedad desde dentro de las mismas. Uno de los casos paradigmáticos en este sentido es el de Jacques Piou, que a principios de 1893 cambia la denominación de su grupo de *Droite Constitutionnelle*, para adoptar la de *Droite Républicaine*, ansiando crear un partido de inspiración inglesa siguiendo el modelo *tory,* y de corte laico, rechazando de este modo la necesidad de tener que constituir necesariamente un partido *católico,* que repudia los excesos de radicalismo socialista y de la francmasonería, y que aspira a abrirse e integrar a todos los *hombres de buena voluntad.* El propio León XIII era favorable a la creación de un gran partido conservador, integrado por católicos y *gentes honestas,* que estuviera abierto a las preocupaciones sociales. Sin embargo, no conviene dejar pasar desapercibido, como señala MAYEUR, que buena parte de quienes se unen a Piou, tienen fuertes vínculos con el mundo de los intereses, cabiendo poner por ejemplo al príncipe d´Arenberg, o al barón Hély d´Oissel, y su prioridad más importante es el mantenimiento del orden social. Y no todos participan de un único perfil político, pues mientras para unos la prioridad es eliminar la legislación secularizadora, otros sin embargo pueden estar dispuestos a aceptarla provisionalmente, y mientras unos se inspiran en el centrismo alemán o el partido católico belga, otros lo hacen en los conservadores ingleses. Las propias ambigüedades del *realineamiento*, suscitan las suspicacias de los partidos republicanos, que desconfían de las reales intenciones vaticanas, y de los vínculos que puedan permanecer entre los *realineados* y los monárquicos.[287]

A raíz de las elecciones de 1893, se abre un periodo de apaciguamiento de las relaciones entre la Iglesia y el Estado. Dupuy apenas aguanta unas semanas tras las elecciones al frente del Gobierno. Su sucesor, Casimir-Périer coloca a cargo del Ministerio de Instrucción Pública y de cultos a Eugène Spuller, que busca conseguir la paz religiosa, e insuflar un *esprit nouveau* en las relaciones entre ambos, que pronto comienza a

---

[287] MAYEUR, JEAN-MARIE. *La vie politique sous la Troisième République. 1870-1940.* Editions du Seuil. París. 1984. Páginas 152 y 153.

reflejarse en el Parlamento. DANSETTE recuerda el incidente surgido en septiembre de 1892, cuando el alcalde socialista de Saint-Denis publica un decreto municipal por el que se prohíben las ceremonias religiosas en la vida pública así como la exhibición de símbolos religiosos en la misma. El tema es llevado ante el Consejo de Estado, que admite la legalidad de la primera parte del mismo, pero se pronuncia en contra de la segunda. El 3 de marzo de 1894, el diputado Denys Cochin quiere saber si es verdad, si tal y como se ha publicado por la prensa, el Gobierno ha sostenido la legalidad del decreto ante el Consejo de Estado. Spuller lo desmiente, y defiende que un espíritu de tolerancia debe dominar en estas materias, el *verdadero espíritu de tolerancia, iluminado, humano, superior, que tiene su principio no solamente en la libertad del espíritu, sino en el calor del corazón.* Añadiendo que *es tiempo de luchar contra los fanatismos y contra todos los sectarismos*, defendiendo la necesaria independencia del poder civil, sobre lo que él viene a denominar *un espíritu nuevo, el espíritu que tiende en una sociedad tan profundamente perturbada como la nuestra, a volver a traer a todos los franceses alrededor de las ideas del buen sentido, de la justicia y de la caridad.* El radical Henri Brisson le pide explicaciones, y le llega la recriminación de traicionar la memoria de Gambetta. Spuller afirmará que los tiempos han cambiado, y que a su modo de ver, la Iglesia ha dejado de servir de vínculo a todos aquellos antiguos partidos coaligados en contra de la República, por lo que se hace necesario un *esprit nouveau* que *anime esta democracia … un espíritu alto y espléndido de tolerancia, de renovación intelectual y moral.* La agitación de los escaños situados más a la izquierda obliga a Casimir-Périer a intervenir, porque su Ministro de Cultos tal vez haya ido demasiado lejos a la hora de definir esta nueva política de conciliación, y se siente en la obligación de aclarar que *nosotros no renegamos de nada de la obra finalmente lograda ... el poder laico que ha alcanzado la victoria.* El deber del Gobierno será aplacar las causas de discordia, sin necesidad de pedir *ni el concurso del señor De Mun, ni el voto del señor Goblet,* es decir, de los parlamentarios conservadores. Lo cierto de todo esto es que el ministro Spuller cree en la reconciliación entre los católicos y la democracia, y en el éxito al menos parcial de la gran empresa de León XIII. Sin embargo el presidente Casimir-Périer confesará a monseñor Ferrata, que era mejor *actuar* conforme al *espíritu nuevo*, que *hablar* públicamente del mismo en una Cámara que no estaba en condiciones de *apreciar* sus *bondades*.[288]

No todo va a ir viento en popa a favor de ese *espíritu nuevo*, y pronto aparecen las dos primeras dificultades, la cuestión de las fábricas en 1894, y la tasa de *abono*[289] en 1895.

El primer obstáculo surge a raíz de la promulgación de una normativa especialmente compleja en materia de contabilidad de los consejos de fábricas. Los consejos de fábricas son unos organismos que desde 1809 gestionan el presupuesto de cada parroquia, cuyo déficit es asumido por los ayuntamientos respectivos, (asumiendo una carga de unos 6 millones de francos anuales), y en los que está asegurada la preponderancia de los representantes de la Iglesia. La dificultad en la aplicación de la nueva normativa es especialmente sentida en las pequeñas parroquias rurales. Monseñor Coullié, arzobispo de Lyon, tras infructuosas intentos de negociaciones con la administración, ordena a su clero seguir la antigua contabilidad, lo cual provoca la suspensión de la retribución estatal por él percibida, y la remisión de su carta al Consejo de Estado. Pocos días después de su intervención parlamentaria sobre el *esprit nouveau*, Spuller es interpelado parlamentariamente por el realista Baudry d´Asson, con el fin de torpedear al Gobierno, respondiéndole el Ministro de Cultos que la nueva normativa sería aplicada con *inflexible moderación,* lo que es interpretado en el sentido que el partidario del espíritu *nuevo*, parece practicar el *antiguo*. Para colmo de males, monseñor Ferrata envía desde Roma, el 3 de mayo de 1894, una circular dirigida a los obispos inspirada en la idea de no oponerse a la aplicación de la Ley, pero el hecho es aprovechado desde ciertas publicaciones anticlericales, como *La Lanterne* y *La Justice,* para hacer ver que se trata de una injerencia extranjera, en que un diplomático foráneo se permite dirigir instrucciones a los funcionarios franceses. Por otra parte no deja de ser menos cierto que de acuerdo con las disposiciones concordatarias y de los artículos orgánicos, el nuncio no puede dirigirse directamente a los obispos franceses, sin previa autorización gubernamental, si bien es verdad que el cardenal Rampolla ha hecho llegar indirectamente una comunicación a Casimir-Périer, el cual le ha mostrado su agradecimiento por la deferencia. Monseñor Ferrata

[288] DANSETTE, ADRIEN. *Histoire religieuse de la France contemporaine. Sous la IIIème République*. Flammarion. 1951. Páginas 237 a 240.

[289] *Abonnement*, sic.

muestra su pesar por la publicidad dada a un documento que estaba concebido con el fin de calmar las aguas.[290]

El segundo problema se plantea con motivo de la aprobación de la tasa de *abono*, en 1895. Las congregaciones religiosas, al escapar del impuesto de sucesiones, debido a su naturaleza *sui generis*, debían satisfacer un impuesto de manos muertas. Al tratarse de un carga tributaria más liviana que el impuesto de sucesiones, sendas leyes votadas en 1880 y 1884, gravan a las congregaciones con un nuevo tributo, llamado de *aumento,* percibido con ocasión del fallecimiento de cada miembro de una congregación religiosa, que es finalmente sustituido por una tasa de *abono* sobre los bienes poseídos por las congregaciones, salvo los destinados a las misiones o a las obras de beneficencia, (lo cual hace el gravamen menos oneroso, de lo que resultaría en caso contrario). Pronto surgen las primeras quejas por entender que el gravamen es excesivo, y el dilema de optar entre satisfacerla sin protestar, o adoptar por el contrario una actitud de resistencia pasiva frente a la misma, la segunda de estas tesis es la seguida por los cardenales Langénieux y Richard, la primera por monseñor Fuzet, en ese momento obispo de Beauvais. La división en la jerarquía, es fiel reflejo de la división que en el seno de la Iglesia existe sobre este punto. Los representantes de las cinco grandes órdenes masculinas reconocidas, los hermanos de las escuelas cristianas, lazaristas, misiones extranjeras, padres del Espíritu Santo y sulpicianos, así como las superioras de las órdenes femeninas autorizadas, se muestran partidarios de satisfacerla, (temerosos de perder la autorización administrativa, en caso contrario), no así en el caso de los superiores de las congregaciones no reconocidas, que encuentran eco a sus tesis en publicaciones como *La Croix* lanzándose a los responsables de las órdenes autorizadas dispuestos a pagar el nuevo tributo, calificativos no del todo *evangélicos*, tales como el de *cobardes, apóstatas, despreciables* e *infames criminales,* y a los que algún obispo llega a amenazar con la excomunión. León XIII guarda silencio, al observar que los propios católicos franceses se encuentran divididos, y ser plenamente consciente que una declaración suya en contra de la tasa podía ser interpretada como contraria a su llamamiento de *realineamiento.* Desde sectores anticlericales, la polémica es hábilmente explotada, criticándose *sus gemidos de mártires, a propósito de un asunto*

---

[290] DANSETTE, ADRIEN. *Histoire religieuse de la France contemporaine. Sous la IIIème République.* Flammarion. 1951. Páginas 240 y 241.

de dinero, comprometiendo una causa que de por si es ya impopular: se entiende que ellos son ricos y que no han de pagar lo que deben. Entre tanto, los pleitos interpuestos por parte de la administración tributaria se multiplican en los tribunales.[291]

La formación de un nuevo Gabinete en noviembre de 1895 por parte de León Bourgeois, tras la caída de Ribot, supone un grave contratiempo para los intereses de la Iglesia católica, pues va a formar un equipo puramente radical, con fuerte presencia masónica. El Ministro de Comercio e Industria, Mesurer, trae bajo el brazo un programa secularizador, que incluye la supresión en el callejero Parísino de los nombres de los santos, hacer obligatoria la incineración de los cadáveres, y convertir a las iglesias en *conservatorios de cenizas humanas.* El nuevo Ministro de Cultos, Combes, no le va a la zaga, y pronto pone de manifiesto su intención de interferirse en las elecciones de obispos, su breve paso por el ministerio hace que las cosas no vayan a más. León Bourgeois anuncia un proyecto de Ley de asociaciones, dirigido a marcar una clara línea de separación en las relaciones Iglesia-Estado, de carácter restrictivo hacia las congregaciones religiosas. Con excepción del Gobierno de Bourgeois, que se mantiene en el poder hasta abril de 1896, se puede decir que en general los gabinetes constituidos entre 1893 y 1898, se van a mostrar receptivos hacia dicho *Esprit Nouveau,* haciendo *temer a unos*, y *esperar a otros*, un cambio en materia de política religiosa. Las aguas vuelven pronto a su cauce cuando Jules Méline le sucede al frente del Gobierno en abril de 1896, y forma un gabinete de carácter enteramente moderado, que busca el apaciguamiento de la cuestión religiosa, y permanece en el poder hasta junio de 1898. *De facto*, buena parte de la legislación secularizadora de la década de los 80, permanecerá *intangible*, aunque con el Gobierno de Méline, la laicización del personal docente se toma con calma, y la enseñanza privada aparece de nuevo dirigida por las congregaciones religiosas católicas.[292]

El clima de buen entendimiento durante el Gabinete de Méline, solo se ve perturbado por un par de incidentes aislados. Uno de ellos con

---

[291] DANSETTE, ADRIEN. *Histoire religieuse de la France contemporaine. Sous la IIIème République.* Flammarion. 1951. Páginas 242 y ss.

[292] BAUBÉROT, JEAN. *Histoire de la laïcité en France.* Presses Universitaires de France. París. 2000. Página 59. DANSETTE, ADRIEN. *Histoire religieuse de la France contemporaine. Sous la IIIème République*. Flammarion. 1951. Páginas 247 a 249.

ocasión del dramático incendio que tiene lugar en París el 4 de mayo de 1897 en el Bazar de la Charité, en el que fallecen 117 personas. A las exequias fúnebres celebradas en Notre-Dame asiste el Presidente de la República, Félix Faure, lo cual representa todo un hito, al ser la primera vez que las autoridades públicas toman parte en una ceremonia de este tipo, desde la supresión de las plegarias públicas. El padre Ollivier, al predicar en la ceremonia religiosa, hace una referencia al castigo divino que hay detrás de este luctuoso acontecimiento. Esta poca afortunada alusión es aprovechada en el Parlamento por Henri Brisson, para ironizar sobre la misma. El segundo motivo de roce tiene lugar cuando al fallecer monseñor d´Hulst, diputado por Brest, en noviembre de 1896, se celebran elecciones el 25 de enero de 1897 para su sucesión en el escaño, imponiéndose el padre Gayraud, ex-dominico, secularizado para poder dedicarse a la política en las filas de la democracia cristiana. La campaña electoral se tiñe de polémica, por las pasiones subyacentes, en que sus rivales se oponen al mismo afirmando que *la República para existir debe ser atea.* A pesar de la oposición de monárquicos y republicanos, Gayraud es reelegido en agosto con una mayoría aún más amplia. En desagravio a Gayraud, éste es invitado a predicar en París en numerosas parroquias, lo que desata la cólera de los monárquicos, cuyo candidato ha sido batido por él, dirigiéndose en vano al cardenal Richard, para que prohíba dichos sermones. El nuncio debe pedir al general de los dominicos para que cesen los ataques a su antiguo correligionario, incluso en su propia circunscripción.[293]

El llamamiento al *esprit nouveau*, hecho por Spuller, no consigue que los católicos se integren en las mayorías parlamentarias, a pesar del deslizamiento hacia el *centroderecha* de los Gobiernos formados por Casimir-Perier, Dupuy, Méline, y los *républicaines d´affaires,* (más preocupados por los problemas económicos que por cuestiones institucionales, como los *fundadores de la República*). Las elecciones legislativas de 8 y 22 de mayo de 1898, son afrontadas por los radicales con una intensa campaña contra el Gobierno *clerical* de Méline. El Vaticano invitará a que los católicos las preparen concienzudamente creando comités electorales federados en torno al republicano católico Étienne Lamy, pues Jacques Piou tenía dos puntos débiles, su tibieza en asuntos sociales, y sus antecedentes

---

[293] DANSETTE, ADRIEN. *Histoire religieuse de la France contemporaine. Sous la IIIème République.* Flammarion. 1951. Páginas 250 a 253.

monárquicos. El programa pasaría por aceptar lealmente las instituciones constitucionales, sin renunciar a la reforma de las normas secularizadoras no susceptibles de ser asumidas por los católicos, ampliando la base social a todos aquéllos que anhelasen un régimen de paz, en la libertad y en la justicia. El propio Lamy tratará de lograr un acuerdo con Méline sobre la legislación escolar, pero fracasará en el empeño. Había ciertas cosas que comenzaban a resultar evidentes, la primera, que los católicos estaban divididos, la segunda, la hostilidad de la mayoría de los católicos militantes a la legislación laica. Por otra parte, los excesos de la influyente prensa católica, (con una tirada de medio millón de ejemplares, de los cuales sólo a *La Croix* le corresponden 180.000), no hace sino polarizar en extremo el debate, pudiéndose poner como ejemplo la distinción hecha por la prensa asuncionista entre *catholiques ralliés* y *catholiques d'abord,* es decir, entre aquellos católicos *aperturistas* que criticaban la intransigencia, (y de los cuales se recelaba, desde los sectores más inmovilistas), y aquellos otros católicos que pretenden actuar a *piñón fijo,* rechazar los cambios y seguir consignas tradicionalistas. En las elecciones de 1898, la defensa de la Iglesia católica, se pone en el centro del programa de los partidos de derecha, que inmediatamente se encontrarán en frente suya a los partidos de izquierdas, no dispuestos a ceder en este punto. Esas elecciones se celebran en medio de la controversia del *Affaire Dreyfus*, y pocos son los que se atreven a poner en duda la culpabilidad del inocente, entre ellos Zola, a modo de francotirador, y la *Ligue des droits de l'homme et du citoyen*, que se acaba de fundar en febrero de ese año.[294]

2. EL *AFFAIRE* DREYFUS

2.1. Contexto

El escándalo comienza al descubrirse por parte de una empleada de la limpieza de la embajada alemana en París, una carta escrita por un oficial francés en la que se hacía referencia a secretos militares del ejército

[294] BAUBÉROT, JEAN. *Histoire de la laïcité en France.* Presses Universitaires de France. París. 2000. Página 61. SCOT, JEAN PAUL. *L'État chez lui, l'Église chez elle. Comprendre la loi de 1905.* Le Seuil. París. 2005. Página 124. MAYEUR, JEAN-MARIE. *La vie politique sous la Troisième République. 1870-1940.* Editions du Seuil. París. 1984. Páginas 172 y 173.

galo. Puesta en conocimiento del Estado Mayor francés, el Ministro de Guerra, el general Mercier, se ve obligado a buscar un cabeza de turco, el capitán Alfred Dreyfus, un militar alsaciano de origen judío,[295] que es detenido el 15 de octubre de 1894, siendo condenado el 22 de diciembre de 1894 por un Consejo de Guerra celebrado en París a prisión perpetua, y recluido en una prisión de la Isla del Diablo, frente a la Guayana francesa. Ante la insistencia de la familia, y descubierto el error judicial en marzo de 1896 por Picquart, jefe del servicio de información, el Estado Mayor trata de ocultarlo. El comandante Henry, adscrito a dicho *servicio*, fabrica ese mismo año una serie de pruebas falsas, que sirven para condenar a Dreyfus, colaborando en ello el coronel Sandherr, y un policía llamado Guénée. Es manipulada especialmente la correspondencia dirigida por el agregado militar de la embajada de España en París, Marqués de Val Carlos, a partir de lo cual cabe deducir que *los agregados alemanes tienen en los despachos del estado mayor del ejército un oficial que los informa admirablemente.*[296] El verdadero autor, Ferdinand Walsin Esterházy, es absuelto el 11 de enero 1898.[297]

Émile Zola publica el 13 de enero de 1898 su célebre artículo *J'Accuse,*[298] una carta dirigida a Félix Faure, Presidente de la República y poco partidario de la reapertura del caso, tomando posición a favor del inocente, y en la que se señala con el dedo a todos los militares implicados en el escándalo. El 4 de junio de ese mismo año se crea a iniciativa del senador republicano Ludovic Trarieux, la *Ligue des droits de l'homme et du citoyen,* con el fin de defender los derechos humanos, abanderando muy particularmente la lucha por el reconocimiento de la inocencia de Dreyfus, una asociación que aglutinará numerosos intelectuales y profesionales liberales, especialmente vinculados con el mundo del derecho,

---

[295] El ser alsaciano, ayuda a que pronto se establezca la ecuación de *judío es igual a Alemania,* cuando en el subconsciente nacional se encuentra muy fresca la amarga derrota de Sedán. BON, DENIS. *El caso Dreyfus.* Editorial de Vecchi. Barcelona. 2000. Página 50.

[296] Dicha falsedad será descubierta el 13 de agosto de 1898, suicidándose su autor en prisión el 31 siguiente, aunque sobre dicha muerte no hay consenso unánime en si realmente fue voluntaria.

[297] BON, DENIS. *El caso Dreyfus.* Editorial de Vecchi. Barcelona. 2000. Páginas 17, 61 y 62.

[298] *Yo acuso*, sic.

y que contará con una significativa militancia de judíos y protestantes.[299] La causa contraria a Dreyfus es adoptada por una parte importante de la Iglesia católica, aunque también hubo numerosas excepciones,[300] lo que

[299] Experimentará un significativo crecimiento al pasar de 25.000 afiliados en 1901, a 40.000 en 1906. Aglutinará además a personas de ideología radical, a un buen número de militantes socialistas y sindicalistas, así como incluso anarquistas, en lucha contra las denominadas *lois scélérates,* o *leyes perversas*, sic, votadas el 12 y 18 de diciembre de 1893, y el 28 de julio de 1894, para reprimir el movimiento anarquista, y que incentivan la delación, castigando duramente la apología y la propaganda anarquista, recurren sin dudar a una serie de procedimientos expeditivos, una represión desproporcionada y duras penas, con pretendidos efectos preventivos y disuasorios, para luchar contra el terrorismo anarquista en territorio francés, muestra del cual es el lanzamiento de una bomba el 9 de diciembre de 1893 en la Cámara de Diputados desde la tribuna por Auguste Vaillant, (que es ajusticiado el 5 de febrero de 1894), o el atentado cometido en Lyon el 24 de junio de 1894 contra el Presidente de la República, Marie François Sadi Carnot, que perderá la vida apuñalado por el anarquista italiano Sante Geronimo Caserio, (muriendo guillotinado el 16 de agosto de 1894). La *Ligue des droits de l'homme et du citoyen,* sin dirigir una propaganda anticlerical por definición, dará cabida a la posibilidad de intercambios entre muy diversas personalidades, adscritas a un espectro político muy abierto. SCOT, JEAN PAUL. *L'État chez lui, l'Église chez elle. Comprendre la loi de 1905.* Le Seuil. París. 2005. Páginas 140 y 141.

[300] La constitución del *Comité catholique pour la Défense du Droit,* impulsado por personalidades católicas especialmente comprometidas, como Paul Viollet, se encarga pronto de denunciar tanto el anticatolicismo como el antisemitismo, reivindicando la figura de Dreyfus. A él se inscriben pronto dos centenares de personalidades procedentes del mundo católico. CÁPERAN cita además entre los partidarios de Dreyfus que militaban en las filas católicas, a Louis Buffet, que se había destacado en la lucha contra la legislación de Ferry, Eugène Dufeuille, Hervé de Kérohant, y buena parte de la redacción monárquica del periódico *Soleil.* Paul de Cassagnac, que fue uno de los primeros en alzar su voz en defensa del inocente. Ferdinand de Rodays, que acoge en el diario *Figaro* los primeros artículos a favor del mismo en otoño de 1897. Pierre Jay, sobrino de monseñor Servonnet, arzobispo de Bourges, desde las páginas de la publicación *Salut public* de Lyon. O los padres Frémont, Pierre Vignot, Virot, (vicario general de Albi), y el padre Maumus, de la orden de los predicadores. Otras publicaciones a favor de Dreyfus salen de la pluma de los padres Pichot, profesor del seminario de Felletin, y Joseph Brugerette, profesor de historia y filosofía en Lyon, así como J. Quincampoix. El católico Léon Chaine, publicará en 1902 su *Lettre d'un catholique lyonnais à un évêque sur l'affaire Dreyfus*, en que reprocha a la jerarquía católica los errores cometidos en este asunto, en la que se lamenta la poca capacidad de maniobra de los católicos franceses partidarios de Dreyfus, y su pasividad a la hora de hacer pública su defensa del mismo. La carta será remitida a varios obispos, entre ellos el de Lyon, y será publicada en la revista *La Justice Sociale* del 29 de marzo de 1902. Sin embargo muchos de los escritos de estos autores, no alcanzan suficiente divulgación. CAPÉRAN, LOUIS. *L'Anticléricalisme et l'affaire Dreyfus. 1897-1899.* Imprimiere Régionale. Toulouse. 1948.

provoca que sea asociada con el antisemitismo por un relevante sector de la sociedad francesa. Cuando un grupo de notables católicos se dirigen a monseñor Richard, cardenal arzobispo de París, a finales de 1897, para que se pronuncie sobre el tema, prefiere quedar al margen, y dejar que sean los tribunales los que tengan la última palabra, dejando pasar una oportunidad de oro para posicionar a la Iglesia a favor de la defensa del inocente, y de contribuir a un apaciguamiento de la cuestión religiosa, que no será desaprovechada desde sectores anticlericales. Su ejemplo será seguido por el resto de obispos franceses, que se niegan a intervenir en una materia judicializada, cuyo conocimiento escapaba de sus competencias religiosas, y sobre el cual entendían que no tenían suficientes elementos de juicio. Podrían sin embargo haber hecho una declaración en que sin pronunciarse sobre el fondo del asunto, reivindicasen los principios en juego, como el de la defensa de la verdad o el ideal universal de justicia, o el derecho de todo acusado a disfrutar de las garantías legales, pero las peripecias políticas y legales del momento atenazan al episcopado a dar ese paso adelante. Una actitud que contrasta con el posicionamiento a favor de Dreyfus de un sector influyente de la jerarquía católica extranjera. El antisemitismo no es patrimonio exclusivo de la extrema derecha nacionalista, pues la extrema izquierda, obsesionada por el poder del dinero, acusa a los judíos de ser responsables de la miseria de los obreros y de la injusticia social.[301]

La prensa católica francesa mayoritariamente se manifiesta en contra de Dreyfus, es lo que ocurre con el diario católico *La Croix*, (en el que el término *judío* se emplea como equivalente de *traidor*, de *judas*), y el semanario *Le Pèlerin,* (con una tirada de 180.000 y 110.000 ejemplares, respectivamente), editados por los *assomptionnistes* que adoptan la línea nacionalista y antisemita seguida por Drumont, (considerado el *paradigma del antisemitismo francés*) en *La Libre Parole,* fundada por él en 1894, que cuando estalla el *affaire* contaba con unos 100.000 lectores, y en plena congruencia con su incendiario *leitmotiv* perfecta-

---

Páginas 240 y 241. LATREILLE, A. y RÉMOND, R. *Histoire du Catholicisme en France. III. La période Contemporaine.* Editions Spes. París. 1962. 2ª Edición. Páginas 491 y 492.

301 BON, DENIS. *El caso Dreyfus.* Editorial de Vecchi. Barcelona. 2000. Página 49. CAPÉRAN, LOUIS. *L'Anticléricalisme et l'affaire Dreyfus. 1897-1899.* Imprimiere Régionale. Toulouse. 1948. Páginas 243 y 244. LEDUC, JEAN. *L'enracinement de la république. 1879-1918.* Hachette. París. 1997. Página 67. SÉVILLIA, JEAN. *Quand les catholiques étaient hors la loi.* Perrin. París. 2006. Página 95.

mente resumido en la fórmula de *Francia para los franceses*. Una línea editorial que viene a reproducir la orientación ideológica que inspirase en 1888 el libro por él editado, titulado *La France Juive, essai d'histoire contemporaine* donde se denunciaba la *conquista judía de Francia,* en el que se afirmaba que *el derecho del judío a oprimir a los otros, forma parte de su religión.* Se trataba de una caricatura de historia social, que se convirtió en un *best seller* de la época con 200.000 ejemplares vendidos. Lo cierto es que el antisemitismo tenía el terreno abonado en Francia, al configurarse una supuesta conjura judeomasónica en un sector del imaginario francés, comenzando a desarrollarse a partir de 1881, a raíz de la inmigración judía procedente de Rusia y de Europa central, así como de la quiebra de *L'Union Générale*, que afectó a una clientela católica, y que fue atribuida a las maniobras oscuras de la banca judía, contribuyendo a la gestación y consolidación de una especie de leyenda negra sobre el poder *financiero y maligno de los judíos*. El escándalo Dreyfus hace surgir en algunos sectores sociales, el sentimiento que la República se encuentra en peligro, por el nacionalismo, el antisemitismo y el clericalismo, y *La Croix* es puesta en el punto de mira.[302]

La actitud de la prensa controlada por los *assomptionnistes*, probablemente se debió no tanto al hecho que Dreyfus fuera judío, cuanto a la creencia errónea de la culpabilidad del mismo, afirmándose en sus tesis, al ver que los sectores anticlericales militaban en el campo de sus defensores.[303] La tentación de buscar una cabeza de turco a la que inculpar de la descristianización en Francia era fácilmente comprensible, y los candidatos perfectos iban a ser los francmasones, protestantes y judíos, *cuerpos extraños* en una Francia católica.[304] En contraste, la defensa de Dreyfus es inmediatamente abanderada por los sectores republicanos

---

[302] IANCU, CAROL. *Les juifs en France: De l'émancipation à l'intégration.* En: AMALVI, CHRISTIAN. (Coord.). *Mouvements religieux et culturels en France de 1800 à 1914.* Sedes. Lieja. 2001. Página 108. LATREILLE, A. y RÉMOND, R. *Histoire du Catholicisme en France. III. La période Contemporaine.* Editions Spes. París. 1962. 2ª Edición. Páginas 492 a 494. VANDENBUSSCHE, ROBERT. *Les Églises et l'État: d'une séparation à l'autre, 1789-1905.* En: VV.AA. *Les Églises et l'État d'une séparation à l'autre. 1789-1905*. Snoeck. 2005. Página 15.

[303] CAPÉRAN, LOUIS. *L'Anticléricalisme et l'affaire Dreyfus. 1897-1899.* Imprimiere Régionale. Toulouse. 1948. Página 262.

[304] LARKIN, MAURICE. *L'Église et l'État en France. 1905: La crise de la Séparation.* Privat. Toulouse. 2004. Páginas 69 y 70.

anticlericales, que ven en ello una magnífica oportunidad para atacar a la Iglesia.

El escándalo hace renacer entre los conservadores el viejo miedo del *complot judeomasónico,* mientras que entre los *republicanos* resucita el temor al peligro del *complot clerical*, tejido por los conspiradores jesuitas y asuncionistas. Los fantasmas de la historia francesa andaban sueltos.[305]

Lo que podía haber sido un *mero* caso de *error judicial inducido*, se convierte en una grave crisis política que pone sobre la mesa graves dilemas morales, y resucita viejos demonios latentes en la sociedad francesa, que de este modo queda dividida en dos, entre partidarios y contrarios a Dreyfus, y la tensión llega a la calle, donde se producen sangrientos disturbios antisemitas. En 1898 se reabre el caso por el Tribunal Supremo, anulando la sentencia condenatoria en 1899, y obligando a la realización de un nuevo Consejo de Guerra, que se celebra finalmente en Rennes, a pesar del nulo interés en ello del nuevo ministro de Guerra, el general Galiffet, (profundamente odiado por los socialistas a causa de haber dirigido con mano de hierro la represión de la Comuna), y que ese mismo año lo condena el 9 de septiembre a 10 años de trabajos forzados, siendo al poco tiempo indultado por el Presidente Émile Loubet, ante la ola de rechazo levantada no sólo en Francia, sino también en el extranjero, amenazando numerosos países con boicotear con su ausencia la Exposición Universal que se iba a celebrar en París en 1900. En julio de 1906 será finalmente rehabilitado por la Corte de Casación, que reconoce su inocencia y anula la sentencia ignominiosa dictada en el Consejo de Guerra de 1899. Dreyfus es readmitido en el ejército con el grado de comandante, y se le otorga la Legión de Honor, falleciendo en 1935. Las cenizas de Zola serán trasladadas al Panteón, Picquart es ascendido a general de brigada y más tarde incorporado al Ministerio de la Guerra por Clemenceau.[306]

---

[305] SCOT, JEAN PAUL. *L'État chez lui, l'Église chez elle. Comprendre la loi de 1905*. Le Seuil. París. 2005. Página 122.

[306] BON, DENIS. *El caso Dreyfus*. Editorial de Vecchi. Barcelona. 2000. Páginas 145 y ss, especialmente la página 150.

2.2. Consecuencias

Este asunto es un ejemplo prototípico de las injusticias que pueden llegar a cometerse al amparo de la denominada *razón de Estado*, al ser falsamente acusado este oficial en 1894 de pasar documentos secretos al ejército alemán, sacrificando la justicia individual, con el fin de salvar la imagen pública de los poderes fácticos.

Con ello se abre la caja de los truenos, poniendo de manifiesto la existencia de un peligroso espíritu radical nacionalista, que aún no había asimilado las consecuencias de la derrota de Sedán en 1870, la verdadera cara revanchista de un importantísimo sector monárquico contra la III República, y un latente antisemitismo, hasta ahora *desconocido*, o al menos *inconfesado*, por ignominioso, revolviendo tormentosamente el subconsciente colectivo de la sociedad francesa.

Políticamente, implicará un giro hacia la derecha de buena parte de los *progresistas* detrás de Méline, radicalizando el panorama. La izquierda republicana aglutina sus fuerzas contra eventuales veleidades clericales y militaristas, *pas d'ennemis à gauche*,[307] un fenómeno que comienza a decantarse claramente a partir de 1899, y que no es posible reeditar en los partidos situados a la derecha, porque la mayor parte de los diputados católicos desean derogar las leyes *intangibles* secularizadoras promulgadas en la década de los 80, lo cual evita que se produzca la necesaria amalgama de fuerzas en esta parte del arco parlamentario. Los socialistas, tradicionalmente desunidos, se alían entre si y forman el partido socialista francés unificado en 1905, con el fin de defender a la República. Y la imagen de la Iglesia sale muy dañada por su apoyo al ejército, lo que le hará perder peso e influencia política, en las estribaciones del siglo XX.[308]

---

[307] *Nada de enemigos a la izquierda*, sic.

[308] Por otra parte, los partidos católicos estaban faltos de un líder lo suficientemente fuerte y carismático como para hacer frente a la oleada anticlerical, como ocurriera con Windthorst, el líder de los católicos de Alemania, que luchará contra Bismarck y la *Kulturkampf.* Étienne Lamy estaba falto de mordiente, y de la audacia necesaria para encabezar un golpe de mano. LARKIN, MAURICE. *L'Église et l'État en France. 1905: La crise de la Séparation.* Privat. Toulouse. 2004. Páginas 67, 68 y 71. CARPENTIER, JEAN y LEBRUN, FRANÇOIS. *Histoire de France.* Ed. du Seuil. París. 2000. Página 297.

Por todo ello, las elecciones de 1902, difícilmente pudieron desarrollarse en un ambiente más caldeado, que acaba desencadenando la victoria del Bloque de Izquierdas. Los posibles efectos beneficiosos del *esprit nouveau* podían darse por muertos y sepultados, y la fractura política entre la Iglesia y la III República a raíz de estos acontecimientos y de la nueva legislación anticlerical, innecesariamente draconiana, tardará a duras penas en recomponerse, dejando una dolorosa cicatriz.

El caso Dreyfus pone de relieve el importante papel de la prensa, en la formación de la opinión pública, y el juego político, pero también es la caricatura de un pueblo que lucha contra sus cabezas de turco, sean éstas un judío, un francmasón, un protestante, ... o un musulmán, que en los albores del siglo XXI son los que parecen haber reemplazado a los anteriores.[309]

3. EL CONCORDATO Y LA CONTIENDA POR EL NOMBRAMIENTO DE OBISPOS: *NOBIS NOMINAVIT*

3.1. El modelo concordatario de designación episcopal

La situación del episcopado francés se había visto afectada dramáticamente por los acontecimientos revolucionarios y la ulterior firma del Concordato de Napoleón. Si durante el Antiguo Régimen el estamento episcopal había estado en manos de grandes señores, dueños de inmensas fortunas, capaces de marcar el paso en sus propias diócesis e incluso de resistir frente a la voluntad del Rey y del Pontífice, lo cierto es que tras el Concordato, el panorama es muy diferente, apenas 87 arzobispos y obispos, que tienen grandes dificultades para unir sus esfuerzos, pues el Estado no les reconoce celebrar asambleas conjuntas, (a las que la Santa Sede tampoco vería con especial entusiasmo en el siglo XIX), ni de publicar sus actos colectivos. Un arzobispo recibía una retribución estatal de 15.000 francos, y un obispo 10.000, económicamente venían a estar equiparados a los prefectos y a los generales de división. Por un Decreto de Messidor del año XII, los cardenales tenían reconocida precedencia de paso sobre los ministros y los arzobispos respecto a los prefectos. Los honores militares les serán rendidos hasta 1883. Durante el Primer

[309] BON, DENIS. *El caso Dreyfus*. Editorial de Vecchi. Barcelona. 2000. Página 180.

Imperio, y de nuevo a partir de la *Monarquía de Julio*, constituyen el *cuerpo* (si se nos permite emplear esa expresión) de reclutamiento más democrático, al ser elegidos entre los miembros más dignos del clero parroquial, con independencia de su origen. DANSETTE pone como ejemplo a los dos mayores prelados del Segundo Imperio, monseñor Dupanloup, hijo bastardo de una sirviente, y monseñor Pie, hijo de un zapatero rural. Este sistema tiene como consecuencia la formación de un colectivo episcopal *dócil* al poder constituido, sin una gran personalidad, más moderado que su clero parroquial, preocupado por evitar problemas con el poder civil, y a la vez sumiso a Roma, poco proclive a ambiciosas veleidades galicanas.[310]

La delicada cuestión concordataria que preveía la intervención del poder secular en el nombramiento de obispos, había venido precedida de una advertencia de Pío VII al propio Napoleón, en el sentido que sólo estaba dispuesto a aceptar a aquellos candidatos que verdaderamente fueran merecedores de una sede episcopal. Durante la restauración monárquica, el desarrollo habitual del procedimiento partía de la previa elaboración de una lista de posibles candidatos, que se hacía llegar con anterioridad a la nunciatura en París, con el fin de evitar previsibles encontronazos, por lo que va asentándose con el paso del tiempo un modo de proceder en que *de facto* se desarrollan una serie de negociaciones informales con el nuncio, sobre las condiciones de idoneidad reunidas por los posibles candidatos a ocupar las sedes vacantes. La propia Dirección de Cultos iba elaborando una lista, a partir de las recomendaciones, informes y conversaciones con funcionarios públicos, diputados y obispos, especialmente aquéllos más próximos a la sensibilidad republicana. Al quedar vacante una diócesis, el Gobierno tomaba un nombre de dicha lista, y se lo comunicaba al nuncio, que de tener una opinión favorable sobre el mismo, transmitía su candidatura a Roma, que en caso de aceptar, hacía que el nuncio informase al Gobierno de la existencia de luz verde para proceder a activar formalmente el procedimiento de nombramiento, de modo que una vez llegaba la documentación a Roma, desde allí se remitía la bula de investidura.

---

[310] DANSETTE, ADRIEN. *Histoire religieuse de la France contemporaine. Sous la IIIème République*. Flammarion. 1951. Páginas 18 y 19.

3.2. La situación al proclamarse la III República

En 1879, cuando llegan al poder los republicanos laicos, el episcopado francés no se caracterizaba precisamente por un especial entusiasmo republicano. DANSETTE distingue en su seno tres sectores. Un tercio de obispos son violentamente hostiles a la República, el prototipo de obispo perteneciente a este grupo sería monseñor Freppel, obispo de Angers, (que no duda por ejemplo en prohibir a su clero participar en las ceremonias oficiales con motivo de la celebración del 14 de julio de 1882, salvo para celebrar un *réquiem* por las víctimas), y cuyas virulentas intervenciones en el Parlamento provocarán que el cardenal Guibert, arzobispo de París, afirme que *hay demasiados obispos en la Cámara,* algo que sólo cobra todo su sentido si se recuerda que monseñor Freppel era el *único* obispo diputado. Otro tercio mostraba una hostilidad *cortés* hacia la República, entre los cuales podríamos destacar a monseñor Pie, mientras que en el tercio restante, la hostilidad no se manifestaba externamente, entre los que cabría citar a monseñor Richard. Una década después, se contaban con los dedos de una mano los obispos que podían ser considerados republicanos, entre ellos, monseñor Juteau, obispo de Poitiers, monseñor Thomas, arzobispo de Rouen, y monseñor Meignan, arzobispo de Tours. Con la consolidación del régimen, el episcopado de republicanizará, aunque es difícil cuantificar en qué medida. Sólo con la ruptura del Concordato, los obispos nombrados por Pío X se caracterizarán en su casi totalidad por su inclinación monárquica, debiendo esperarse a la designación de monseñor Maglione para ocupar la nunciatura en París, en tiempos de Pío XI, para que las nueva nominaciones tengan sistemáticamente carácter republicano.[311]

Conforme a los datos aportados por LARKIN, en los años que transcurren entre el 1 de enero de 1891 y el 7 de junio de 1902, fecha de la llegada de Combes[312] a la Presidencia del Consejo, se produjeron 48 sedes

---

[311] DANSETTE, ADRIEN. *Histoire religieuse de la France contemporaine. Sous la IIIème République.* Flammarion. 1951. Páginas 41 a 43.

DANSETTE, ADRIEN. *Histoire religieuse de la France contemporaine. Sous la IIIème République*. Flammarion. 1951. Página 41.

[312] La biografía de Combes no deja de ser paradójica, se había formado en el seminario de Castres, donde fue un magnífico alumno, y en el de Albi, donde había recibido la tonsura y las órdenes menores, aunque lo deja antes de recibir el subdiaconado, para ir a enseñar

episcopales vacantes por fallecimiento o jubilación, de las cuales 22 se cubrieron en menos de 3 meses, 9 en menos de 6 meses, 7 en menos de 9 meses, y 5 en menos de 1 año, sólo 1 superó dicho plazo. A ello hay que unir otras 18 sedes episcopales vacantes por traslado de sus titulares, en que salvo en 4 casos, con carácter previo al traslado se había ya llegado a un acuerdo entre el Gobierno y el nuncio. Algo semejante ocurrió con los 19 arzobispados que quedaron vacantes en ese tiempo, de los que 5 se cubrieron en menos de 3 meses, 6 en menos de 6 meses, 5 en menos de 9 meses, y 1 sólo tardó más tiempo en cubrirse. Quizás el problema mayor se planteó con motivo de la vacante de la sede arzobispal de Toulouse, a la que quería optar el arzobispo de Albi, monseñor Fonteneau, que contaba con el apoyo de Combes, teóricamente era un candidato que ya reunía las condiciones canónicas para ese puesto, al ser ya arzobispo, pero el traslado no era bien visto por la Santa Sede, sabedora de los problemas financieros del interesado, lo que le hacía poco idóneo para ocupar la rica sede tolosana. La respuesta de Combes es negarse a cubrir el resto de vacantes, no saliéndose de la situación de punto muerto, hasta la caída del Gabinete en abril de 1896, por lo que Fonteneau, tendrá que resolver por su cuenta sus problemas financieros familiares.[313]

---

filosofía al colegio de la Asunción de Nimes, y retórica al colegio de Pons, en la diócesis de La Rochelle. Obtuvo su doctorado en letras en la Facultad de Rennes con una tesis sobre la *Psychologie de Saint Thomas,* y una disertación sobre la disputa entre San Bernardo y Abelardo, *De sancti Bernardi adversus Abaelardum contentione.* Tras cuatro años de estudios de medicina en París, (1864-1868), durante los cuales ingresa en la masonería, comienza su carrera política en Pons, donde llega a ser alcalde, siendo finalmente elegido senador por el departamento de la Charente-Inferieur, en 1885, del cual llegará a ser vicepresidente en 1893 y 1894. En el gabinete de Léon Bourgeois, asumirá en 1895 las carteras de Instrucción Publica y Cultos. CAPÉRAN, LOUIS. *L'invasion laïque. De l'avènement de Combes au vote de la séparation.* Desclée de Brouver & Cie. París. 1935. Páginas 21 y 22.

313 Durante el tiempo que René Waldeck-Rousseau ocupa la Presidencia del Gabinete, (22 de junio de 1899 a 7 de junio de 1902), al ser nombrado monseñor Benedetto Lorenzelli, para ocupar el puesto de nuncio en París, recibirá de Roma instrucciones de seguir una política de conciliación con el Gobierno, algo que iba en concordancia con la inicial impresión favorable que éste tenía del nuevo jefe del ejecutivo, (aunque luego cambie su apreciación), aceptándose por Roma al menos media docena de candidatos a ocupar sedes episcopales, nombres que en otras circunstancias hubieran sido rechazados. Al mismo tiempo no fue posible convencer al Vaticano para que forzase la dimisión de dos obispos especialmente turbulentos, Gouthe-Soulard, (Aix) y Cotton, (Valence), en base a un especial sentido del deber de las autoridades de Roma, y ello a pesar de que estos dos prelados *ruidosos*, resultasen paradójicamente tal vez más molestos al Papa, que al propio

La aplicación del Concordato napoleónico suponía poner en manos del Estado un magnífico instrumento de intervención en los asuntos internos de la Iglesia católica, no resultando difícil a la República anticlerical colocarse la *vestimenta napoleónica*, fácilmente explicable en el contexto de la larga tradición galicana de someter a la Iglesia católica frente al Estado. No en vano, siendo Émile Combes Ministro de Instrucción Pública y de Cultos, (noviembre de 1895-abril de 1896), responderá a un diputado que le pedía en el Parlamento la supresión del presupuesto de culto y clero, que no se podía dar una respuesta meramente presupuestaria para resolver el problema de la separación de las Iglesias frente al Estado, pues para ello se precisaba tener a todo el país detrás de sí, *il faut avoir le pays derrière soi,* por lo que en un primer momento la idea de una separación radical es patrimonio exclusivo de una extrema izquierda, más libre pensadora que radical o socialista. Por otra parte el Concordato contenía instrumentos regalistas que *debidamente* empleados, ponían en manos del Estado un importante instrumento de vigilancia y control de la Iglesia, ya que a nadie se le escapa que el nombramiento de obispos podía ser una herramienta susceptible de una hábil utilización. Estamos pues ante una situación paradójica, la aparición de los denominados *anticlericales concordatarios*, y que no es algo extraño a la historia de Francia, pues entronca con la tradición *legista,* encarnada por aquéllos que anhelaban la existencia de una Iglesia *nacional*, *liberada* de Roma, sometida a la *tutela* del Estado.[314] Por otra parte, el peso de los católicos practicantes no era para nada desdeñable, y la anhelada estabilidad política podría verse comprometida por una medida como la denuncia del Concordato, la separación y la supresión del presupuesto de cultos, que podían ser vistas como una actitud hostil contra la Iglesia, y poner en contra de la

---

Gobierno. Con todo, el Concordato continuó funcionando sin mayores tensiones, hasta la caída de Waldeck-Rousseau, y ello a pesar de la promulgación de la Ley de asociaciones de 1901, que puso a dura prueba las relaciones Iglesia – Estado. El propio Waldeck-Rousseau era consciente del potente instrumento de intervención en los asuntos eclesiásticos que suponía el Concordato al poner en manos del Gobierno el control último sobre la designación de las sedes episcopales, hasta el punto que en su mente estaba buscar alguna nueva fórmula para fiscalizar también a las congregaciones de regulares, que no estaban afectadas por el Concordato. LARKIN, MAURICE. *L'Église et l'État en France. 1905: La crise de la Séparation.* Privat. Toulouse. 2004. Páginas 48 a 50 y 83 a 86.

[314] CABANEL, PATRIK. *1905, la séparation des Églises et de l'État en 30 questions.* Geste. La Crèche. 2005. Páginas 9 y 10. MAYEUR, JEAN-MARIE. *La separation de l'Eglise et de l'État. (1905).* Firmin- Didot. París. 1966. Página 20.

República a un importante sector de la población.[315] En honor a la verdad, el importante papel jugado por el Gobierno en la elección de los obispos, no conllevaba necesariamente que todos los nombrados le fueran necesariamente *sumisos*, siendo en este sentido suficientemente significativas las palabras del siempre astuto Briand, (poco dado por cierto a posibles veleidades clericales), que con ironía se lamentaba de cómo el Gobierno actuaba como *una gallina que había incubado huevos de pato.* Lo cual no quiere decir que desde las filas católicas los resultados se vieran como plenamente satisfactorios, pensemos por ejemplo en monseñor Maurice d´Hulst, (que fuera fundador y primer rector del Instituto Católico de París en 1875, y más tarde elegido en 1892 diputado por Finistère), quien alertaba del *envenenamiento* del episcopado por el Gobierno, y que amargamente se lamentaba de cómo para ser obispo únicamente era necesario *gritar muy fuerte, ¡Viva la República!* O la opinión de monseñor Charles-Émile Freppel, obispo de Angers y también diputado en la Asamblea Nacional, que se quejaba de las *experiencias de cloroformo que han practicado sobre el episcopado francés.*[316]

Esto no quiere decir que el mantenimiento del Concordato no fuera objeto de discusión durante la III República. En las elecciones de 1881, un significativo número de diputados, había incluido en su programa su denuncia, y tras las mismas se ponen sobre la mesa a lo largo de la III Legislatura una serie de proposiciones contradictorias, que tienen su paternidad en autores radicales, en unos casos, u *oportunistas* en otros, según FOYER. Entre los primeros, Boyssel, el 17 de noviembre de 1881, y de forma más elaborada, Jules Roche, el 27 de diciembre de 1882, proponen la denuncia del Concordato, la supresión del presupuesto del clero y el cierre de la embajada francesa en el Vaticano. Entre los segundos, en medio de un gran aparato de disertaciones de tipo histórico y de derecho comparado, se aboga no tanto por la denuncia del Concordato, cuanto por la modificación unilateral del mismo, sin negociarlo con la Santa Sede, mediante una serie de normas dictadas por el Estado. De este modo Corentin Guyot propone instituir un control presupuestario especial sobre el clero en su proposición de 19 de noviembre de 1881, Paul Bert defiende

[315] DÉMIER, FRANCIS. *La France du XIXe siècle. 1814-1914.* Éditions du Seuil. París. 2007. Página 337.

[316] LARKIN, MAURICE. *L'Église et l'État en France. 1905: La crise de la Séparation.* Privat. Toulouse. 2004. Página 51.

el 7 de febrero de 1882 la supresión de las ventajas concedidas a la Iglesia después de 1802 y a lo largo del siglo XIX por vía extra concordataria, y Bernard Lavergne, en su proposición de 31 de marzo de 1882, defiende el agravamiento de las sanciones disciplinarias y busca realinear al bajo clero a favor de la República, otorgándole una serie de garantías frente eventuales discrecionalidades de los obispos, especialmente a la hora de encomendar nuevos destinos eclesiásticos, introduciéndose concursos en las nominaciones. La comisión parlamentaria a tal efecto designada, recibe el nombre de *comisión del Concordato,* y será presidida por Paul Bert, que depone su informe el 31 de mayo de 1883, en que a *grosso modo* viene a sostenerse que por el momento no era necesario denunciar el Concordato, sin perjuicio de proceder a su estricta aplicación, provocando *de facto* el *enterramiento* de la idea de separación por un par de décadas.[317]

Nuevas proposiciones se presentarán más adelante en la IV Legislatura por los parlamentarios Michelin y Planteau, el 17 de diciembre de 1885, en que se sostiene con débiles argumentos que la Santa Sede ha incumplido el Concordato y por lo tanto el Estado se encuentra liberado de sus compromisos, y por Yves Guyot, el 27 de marzo de 1886, que aboga por la municipalización del presupuesto de cultos, de modo que el mismo se reparta entre las corporaciones locales, las cuales pasarían a financiarlo mediante un recargo en la tributación local. Estas iniciativas no fueron más allá de su mera toma en consideración. En la V Legislatura serán depositadas dos nuevas proposiciones sobre estos temas, la primera de ellas es firmada por el radical Pichon, persona próxima a Clemenceau, y otros 86 diputados, invitando al Gobierno a denunciar el Concordato, y a redactar un proyecto que suprima el presupuesto de cultos, y disolución de las congregaciones. La segunda viene de la mano del socialista Lafargue, el 17 de diciembre de 1891. Durante la VI Legislatura habrá otra más, obra de Michelin, presentada el 6 de marzo de 1897, defendiendo la libertad de asociación, la derogación del Concordato y el principio de separación. Las sucesivas votaciones a las que se somete el principio de separación, se resuelven con claras derrotas de las propuestas tendentes a su adopción, en 1897 el resultado fue de 310 votos en contra y 138 a favor, en 1898, son 311 votos en contra y 183 a favor, en 1899, 329 votos en contra y 179 a favor, y en 1900, 315 en contra frente a 194 favorables.

[317] FOYER, JEAN. *La genèse de la loi de séparation.* En: *Archives de Philosophie du Droit.* Número 48. 2004. Página 77.

Tras las elecciones de 1902, los partidarios de una Ley de separación conseguirán la mayoría parlamentaria.[318]

3.3. La disputa por el *nobis nominavit*

3.3.1. El desencadenamiento del conflicto

El empleo por parte de la Santa Sede de la fórmula *Nobis nominavit*[319] en las bulas referentes a las designaciones episcopales, produce nueva tensión entre Francia y el Vaticano, el cual debe finalmente condescender en este punto. La cuestión venía de lejos, de los artículos IV y V del Concordato de 1801, en virtud de los cuales el Primer Cónsul nombraría a los arzobispos y obispos católicos de las nuevas diócesis, o de aquellas vacantes,[320] correspondiendo al Papa la concesión de la institución canónica, a los nominados. Las primeras bulas de nombramiento de obispos publicadas tras la firma del Concordato sólo empleaban el verbo *nominavit*, pero a partir de 1804, comienzan a añadir el término *nobis,*[321] lo cual tiene un importante significado jurídico y político, consistente en dar a entender que el Jefe del Estado realmente no podía conferir al candidato el título episcopal, de modo que sólo tendría un mero derecho de presentación o proposición, pero ello no resulta vinculante para el Papa, pues el Pontífice no se limitaría a *instituir* a los nuevos obispos, sino que sería él quien en última instancia los *nombra.* El papel del Estado quedaba de este modo relegado a una simple presentación sometida a ratificación o

---

[318] FOYER, JEAN. *La genèse de la loi de séparation.* En: *Archives de Philosophie du Droit.* Número 48. 2004. Páginas 78 y ss. CHARLIER-DAGRAS, MARIE-DOMINIQUE. *La Laïcité française à l'épreuve de l'intégration européenne. Pluralisme et convergences.* L'Harmattan. París. 2002. Páginas 86 y 87.

[319] *Nombrado por nos*, sic.

[320] Artículo IV del Concordato de 1801: *Le Premier Consul de la République nommera, dans les trois mois qui suivront la publication de la bulle de Sa Sainteté, aux archevêches et évêches de la circonscription nouvelle. Sa Sainteté, aux archevêchés et évêches de la circonscription nouvelle. Sa Sainteté conférera l'institution canonique suivant les formes établises par rapport à la France avec le changement de gouvernement.* El artículo V decía: *Les nominations aux évêches qui vaqueront dans la suite seron égalementfaites par le Premier Consul, et l'institution canonique será donnée par le Saint-Siège, en conformité de l'article précédent.*

[321] *Por nos*, sic.

rechazo por el Papa, reforzando la autoridad del Romano Pontífice sobre el clero de Francia, y muy particularmente sobre sus obispos, implicando una notable modificación de la relación concordataria entre la Iglesia católica y el Estado.

Durante el II Imperio, hacia 1859-1860, el Ministro de Cultos manifiesta su protesta por esta *licencia* que se está tomando el Pontífice, y en algunas bulas de institución episcopal de 1869 y 1870 se suprime esta palabra, sustituyéndose el *nobis nominavit* por un *nobis presentavit.* Adolphe Thiers reivindica que es el Estado el que *nombra* los obispos y que su papel no se limita a una mera *presentación*, acabando el pleito ante el Consejo de Estado, que el 27 de septiembre de 1872 dicta una interpretación salomónica afirmando que dicha expresión no pone en cuestión las prerrogativas estatales. Pero detrás de ello no hay una mera discusión terminológica, sino de mayor enjundia, en términos coloquiales, de lo que se trata es de determinar *quien tiene la sartén por el mango.* La praxis fue determinando en la década de los setenta, que el nuncio *de facto* desarrollara un papel fundamental en la designación de los nuevos prelados, al seleccionar a los candidatos, comunicándolos al poder civil, y limitándose el Jefe del Estado a confirmar o ratificar la propuesta. La regla en las tres primeras décadas transcurridas desde la instauración de la III República, había sido la preponderancia del papel jugado por el nuncio, el cual intervenía siempre activamente cuando quedaba vacante una sede, *arreglándoselas* para que fueran *sus* candidatos los que resultaran finalmente elegidos. Cuando Combes accede al Ministerio de Cultos, en el Gobierno de Bourgeois, en 1895-1896, comienza a reivindicar la puesta en práctica de la letra del Concordato, y por lo tanto, retomar la fórmula del mero *nominavit,* celoso por recuperar la vieja praxis napoleónica, llegando incluso a rechazar el nombramiento de obispos, demasiado ultramontanos en su opinión, provocando un conflicto con el presidente de la República, Félix Faure, pero la caída de dicho Gabinete, aplaza la resolución de la cuestión.[322]

En 1901, el Consejo de Estado, cuya composición ha cambiado de color político, muda de doctrina y se muestra menos contemporizador, exigiendo la retirada de la palabra *nobis* de las bulas papales de institución, pero el Ministerio de Asuntos Exteriores entiende que el asunto ya había quedado cerrado en 1872, y que era mejor no *revolverlo*. Al convertirse

---

[322] AMSON, DANIEL. *La Querelle religieuse.* Odile Jakob. París. 2004. Páginas 276 y ss.

en Presidente del Consejo, Émile Combes no podía dejar pasar la ocasión de volver a la carga sobre este tema, y no se contenta sólo con insistir en que se retire la palabra *nobis* de las bulas, (dejando de manifiesto que es la República, y no la Santa Sede, quien designa a los obispos), sino que nombra o cambia a tres obispos por su cuenta, sin ponerse previamente de acuerdo con la Santa Sede. Se rechaza por parte del Consejo de Estado el registro de las bulas de nombramiento de monseñor Campistron y monseñor Beauséjour, que deberían ocupar respectivamente las sedes de Annecy y Carcassone, siendo devueltas a la administración de cultos, que las envía al Ministerio de Asuntos Exteriores, que las expide de nuevo hacia la Secretaría de Estado del Vaticano. El 21 de diciembre de 1902, el embajador de Francia ante el Vaticano pide al Secretario de Estado la supresión de la palabra de la discordia, *nobis*. Algunos candidatos respaldados por París eran difícilmente aceptables por Roma, como ocurre en la antevíspera de la Navidad de 1902, al ser propuesto por parte del Gobierno sin previo acuerdo con Roma, para la diminuta diócesis alpina de Saint-Jean-de-Maurienne, el padre Mazeran, *capaz de todo con tal de asegurar su promoción gubernamental en la carrera eclesiástica*, o en el caso de monseñor Gazaniol, destinado en Constantine, al que Combes le reservaba la diócesis de Bayona, y sobre cuya conducta personal recaían rumores poco *edificantes*, lo cual hacía más difícil aún la posición de Roma, pues en caso de vetarlo, ello podría ser interpretado como un implícito reconocimiento de la veracidad de los mismos. El paquete de nombramientos se cerraba con el traslado de monseñor Tournier de Bizerte a Constantine. Por otra parte, las nuevas nominaciones episcopales de diciembre de 1902, no vienen acompañadas de la tradicional fórmula por la que el Gobierno anuncia *las nominaciones episcopales que ... se propone hacer,* sino que Combes se limita a señalar que el Gobierno ha *resuelto las nominaciones siguientes.*[323] El 9 de marzo de 1903, un Memorándum dirigido por el cardenal Rampolla al embajador Nisard, le hace ver que el término *nobis* había sido utilizado por el Papa desde tiempos de Napoleón y había sido formalmente aceptado en 1872, constando en todas las bulas emitidas con posterioridad a esa fecha, registradas por el Consejo de Estado, por lo que no cabía entender que fuera contraria al Concordato, si bien la Santa Sede no excluía *el examen de otra fórmula*

[323] SÉVILLIA, JEAN. *Quand les catholiques étaient hors la loi.* Perrin. París. 2006. Página 164.

equivalente que le fuera propuesta y que tuviera la misma significación canónica, pero Combes rechaza todas las fórmulas alternativas.[324] El 9 de enero de 1903, el nuncio Lorenzelli, le explicaba personalmente al Presidente del Consejo las posiciones de la Santa Sede, en una conversación cortés, pero en la que se topa con la firme oposición de Combes a llegar a una *entente préalable,* por entender que ello supondría una claudicación a las prerrogativas seculares del Estado. El 15 de febrero, Rampolla le responde que dicho acuerdo previo era visto por la Santa Sede como el único medio de evitar *desavenencias y dificultades*, entendiendo que no suponía una abdicación por parte del Estado a sus derechos, sino una forma de compatibilizarlos con el derecho de la Santa Sede a examinar la aptitud canónica de los candidatos. El propio León XIII se había negado tajantemente a ceder en dicho punto, enrocándose en su derecho a rechazar, sin tener que hacer públicos los motivos, a aquellos candidatos que hubieran sido propuestos sin un acuerdo previo. En 1903, 5 de los 6 obispos que el Jefe del Gobierno había nombrado, son rechazados por Roma, por lo que la entente que había funcionado en las últimas décadas podía darse por finiquitada. Fallecido León XIII, el nuevo Pontífice Pío X, quizás guiado por la actitud propia de quien no está dispuesto a que una *palabra* le *obstruya su hoja de ruta*, adopta una posición de condescendencia el 22 de diciembre de 1903, y acepta la supresión del término *nobis,* (algo a lo que al parecer ya habría estado dispuesto su predecesor poco antes de fallecer, por medio de su Secretario de Estado, sin que ello implicase que Pío X fuera a dejar de utilizar eventualmente su veto a un candidato, en caso de llegar a ser necesario, aunque supusiera dejar vacantes todas las sedes episcopales de Francia), pero aún así el problema de la elección de obispos no queda del todo resuelto, pues numerosas sedes permanecieron sin cubrir.[325]

---

[324] Entre ellas: *Nominavit et praesentavit Nobis, nominationem praesentavit, nominavit et designavit, y nominavit juxta artículos IV et V Concordati.*

[325] BARBIER, EMMANUEL. *Histoire du catholicisme liberal et du catholicisme social en France. Du Concile Vatican à l'avènement de S.S. Benoît XV, (1870-1914).* Tomo IV. Imp. Cadoret. Burdeos. 1923-1924. Páginas 20 y 21. BELLON, CHRISTOPHE. *La séparation des Eglises et de l'État. De la genèse à l'application de la loi de 1905.* En: *Histoires & Géographes.* Número 391. Página 197. CAPÉRAN, LOUIS. *L'invasion laïque. De l'avènement de Combes au vote de la séparation.* Desclée de Brouver & Cie. París. 1935. Páginas 277 y ss. LALOUETTE, JACQUELINE. *La séparation des églises et de l'État.* Éditions du Seuil. París. 2005. Páginas 375 a 378. LARKIN, MAURICE. *L'Église et l'État en France.*

Con ello no terminaban los problemas, pues Combes no estaba dispuesto a ceder respecto a la necesidad de celebrar con carácter previo al nombramiento una *entente préalable,* que allanase eventuales divergencias, y se mantiene en sus trece de mantener los tres nombramientos que había hecho sin acuerdo previo con la Santa Sede, para los obispados de Bayona, Saint-Jean-de-Maurienne y Constantine, y nombra en iguales condiciones a un nuevo obispo para Ajaccio, el 27 de septiembre de 1903, que es rechazado por Pío X. Más tensiones aparecen en el horizonte en enero de 1904, con motivo de la designación de los candidatos a ocupar las sedes de Vannes y Nevers, que son seleccionados por el Gobierno sin consultar con el Vaticano. Al *reclamarse* la institución canónica de los mismos, el nuncio Lorenzelli solicita una entrevista a Combes, que aduciendo estar muy ocupado tarda mes y medio en recibirle. La Santa Sede da luz verde al candidato a ocupar Nevers, (a pesar de su conocida proclividad hacia las autoridades republicanas), pero no al de Vannes. Combes *diplomáticamente* responde, *todos o ninguno.* La discusión se encona, el Gobierno recela de la poca adhesión del episcopado francés, y piensa que el derecho de la Santa Sede a rehusar la concesión de la institución canónica conlleva *de facto* la anulación efectiva del derecho de nombramiento gubernamental. Poco a poco comienza a tomar cuerpo la imposibilidad de llegar a una *entente* con Combes, ni *a priori*, ni *a posteriori*. Pío X protesta primero privadamente mediante una carta dirigida al Presidente de la República, y más adelante lo hace en público, ante el Sacro Colegio, el 18 de marzo de 1904, deplorando el abandono unilateral por parte de las autoridades civiles de la entente previa, y expresando *toda su tristeza* por el cariz que estaba adoptando la política anticlerical en materia de congregaciones religiosas y educación, y por las condenas de obispos por parte del Consejo de Estado. Combes le responde denunciando la *criba* previa de candidatos que permite a su juicio la investidura que aquéllos más hostiles a la República, y el a su modo de ver, abusivo recurso pontificio a su derecho de veto. El rechazo reiterado de los candidatos presentados por Combes, provoca que éste no presente más, y el Papa le replique diciendo que jamás renunciará

1905: La crise de la Séparation. Privat. Toulouse. 2004. Páginas 138 y 139. MAYEUR, JEAN-MARIE. *La separation de l'Eglise et de l'État. (1905).* Firmin- Didot. París. 1966. Página 28. SCOT, JEAN PAUL. *L'État chez lui, l'Église chez elle. Comprendre la loi de 1905.* Le Seuil. París. 2005. Página 170.

a su derecho de veto aunque *debieran todos los obispados de Francia permanecer vacantes.* Varias sedes episcopales comienzan a prolongar su estado vacante, y las relaciones entre la Iglesia y el Estado terminan por parecerse a un diálogo de sordos, un tren en vía muerta.[326]

3.3.2. El problema de los obispos díscolos de Laval y Dijon

La *situación* se encona de nuevo a lo largo de la primera mitad de 1904, por los problemas surgidos con dos obispos, los de Laval, monseñor Geay, y de Dijon, monseñor Le Nordez, que forman parte del ínfimo sector episcopal próximo a la República, y que venían a ser la excepción al viejo aforismo según el cual *no hay nada más parecido a un obispo, que otro obispo*, y sobre cuya vida –sexual– privada corrían rumores *poco edificantes*, manteniendo una no siempre fácil relación con el clero y la feligresía de sus respectivas diócesis, rechazando los menores recibir de sus manos el óleo de la confirmación.[327] Los problemas con monseñor Geay, se remontaban a 1899, a causa de la *ligereza* de su conducta, habiendo sido invitado en tiempos de León XIII a presentar su dimisión el 26 de enero de 1900, allanándose en un primer momento, pero retirando luego su aceptación, y reclamando, con el apoyo gubernamental, su traslado a otra sede. Al reiterarse las quejas contra dicho obispo, Pío X le envía un segundo requerimiento, y le conmina el 17 de mayo de 1904 a que se acerque a Roma, en el plazo de un mes. Monseñor Le Nordez había sido denunciado ante Roma por francmasón; (sobre la base de una fotografía trucada), no dudando en afirmar su respeto por la leyes republicanas. Las tensiones con Le Nordez en el seno de su diócesis habían provocado que los seminaristas de la misma rehusaran ser ordenados por él. Informado de las quejas, Pío X le manda recado por medio del nuncio, el 11 de marzo de 1904, para que suspenda las ordenaciones sacerdotales. Dicha medida

[326] BARBIER, EMMANUEL. *Histoire du catholicisme liberal et du catholicisme social en France. Du Concile Vatican à l'avènement de S.S. Benoît XV, (1870-1914).* Tomo IV. Imp. Cadoret. Burdeos. 1923-1924. Página 21. CAPÉRAN, LOUIS. *L'invasion laïque. De l'avènement de Combes au vote de la séparation.* Desclée de Brouver & Cie. París. 1935. Páginas 291 a 293. SCOT, JEAN PAUL. *L'État chez lui, l'Église chez elle. Comprendre la loi de 1905.* Le Seuil. París. 2005. Páginas 170 y 171.

[327] Siendo objeto de acusaciones *inauditas,* no en vano al primero se le censuraba a causa de una especial y muy cercana amistad con una religiosa, y al segundo, además de sus devaneos amorosos con una dama, por ser francmasón.

será interpretada por el Gobierno francés como una *deposición parcial* del obispo. El 24 de abril es requerido para que se presente en Roma *lo más pronto posible*, respondiendo el 3 de mayo que lo haría cuando terminara una visita pastoral que duraría un mes y medio, tratando de ganar tiempo, consciente del apoyo que le dispensa Combes, que se lo hace saber nada más recibirlo en persona. Sin duda, ambos prelados estaban poniendo a prueba la paciencia de Merry del Val, que no era por cierto ilimitada, la salida de territorio galo provocaría la retirada de la dotación estatal. La recepción de Merry del Val en Roma es glacial, *más insensible que el mármol de un sepulcro.*[328]

La posición de ambos prelados *concordatarios* era cuando menos delicada, pues debían obedecer a Roma, que les llama al orden, y al Gobierno francés, que les prohíbe salir de su diócesis sin autorización. La llamada *a capítulo* por parte de Merry del Val, se hace bajo advertencia de suspensión canónica. Las cartas recibidas de Roma por los obispos, redactadas en italiano, son remitidas por éstos a la *Direction des Cultes*, que no tarda en mostrar su indignación. Los artículos orgánicos,[329] impedían en principio la correspondencia directa entre el nuncio y los obispos franceses, al imponerles la obligación de residir en sus respectivas diócesis, y prohibirles la salida de las mismas sin la autorización del poder temporal, según la posición del Gobierno francés, de modo que ningún obispo francés podría ser intimado a comparece ante Roma, sin el visto bueno del Gobierno, pues en caso contrario se estaría ante una flagrante vulneración del Concordato en opinión de las autoridades civiles, algo inasumible por la Curia, para la que al tratarse de cuestiones estrictamente religiosas relativas a irregularidades eclesiásticas graves referidas al gobierno de las diócesis, la Santa Sede podía directamente intervenir sin el concurso de las autoridades civiles. La condescendencia

---

[328] AMSON, DANIEL. *La Querelle religieuse.* Odile Jakob. París. 2004. Página 280. ANNE, PIERRE. *La démission de monseigneur Le Nordez. Un fait décisif de la scission entre la France et le Saint-Siège.* En: SCHIAPPA, JEAN-MARC. (Coord.). *1905 ! La loi de séparation des Églises et de l'État.* Syllepse. París. 2005. Páginas 115 a 121. BARBIER, EMMANUEL. *Histoire du catholicisme liberal et du catholicisme social en France. Du Concile Vatican à l'avènement de S.S. Benoît XV, (1870-1914).* Tomo IV. Imp. Cadoret. Burdeos. 1923-1924. Páginas 23 y 24. FRANCE, ANATOLE. *L'Eglise et la Republique.* Bosch. Utrecht. 1964. Página 93. SÉVILLIA, JEAN. *Quand les catholiques étaient hors la loi.* Perrin. París. 2006. Páginas 168 y ss.

[329] Concretamente el artículo XX.

pontificia se tornará en firmeza, ante la evolución de los acontecimientos, difícil de frenar por Roma, llegando a afirmar el Papa, que él no tenía las manos atadas por el Concordato. Combes, que no estaba dispuesto a dejar pasar la *oportunidad*, insistirá en hacer valer su interpretación regalista del mismo, entendiendo que la bilateralidad era aplicable no sólo el nombramiento de obispos, sino también a su suspensión, y se reafirmará en la imposibilidad de separar a un obispo, sin el acuerdo de las partes que lo habían nombrado. Combes prohíbe a ambos obispos abandonar Francia. El Gobierno francés pide a la Santa Sede que renuncie a citar a los obispos, y lanza el órdago de una posible ruptura completa de relaciones diplomáticas, si sus exigencias no son tenidas en cuenta. Combes advierte el 23 de julio que si Roma persistía *el Gobierno francés deberá comprender que la Santa Sede no se ha preocupado de sus relaciones con el poder que, cumpliendo las obligaciones del Concordato, tiene el deber de defender las prerrogativas que el Concordato le confiere.* La respuesta del cardenal Merry del Val al encargado de negocios francés llega el día 26, cuatro días después, manteniéndose la Santa Sede íntegramente en todas sus posiciones anteriores, y advirtiendo que el Papa no renunciaría a su derecho a cumplir con sus obligaciones, no reconociendo lo dispuesto en los denominados *Artículos orgánicos*, que a sus ojos eran *inexistentes*, por lo que no podían ser tenidos en cuenta por la Santa Sede, de modo que en caso que el Gobierno se obstinara en ir más allá con *medidas de hostilidad no justificables ... la Santa Sede no podría correr con ninguna responsabilidad ni ante Dios ni ante los hombres.* El 30 de julio, el encargado de negocios de Francia le comunica al Secretario de Estado Vaticano la ruptura de relaciones diplomáticas por parte del Gobierno de la República, por entender que la Santa Sede había *mantenido los actos realizados a espaldas del poder con el que había firmado el Concordato,* informado a la vez que el Gobierno francés consideraba *como terminada la misión del nuncio apostólico en París*, al día siguiente todo el personal de la embajada abandonaba Roma, y el nuncio monseñor Lorenzelli salía de París, dándose instrucciones el 3 de agosto por parte de Merry del Val, al auditor de la nunciatura, monseñor Montagnini, de permanecer en París, *bien para la custodia de los archivos, bien para todo aquello que tuviera necesidad la Santa Sede,* es decir dejando una puerta abierta al posible mantenimiento de relaciones indirectas con el Gobierno, y conservar un mediador con los obispos franceses, ante los nubarrones que se adivinaban en la lontananza, que fuera la persona más adecuada para tan delicada cuestión es ya harina de otro costal. Pronto se pondrá en evidencia que no lo era, con nefastas consecuencias para la Santa Sede.[330]

Estos acontecimientos no hacían sino poner de manifiesto el problema de la *doble lealtad*, que perseguía a los obispos franceses designados conforme al modelo concordatario, no en vano Napoleón los consideraba como sus *prefectos violetas*. LARKIN considera que monseñor Geay y monseñor Le Nordez eran dos de los prelados que mejor se correspondían con esta definición. El primero enviaba informes con regularidad al Presidente del Consejo, denunciando la presencia y las actividades de las congregaciones religiosas de su diócesis, así como sus conexiones con las tramas realistas, y el segundo no le iba a la zaga a la hora de aplicar celosamente la política gubernamental contraria a las congregaciones religiosas. Con todo y con eso, lo que más molestará a Roma no será la docilidad de estos prelados con la política gubernamental contra las órdenes religiosas, ni las acusaciones que sobre su vida privada pesaban, sino el hecho de haber acudido a buscar la protección de Combes, cuando fueron llamados a dar explicaciones.[331]

3.3.3. Desenlace final de la crisis

Entretanto, la resistencia de un significativo sector de la jerarquía eclesiástica a adoptar una actitud dócil y sumisa frente al Gobierno, lleva a éste a cortar el grifo de la dotación presupuestaria de aquéllos que con sus declaraciones contestan la política religiosa del Gobierno, especialmente en lo relativo al hostigamiento de las congregaciones religiosas, ello provoca que el 12 de octubre de 1904, un arzobispo, el de París, y 11

---

[330] BARBIER, EMMANUEL. *Histoire du catholicisme liberal et du catholicisme social en France. Du Concile Vatican à l'avènement de S.S. Benoît XV, (1870-1914).* Tomo IV. Imp. Cadoret. Burdeos. 1923-1924. Páginas 24 y 25. CAPÉRAN, LOUIS. *L'invasion laïque. De l'avènement de Combes au vote de la séparation.* Desclée de Brouver & Cie. París. 1935. Páginas 301 y ss. FRANCE, ANATOLE. *L'Eglise et la Republique*. Bosch. Utrecht. 1964. Página 91. LARKIN, MAURICE. *L'Église et l'État en France. 1905: La crise de la Séparation.* Privat. Toulouse. 2004. Páginas 138 y 139. SCOT, JEAN PAUL. *L'État chez lui, l'Église chez elle. Comprendre la loi de 1905.* Le Seuil. París. 2005. Página 173.

[331] LARKIN, MAURICE. *L'Église et l'État en France. 1905: La crise de la Séparation.* Privat. Toulouse. 2004. Página 147.

obispos, vieran suspendidas las remuneraciones que concordatariamente les correspondían.[332]

Cuando las Cámaras vuelven a reunirse, al ser interpelado Combes por Grousseau de Castellane, el 21 de octubre de 1904, éste obtendrá por respuesta del Presidente del Gobierno que el papado se empleaba con Francia *como con un país conquistado.* Ribot, por el contrario, manifiesta que la separación debería realizarse sin embargo con el acuerdo de los católicos, pues éste sería el único camino posible si se quería que dicha solución fructificase, calificando a Combes como *teólogo extraviado en la política,* previendo que tal y como se estaban desencadenando los hechos, la ruptura del Concordato sería inevitable, por lo que Combes habría conseguido su verdadero objetivo, *encontrar un pretexto para afirmar ante el Parlamento y el país, que el Papa había hecho la separación necesaria por su partido tomado de pasar por encima del Concordato y su hostilidad violenta contra el Gobierno republicano,* considerando sin embargo que el verdadero violador del Concordato había sido el Estado, y no la Iglesia, al querer destruir *el derecho natural y sagrado que tiene la Iglesia de examinar si los candidatos designados para el episcopado son dignos de estas altas funciones.*[333] Como diría Clemenceau, el *Concordato,*[334] se había convertido en un verdadero *Discordato.*[335]

Los republicanos moderados como Alexandre Ribot temían que podría ser peor, desde el punto de vista de los intereses del Estado, que la Santa Sede nombrara con plena libertad a sus obispos, sin que el Estado pudiera decir el más mínimo comentario, imponer obstáculo alguno, ni en resumidas cuentas tener la menor posibilidad de hacer nada para evitarlo. En este sentido la posición de Francia quedaría debilitada en relación con lo que ocurría en países como Inglaterra respecto a Malta o Estados Unidos con Filipinas, en que cabía presentar observaciones de índole política, tal y como había venido ocurriendo por ejemplo en el caso de

---

[332] LARKIN, MAURICE. *L'Église et l'État en France. 1905: La crise de la Séparation.* Privat. Toulouse. 2004. Página 140.

[333] BARBIER, EMMANUEL. *Histoire du catholicisme liberal et du catholicisme social en France. Du Concile Vatican à l'avènement de S.S. Benoît XV, (1870-1914).* Tomo IV. Imp. Cadoret. Burdeos. 1923-1924. Página 25.

[334] *Concordat,* en francés.

[335] *Discordat,* en francés. MAUDIT, ANNE-MARI y MAUDIT, JEAN. *La France contre la France. La séparation de l'Église et de l'État. 1900-1906.* Plon. París. 1984. Páginas 212 y ss.

Francia respecto a Túnez, de modo que algunas de las decisiones *religiosas* adoptadas por la Santa Sede para ocupar alguna sede vacante, habían acabado *inclinándose* por razones *políticas*. La única alternativa sería lamentarse del progreso del ultramontanismo, algo que podría evitarse, o al menos atemperarse muy sensiblemente si se optara por un proceso de transición que incluyera una serie de garantías mínimas, algo que siempre sería mejor que dejar las manos libres al Papa, con el *único consuelo* que daría el ulterior *derecho al pataleo* de las autoridades estatales.[336]

Promulgada la Ley de separación el 9 de diciembre de 1905, a principios de febrero de 1906 se desata la grave crisis de la realización de los inventarios de los bienes del clero, como paso previo a la creación de las asociaciones cultuales, previstas en la misma. Ello provocará que se agote la paciencia de Pío X, el cual procede el 25 de febrero de 1906 a la consagración de 14 nuevos obispos. Actúa de modo unilateral, sin concertación previa con el poder civil, por primera vez en muchos siglos, es una consecuencia de enorme calado que redefine el marco de relaciones entre la Iglesia y el Estado, en que la primera va a ver notablemente reforzada su autonomía frente al poder civil, más independiente y soberana.[337]

De este modo la ruptura del Concordato permite a Roma poder proveer libremente las sedes vacantes, bien por el fallecimiento de los obispos concordatarios, (10 en 1904-1905, 29 de 1906 a agosto de 1914), o bien por dimisión de los mismos, (2 en 1904, Geay y Le Nordez) y 5 entre 1907 y 1913, Lacroix, Sueur, Guillois, Herscher y Renou). Pío X procederá a una profunda renovación del episcopado francés al realizar 58 designaciones y 22 traslados. El 1 de agosto de 1914, fecha de creación de la diócesis de Lille, el episcopado contaba con 87 miembros, de los cuales sólo 34 habían ocupado una sede concordataria en Francia o en ultramar, (de ellos 24 sin haber cambiado de sede, y 10 habían sido transferidos). Los prelados concordatarios tenían una media de edad de más de 70 años, mientras que los nombrados por Pío X a la edad media de 56 años, tenían una edad media de tan sólo 62 años. Junto a esta intensa

---

[336] Véase al respecto la intervención de Alexandre Ribot en la sesión de la Cámara de Diputados del 3 de abril de 1905, con motivo de la discusión del proyecto de Ley de separación de Briand. En: Anales de la Cámara de Diputados de 3 de abril de 1905. Página 1496.

[337] MAYEUR, JEAN-MARIE. *La separation de l'Eglise et de l'État. (1905)*. Firmin-Didot. París. 1966. Página 122.

renovación del episcopado que tiene lugar con motivo de la designación de nuevos obispos, corre de modo paralelo una política de promoción al cardenalato de aquellos prelados que más significadamente se habían opuesto a la separación, así Luçon es promovido a Reims, Dubourg a Rennes, Dubillard a Chambéry, Andrieu a Burdeos, y Dubois a Bourges, y ningún obispo concordatario es transferido después de 1909, salvo el obispo De Cormont, que es promovido de la sede de Martinique a la de Aire et Dax en 1911.[338]

4. DEGRADACIÓN DE LOS VÍNCULOS ENTRE LA IGLESIA Y EL ESTADO Y RUPTURA DE RELACIONES DIPLOMÁTICAS

Las relaciones Iglesia-Estado han ido sumiéndose paulatinamente en un estado de profunda degradación, a lo que ha contribuido el mantenimiento de una sostenida política secularizadora, con fuertes connotaciones anticlericales, en materias tan sensibles como la legislación sobre congregaciones religiosas y enseñanza, o el procedimiento de designación de obispos.

A todo ello hay que unir un hecho que no puede pasarnos desapercibido, y es la elección de Pío X, el 4 de agosto de 1903, en sustitución de León XIII, un hombre de anchas espaldas y de paciencia encomiable. Pío X, que carece de experiencia diplomática, *prendado de absolutismo religioso,* según Briand, que escoge como Secretario de Estado al español Rafael Merry del Val, un joven aristócrata intransigente de 38 años de edad, que adoptará una actitud que contribuirá muy poco a apaciguar los ánimos.

Sobre el tablero europeo quedaba aún sin resolver el viejo problema de la capitalidad italiana de Roma, suscitado en el marco del proceso de unificación de Italia, lo cual conlleva el finiquito de los Estados Pontificios, y la pérdida del poder temporal del Papa. La delicada maraña de alianzas políticas que se tejen en el centro de Europa, hace que la Triple Alianza, formada por la luterana Alemania, y las católicas Austria e Italia,

---

[338] SORREL, CHRISTIAN. *Les évêques à l'heure de la Séparation.* En: CHANTIN, JEAN-PIERRE y MOULINET, DANIEL. (Dir.). *La Séparation de 1905. Les hommes et les lieux.* Les editions de l´atelier. París. 2005. Páginas 60 y 61.

garantice Roma para Humberto, como reconoce en privado el propio León XIII a un visitante francés, en alusión a Humberto I de Saboya, Rey de Italia.[339]

En un contexto en que las relaciones entre la Iglesia y el Estado se encontraban muy comprometidas por la política anticlerical anterior, la chispa que prende la mecha de la ruptura de relaciones diplomáticas, será el viaje oficial a Roma en abril de 1904 del Presidente de la República Émile Loubet, para entrevistarse con el Rey de Italia, Víctor Manuel III, el cual había visitado oficialmente París el 14 de octubre de 1903. La presencia de Loubet en Roma era considerada como una ofensa y una agresión intolerables por la Santa Sede, que no reconocía al Estado italiano, por entender que ello conllevaba una implícita aceptación de la anexión de los Estados Pontificios por parte de Italia en 1870. De esta delicada cuestión había surgido una regla intangible y no escrita, que impedía a los soberanos de naciones católicas, acercarse a Roma de modo que pudiera sobreentenderse que se estaba dando por buena una situación de hecho frontalmente rechazada por el Vaticano. Ni el Rey de España, ni el de Portugal, (emparentado con la casa de Saboya), ni el Emperador de Austria, (estrecho aliado del italiano), habían osado romper esa regla. A lo sumo la visita podría tener lugar en otra ciudad, pero nunca en Roma, pues sería visto como una provocación inaceptable por parte de la Santa Sede, pero los ministros de Víctor Manuel II tenían el máximo interés en que el encuentro tuviera lugar en la capital de la Italia unificada.[340]

Lo cierto es que se trataba de un mero *casus belli,* un pretexto para justificar una decisión, la ruptura de relaciones diplomáticas, que venía larvándose desde hacía tiempo, prueba de ello es que algunos intentaban buscar un argumento explicatorio en que el Concordato no recogía expresamente que las relaciones entre Francia y la Santa Sede hubieran

---

339 DANSETTE, ADRIEN. *Histoire religieuse de la France contemporaine. Sous la IIIème République.* Flammarion. 1951. Página 103.

340 CAPÉRAN, LOUIS. *L'invasion laïque. De l'avènement de Combes au vote de la séparation.* Desclée de Brouver & Cie. París. 1935. Página 294. MARTY, NICOLAS. *L'emergence de la loi de 1905 et son contexte.* En: MARTY, NICOLAS y GAUDELET, BRUNO. (Dir.) *Centenaire de la Loi de Séparation des églises et de l'État du 9 décembre 1905.* Presses Universitaires de Perpignan. Perpignan. 2007. Páginas 31 y 32. PIERRARD, PIERRE. *Un siècle de l'Église de France. 1900/2000.* Desclée de Brouwer. París. 2000. Página 43.

de llevarse necesariamente a través de un embajador, en un alarde de cinismo y maquiavelismo.[341]

Desde el punto de vista de la diplomacia francesa, podía argumentarse que no se trataba en realidad de buscar un sibilino modo de *incordiar* al Vaticano, (como algún *malpensado* pudiera sospechar), sino de una tentativa por acercar posiciones entre Francia e Italia, con el fin de tratar de descolgar a esta última de su vinculación a la Triple Alianza, junto con Prusia y el Imperio Austro-Húngaro. La oportunidad política de la visita desde el punto de vista de los intereses internacionales franceses motiva que la mayoría de los diputados y senadores católicos voten en el Parlamento a favor de la aprobación del crédito presupuestario necesario para que Loubet pudiera viajar a Roma, a pesar de las protestas de Boni de Castellane en la Cámara, y de Dominique Delahaye en el Senado. El crédito había sido solicitado a ambas Cámaras el 25 de marzo de 1904 por Delcassé, y ascendía a 400.000 francos, siendo respaldado por significados parlamentarios católicos, entre ellos el padre Lemire,[342] y Denys Cochin, (poco sospechoso a estos efectos), que había hecho un discurso a favor de la visita, con el visto bueno de Rampolla, aunque no así con el de Merry del Val, para el que la actitud de los parlamentarios católicos franceses era simple y llanamente intolerable.[343]

El viaje que se inicia con la llegada de Loubet a Roma el 24 de abril, pronto aparece trufado de telegramas y declaraciones de dudosa *finezza* diplomática, dando la bienvenida "*Al primo cittadino della Francia repubblicana laica*", "*trionfatore della reazione teocrática*", remarcando "*vostra preziosa presenza Roma capitale intangibile Italia*", de modo que las aclamaciones y ovaciones al Presidente Loubet, se mezclan con gritos injuriosos dirigidos al Papa, y de *Evviva Loubet*,[344] y *Evviva*

---

[341] NOBLEMAIRE, GEORGES. *Concordat ou Séparation. Réflexions sur les rapports de l'Église catholique et de l'État français précédées d'une lettre de M. Ribot*. Plon-Nourrit. París. 1904. Páginas 174 y ss.

[342] El padre Gayraud, se abstuvo de votar en contra.

[343] BARBIER, EMMANUEL. *Histoire du catholicisme liberal et du catholicisme social en France. Du Concile Vatican à l'avènement de S.S. Benoît XV, (1870-1914)*. Tomo IV. Imp. Cadoret. Burdeos. 1923-1924. Página 22.

LARKIN, MAURICE. *L'Église et l'État en France. 1905: La crise de la Séparation*. Privat. Toulouse. 2004. Página 144.

[344] *Viva Loubet*, sic.

Combes,[345] pese a que el aludido no estuviera de visita. Los telegramas que se acumulan en la embajada, saludan *al primer ciudadano de la Francia republicana y laica,* así como *al triunfador de la reacción teocrática,* afirmando que su presencia consagra a Roma como la *capital intangible de Italia.* El poco diplomático Pío X, no duda en considerar como una ofensa que el Jefe de un Estado católico rindiera viaje oficial *en la ciudad en que la Tiara había sido despojada en 1870 y que fuera recibido por el heredero del usurpador.*[346]

El 26 de abril, Loubet pasa revista a una guarnición militar en Roma, saludando a la armada italiana, *ayer instrumento glorioso de la constitución de la gran Italia, hoy protectora poderosa de la paz laboriosa y fecunda de su pueblo.* Conociendo el desarrollo ulterior de los acontecimientos que desencadenarán la I Guerra Mundial, (algo que debemos reconocer que sin duda supone jugar con ventaja), dichas palabras no dejan de producir una cierta perplejidad en el lector, ante la poca capacidad premonitoria de quien las pronunció.[347]

Ni Rampolla, ni Merry del Val, se muestran partidarios de que Pío X concediera una audiencia a Loubet, como solía ser costumbre con aquellas personalidades que visitaban Roma, a pesar de los deseos del propio Papa de entrevistarse oficiosamente con el Presidente de la República Francesa. El motivo de dicho rechazo no era otro que no debilitar la posición diplomática de firmeza respecto a la denominada *cuestión romana,* pues en caso contrario podría proyectarse la impresión de *aceptar* o al menos *tolerar*, la *provocación* francesa.[348]

Era ésta una línea roja que la diplomacia vaticana no estaba dispuesta a dejar traspasar, porque estaba en juego el prestigio internacional del papado, que rechazaba la solución dada unilateralmente por Italia en la

---

[345] *Viva Combes*, sic.

[346] AMSON, DANIEL. *La Querelle religieuse.* Odile Jakob. París. 2004. Página 278. CAPÉRAN, LOUIS. *L'invasion laïque. De l'avènement de Combes au vote de la séparation.* Desclée de Brouver & Cie. París. 1935. Página 295. MAUDIT, ANNE-MARIE y MAUDIT, JEAN. *La France contre la France. La séparation de l'Église et de l'État. 1900-1906.* Plon. París. 1984. Páginas 225 y ss.

[347] BARBIER, EMMANUEL. *Histoire du catholicisme liberal et du catholicisme social en France. Du Concile Vatican à l'avènement de S.S. Benoît XV, (1870-1914).* Tomo IV. Imp. Cadoret. Burdeos. 1923-1924. Página 22.

[348] LARKIN, MAURICE. *L'Église et l'État en France. 1905: La crise de la Séparation.* Privat. Toulouse. 2004. Página 142.

denominada Ley de Garantías de 13 de mayo de 1871, por tratarse de una Ley de carácter interno, de contenido muy limitado y susceptible de ser modificada en cualquier momento por el Parlamento italiano, en que *aquéllos que la han otorgado hoy, la pueden suprimir mañana,* como afirmaría León XIII en su carta de 8 de octubre de 1895, dirigida al cardenal Rampolla.[349]

El Pontífice renuncia a salir de su residencia, autoproclamándose *prisionero del Vaticano,* como estoica reacción a la agresión sufrida con motivo del *Risorgimento* italiano, que había llevado a Garibaldi a definir a Pío IX en términos terriblemente despectivos como un *metro cúbico de estiércol de más allá del Tíber*. Esta actitud, tardará en ser rectificada, y ello quizás porque también podía tener consecuencias negativas, pues como afirmaría la Reina Victoria, las gentes tienen tendencia a *desinteresarse* por los personajes a los que *raramente ven.*[350]

Ante el devenir de los acontecimientos, Pío X, (mucho menos *condescendiente* que León XIII), reacciona enérgicamente, pues se trataba en el fondo de una *provocación* en toda regla. La carta de protesta dirigida al Embajador de Francia, parece que fue redactada por el español Rafael Merry del Val, que estará llamado a ejercer una importante influencia sobre el Pontífice, pues no en vano le nombrará cardenal, y más adelante Secretario de Estado.[351] El mismo día que Loubet se va de Roma,

---

[349] BINCHY, DANIEL ANTHONY. *Church and State in Fascist Italy.* Oxford University Press. Oxford. 1941. Página 15.

[350] LARKIN, MAURICE. *L'Église et l'État en France. 1905: La crise de la Séparation.* Privat. Toulouse. 2004. Páginas 29 a 31.

[351] Fallecido León XIII, el 31 de julio de 1903 daba comienzo el cónclave para elegir a sucesor. En la primera votación, el candidato mejor posicionado resultó ser el cardenal Rampolla, (candidato bien visto en Francia, pues no en vano el 28 de julio, antes de partir los cardenales franceses para participar en el cónclave, habían sido recibidos en el *Quai d'Orsay* por Delcassé, Ministro de Asuntos Exteriores francés, exhortándoles a apoyarlo), el cual recibe el veto del Emperador Francisco José, (último supuesto de veto en una elección papal), tal y como hace saber el obispo de Cracovia, monseñor Jan Puzyna, que lee una nota en tal sentido. Haber ignorado dicho veto, algo que proponían algunas voces como la del español Vives y Tutó, hubiera podido acarrear serios problemas a la Iglesia, en un contexto de extrema rivalidad política y militar en el corazón del centro de Europa, tal y como se constatará a raíz de los acontecimientos bélicos que desencadenan la I Guerra Mundial. Lo cierto es que finalmente el cardenal Sarto, Patriarca de Venecia, resultará inesperadamente elegido, (de hecho había ido al Cónclave con un billete de ida y vuelta, y nada más conocer la noticia se muestra reticente a aceptar el cargo), el cual adoptará el nombre de Pío X, y

el 28 de abril, Merry del Val envía una nota de protesta al embajador de Francia, redactada en término *altaneros* y *cuasi ofensivos*, en que se recalca *la ofensa hecha al Soberano Pontífice por el homenaje rendido en la sede episcopal y en el mismo palacio apostólico* ... ocupado *contra todo derecho,* en referencia directa al Palacio del Quirinal, en el que se había instalado Victor Manuel III, nieto de Victor Manuel II. Loubet es informado de la nota, por el embajador de Francia ante la Santa Sede, Nisard, cuando el propio Presidente de la República se disponía a tomar el tren que le debía llevar en dirección a Nápoles, en compañía del Rey de Italia. Dicha queja es comunicada al resto de soberanos de las naciones católicas, acreditadas ante la Santa Sede, algo cuando menos *sui generis* en lo que respecta a los usos diplomáticos, y probablemente la cosa no habría ido a más de no haber sido por una indiscreción diplomática, pues la nota, (que en principio revestía un carácter confidencial), entregada al representante del Principado de Mónaco en Roma, (no olvidemos que el Príncipe de Mónaco era un *anticlerical notorio*), es filtrada *temerariamente* por éste al socialista Jean Jaurès, el cual, *ni corto ni perezoso*, la publica el 17 de mayo de 1904 en el diario *L'Humanité,* pese a que

---

abolirá inmediatamente el derecho de veto en las elecciones papales, mediante la Constitución Apostólica *Commissum nobis.* Pío X era partidario de relajar las tensiones con el poder civil en Italia, (algo que era bien visto por un amplio sector de la jerarquía católica italiana), pero era un hombre que carecía de la experiencia viajera y diplomática, y el conocimiento de idiomas, que ya entonces comenzaban a sentirse como necesarios para el desempeño del puesto de Sumo Pontífice. Por ello Pío X se apoyará en el español Merry del Val, cuyo padre había sido embajador en la Santa Sede, contando con un excelente dominio de idiomas), al que el nuevo Papa conocerá con motivo del desarrollo de las sesiones conciliares, ejerciendo una notable sobre él a lo largo de su pontificado. PORTERO SÁNCHEZ considera que la falta de flexibilidad de ambos, y el no haber sabido tener *la visión necesaria para ver por donde caminaba la historia, o si se quiere decir de otra forma, cuáles eran los signos de los tiempos*, poniendo como ejemplo de dicha inflexibilidad la creación del *Sodalitium Pianum*, que fue una especie de órgano de espionaje al servicio de la Santa Sede, cuya misión será la de vigilar a clérigos, religiosos y laicos proclives a las ideas modernistas. Este organismo será finalmente suprimido en 1921 por su sucesor Benedicto XV, tras el escándalo producido a raíz de la publicación de una serie de documentos elaborados por dicha organización que habían sido aprehendidos por el ejército alemán en Gante en 1914. BARBIER, EMMANUEL. *Histoire du catholicisme liberal et du catholicisme social en France. Du Concile Vatican à l'avènement de S.S. Benoît XV, (1870-1914).* Tomo IV. Imp. Cadoret. Burdeos. 1923-1924. Páginas 2, 17 y 18. FRANCE, ANATOLE. *L'Eglise et la Republique.* Bosch. Utrecht. 1964. Página 86 y ss, PORTERO SÁNCHEZ, LUIS. *En el centenario de la Ley francesa de 1905.* En: *RGDCDEE.* Número 11. Mayo de 2006. Páginas 14-16.

desde el Gobierno se hubiera tal vez preferido que la misma no hubiera trascendido, para evitar complicaciones mayores, pues de hecho había sido enviada 20 días antes, y las autoridades francesas habían actuado con exquisita prudencia, tratando de cerrar el caso. La dichosa nota señalaba que el señor Loubet había *infligé une grand offense au Souverain Pontife en venant prêter hommage à Rome, c´est-à-dire au lieu même du siège pontifical, à celui qui, contre tout droit, détient sa souveraineté civile et en entrave la liberté nécessaire et l´indépendance,* y contenía una frase añadida, que no figuraba en el escrito dirigido a París, pero que sí constaba en la versión del texto enviada a otras embajadas extranjeras, en que se afirmaba que si el nuncio en París no había sido retirado *c´est uniquement à cause de motifs très graves, d´ordre et de nature tout à fait spéciaux.*[352] Este paso en falso es aprovechado en Francia por los partidarios de la separación para acelerar el proceso, como diría Aulard, *C´est un pape de combat que nous avons ... C´est le pape qu´il nous faut, le pape de la séparation.* Jaurès, Clemenceau y numerosos radicales comienzan a pedir una reacción firme por parte del Gobierno de Francia. Clemenceau llegará a afirmar que el propio Pío X y su *fanático consejero,* (en alusión directa a Merry del Val), habían hecho más por la causa de la separación, que los propios políticos franceses, y se apresura a reivindicar la secularización definitiva del Estado, criticando las *genuflexiones* ante el Vaticano de los representantes diplomáticos franceses. Combes se muestra partidario de poner fin de una vez por todas a la anticuada ficción de un poder temporal desaparecido hacía tres décadas. El que una chancillería extranjera como la vaticana, se atreviera a censurar las amistades del pueblo francés, será considerada por las autoridades republicanas como una afrenta a la dignidad nacional, máxime cuando el Papa actual había sido elegido con el apoyo de Austria contra el cardenal Rampolla, que a los ojos de algunos era el candidato del *partido francés.*[353]

---

[352] El texto de este documento puede consultarse en: BRULEY, YVES. (Recop.) *1905 La séparation des églises et de l´État. Les textes fondateurs.* Perrin. París. 2004. Páginas 137 y ss.

[353] AMSON, DANIEL. *La Querelle religieuse.* Odile Jakob. París. 2004. Páginas 278 y 279. BARBIER, EMMANUEL. *Histoire du catholicisme liberal et du catholicisme social en France. Du Concile Vatican à l'avènement de S.S. Benoît XV, (1870-1914).* Tomo IV. Imp. Cadoret. Burdeos. 1923-1924. Página 22. CAPÉRAN, LOUIS. *L´invasion laïque. De l´avènement de Combes au vote de la séparation.* Desclée de Brouver & Cie. París. 1935. Páginas 296 y 297. FRANCE, ANATOLE. *L´Eglise et la Republique.* Bosch.

Delcassé invita a Nissard, embajador francés ante el Vaticano, a que vuelva a Francia, a la mayor brevedad, *si la autenticidad de la circular fuera reconocida o si se eludiera la respuesta.* El 21 de mayo, Nissard deja Roma, permaneciendo allí únicamente el secretario de la embajada. El debate parlamentario se calienta a partir del 27 de mayo, Delcassé denuncia que ha habido una *ofensa indiscutible y grave*. A resultas del mismo la Cámara de Diputados aprueba la llamada del embajador, propuesta por Bienvenu-Martin, Sarrien, Étienne y Jaurés, por 427 votos a favor, frente a tan sólo 95 en contra, (una mayoría a la que sólo se podía llegar con la suma a la mayoría de izquierdas de un significativo sector situado a la derecha del arco parlamentario, algo explicable sólo desde tesis galicanas). Ribot y los moderados, *celosos de la independencia de la sociedad política* apoyan al Gobierno. El 27 de mayo, por el amplio margen de 420 diputados a favor y 90 en contra, se aprueba el llamamiento del embajador de Francia ante el Vaticano. Es un enorme éxito de los sectores más anticlericales. Llega a votarse la ruptura de relaciones diplomáticas, propuesta por Allard, Dejeante y Sembat, que es finalmente rechazada al obtener únicamente 146 votos a favor y 385 en contra. La separación comienza a otearse en el horizonte. Permanece no obstante en la embajada el personal suficiente para el despacho de los asuntos ordinarios. Combes llega a mostrarse partidario de querer poner fin *de una vez por todas con la ficción anticuada de un poder temporal desaparecido hace 34 años.* Charles Benoist pregunta a Combes si el llamamiento al embajador Nissard, tenía carácter definitivo, obteniendo la callada por respuesta, no porque al interpelado le faltaran ganas de tomar una decisión con carácter irreversible, sino porque estaba esperando una ocasión propicia para ello, que no tardará en llegar. Los acontecimientos se precipitarán un par de meses después a raíz de la crisis desatada por la petición por parte del Vaticano de la dimisión de los obispos de Laval, monseñor Geay, y de Dijon, monseñor Le Nordez, produciéndose la ruptura de relaciones diplomáticas, que es anunciada oficialmente el 30 de julio de 1904 al cardenal Secretario de Estado, Merry del Val. Un día más tarde, el 31 de

---

Utrecht. 1964. Páginas 88 y 89. LATREILLE, A. y RÉMOND, R. *Histoire du Catholicisme en France. III. La période Contemporaine.* Editions Spes. París. 1962. 2ª Edición. Página 507. MAUDIT, ANNE-MARIE y MAUDIT, JEAN. *La France contre la France. La séparation de l'Église et de l'État. 1900-1906.* Plon. París. 1984. Páginas 221 y ss, y 234 y ss. SCOT, JEAN PAUL. *L'État chez lui, l'Église chez elle. Comprendre la loi de 1905.* Le Seuil. París. 2005. Página 172.

julio, todo el personal de la embajada de Francia ante el Vaticano regresa a París, mientras que por su parte, el nuncio Lorenzelli, recibía órdenes de volver a Roma. El 4 de septiembre, en un célebre discurso con motivo de las fiestas de inauguración del mercado en la localidad de Auxerre, en la región de Borgoña, el Presidente del Gobierno, Émile Combes, afirmará que *el poder religioso ha desgarrado el Concordato ... no entra en mis intenciones remendarlo. La única vía que queda libre a los dos poderes en conflicto, es la vía abierta a los esposos mal avenidos: el divorcio, y preferentemente el divorcio por consentimiento mutuo.*[354]

No faltaron quienes auspiciaron fatales consecuencias derivadas de la ruptura diplomática, como la de un eventual debilitamiento de la posición francesa en el contexto de la política internacional, especialmente en su ámbito de influencia en determinados territorios coloniales en África y Asia, donde la labor de los misioneros contribuía a la consolidación de la presencia gala, en aquellos lejanos territorios, no necesariamente bien comunicados.[355] La rapidez con la que se desarrollan los hechos, con la fulminante ruptura de relaciones diplomáticas, impiden a Combes llevar a cabo la separación tal y como él deseaba hacerla, es decir, sustituyendo el Concordato por una Ley del Estado que fijara unilateralmente el estatuto jurídico de la Iglesia católica y de las demás confesiones religiosas, dentro del Estado. A ello se unirá un segundo acontecimiento, el descu-

---

[354] *Le pouvoir religieux a déchiré le Concordat. ... Il n'entre pas dans mes intentions de le rapiécer. La seule voie restée libre aux deux pouvoirs en conflict, c'est la voie ouverte aux époux mal assortis: le divorce, et de préférence le divorce par consentement mutuel.* BARBIER, EMMANUEL. *Histoire du catholicisme liberal et du catholicisme social en France. Du Concile Vatican à l'avènement de S.S. Benoît XV, (1870-1914).* Tomo IV. Imp. Cadoret. Burdeos. 1923-1924. Página 22. CABANEL, PATRIK. *1905, la séparation des Églises et de l'État en 30 questions*. Geste. La Crèche. 2005. Páginas 9 y 10. CARPENTIER, JEAN y LEBRUN, FRANÇOIS. *Histoire de France.* Ed. du Seuil. París. 2000. Página 298. CAPÉRAN, LOUIS. *L'invasion laïque. De l'avènement de Combes au vote de la séparation.* Desclée de Brouver & Cie. París. 1935. Páginas 300 y 313. DUCOMTE, JEAN MICHEL. *La Loi de 1905. Quand l'État se séparait des Églises*. Milan. Toulouse. 2005. Página 23. MAYEUR, JEAN-MARIE. *La separation de l'Eglise et de l'État. (1905).* Firmin- Didot. París. 1966. Página 43. SCOT, JEAN PAUL. *Gènese de la loi de 1905.* En: ZARKA, CHARLES YVES. *Faut-il reviser la Loi de 1905?* Presses Universitaires de France. París. 2005. Página 36.

[355] NOBLEMAIRE, GEORGES. *Concordat ou Séparation. Réflexions sur les rapports de l'Église catholique et de l'État français précédées d'une lettre de M. Ribot.* Plon-Nourrit. París. 1904. Página 177.

brimiento del denominado escándalo de las fichas, al saberse que desde instancias gubernamentales se estaba espiando y llevando un seguimiento ilícito de la vida privada de militares católicos que prestaban sus servicios en el ejército francés, lo cual acarreará a la postre su dimisión, en enero de 1905, cuando aún faltaba casi once meses para que culminara la elaboración y el debate de la Ley de separación de las Iglesias y del Estado, que no verá la luz hasta el 9 de diciembre de 1905.[356]

Dicha Ley va a suponer una derogación unilateral del Concordato, por parte de la República francesa, sin negociación previa con la Santa Sede, y por lo tanto constituye desde un punto de vista técnico una violación del Derecho Internacional, tal y como recuerda RIMBAUD,[357] el cual señala que DUGUIT[358] lo considerará como un *grave error* desde un punto de vista sociológico, y una *violación manifiesta del Derecho Internacional,* pues todo Tratado Internacional debe ser formalmente objeto de una denuncia previa, antes de poder procederse a su derogación mediante un acto del derecho interno. A ello cabría objetar como señala ESMEIN,[359] que en realidad ninguna de las dos partes, ni la Iglesia, ni el Estado, se preocuparon lo más mínimo sobre la ausencia de una denuncia formal del Concordato, pues en realidad la voluntad de ambas partes estuvo suficientemente clara en todo momento. Todo ello sin olvidar, como recuerda RAMBAUD que el propio Gobierno republicano tenía motivos suficientes para entender que el Concordato había sido incumplido por la Santa Sede en el asunto de los obispos de Laval, monseñor Geay, y de Dijon, monseñor Le Nordez, desde el momento que el artículo XX de los artículos orgánicos, impedían la correspondencia directa entre el nuncio y los obispos franceses, imponiéndoles la obligación de residir en sus respectivas diócesis, y prohibirles la salida de las mismas sin la autorización del poder temporal, no pudiendo ser llamados a comparece ante Roma, sin el previo visto bueno del Gobierno, por lo que no habría *nada que romper* cuando el propio Papa ya lo había hecho, a lo que habría que unir la designación de nuevos obispos en febrero de 1906, sin seguir

---

[356] LATREILLE, A. y RÉMOND, R. *Histoire du Catholicisme en France. III. La période Contemporaine.* Editions Spes. París. 1962. 2ª Edición. Páginas 508 y 509.

[357] RIMBAUD, THIERRY. *Le principe de séparation des cultes et de l'État en Droit public comparé.* LGDJ. París. 2004. Páginas 76 a 78.

[358] DUGUIT, L. *Traité de droit constitutionnel.* Tomo V. 2ª Edición. Páginas 527 a 534.

[359] ESMEIN, A. *Eléments de droit constitutionnel français et comparé.* Tomo II. Sirey. París. 1921. Página 617.

el procedimiento concordatario, en un momento en que el deterioro de las relaciones diplomáticas entre el Estado y la Santa Sede era ya irreversible. Cabría encontrar una argumentación que explicaría este comportamiento unilateral por parte del Estado. Por un lado nos encontramos con la larga tradición galicana de intervención estatal en los asuntos internos de la Iglesia, que tendría sus antecedentes inmediatos en la Constitución Civil del Clero de 1790, y los artículos orgánicos redactados unilateralmente por Portalis en 1802. La Ley de 1905 tendría como peculiaridad diferenciadora frente a los mismos, el que no era una ley de intromisión, sino de separación. A ello habría que unir una segunda línea de razonamiento, y es que si el Parlamento es el depositario de la soberanía nacional, de modo que el mismo no es sólo el representante de la voluntad de la Nación, sino el verdadero titular de la soberanía, y estaría plenamente legitimado para intervenir y legislar sobre cualquier materia, por lo que no estaría supeditado a tener que concordar con el Papa antes de poder legislar sobre materias ligadas a la libertad religiosa, sujetándose a la intromisión limitativa procedente de una soberanía extranjera, tal y como señalase HAURIOU.[360]

La liquidación del Concordato, que a principios del siglo XX suponía un fenómeno extraño en el ordenamiento jurídico francés, como diría Reveillaud, era un *anciano decrépito que agonizaba,* fue algo que a largo plazo probablemente resultó más beneficioso que perjudicial, para la Iglesia, aunque en el momento en que ello tiene lugar no fuera necesariamente visto así, pues el Estado perdió un instrumento de control e injerencia en los asuntos internos de la Iglesia, a través de la poderosa herramienta de la designación episcopal. A pesar de ello desde la Iglesia se tenía la percepción de ser mejor mantener el Concordato, a pesar de sus imperfecciones, eso sí por razones diversas, y no necesariamente coincidentes en el seno de la propia Iglesia. Para el clero francés, porque creía que lo que estaba en juego era su supervivencia económica, para el Vaticano era una cuestión de prestigio internacional, no en vano el respeto internacional era una cuestión prioritaria en la grave crisis que se extiende desde 1870, en que el papado ha perdido los últimos vestigios de su soberanía territorial, hasta 1929, fecha de la firma de los Pactos de Letrán, prevaleciendo dicha preocupación por el prestigio sobre lo que hubiera dictado el buen sentido, y la necesidad de puesta al día de viejos

[360] HAURIOU, M. *Principes de Droit Public.* Sirey. 1910. Páginas 404 y 405.

compromisos internacionales que comenzaban a carecer de sentido. De hecho, en los sectores políticos más anticlericales de la III República, se era plenamente consciente que con la denuncia del Concordato, la Iglesia saldría reforzada, a pesar de perder la financiación pública del culto, pues tendría plena libertad para la elección de su personal, especialmente el llamado a ocupar las sedes episcopales, claves en su estructura jerárquica, y podría organizar libremente sus actividades, lejos de la agobiante presión de la vigilante tutela del Estado.[361]

[361] HILAIRE, Y.M. y FABRE, R. *Vers de nouveaux rapports entre les Eglises et l'Etat.* En: CHOLVY, GÉRARD y HILAIRE, YVES-MARIE. *Histoire religieuse de la France Contemporaine. 1880/1930.* Privat. Toulouse. 1986. Página 107. LARKIN, MAURICE. *L'Église et l'État en France. 1905: La crise de la Séparation.* Privat. Toulouse. 2004. Páginas 29 y 30.

CAPÍTULO V. LA GÉNESIS DE LA LEY DE SEPARACIÓN DE 9 DE DICIEMBRE DE 1905

1. EL ESTADO DE LA CUESTIÓN AL COMENZAR LA VIII LEGISLATURA

Los dos primeros intentos de separación tuvieron lugar en circunstancias revolucionarias, y estuvieron condenados al fracaso, el primero de ellos se desarrolla con motivo de la Revolución, al suprimirse el presupuesto de cultos el 18 de septiembre de 1794, y el segundo durante la Comuna de París, que adopta idéntica decisión el 3 de abril de 1871, afirmándose la separación entre *la Iglesia* y el Estado, una referencia en *singular* a *la Iglesia*, (habiendo en realidad 4 cultos reconocidos por el Estado desde tiempos napoleónicos), que puede entenderse tanto como una muestra de una especial obsesión anticatólica, o como el reconocimiento del particular peso específico de la Iglesia católica en Francia.[362]

Los líderes del catolicismo liberal del siglo XIX habían reivindicado la idea de separación entre la Iglesia y el Estado. La fórmula de una *Iglesia libre en un Estado libre* se encuentra ya en el programa publicado en el diario *L'Avenir* de Lamennais, (1830), así como en el discurso de Montalembert pronunciado en Malines en 1863. Pero estas tesis son pronto repudiadas por Roma, a través de la encíclica *Mirari vos* de 15 de agosto de 1832, y el *Syllabus*, de Pío IX, que en 1864, condena la proposición

---

[362] CABANEL, PATRICK. *Les mots de la Laïcité.* Presses Universitaires du Mirail. Toulouse. 2004. Página 100.

55 consistente en afirmar que *la Iglesia debe estar separada del Estado y el Estado debe estar separado de la Iglesia.*[363]

Paradójicamente, al comenzar la VIII Legislatura en 1902, nada parecía indicar que la cuestión de la separación entre el Estado y la Iglesia se encontrase entre las prioridades a abordar durante la misma, con contadas excepciones, como la habida con motivo del primer congreso del partido radical y radical-socialista, que se celebra en 1901, donde Léon Bourgeois había abogado por una nítida fórmula separatista, y había hecho un llamamiento al *cierre de filas*, pues no debía haber divergencias el día en que el Concordato *fuera hecho añicos.* Pero en realidad ése no había sido el verdadero eje sobre el que habían girado los programas, en un proceso electoral en el cual de lo que realmente se había discutido no era otra cosa que la política llevada a cabo por el gabinete de Waldeck-Rousseau.[364] No en vano, a poco de comenzar, el 12 de junio de 1902, en contestación a una pregunta del diputado socialista Jaurès sobre este particular, Combes le responderá que el momento de la separación *no había llegado todavía*, de hecho 4 miembros de su Gabinete eran contrarios a la misma, (especialmente Delcassé, que ocupaba la cartera de Asuntos Exteriores, Rouvier, Ministro de Hacienda, y Chaumié, Ministro de Instrucción Pública, y Maruéjouls, Ministro de Obras Públicas, partidarios todos ellos de mantener el Concordato), el mayor problema estaba en la nueva Cámara escorada a la izquierda, donde era preciso encontrar una mayoría suficiente que sostuviera al Gobierno en el poder. Es curioso hacer un análisis de la evolución de los planteamientos políticos del propio Combes en un escaso periodo de tiempo, poniendo en comparación lo que pensaba a principios de la VIII Legislatura, con lo que apenas dos años más tarde afirmará con contundencia en sentido radicalmente contrario, cuando afirme en Auxerre que la separación se había convertido en *inevitable.* Cabría pensar hasta qué punto la misma figuraba en el programa inicial de gobierno del propio Combes, de modo que no han faltado autores

---

[363] CABANEL, PATRIK. *1905, la séparation des Églises et de l'État en 30 questions.* Geste. La Crèche. 2005. Página 30. CABANEL, PATRICK. *Entre religions et laïcité. La voie française: XIXe-XXIe siècles.* Privat. París. 2007. Página 69 y ss. VANDENBUSSCHE, ROBERT. *Les Églises et l'État: d'une séparation à l'autre, 1789-1905.* En: VV.AA. *Les Églises et l'État d'une séparation à l'autre. 1789-1905.* Snoeck. 2005. Página 13.

[364] FABRÉ, REMI. *L'élaboration de la loi de 1905.* En: WEIL, PATRICK. *Politiques de la Laïcité au XXe siècle.* PUF. París. 2007. Página 49.

como SCOT que no dudan en decir que es el desencadenamiento de los acontecimientos, (entre ellos la intransigencia vaticana), lo que le lleva a la ruptura con la Iglesia católica *y a la aceptación de una separación que él temía.* En buena parte la quiebra va a producirse inevitablemente a consecuencia de *una política anticlerical sin concesiones,* dejándose llevar por el apoyo de un influyente movimiento político y social que respalda las medidas anticlericales que se van a precipitar durante su mandato.[365]

A pesar de todo ello, es a raíz de las elecciones de 1902, cuando la cuestión de la separación entre la Iglesia y el Estado, comienza a ponerse en el centro del debate de la vida política. Combes no dudará en utilizar la amenaza de la separación como un arma arrojadiza contra la Iglesia con el fin de imponer a la misma su personal visión de una aplicación rigorista del Concordato de Napoleón, especialmente en lo relativo al delicado capítulo del procedimiento de nombramiento de obispos, pues era plenamente consciente de la dificultad de conseguir una Iglesia nacional francesa alejada de la tutela espiritual de Roma, algo de lo que estaba seguro por su conocimiento de la historia de su país, por lo que un sibilino empleo del Concordato por parte del poder político, podría ser de enorme utilidad, de cara a tener bajo control a la Iglesia, debido al alto efecto *anestésico* que tenía el sistema concordatario de designación episcopal. Combes pensaba que la Iglesia católica era mucho más fácilmente controlable siendo financiada por el Estado, que separada del mismo, de ahí su interés inicial por aprovechar todos los recovecos instrumentalizadores que el Concordato le ofrecía.

El nuevo gabinete presidido por Combes desarrollará una intensa política anticlerical a lo largo de su mandato, que se extiende desde junio de 1902 a enero de 1905, es decir, durante dos años y medio. Por

---

[365] A título personal se mostraba favorable Camille Pelletan, (Ministro de Marina). BASDEVANT-GAUDEMET, BRIGITTE. *State and Church in France.* En: ROBBERS, GERHARD. (Ed.). *State and Church in the European Union.* Nomos Verlagsgesellschaft. Baden-Baden. 2005. Página 160. FOYER, JEAN. *La genèse de la loi de séparation.* En: *Archives de Philosophie du Droit.* Número 48. 2004. Páginas 75 y ss. FRANCE, ANATOLE. *L'Église et la Republique.* Bosch. Utrecht. 1964. Página 41. LARKIN, MAURICE. *L'Église et l'État en France. 1905: La crise de la Séparation.* Privat. Toulouse. 2004. Página 112. SCOT, JEAN PAUL. *L'État chez lui, l'Église chez elle. Comprendre la loi de 1905.* Le Seuil. París. 2005. Páginas 154 y 175-176.

otra parte, la idea de la separación era muy bien vista por los parlamentarios socialistas y radical socialistas. Pero no era una tesis unánimemente compartida por los radicales, algunos de ellos, como Leygues, Rouvier o Caillaux eran decididamente concordatarios, recelando del viaje a lo desconocido que suponía la separación, temían en el fondo que una Iglesia *separada* del Estado pudiera ser más *peligrosa* que una Iglesia *concordataria,* por lo que sería mejor seguir pagándola, que dejarla volar por libre, como querían los separatistas. Cerrar los conventos no habría dado problemas por el menor vínculo entre el clero afectado por la medida y los fieles, pero la reacción de los padres y alumnos de las escuelas privadas dirigidas por las órdenes religiosas, podía ser causa de no pocos problemas, y la separación podía ser incluso más impopular que la guerra contra la enseñanza privada congregacional. Era una cuestión de táctica, de valorar adecuadamente los riesgos y evitar un eventual efecto bumerán, no deseado. Los aproximadamente 88 diputados que integran la Unión Democrática de Poincaré son partidarios de una prudente lucha contra el clericalismo, y de la *defensa republicana*. La derecha no forma un bloque monolítico a favor del Concordato, pues algunos moderados y liberales, e incluso algún nacionalista y monárquico no eran contrarios a una posible separación que fuera beneficiosa a la Iglesia. Los sectores más nacionalistas no estaban dispuestos a asumir el *modelo concordatario* de Combes, consistente en emplear el Concordato como una mordaza con la que acallar a la Iglesia, chantajeándola a cambio de las migajas que representaban la dotación de culto y clero.[366]

---

[366] SCOT, JEAN PAUL. *L'État chez lui, l'Église chez elle. Comprendre la loi de 1905.* Le Seuil. París. 2005. Páginas 177 a 179.

2. LOS PROPOSICIONES DE LEY PREVIAS

2.1. Los cuatro primeros proyectos de inspiración netamente *jacobina*[367] o *separatista*

2.1.1. Los proyectos de Victor-Léon Dejeante y Maurice Allard, de 27 de junio de 1902 y Ernest Roche, de 20 de octubre de 1902

Los dos primeros proyectos de Ley de separación son depositados a poco de comenzar la VIII Legislatura, el 27 de junio y el 20 de octubre de 1902. El primero era obra de Victor-Léon Dejeante y Maurice Allard, venía respaldado por una serie de diputados de extrema izquierda, y se inspiraba en una iniciativa de Alexandre Zéavès de la anterior legislatura. Proponía la abolición del Concordato, la liquidación del presupuesto de cultos, la disolución de todas las congregaciones religiosas, y la confiscación de sus bienes por parte del Estado. Se trataba de poner fin a la financiación pública de la Iglesia, y de este modo culminar la obra iniciada con motivo de la Revolución en 1789. El segundo venía apadrinado por Ernest Roche, diputado por París, y director del periódico *L´Intransigent*, y abogaba por la denuncia del Concordato, y la supresión de la dotación de culto y clero, pero preveía la constitución de asociaciones de derecho común, que pudieran adquirir o alquilar, los bienes que pudieran ser necesarios. Este segundo texto había sido presentado no tanto porque sus mentores confiaran plenamente en que la iniciativa pudiera prosperar, sino también para desgastar, si con ello fuera posible, al gabinete de

[367] NOBLEMAIRE incluye el texto presentado en la Legislatura anterior por Boissy-D´Anglas, el 11 de junio de 1901, que contaba con tan sólo 12 artículos, en los que a pesar de reconocerse la libertad de conciencia, (artículo 1), se contenía una legislación fuertemente restrictiva, pues se ponía fin a la financiación pública, (artículo 2), se vetaba la cesión de lugares de culto o alojamiento por parte de los poderes públicos, (artículo 3), se prohibían las ceremonias religiosas fuera de los lugares de culto, (artículo 4), impedía a los ministros de culto aparecer en público portando los hábitos y ornamentos de las ceremonias religiosas, (artículo 5), se prohibía la convocatoria pública al culto, (artículo 7), se vetaba a los ayuntamientos adquirir o arrendar locales para el ejercicio del culto, (artículo 8) y el establecimiento de tasas para el mantenimiento de culto, (artículo 9). NOBLEMAIRE, GEORGES. *Concordat ou Séparation. Réflexions sur les rapports de l´Église catholique et de l´État français précédées d´une lettre de M. Ribot*. Plon-Nourrit. París. 1904. Página 337.

Combes. De hecho llegó a ser apoyada por algún diputado católico, pero no fue respaldada por un significativo número de parlamentarios separatistas, por lo que fue rechazada finalmente por 269 votos frente a 172. Ambas iniciativas eran más bien la encarnación de sendos programas políticos de acción, y no verdaderas proposiciones de Ley, dirigidas a la separación Iglesia-Estado. A resultas de estas maniobras políticas, la Cámara rechaza adoptar el procedimiento de urgencia en su tramitación, pero una moción a instancias de Eugène Réveillaud, diputado radical francmasón convertido al protestantismo, pedirá la creación de una comisión parlamentaria con el fin de examinar posibles textos normativos separatistas, a pesar del poco entusiasmo inicial en este sentido del propio Combes, por lo que en respuesta a su silencio, casi todos los diputados de izquierda votarán a favor de la creación de la misma, (incluso algún *francotirador* como Archdeacon, con la vana ilusión de poner una palo entre las ruedas al Gobierno, al situar sobre el tablero del debate político esta nueva patata caliente, sin que Combes pudiera oponerse a la misma), siendo aprobada su creación el 20 de octubre de 1902, por 280 votos frente a 243, pero no llegará a constituirse hasta el año siguiente. Entre tanto, el 26 de enero de 1903, aprovechando el debate presupuestario, una serie de diputados socialistas encabezados por Allard solicitan la extinción del presupuesto del clero, acusando al Gobierno de Combes de adoptar una posición ambigua.[368]

2.1.2. El proyecto de Francis de Pressensé, de 7 de abril de 1903

Francis de Pressensé,[369] deposita el 7 de abril de 1903 su texto, que a la postre será el que sirva de base principal en la redacción final de la

[368] CAPÉRAN, LOUIS. *L'invasion laïque. De l'avènement de Combes au vote de la séparation.* Desclée de Brouver & Cie. París. 1935. Páginas 331 y 332. LARKIN, MAURICE. *L'Église et l'État en France. 1905: La crise de la Séparation.* Privat. Toulouse. 2004. Páginas 110, 114, 115 y 163. SCOT, JEAN PAUL. *L'État chez lui, l'Église chez elle. Comprendre la loi de 1905.* Le Seuil. París. 2005. Página 180.

[369] Diputado socialista, en la década de los 90 se había interesado por el catolicismo social en Inglaterra y América, publicando en 1896 un interesante estudio titulado *Le Cardinal Manning.* Joven diplomático en Washington y periodista del *Temps*. Próximo a Ferdinand Brunetière, uno de los *nuevos* máximos exponentes de la *inteligencia* católica, se había ido poco a poco aproximando al catolicismo, estando a punto de abrazar el mismo, un paso que finalmente no dará, pues al estallar el escándalo Dreyfus, y adoptar decididamente la causa

Ley, y que además de en las ideas de católicos como el cardenal Manning, (el cual veía en una sana separación, una posible vía de revitalización de la Iglesia católica), está muy especialmente inspirado, en las doctrinas republicanas de la soberanía y de la laicidad, así como en el separatismo protestante, pues como señala FABRÉ, en el caso de Francis de Pressensé, estábamos ante un supuesto de *separatismo hereditario,* ya que su abuelo Victor de Pressensé había participado activamente en el protestantismo reformado que se había reagrupado a partir de 1830, en torno al diario separatista *Le Semeur,* formando una red de iglesias no concordatarias, y su admirado padre, Edmond de Pressensé, pastor protestante, había sido elegido diputado de centro izquierda en 1871, y más tarde senador, abogando por la separación.[370]

Su proyecto no se trataba de una mera declaración de principios, o de una solución parcial al problema, sino que pretendía ofrecer *un código estudiado a fondo del régimen de separación,*[371] que constaba de 98 artículos, y venía apoyado por 56 diputados, que no eran *francotiradores* de la extrema izquierda, pues era respaldado por 26 socialistas y 30 radical socialistas, entre los cuales se encontraban Jean Jaurès, Millerand, Aristide Briand, por los socialistas, y Ferdinand Buisson, Dubief y Rabier, por los radicales. El texto es adoptado el 30 de mayo por la *Ligue des droits de l'homme et du citoyen,* con la cual había venido estrechando lazos, (y de la que llegará a ser elegido presidente), pero suscita el rechazo de la mayoría de los católicos, y de parte de los protestantes, que lo juzgan como marcadamente anticlerical, entre ellos el historiador Gabriel Monod. El contenido del preámbulo del proyecto adquiere un marcado acento anticatólico, (con soflamas dirigidas contra los *enemigos*

---

de la defensa del inocente, se sentirá profundamente decepcionado por la falta de valentía de importantes sectores del catolicismo francés, a la hora de abordar este asunto. En mayo de 1899 abraza el socialismo, en el contexto de una evolución personal, que corre paralela a su desencanto con los católicos contrarios a Dreyfus, especialmente con la línea editorial del diario católico *La Croix*, acentuándose sus convicciones separatistas, alejadas, no obstante, de las de los *come curas* socialistas revolucionarios, con los que muy poco, (o nada), tenía que ver. Sucederá a Ludovic Trarieux, en la presidencia de la *Ligue des droits de l'homme et du citoyen,* cargo que ocupará de 1903 a 1914. LARKIN, MAURICE. *L'Église et l'État en France. 1905: La crise de la Séparation.* Privat. Toulouse. 2004. Páginas 118 a 122.

370 FABRÉ, REMI. *L'élaboration de la loi de 1905.* En: WEIL, PATRICK. *Politiques de la Laïcité au XXe siècle.* PUF. París. 2007. Página 50.

371 *Un code mûrement étudié du régimen de la séparation*, sic.

conjurados de la libertad, los discípulos del Syllabus, los herederos de la más formidable empresa de esclavitud intelectual), pero el articulado es mucho más moderado, preciso y técnico, dejando translucir su preocupación por adoptar una solución inspirada en las ideas de imparcialidad y justicia, reconociendo la libertad de conciencia, creencias y de culto, y el derecho a profesar una religión o ninguna. Se afirma en su artículo 6 que *La République ne protege, ne salarie ni ne subventionne aucun culte,* una aseveración de gran calado que figurará literalmente en el artículo 2 del texto final de la Ley, constituyendo una de sus ideas troncales, destinada a perseverar hasta nuestros días. Se incorpora asimismo el concepto de las denominadas *asociaciones cultuales*, como sustitutorias de las *fábricas* de las iglesias, otro concepto que llega hasta hoy. El proyecto preveía la denuncia del Concordato,[372] y la supresión del presupuesto de cultos, a partir del 1 de enero siguiente a la entrada en vigor de la Ley,[373] poniéndose fin al uso gratuito de los templos, palacios episcopales y casas parroquiales.[374] Además se incluían una serie de previsiones no exentas de controversia, como las contempladas en el artículo 22, en virtud del cual el Estado y las corporaciones locales podrían reservarse el derecho a utilizar los edificios arrendados a las confesiones religiosas, bien en determinadas fechas, bien todos los domingos, en horarios que no fueran coincidentes con los del culto, para la celebración de festividades cívicas, nacionales o locales, lo cual podría interpretarse como un regreso a las prácticas de la Revolución. NOBLEMAIRE se preguntaba con sarcástica ironía, si al final sería posible ver bailar la carmañola,[375] o si bajo las bóvedas de las cátedrales *podríamos diariamente admirar los edificantes efectos del "calor comunicativo" de los banquetes laicos y radicales.*[376] O la incluida en el artículo 33,[377] prohibiendo vincular una diócesis o una

---

[372] Artículo 7 del proyecto de Pressensé.

[373] Artículo 9 del proyecto de Pressensé.

[374] Artículo 12 y ss del proyecto de Pressensé.

[375] Canción popularizada durante el Régimen del Terror tras ser introducida por las tropas francesas que regresaban del frente italiano durante la Revolución Francesa.

[376] NOBLEMAIRE, GEORGES. *Concordat ou Séparation. Réflexions sur les rapports de l'Église catholique et de l'État français précédées d'une lettre de M. Ribot.* Plon-Nourrit. París. 1904. Página 208.

[377] NOBLEMAIRE cita por error el artículo 23. NOBLEMAIRE, GEORGES. *Concordat ou Séparation. Réflexions sur les rapports de l'Église catholique et de l'État français précédées d'une lettre de M. Ribot.* Plon-Nourrit. París. 1904. Página 201.

porción de una diócesis a la jurisdicción de un metropolitano o un obispo que tuviera su sede en un país extranjero, bajo una pena de multa de 500 a 5.000 francos y prisión de 5 días a 6 meses, que era vista por algunos como una posible alusión velada al Romano Pontífice.[378]

Algunas de las limitaciones impuestas a las confesiones religiosas eran particularmente llamativas, como las contenidas en su artículo 29, consistente en la prohibición de adquirir a título oneroso, poseer o administrar, más de una iglesia catedral y un obispado por diócesis, y una iglesia parroquial y presbiterio por cada parroquia, entendiendo por diócesis y parroquias, (para evitar posibles fraudes de Ley), las en ese momento así denominadas, o las que en el futuro pudieran constituirse siempre que su población no fuera inferior a la de la media de las existentes en el momento de entrada en vigor de la Ley.

Además en su artículo 43 se contemplaban penas de 500 a 5.000 francos, y prisión de 2 meses a 1 año, a aquellos ministros de culto que en el ejercicio de sus funciones ultrajasen a un particular, unas penas que se doblaban en caso de ataques contra funcionarios públicos, pudiendo llegar a ser sancionada *la más tímida incursión en el dominio político* hasta con penas de 2 años de cárcel.[379]

El artículo 48 contemplaba que las procesiones y otras manifestaciones exteriores de culto sólo podrían tener lugar previa autorización administrativa del alcalde del municipio en que hubieran de tener lugar. Esta autorización no podría darse o renovarse en aquellos casos en los que una décima parte de los vecinos del ayuntamiento, o más de 100 de ellos, protestasen contra las mismas. La cosa no dejaba de tener su miga, sobre todo si tenemos en cuenta celebraciones como las de Lourdes, o la Basílica del Sagrado Corazón de Jesús de Paray-le-Monial, que reunían a miles de personas, ¿sería posible suprimirlas por la mera protesta de

---

[378] BAUBÉROT, JEAN. *Histoire de la laïcité en France*. Presses Universitaires de France. París. 2000. Página 69. CAPÉRAN, LOUIS. *L'invasion laïque. De l'avènement de Combes au vote de la séparation*. Desclée de Brouver & Cie. París. 1935. Páginas 332 a 334. DARCOS, XAVIER. *L'Etat et les Églises. La question laïque*. Odile Jakob. París. 2006. Página 117. LARKIN, MAURICE. *L'Église et l'État en France. 1905: La crise de la Séparation*. Privat. Toulouse. 2004. Página 121.

[379] NOBLEMAIRE, GEORGES. *Concordat ou Séparation. Réflexions sur les rapports de l'Église catholique et de l'État français précédées d'une lettre de M. Ribot*. Plon-Nourrit. París. 1904. Página 203.

100 individuos? ¿se trataba de una norma redactada apresuradamente, o escondía aviesas intenciones?[380] Los toques de campanas se regularían por acuerdo municipal. Las franquicias postales de las que venían gozando los arzobispados, obispados, grandes vicarios, directores de seminario, curas, capellanes, presidentes de consistorios, pastores protestantes y rabinos judíos, quedaban suprimidas,[381] se eliminan las exenciones en el impuesto de puertas y ventanas de iglesias y edificios destinados al alojamiento de los ministros de culto,[382] se pone fin a las reducciones en la contribución personal mobiliaria de las que habían venido gozando los arzobispados y obispados,[383] y se declaraba la no exención de los ministros de culto con ocasión de requisas y alojamiento de militares.[384]

La influencia de este texto será tal, que algunos autores no han dudado en calificar a Francis de Pressensé como su *procreador*, de modo que Aristide Briand sería sólo su *padre adoptivo*, Jean Jaurés su *padrino* y *defensor*, Ferdinand Buisson quien estableció su *estado civil*, pero su *verdadero padre* fue el pueblo republicano.[385]

2.1.3. El proyecto de Gustave-Adolphe Hubbard, de 26 de mayo de 1903

El francmasón Gustave-Adolphe Hubbard, diputado radical socialista, presenta el 26 de mayo de 1903 su propio proyecto. Para él, *la necesidad colectiva religiosa o la vida social religiosa no se distinguen del conjunto de los fenómenos sociales de orden intelectual o moral.* Por todo ello rechaza dotar de un tratamiento jurídico diferenciado *ad*

---

380 NOBLEMAIRE, GEORGES. *Concordat ou Séparation. Réflexions sur les rapports de l'Église catholique et de l'État français précédées d'une lettre de M. Ribot.* Plon-Nourrit. París. 1904. Páginas 203 y 204.

381 Artículo 55 del proyecto de Pressensé.

382 Artículo 60 del proyecto de Pressensé.

383 Artículo 61 del proyecto de Pressensé.

384 Artículo 63 del proyecto de Pressensé.

385 SCOT, JEAN PAUL. *L'État chez lui, l'Église chez elle. Comprendre la loi de 1905.* Le Seuil. París. 2005. Página 341. Sobre el pensamiento político de Jaurés puede verse: JAURÉS, JEAN. *Seamos laicos. Educación y laicidad.* Trama editorial. Madrid. 2011.

hoc, para el fenómeno religioso, y dar una solución igualitaria a todas las confesiones religiosas.[386]

En el proyecto de Hubbard se suprime el presupuesto del clero, se somete a la Iglesia al derecho común en materia de derecho de asociaciones, reunión y de prensa, se decreta el *retorno* al Estado de los bienes muebles e inmuebles de la Iglesia, y como *originalidad* prevé la *apertura* de las iglesias a todas las confesiones religiosas o filosóficas. Se crearía en cada municipio y distrito urbano, *un consejo municipal de educación social,* que asumiría la administración y gerencia de los antiguos edificios religiosos, *a la vista de las ceremonias de funcionamiento de las diversas asociaciones de enseñanza y de predicación moral, filosófica o religiosa.*[387]

Suponía por lo tanto el sometimiento de la Iglesia a un derecho común, o como con estupor pregonaba NOBLEMAIRE, *igual para todos,* donde todas las manifestaciones, tales como predicaciones, sermones, mandamientos, pastorales, donaciones, legados, y cotizaciones, estarían sujetas a las disposiciones generales reguladoras de la libertad de prensa, reunión y asociación. Pues como reprochaba a los *separatistas liberales,* la policía de cultos no debería ser objeto de ningún tipo de reglamentación especial. La consecuencia no sería otra que la Iglesia quedaría asimilada a cualquier otro tipo de asociación, reconocida por el Estado en tanto que reuniera los requisitos de cualquier asociación legalmente declarada, sin tener en cuenta su carácter confesional.[388]

---

[386] SCOT, JEAN PAUL. *L'État chez lui, l'Église chez elle. Comprendre la loi de 1905.* Le Seuil. París. 2005. Página 183.

[387] CAPÉRAN, LOUIS. *L'invasion laïque. De l'avènement de Combes au vote de la séparation.* Desclée de Brouver & Cie. París. 1935. Páginas 334 a 336.

[388] NOBLEMAIRE, GEORGES. *Concordat ou Séparation. Réflexions sur les rapports de l'Église catholique et de l'État français précédées d'une lettre de M. Ribot.* Plon-Nourrit. París. 1904. Página 191.

2.2. Tres proyectos *liberales* favorables a la *libertad de las iglesias*[389]

Frente a la orientación netamente separatista, (no exenta de una cierta hostilidad en alguno de ellos), de los primeros cinco proyectos presentados, los tres últimos vienen a representar un cierto contrapunto, en el sentido de abogar por una separación amistosa, de modo que el Concordato napoleónico fuera sustituido por una solución liberal, siguiendo el modelo belga, o un nuevo Concordato negociado de común acuerdo. No serán estos puntos de vista los que prevalezcan en la comisión parlamentaria constituida el 18 de junio de 1903, por lo que no serán sustancialmente tomados en consideración cuando el texto final de la Ley sea redactado, sin embargo su importancia es notable de cara a tener una visión en conjunto de por dónde iba la inspiración de las iniciativas que estaban encima de la mesa.

2.2.1. El proyecto de Émile Flourens, de 7 de junio de 1903

El 7 de junio, el antiguo director de cultos Émile Flourens, diputado moderado, separatista convencido, pero que cuestiona los excesos de la obra de Combes, e incluso al propio Ferry, deposita su propio proyecto, en el que se ponían fin a eventuales privilegios e inmunidades de los ministros de culto, así como a la financiación pública de sus retribuciones, sometiendo a todas las confesiones religiosas a un modelo de derecho común. Pero simultáneamente, los edificios de culto y los destinados al alojamiento de sus ministros, serían devueltos por el Estado y los ayuntamientos a las asociaciones constituidas a tal efecto, que serían *asociaciones libres sin restricción*, bastando para ello su mera solicitud por parte de las confesiones religiosas, con la única condición de comprometerse a mantener su afectación inicial, y de sostener por su cuenta los gastos de mantenimiento de dichos edificios,[390] una

[389] Siguiendo la terminología empleada por NOBLEMAIRE, en: NOBLEMAIRE, GEORGES. *Concordat ou Séparation. Réflexions sur les rapports de l'Église catholique et de l'État français précédées d'une lettre de M. Ribot*. Plon-Nourrit. París. 1904. Página 323.

[390] CAPÉRAN, LOUIS. *L'invasion laïque. De l'avènement de Combes au vote de la séparation.* Desclée de Brouver & Cie. París. 1935. Páginas 334 a 336.

condición que era vista como razonable, desde sectores próximos a la Iglesia católica.[391]

Flourens abogaba por la aplicación del principio *Iglesia Libre en un Estado libre,* con el fin de apaciguar los espíritus, respetando las fundaciones pías y caritativas, renunciando al espolio de bienes eclesiásticos y garantizando el ejercicio del derecho a la libertad de conciencia. Asimismo defendía la reconstitución de todas las congregaciones religiosas.[392]

El texto de Flourens será el último de los presentados con anterioridad a la constitución el 18 de junio de 1903, de la comisión parlamentaria que habrá de elaborar la Ley de separación, apenas unos días después de esa fecha serán depositados dos más, el de Eugène Réveillaud y Louis Méjan, y el de Georges Grosjean y Georges Berthoulat.

2.2.2. El proyecto de Eugène Réveillaud y Louis Méjan, de 25 de junio de 1903

El 25 de junio de 1903 se deposita otro proyecto por Eugène Réveillaud, diputado radical por la Charente-Inférieure, (el mismo departamento por el que era diputado Combes), libre pensador, masón, (miembro del consejo de la Orden del *Grand Orient*), protestante converso, y que servirá como complemento del anterior en la formación del texto final de la Ley, que de este modo tendrá una naturaleza híbrida. Se trataba de un proyecto que había venido sido discutiendo punto por punto por una serie de juristas protestantes, y en el que Louis Méjan juega un importante papel como ponente del mismo, participando también el pastor protestante Lacheret y el luterano concordatario Armand Lods. En la elaboración del mismo se tiene en consideración un trabajo previo del senador Edmond de Pressensé. El preámbulo pone de manifiesto lo ilógico que resulta el estado de cosas del sistema vigente en ese momento, y trata de subrayar las ventajas que la separación puede reportar a las confesiones religiosas, (una idea tradicionalmente cara al protestantismo ilustrado). Prevé la cesión de los edificios religiosos a las asociaciones cultuales, a cambio

391 NOBLEMAIRE, GEORGES. *Concordat ou Séparation. Réflexions sur les rapports de l'Église catholique et de l'État français précédées d'une lettre de M. Ribot.* Plon-Nourrit. París. 1904. Página 196.

392 SCOT, JEAN PAUL. *L'État chez lui, l'Église chez elle. Comprendre la loi de 1905.* Le Seuil. París. 2005. Páginas 184 y 185.

de una contraprestación simbólica anual de 1 franco. Su tono es mucho más moderado y conciliador que el de Francis de Pressensé, evitando conscientemente caer en los ramalazos anticlericales del anterior, aunque no por ello vaya a dejar de tomar prestadas algunas ideas del mismo, tal y como reconocerá el propio Réveillaud.[393] Únicamente aseguraba la integridad de su remuneración, a aquellos sacerdotes que contasen con más de 50 años de servicios, proponiendo para los más jóvenes una reducción de la mitad o de ¾, según tuvieran más o menos de 35 años.[394]

Es un texto que tiene tres ideas troncales: el reconocimiento de la plena garantía del derecho de libertad de conciencia y de culto, la aplicación de un modelo de derecho común a las confesiones religiosas y a las asociaciones de culto, y la afirmación de la plena autonomía y libre desarrollo de las asociaciones religiosas.[395]

2.2.3. El proyecto de Georges Grosjean y Georges Berthoulat, de 29 de junio de 1903

El 29 de junio se entrega un nuevo proyecto cuya paternidad corresponde a los diputados católicos Georges Grosjean y Georges Berthoulat, y que aspira a ser un contrapunto a todos los anteriores, en que aceptando la idea de la separación, aspiran a un puesta en marcha de la misma que sea compatible con el mantenimiento a ultranza de la *paz religiosa*, y actuar con enorme prudencia política, de este modo, al ser plenamente conscientes, (y sensibles), a los problemas que para las confesiones religiosas supondría la abrupta supresión de la dotación de culto y clero, estos parlamentarios rechazan una fórmula estatal unilateral, y abogan por la negociación de *un Concordato más conforme a los principios*

---

[393] CABANEL, PATRIK. *1905, la séparation des Églises et de l'État en 30 questions*. Geste. La Crèche. 2005. Páginas 17 y 18. FOYER, JEAN. *La genèse de la loi de séparation*. En: *Archives de Philosophie du Droit*. Número 48. 2004. Página 80. LARKIN, MAURICE. *L'Église et l'État en France. 1905: La crise de la Séparation*. Privat. Toulouse. 2004. Página 122.

[394] NOBLEMAIRE, GEORGES. *Concordat ou Séparation. Réflexions sur les rapports de l'Église catholique et de l'État français précédées d'une lettre de M. Ribot*. Plon-Nourrit. París. 1904. Página 198.

[395] SCOT, JEAN PAUL. *L'État chez lui, l'Église chez elle. Comprendre la loi de 1905*. Le Seuil. París. 2005. Página 185.

constitucionales que rigen la República, algo así como un *Concordato de Separación.*[396]

En este proyecto se prevé la cesión gratuita de los edificios religiosos a las asociaciones cultuales, cuyas grandes reparaciones correrían por cuenta del Estado, y el mantenimiento de la dotación presupuestaria a favor de los ministros de las confesiones religiosas en activo, aunque exigiendo un número mínimo de años de servicios, de modo que la misma no se garantizaría a quienes no tuvieran un mínimo de diez años.[397] Al igual que el anterior contemplaba la necesidad de una declaración previa a las autoridades municipales, acerca de las reuniones religiosas, se incluía una regulación del repique de campanas por parte de los prefectos, y una serie de previsiones en materia de sanciones penales y administrativas, que eran más moderadas en el texto de Georges Grosjean y Berthoulat que en el de Réveillaud.[398]

Se trataba de dejar a las confesiones religiosas el máximo nivel de libertad y autonomía, con el único límite de la compatibilidad con el mantenimiento del orden público, y que podía ser aceptado por los católicos, como punto de partida para regular la cuestión, y *para poderse entender* con el Estado.[399]

2.3. Un primer balance de los proyectos presentados

En total eran ya siete los proyectos presentados, bien con carácter previo a la constitución de la comisión parlamentaria, o en los días inmediatamente posteriores, con el fin de regular la cuestión de la separación Iglesia-Estado. Cada uno tenía detrás a su propia clientela, (desde las extrema izquierda socialista a la derecha nacionalista, con la implica-

---

[396] SCOT, JEAN PAUL. *L'État chez lui, l'Église chez elle. Comprendre la loi de 1905.* Le Seuil. París. 2005. Página 186.

[397] NOBLEMAIRE, GEORGES. *Concordat ou Séparation. Réflexions sur les rapports de l'Église catholique et de l'État français précédées d'une lettre de M. Ribot.* Plon-Nourrit. París. 1904. Página 197.

[398] CAPÉRAN, LOUIS. *L'invasion laïque. De l'avènement de Combes au vote de la séparation.* Desclée de Brouver & Cie. París. 1935. Páginas 336 y 337.

[399] NOBLEMAIRE, GEORGES. *Concordat ou Séparation. Réflexions sur les rapports de l'Église catholique et de l'État français précédées d'une lettre de M. Ribot.* Plon-Nourrit. París. 1904. Página 196.

ción de protestantes y católicos), y no todos reunían la misma calidad técnica, pues algunos habían sido redactados de forma tremendamente apresurada, por lo que no constituían base suficiente para generar un texto definitivo, o al menos sin una profunda reelaboración. Por otra parte, no todos eran plenamente separatistas, pues los dos últimos presentados abogaban por el mantenimiento del presupuesto de culto y clero. El proyecto más elaborado y con más posibilidades de prosperar era el de Francis de Pressensé, pero el hecho que fuera una iniciativa abanderada por el partido socialista, unido a que el propio Aristide Briand estuviera afiliado al mismo, hace que por motivos políticos se estime inoportuno que esta cuestión pudiera quedar de cara al exterior como un asunto *exclusivo* del partido socialista, por lo que la comisión decide hacer por sí misma un nuevo texto, en el que ejercerán especial influencia además del presentado por Pressensé, el registrado por Eugène Réveillaud. El texto de Pressensé que aglutinaba a socialistas reformistas y radical socialistas, era apoyado también por los librepensadores, que aún viendo en la Iglesia a un verdadero enemigo, sienten la necesidad de buscar una fórmula que sea *políticamente aceptable y no punitiva.* En el texto de Réveillaud, (que podía contar sin problemas con el apoyo de la mayoría de los protestantes y por el sector más moderado de la francmasonería), a pesar de su carácter liberal, no han faltado quienes ven en él la oculta esperanza de torpedear la estabilidad de la Iglesia, una vez perdida la *seguridad* concordataria, (especialmente desde un ángulo económico), pues en el cálculo de su mentor entraba una previsible emergencia de latentes divisiones internas. El público de este segundo texto es más liberal, y en su divulgación los protestantes podían jugar un significativo papel, pues la corriente separatista protestante moderada encuentra en el texto de Pressensé una traición a dicha sensibilidad.[400]

3. LA CONSTITUCIÓN DE LA COMISIÓN PARLAMENTARIA, EL 18 DE JUNIO DE 1903

La acumulación encima de la mesa de proyectos que aspiraban a regular un nuevo modelo de relaciones Iglesia-Estado, tendente a superar el sistema concordatario napoleónico, aconsejaba la creación de una

[400] LARKIN, MAURICE. *L'Église et l'État en France. 1905: La crise de la Séparation.* Privat. Toulouse. 2004. Página 122.

comisión parlamentaria *ad hoc*, que elaborase el texto definitivo, una iniciativa que ya había sido aprobada el 20 de octubre de 1902, pero cuya constitución dormía el sueño de los justos

El 18 de junio de 1903, la Cámara de Diputados designa finalmente una comisión compuesta por 33 diputados, de los cuales 17 eran *a priori* partidarios de la separación, pues procedían del Bloque de Izquierdas), mientras que 16 eran contrarios a ella, llamando la atención la ausencia *querida* o *fortuita* de los radicales, y la importante presencia de diputados socialistas, (que ocupan 7 puestos, el doble de los que les hubieran correspondido en función de su representatividad proporcional en la Cámara) y radical socialistas, (que con 9 representantes, eran el grupo más numeroso en la comisión). Tan estrecho margen se debe a que en la votación para la elección de sus miembros no participaron más de 150 diputados del Bloque de Izquierdas, rehusando realizar una toma de posición sobre un asunto que se mostraba incierto a sus ojos. La consecuencia es que los socialistas y Briand, se encuentran con un amplio espacio libre para actuar. Por 17 votos contra 16 es elegido presidente honorífico de la misma Ferdinand Buisson, laico convencido, antiguo colaborador de Jules Ferry y firme partidario de una enseñanza primaria obligatoria, gratuita y laica. Buisson poco a poco se irá imponiendo como mentor de la idea de laicidad entre los radicales, distinguiéndose tanto de los libres pensadores extremistas hostiles a la religión como Bérenger, como de los radicales concordatarios, como Combes, que participa de una visión galicana de las relaciones entre la Iglesia y el Estado, caracterizada por sus fuertes tentaciones intervencionistas. Las vicepresidencias de la misma serán ocupadas por Bepmale, Baudon y Berger. Como ponente provisional es designado el socialista Aristide Briand, abogado y periodista, bohemio, colaborador habitual en el periódico *La Lanterne,* de marcada orientación anticlerical, y fundador con Jean Jaurès del diario *L'Humanité*, calificado satíricamente por Clemenceau como *Sarto-Briand,* (en alusión al apellido de Pío X), o un un *socialista papista,*[401] (por su tendencia a desmarcarse de postulados anticlericales extremistas, habiendo incluso dejado hacer a su hija la primera comunión), al tratar de buscar una fórmula final que no fuera demasiado inasumible por parte de la Iglesia. Llama la atención la paradoja consistente en que uno de las personas destinadas a desempeñar un papel protagonista en el desarrollo del texto de la Ley, el ponente

[401] *Socialiste papalin,* sic.

Briand, hubiera dudado en un principio sobre la propia conveniencia de ensayar una experiencia separatista en ese momento, y que hubiera aceptado formar parte de la comisión, por la persuasión ejercida por Jean Jaurès. El socialista Gabriel Deville y el radicalsocialista Albert Sarraut serán los secretarios de la misma.[402]

Briand era un magnífico orador parlamentario, dispuesto a elaborar un discurso atrayente y persuasivo, dotado de un gran sentido del humor, y de un cierto cinismo, propio de quien es *capaz de acostarse con la mujer de un amigo y conservar su amistad,* y de hacer los equilibrios malabares necesarios para poder llegar mediante oportunas y hábiles transacciones a la aplicación simultánea de los principios más absolutos. Gran conversador, y fumador empedernido, se dirá de él que *la discusión era su modo de pensamiento,* precisando estar siempre acompañado, *pues tenía necesidad de persuadir a los otros, para persuadirse a sí mismo.* Prefería recibir los comentarios verbales a los escritos, y no pretendió nunca hacer alarde artificial de una erudición e impostura intelectual. Se llegó a decir de él, *poco amablemente*, que su *ignorancia* era *enciclopédica*, pero poseía una especial predisposición para asimilar aquello que le era ofrecido. Como diría Clemenceau, en un alarde magistral de su fina esgrima dialéctica, *Briand no sabe nada, pero comprende todo.* Es su habilidad innata para la maniobra negociadora, la que hace posible que la separa-

---

402 Dos eran las principales perspectivas sobre cómo regular la cuestión religiosa, la primera de ellas, sostenida por Aristides Briand, buscaba una ley honesta que *no fuese una pistola apuntando a la Iglesia*, la segunda, defendida por Clemenceau, reivindicando la Revolución que *debe tomarse entera como un bloque*, produciéndose un radical régimen de separación, que se iniciara con la Revolución. Una visión global y muy didáctica del problema puede verse en: CABANEL, PATRIK. *1905, la séparation des Églises et de l'État en 30 questions.* Geste. La Crèche. 2005. Asimismo son de interés: BAUBÉROT, JEAN y MILOT, MICHELINE. *Laïcités sans frontières.* Seuil. París. 2011. Página 261. DUCOMTE, JEAN MICHEL. *La Loi de 1905. Quand l'État se séparait des Églises.* Milan. Toulouse. 2005. Páginas 26 y 27. JUSDADO RUIZ-CAPILLAS, MIGUEL ÁNGEL. *Laicismo en Francia: Precedentes de la Ley de separación de 1905. (En el Centenario de la Ley).* En: *ADEE.* Vol. XXII. 2006. Página 349. LALOUETTE, JACQUELINE. *La séparation des églises et de l'État.* Éditions du Seuil. París. 2005. Página 410. LARKIN, MAURICE. *L'Église et l'État en France. 1905: La crise de la Séparation.* Privat. Toulouse. 2004. Páginas 123 y ss. SCOT, JEAN PAUL. *L'État chez lui, l'Église chez elle. Comprendre la loi de 1905.* Le Seuil. París. 2005. Páginas 133 y 135. TOMÉI, SAMUEL. *Ferdinand Buisson, séparatiste radical.* En: SCHIAPPA, JEAN-MARC. (Coord.). *1905 ! La loi de séparation des Églises et de l'État.* Syllepse. París. 2005. Páginas 123 a 134.

ción entre el Estado y las confesiones religiosas, que hasta ese momento ha sido presentada ante el Parlamento de forma poco aceptable para un importante sector de los franceses, o al menos poco práctica, termine por ser perfectamente asumible para la inmensa mayoría del país, algo que nunca hubiera conseguido Combes, por sí sólo.[403] Se le podría calificar como más *intuitivo* que *intelectual*, un hombre más de impulsión que de construcción, más oportunista que estratega, que encarnará el espíritu de la Ley al no solamente extenderla, sino también edulcorarla, huyendo de tentativas más radicales y extremistas, y tratando de hacerla asumible por parte de las confesiones religiosas, algo que conseguirá especialmente en el caso de las minorías protestante y judía. Entre 1906 y 1932 será 11 veces Presidente del Consejo y 25 veces ministro, participará activamente en el proceso fundacional de la Sociedad de Naciones en 1919, en el Pacto de Locarno de 1925, en el acercamiento a Alemania en 1926, y a la puesta de la guerra, fuera de la Ley, como instrumento de solución de los conflictos internacionales, mediante el Pacto Briand-Kellog en 1928, al que se adherirán 60 naciones.[404]

La reunión comienza sus trabajos reuniéndose dos veces por semana, hasta en un total de 39 ocasiones. El propio Combes se muestra escéptico en los momentos iniciales de comienzo de sus sesiones, sobre el buen término de los trabajos, llegando a confesar a Bérenger, el 13 de septiembre de 1903, que la separación no sería una realidad hasta que pasaran por lo menos un par de décadas. La realidad desmentirá ese pronóstico, tan poco acertado. Contando en su seno los partidarios de la separación de una exigua mayoría de un voto, Buisson procura seguir un procedimiento de trabajo democrático, que no se pierda en discusiones acaloradas, y que se asiente sobre un diálogo provechoso entre las dos grandes sensibilidades sobre la cuestión. Los miembros de la minoría participarán lealmente en los debates, procurando Briand que el texto que finalmente se adopte, lo sea por toda la comisión, y no por la mayoría de sus integrantes.

---

[403] *Briand ne sait rien, mais comprend tout*, sic. LARKIN, MAURICE. *L'Église et l'État en France. 1905: La crise de la Séparation*. Privat. Toulouse. 2004. Páginas 123 y 125. BARBIER, EMMANUEL. *Histoire du catholicisme liberal et du catholicisme social en France. Du Concile Vatican à l'avènement de S.S. Benoît XV, (1870-1914)*. Tomo IV. Imp. Cadoret. Burdeos. 1923-1924. Página 27.

[404] SCOT, JEAN PAUL. *L'État chez lui, l'Église chez elle. Comprendre la loi de 1905*. Le Seuil. París. 2005. Páginas 347 y 348.

4. EL ANTEPROYECTO DE BRIAND

4.1. Contexto

La comisión decide en su primera sesión por 17 votos frente a 15, *que ha lugar para separar las Iglesias y el Estado y comenzar el examen de los sistemas diversos propuestos para reemplazar el régimen del Concordato,*[405] no adoptar como propio ninguno de los siete proyectos presentados hasta ese momento, y encargar a Briand la elaboración de un nuevo texto, que deberá de redactar durante el verano de 1903, a modo de *tarea para las vacaciones*. Briand buscará conseguir la redacción de un anteproyecto que reúna los planteamientos de personalidades con una orientación ideológica que no es necesariamente homogénea, y logrará ganarse uno a uno a todos los miembros de la comisión, para ello tomará como base de referencia el texto elaborado por Pressensé, pero quitando de él aquello que su instinto *de felino* le hacía sospechar como susceptible de ser políticamente más problemático, cogiendo piezas *de repuesto liberales* del texto de Réveillaud. Briand contará con el concurso de la minoría en la realización de estudios, propuestas y críticas a un proyecto complejo destinado a regular una serie de controvertidas materias.[406] *Su* primer anteproyecto, deudor del trabajo de Pressensé, es entregado a sus colegas de la comisión, el 8 de octubre de 1903.[407]

A principios de 1904, comenzaba a cristalizar como hipótesis con visos de realidad el que la separación pudiera ser algún día una hecho consumado, más dudas cabían sobre el cuándo iba a llegar esa fecha, Alexandre Ribot era consciente de ello, pero creía que tal vez aún era pronto para que llegase, tal y como escribe el 16 de marzo de ese año en una carta a modo de prólogo a la obra del católico republicano Georges

[405] Véase la intervención de Eugène Réveillaud en la sesión de la Cámara de Diputados de 4 de abril de 1905, con ocasión de los debates de la Ley de separación. Anales de la Cámara de Diputados de 4 de abril de 1905. Página 1506.

[406] Tal y como reconocerá ulteriormente Réveillaud en el citado debate parlamentario.

[407] Nótese por el lector el irónico empleo de la cursiva a la hora de atribuir la paternidad del texto a Briand, porque en realidad las pruebas de filiación sobre el mismo habrían puesto de relieve que el mismo tenía un segundo progenitor, el también diputado socialista Pressensé, que no formó parte de la comisión, pero cuyo proyecto había servido de cañamazo básico sobre el cual Briand había trabajado. Pressensé guardará un discreto, (y generoso), silencio sobre este particular, en aras a conseguir que la Ley saliera finalmente adelante.

Noblemaire, titulada *Concordat ou Séparation,*[408] de forma que ni la política contraria a las congregaciones, ni la prohibición a las mismas del ejercicio de la enseñanza, debería tener como corolario forzoso la ruptura de la relación Concordataria. La separación, a juicio de Ribot, sólo podría llevarse a cabo sin peligro por *hombres que no estuvieran marcados por la hostilidad hacia la Iglesia* ... y que los católicos *no vieran amenazadas sus creencias, un modo de amenazar la religión, sino una obra de libertad y de pacificación.* La verdad es que su pronóstico no iba, cuando menos, demasiado bien encaminado.[409]

Los acontecimientos políticos mientras tanto se precipitan. La controversia a raíz del viaje de Loubet a Roma en el mes de abril, va a tener como colofón unas consecuencias imprevistas, y las dificultades en la designación de las sedes episcopales vacantes se enquistan. La ruptura de relaciones diplomáticas con la Santa Sede está cerca. En este contexto políticamente caldeado, un hecho que resulta particularmente sorprendente es que a pesar del clima pasional que rodeaba la materia a regular, el millar y medio de folios que recogen las actas de los trabajos de la comisión, plasman una atmósfera de trabajo serena. Es de este modo como se llega al anteproyecto de la comisión, también conocido como *anteproyecto Briand,* que será finalmente adoptado por unanimidad, el 6 de julio de 1904.[410]

4.2. Contenido

El anteproyecto Briand comienza enumerando una serie de principios generales, con el fin de fijar una serie de reglas que sirvieran de orientación a quienes hubieran de aplicar la Ley, especialmente en el caso de jueces y tribunales.

[408] NOBLEMAIRE, GEORGES. *Concordat ou Séparation. Réflexions sur les rapports de l'Église catholique et de l'État français précédées d'une lettre de M. Ribot.* Plon-Nourrit. París. 1904. El texto de Ribot se extiende entre las páginas I a VII, siendo especialmente interesante las páginas IV y V.

[409] CAPÉRAN, LOUIS. *L'invasion laïque. De l'avènement de Combes au vote de la séparation.* Desclée de Brouver & Cie. París. 1935. Página 341.

[410] DUCOMTE, JEAN MICHEL. *La Loi de 1905. Quand l'État se séparait des Églises.* Milan. Toulouse. 2005. Páginas 24 y 25. SCOT, JEAN PAUL. *L'État chez lui, l'Église chez elle. Comprendre la loi de 1905.* Le Seuil. París. 2005. Página 189.

El artículo 1 del anteproyecto comienza afirmando que *La República garantiza la libertad de conciencia así como la libre expresión de opiniones religiosas.* Supone un indudable paso adelante respecto al contenido del artículo X de la Declaración de Derechos del Hombre y del Ciudadano de 1789, que se limitaba a afirmar que *Nadie será molestado por razón de sus opiniones, ni aún por sus ideas religiosas,*[411] pues no incluye una mera garantía negativa, (*nadie será molestado*), sino el verdadero reconocimiento positivo del contenido del derecho fundamental a la libertad de conciencia, algo que se consolidará en el texto definitivo de la Ley de separación de 1905, al igual que el principio establecido en el artículo 2 del anteproyecto, en el que se establece que *La República no protege, ni retribuye, ni subvenciona, bajo cualquier forma y por cualquier razón que sea, ningún culto.* Supone la consolidación del principio de laicidad del Estado, y con ello el fin del modelo de utilidad preconizado por la tradición concordataria napoleónica, y el modelo de cultos reconocidos, y asalariados por el Estado. Suponía la rescisión del Concordato. Allard llegará a pedir la denuncia unilateral del mismo, algo de lo que no es partidario Briand, por considerarlo una *torpeza,* ya que a su juicio haría recaer exclusivamente en Francia la responsabilidad política de la ruptura.

El finiquito del presupuesto de culto y clero venía contemplado en el artículo 5 del anteproyecto, que preveía la supresión del mismo a partir del 1 de enero del año siguiente a la entrada en vigor de la Ley. Un tema sobre el que se suscitó un amplio debate en la comisión, pues no faltaron los partidarios de adoptar el modelo separatista belga, en virtud del cual el Estado mantenía el presupuesto de cultos. La réplica de un modelo más laico consistirá en alegar que el sistema belga no era un verdadero sistema de separación. Diputados conservadores encabezados por Grosjean, se oponían firmemente a dicha supresión, pues consideraban que el presupuesto de culto y clero no era otra cosa que una compensación económica por las incautaciones de bienes eclesiásticos durante el periodo revolucionario, a raíz del Decreto de 2 de noviembre de 1789. Algo que no encontraba una solución unánimemente fácil de aceptar, por tratarse de una deuda perpetua, que no estaría llamada nunca a extinguirse.[412]

---

[411] Con el único límite en cuanto a su manifestación que el respeto al orden público establecido por la Ley.

[412] SCOT, JEAN PAUL. *L'État chez lui, l'Église chez elle. Comprendre la loi de 1905.* Le Seuil. París. 2005. Páginas 133 y 135.

Otra cuestión controvertida va a ser el debate sobre la propiedad de los edificios de culto, una vieja reivindicación de la Iglesia, y de los diputados católicos, a lo largo de todo el siglo XIX, que piden la restitución de los bienes confiscados durante la Revolución. La comisión decide distinguir entre aquellos edificios anteriores al Concordato de 1801, (unas 34.000 iglesias municipales y otras 879 iglesias y 85 catedrales estatales, y 5.500 edificios anexos), que eran y deberían permanecer como propiedad del Estado o de las corporaciones locales, y aquellos adquiridos o construidos con posterioridad al mismo por los establecimientos públicos de culto, (apenas 1.700 iglesias y unos 1.400 edificios anexos), y que permanecerían como propiedad de los mismos, salvo en el caso de haber sido construidos con dinero público, una fórmula que será rechazada por los socialistas Allard, Dejeante y Vaillant, que pedían simple y llanamente el retorno a manos públicas de todos los bienes eclesiásticos. La fórmula propuesta por la comisión será que los edificios públicos anteriores al Concordato que estuvieran afectos a los cultos y a sus ministros, estuvieran sujetos a un arrendamiento a título oneroso por un periodo de 10 años, no pudiendo superar el precio del alquiler el 10% de los ingresos anuales medios de la circunscripción religiosa afectada calculada sobre la media de los ingresos habidos en los últimos 5 años. Los inquilinos deberían correr asimismo con los gastos de mantenimiento y conservación de tales edificios.[413]

Otro dilema a resolver era el de a quién iba a corresponder la titularidad del patrimonio de las confesiones religiosas, adscrito a las fábricas de las parroquias católicas, los consejos presbiterales protestantes y los consistorios judíos, a raíz de la propuesta de disolución de los establecimientos públicos de culto, hecha por la comisión. Cabían tres posibles soluciones, la primera es que la propiedad pasara simple y llanamente al Estado: todo para el Estado, y sólo para el Estado, como proponía Dejeante, por entender que se trataba de bienes *vacantes*. La segunda alternativa es que todo quedara en manos de las confesiones religiosas concernidas, como defendía Grosjean, por pensar que en el fondo se estaba ante una copropiedad de los integrantes de los antiguos establecimientos de culto, es decir, era una fórmula antagónica a la anterior: todo sería para la Iglesia, y sólo para la Iglesia. Cabía una tercera fórmula, la

---

[413] SCOT, JEAN PAUL. *L'État chez lui, l'Église chez elle. Comprendre la loi de 1905.* Le Seuil. París. 2005. Página 195.

propuesta por Pressensé y Briand, en virtud de la cual no estaríamos ante bienes vacantes, pero tampoco bienes *libres*, sino ante bienes afectos a un fin cultual, o caritativo, por lo que los bienes afectos al culto, tales como objetos sagrados, vestimentas religiosas y demás objetos litúrgicos, deberían ser afectados gratuitamente a las futuras asociaciones cultuales creadas por la Ley, una fórmula intermedia, en términos coloquiales, *ni para ti, ni para mi, 1.500.*[414]

Y es aquí cuando se nos presenta el que probablemente fuera el verdadero meollo de la Ley, dilucidar a qué tipo de asociaciones se iba a devolver los medios materiales necesarios para la práctica de culto, algo a lo que se dedicará el Título IV del anteproyecto. La práctica del culto no era una cuestión cuya esencia fuera de naturaleza estrictamente individual, a título particular, en un lugar cerrado, como podían pretender de manera reduccionista personas como Clemenceau o Boissy d´Anglas, por lo que el reconocimiento de la existencia independiente de las confesiones religiosas con relación al Estado, no se agotaba con la garantía de la libertad de culto, sino que implicaba además tener que reconocer el derecho de asociación, conforme a las prescripciones de la Ley de asociaciones de 1 de julio de 1901. La cuestión clave era definir el nuevo estatuto jurídico de lo que van a ser las *asociaciones cultuales,* a las que se va a atribuir en el artículo 19 del anteproyecto, el derecho de *constituir uniones con administración o dirección central* en conformidad con el decreto de 16 de agosto de 1901, que desarrollaba la Ley de asociaciones de 1 de julio de 1901, autorizando por lo tanto la constitución de uniones y federaciones de asociaciones, algo que es aceptado tras una cierta controversia en los debates de la comisión, pero que levantará una tormenta de pasiones con motivo de las discusiones parlamentarias del texto. En caso de divisiones en el seno de una confesión religiosa, (algo que con poca clarividencia pronosticaban los protestantes respecto a la Iglesia católica, al liberarse la misma de la tutela del Estado, tras el precedente de la *Petite Église* que rechazaba el Concordato napoleónico), los bienes serían atribuidos previo arbitraje del Consejo de Estado. Estábamos ante un texto que había limado algunas de las cuestiones más espinosas de la propuesta hecha por Pressensé, como la necesidad de declaración previa de las asambleas cultuales, suprimía la posibilidad de reuniones políticas

[414] SCOT, JEAN PAUL. *L´État chez lui, l´Église chez elle. Comprendre la loi de 1905.* Le Seuil. París. 2005. Páginas 195 y 196.

en los lugares de culto, e imponía una serie de sanciones penales agravadas a quienes incurrieran en delitos de ultraje de los lugares sagrados, suavizando las que eventualmente se pudieran imponer a los ministros de culto que hicieran llamamiento a la desobediencia civil.[415]

4.3. La acogida del anteproyecto Briand y el desarrollo de los acontecimientos políticos y sociales

El texto del Anteproyecto Briand es adoptado por la comisión el 6 de julio de 1904, ese día es precisamente el de la víspera de la prohibición del ejercicio de la enseñanza a las congregaciones religiosas, faltando poco tiempo para la ruptura de relaciones diplomáticas con la Santa Sede. Cabe reconocer que la conclusión de los trabajos no podía haber sido más *oportuna*, porque en caso de saltar por los aires el Concordato, la República podía contar con materiales de trabajo con los que comenzar a definir el nuevo marco legislativo. La realización de sus labores por parte de la comisión se ha visto acompañada de una cierta inquietud social a la que no es ajena la prensa, el periodista católico liberal Julien de Narfon ha publicado en *L'Éclair* las reacciones de los obispos ante una eventual denuncia del Concordato y a la separación. De los 16 que responden a su encuesta, únicamente monseñor Le Camus, obispo de La Rochelle acepta la separación. Más tarde, entre agosto y septiembre de 1904, *Le Figaro* se ha venido haciendo eco de una gran investigación realizada por Henri Charriaut entre partidarios y adversarios de la misma. A partir de septiembre de 1904, todos los librepensadores, radicales, socialistas cierran filas a favor de la idea de la separación, apoyando el proyecto presentado por Briand, como un solo hombre. Los católicos partidarios de la misma se cuentan con los dedos de una mano, pero encuentran una amplia receptibilidad entre los republicanos. Monseñor Le Camus piensa que el régimen de separación puede ser mejor para la Iglesia que el *yugo del servilismo experimentado*. No rechazan la separación tampoco monseñor de Cabrières, obispo de Montpellier, ni el padre Gayraud, diputado por el Finistère, o el padre Lemire, diputado por Nord, ni el padre Hemmer y otros sacerdotes *demócratas*, que piensan en un modelo de separación

[415] SCOT, JEAN PAUL. *L'État chez lui, l'Église chez elle. Comprendre la loi de 1905*. Le Seuil. París. 2005. Páginas 196 y 197.

cercano al americano.[416] Para NOBLEMAIRE estamos ante un texto *menos groseramente antiliberal* que el de Pressensé, pero su entusiasmo por el mismo se puede decir que es nulo.[417]

Es un momento de ebullición ideológica. Combes pronuncia el importante discurso del 4 de septiembre de 1904, en el que toma partido decididamente por la separación, pues a su juicio *el poder religioso ha hecho añicos el Concordato,* y él no tenía la menor intención de remendarlo. Del 20 al 23 de septiembre de 1904, bajo la presidencia de honor del químico Marcellin Berthelet, se celebra en Roma el I Congreso Internacional de Libre Pensamiento, la fecha de inauguración está fuertemente cargada de simbolismo, pues coincide con el aniversario de la toma de Roma por Víctor Manuel II. Un significativo número de los varios miles de asistentes, viene de Francia. Del 29 de septiembre al 2 de octubre de siguientes, tiene lugar en Amiens el Congreso de la *Ligue de l´Enseignement,* en el que resulta aclamado Combes, por su ideal de conseguir *la laïcisation intégrale de la démocratie française.* El 5 de octubre se inaugura en Toulouse el congreso del partido radical, en el que se reúnen un buen número de francmasones y de librepensadores, que acaban de regresar de Roma, cabiendo destacar entre los asistentes a Louis Bonnet, Auguste Delpech y Ferdinand Buisson. Éste último propone aceptar el proyecto de Briand como base para la discusión de la futura Ley de separación, votar la separación antes de las próximas elecciones generales, denunciar inmediatamente el Concordato y suprimir la embajada en el Vaticano. Todas estas propuestas son aprobadas por aclamación.[418]

El 28 de octubre de 1904 estalla el *asunto de las fichas*,[419] al descubrirse que oficiales de ideología monárquica o credo católico, al ser considerados como personas peligrosas para la República, (o al menos de dudosa lealtad hacia ella), estaban siendo *fichados* con ayuda de la

[416] SCOT, JEAN PAUL. *L´État chez lui, l´Église chez elle. Comprendre la loi de 1905*. Le Seuil. París. 2005. Páginas 198 a 203.

[417] NOBLEMAIRE, GEORGES. *Concordat ou Séparation. Réflexions sur les rapports de l´Église catholique et de l´État français précédées d´une lettre de M. Ribot*. Plon-Nourrit. París. 1904. Página 211.

[418] CAPÉRAN, LOUIS. *L´invasion laïque. De l´avènement de Combes au vote de la séparation*. Desclée de Brouver & Cie. París. 1935. Páginas 316 a 326. SCOT, JEAN PAUL. *L´État chez lui, l´Église chez elle. Comprendre la loi de 1905*. Le Seuil. París. 2005. Páginas 204 y 205.

[419] *Affaire des fiches*, sic.

masonería del *Grand Orient,*[420] por el Ministro de la Guerra, general André, el cual se apresura a negar que estuviera al corriente de los hechos.[421] El grado de minuciosidad de los seguimientos se comprende si se tiene en cuenta que se habían elaborado unas 25.000 fichas. Los militares que enviaban a sus hijos a escuelas privadas católicas y asistían regularmente a la misa dominical eran incluidos en la lista *Carthage,*[422] que les condenaba a no promocionar en el seno de la carrera militar, mientras que aquéllos cuyo comportamiento era susceptible de ser interpretado como de una mayor lealtad hacia las instituciones republicanas pasaban a engrosar la lista *Corinthe,*[423] lo que les daba más posibilidades de promoción, y de poder dejar una vida anodina en provincias para terminar su carrera militar en el estado mayor Parísino. *¡La armada podía vigilar, pero no podía ser vigilada!*[424] La intensidad de los seguimientos pone a las claras la gravedad de los atentados cometidos contra el derecho a la intimidad de los espiados, pues en algunos casos llegaron los rastreos a extenderse hasta los excusados, con el fin de verificar que los mismos no eran empleados para recitar plegarias en secreto. Se desata una fuerte polémica en la prensa, en la que participan *L´Écho de París* y *Le Figaro,* que denuncian la existencia de un *servicio regular de delación,* dirigido por el capitán Mollin, yerno de Anatole France. El general André, abrumado por lo que la prensa está revelando, pide tiempo para realizar una investigación, y termina presentando su dimisión. Combes, balbuceando, pone en duda la autenticidad de los documentos que están saliendo a la luz pública, y hace creer que el no sabe nada. Todo ello acontece unido a una serie de interpelaciones parlamentarias a medida que se van desvelando por los periódicos los detalles del escándalo, lo que convierte

---

[420] Estando especialmente implicado en ello su secretario general, Vadécard.

[421] La muerte en extrañas circunstancias de Gabriel Sybeton, el 8 de diciembre de 1904, diputado por París, líder de la derecha nacionalista francesa que se había enfrentado el 4 de noviembre al general André a raíz del escándalo de las fichas, no hace sino añadir más tensión al conflicto. Aparentemente había tenido lugar por asfixia a consecuencia del gas proveniente de su chimenea, y la policía concluye que puede tratarse de un suicidio, pero pronto surgen las acusaciones de que se trata de un crimen detrás del cual puede estar la francmasonería o la policía secreta.

[422] Tomaba su nombre de la expresión latina: *Delenda est Carthago.*

[423] Tomaba su nombre de la expresión latina: *Non licet omnibus adire Corinthum.*

[424] SCHIAPPA, JEAN-MARC. *Quelques lignes en guise de rappel: Le monde en 1905.* En: SCHIAPPA, JEAN-MARC. (Coord.). *1905 ! La loi de séparation des Églises et de l´État.* Syllepse. París. 2005. Página 9.

a los últimos meses del Gabinete de Combes en un verdadero calvario, que finalmente deberá presentar su dimisión el 18 de enero de 1905.[425]

5. EL PROYECTO DE COMBES

Entre tanto, el 29 de octubre de 1904 se hace público un nuevo proyecto de Ley de separación, especialmente demandado desde la extrema izquierda de la Cámara, que se deposita el 10 de noviembre, respaldado por el propio Combes, que se lo ha encargado a Charles Dumay, Director de Cultos, paradójicamente uno de los funcionarios públicos más influyentes en ese momento en el procedimiento concordatario de designación de obispos, que no llegará a ser discutido en el Parlamento, y que no deja de ser sintomático de la evolución ideológica experimentada no sólo por el propio Combes, sino por toda una generación de franceses. Su extensión es más breve que el anteproyecto de Briand, pero su inspiración global es vista como más radical, siendo considerado como una *nueva Constitución Civil del Clero*. Es un texto que difícilmente puede ser considerado como *separatista*, porque en el fondo trasluce la preocupación del propio Combes por tener bajo control a la Iglesia católica, o como diría Clemenceau, mantener *el reino concordatario, sin el Concordato.*[426]

Mantiene formalmente la Dirección de Cultos y guarda silencio sobre la embajada ante el Vaticano. Los lugares de culto quedarán en manos de las confesiones religiosas de manera gratuita por un periodo de 2 años, pero transcurrido el mismo, su disfrute se hará a título de arrendamiento por períodos renovables de 10 años. Las pensiones del clero estarán subordinadas a haber cumplido al menos 40 años de edad y 15 de servicios. Se contemplan penas de multa o prisión, (en unos términos vagos y susceptibles de ser interpretados de forma peligrosamente amplia), para aquellos ministros de culto que fueran declarados culpables de realizar actos en el ejercicio de sus funciones susceptibles de ser considerados como *comprometedores del honor de los ciudadanos y degenerar contra ellos en opresión, en injuria o en escándalo público.* Las asociaciones

---

[425] AMSON, DANIEL. *La Querelle religieuse.* Odile Jakob. París. 2004. Páginas 281 y 282. CARPENTIER, JEAN y LEBRUN, FRANÇOIS. *Histoire de France.* Ed. du Seuil. París. 2000. Página 298. LARKIN, MAURICE. *L'Église et l'État en France. 1905: La crise de la Séparation.* Privat. Toulouse. 2004. Página 151.

[426] *Le règne concordataire sans le Concordat*, sic.

cultuales no podrán constituir federaciones que superen el ámbito de los respectivos departamentos,[427] medida con la que se trata de evitar la formación de vínculos jerarquizados entre ellas que pudieran reproducir la pirámide episcopal a nivel nacional, y por lo tanto, debilitar la estructura orgánica de la Iglesia católica en Francia, aunque esta medida también perjudica grandemente a la minoría protestante y judía, que tienen una feligresía muy dispersa. Los fondos de reserva de las asociaciones cultuales no podrán superar 1/3 de sus ingresos anuales, un nivel ridículamente bajo, que les impediría contar con un solvente margen de maniobra de cara a acometer proyectos económicos en el futuro, que supusieran importantes desembolsos. Los extranjeros no podrán desempeñar el puesto de ministros de culto, quedando en todo caso sometidos a la obligación de residir en el departamento en cuestión.[428] La afectación de bienes al culto quedará subordinada a la previa emisión de un decreto del Consejo de Estado o a una resolución del prefecto. Se limitan las manifestaciones públicas de culto, y más concretamente las procesiones religiosas, salvo las relacionadas con ceremonias funerarias.[429] Por todo ello estamos ante un texto fuertemente restrictivo, se trata más bien de una Iglesia *encadenada* al Estado, que *separada* de él.[430]

El proyecto de Combes levanta una fuerte polémica, no sólo en las filas católicas, sino también en las protestantes, especialmente por las previsiones relativas a la limitación del tamaño de las asociaciones cultuales, y por la prohibición de federaciones entre la mismas de ámbito supra departamental, lo cual impediría a las parroquias más ricas poder ayudar económicamente de forma solidaria a aquéllas más pobres, situadas en otros departamentos, y porque la dispersión de la feligresía de las confesiones minoritarias, convertía en especialmente dañina a esta previsión del proyecto, respecto a los protestantes y judíos. El texto de Combes es

---

[427] Artículo 8 del proyecto.

[428] Artículo 6 del proyecto.

[429] Artículo 11 del proyecto.

[430] CAPÉRAN, LOUIS. *L'invasion laïque. De l'avènement de Combes au vote de la séparation.* Desclée de Brouver & Cie. París. 1935. Páginas 355 y 356. DUCOMTE, JEAN MICHEL. *La Loi de 1905. Quand l'État se séparait des Églises.* Milan. Toulouse. 2005. Página 25. SCOT, JEAN PAUL. *L'État chez lui, l'Église chez elle. Comprendre la loi de 1905.* Le Seuil. París. 2005. Página 210.

recibido críticamente por Jean-Marie de Lanessan[431] en el *Le Siècle*, del cual se ha convertido en director en 1904, con una campaña en contra del mismo que se extiende de noviembre de 1904 a marzo de 1905, abogando por una concepción más liberal de la separación, contribuyendo al jaque contra el proyecto de Combes. Detrás de la misma figuran como instigadores los hermanos François y Louis Méjean, (no en vano este último había participado en la redacción del proyecto de Réveillaud), y el filósofo Raoul Allier, portavoces de los protestantes franceses, a los cuales se les une el católico Charles Péguy y sus *Cahiers de la quinzaine*. Los hermanos Méjean se quejan en una carta abierta publicada en *Le Siècle* el 1 de noviembre de 1904, que la nueva Ley tendría unas consecuencias nefastas para las iglesias reformadas, comprometiendo su existencia y desarrollo, al condenar al aislamiento a las comunidades protestantes más pequeñas, al hacer imposible la reunión de coloquios y sínodos. El gran rabino judío Zadoc Khan se suma al posicionamiento adoptado por los protestantes, y critica duramente el proyecto espoliador de Combes. La separación está de este modo en plena portada de la actualidad en la prensa escrita, y consiguientemente, en el debate social. Caído Combes, el proyecto ulterior de Ley de separación redactado a instancias de Bienvenu-Martin tratará de buscar una solución intermedia, permitiendo federaciones de asociaciones cultuales que abarcasen un máximo de 10 departamentos, que no fraguará, suprimiéndose finalmente dicho límite, pues como señalara Paul Deschanel[432] con ocasión del debate de la Ley de separación, los cultos no católicos no tendrían en todo caso garantizada una idónea organización, pues aunque la confesión de Augsburgo pudiera organizarse con una caja central, ya que tras la pérdida de Alsacia y Lorena, que en esos momentos pertenecían a Alemania, tenían sus fieles concentrados en 6 departamentos, otras sin embargo tendrían problemas, como sería por ejemplo el caso de la *Union des Eglises libres,* que contaban con 15.000 miembros dispersos en 27 departamentos, y debería contar con 3 federaciones, con 3 cajas, o en el caso de la *Eglise méthodiste française,* que tenía 10.000 miembros en 13 departamentos, debiendo organizarse en 2 federaciones y 2 cajas. Deschanel entendía que para que una religión fuera libre, era necesario que *pudiese organizarse siguiendo*

---

[431] Su nombre completo era Jean-Marie Antoine Louis de Lanessan, firmando no obstante sus libros como Jean-Louis de Lanessan.

[432] Anales de la Cámara de Diputados de 23 de marzo de 1905. Página 1291.

la constitución misma que deriva de su doctrina. La Iglesia católica está dividida en parroquias y diócesis: las asociaciones parroquiales deberán poderse agrupar en uniones diocesanas.[433]

Asimismo también se oyen voces críticas contra el texto de Combes por parte de políticos como Clemenceau, que lo define como el *Concordato unilateral del señor Combes,* y Ferdinand de Buisson escribe en *Le Radical,* el 21 de diciembre de 1904, un artículo significativamente titulado *Il faut savoir ce qu'on veut,*[434] en el que se afirma respecto al proyecto de Combes que *no se puede llamar separación de las Iglesias y del Estado, puesto que es justo lo contrario.*[435]

Cuando el proyecto elaborado por Combes llega a la comisión de los 33, sus miembros se muestran contrarios tanto a su aceptación en bloque como a su rechazo categórico. Había algunos puntos del texto de Combes que suscitaban un mayoritario rechazo en la misma, como era el sistema de *Dirección de Cultos* que mantenía la interferencia estatal en cuestiones religiosas, lo cual era contrario, o por lo menos contradictorio, con la pretendida separación que se estaba buscando. Asimismo la mayoría de la comisión era partidaria de distinguir el régimen jurídico a aplicar respecto a la propiedad de los bienes adquiridos con anterioridad, (que quedaría en manos estatales y municipales, sin que la Iglesia pudiera reclamarlos), y con posterioridad al Concordato, y asimismo era contraria al límite departamental para las federaciones de asociaciones cultuales. Con el fin de evitar la división del voto de la izquierda, al existir dos textos encima de la mesa, el de Briand y el de Combes, la mayoría de la comisión toma como base el texto gubernamental, con la idea de introducir importantes modificaciones, negociadas directamente con Combes, que parece estar dispuesto a ceder en el tema del límite departamental, pero no en lo relativo a la administración de cultos. La comisión trata de buscar un texto híbrido, modificando el de Combes, en sus reuniones de 8 y 14 de diciembre de 1904, con el fin de redactar un texto definitivo que

---

433 LARKIN, MAURICE. *L'Église et l'État en France. 1905: La crise de la Séparation.* Privat. Toulouse. 2004. Páginas 152 y 153. SCOT, JEAN PAUL. *L'État chez lui, l'Église chez elle. Comprendre la loi de 1905.* Le Seuil. París. 2005. Páginas 199 a 213.

434 *Hace falta saber lo que se quiere*, sic.

435 SCOT, JEAN PAUL. *L'État chez lui, l'Église chez elle. Comprendre la loi de 1905.* Le Seuil. París. 2005. Página 214.

poder presentar a la Cámara de Diputados, al cual se le pudieran incorporar ulteriores enmiendas, con motivo de los debates parlamentarios.[436]

6. CAÍDA DE COMBES Y ELABORACIÓN DEL PROYECTO DE LEY DEFINITIVO

La debilidad en la que Combes se encontraba era manifiesta, a pesar de haber presidido uno de los más longevos gabinetes de la III República, (aparte del de Waldeck-Rousseau), pues el escándalo de las fichas le ha dejado verdaderamente *tocado* políticamente, contribuyendo a la caída de su Gabinete. Combes presentará su dimisión el 18 de enero de 1905, no sin antes cerrar esa misma mañana 466 establecimientos de las congregaciones religiosas, siendo sustituido en la Presidencia del Gobierno por Maurice Rouvier, que hasta entonces había ocupado con Combes la cartera de Hacienda, el cual toma posesión el 24 de enero de 1905.[437] La caída de Combes podía ser una buena oportunidad para dar lugar a un cierto apaciguamiento de los ánimos, que en verdad se encontraban bastante caldeados. No dejaba de resultar paradójico que la vía de la *separación* hubiera quedado abierta por el, hasta hace poco, *concordatario* Combes. Nótese el intencionado empleo de las cursivas, porque detrás de dicho adjetivo debe verse no tanto el entusiasmo por mantener el Concordato en cuanto tal, sino el deseo de maximizar el texto napoleónico como instrumento de control de la Iglesia, especialmente en lo tocante al nombramiento de obispos. Por otra parte, el texto de Combes suscitaba demasiadas controversias como para ser tomado como base del debate de una Ley, comprometiendo el futuro político del nuevo gabinete.

Caído Combes, el nuevo Presidente Maurice Rouvier, acostumbrado a *flotar* en medio de las tempestades, (no en vano había estado comprometido en el escándalo financiero del canal de Panamá, pero del mismo había salido indemne), constituye un gabinete a su imagen y semejanza, compuesto por radicales y moderados, entre los cuales había muchos hombres de finanzas, lo que le lleva a Clemenceau a afirmar que *no es un Consejo de ministros, es un Consejo de administración.* Para el flamante

---

[436] SCOT, JEAN PAUL. *L'État chez lui, l'Église chez elle. Comprendre la loi de 1905.* Le Seuil. París. 2005. Página 216.

[437] Permanecerá en el cargo hasta su dimisión el 7 de marzo de 1906, y será durante su mandato cuando la Ley de separación vea la luz verde en el Parlamento.

nuevo Presidente del Gobierno, el asunto de la separación no le parecía prioritario, tal vez porque efectivamente hubiera reformas políticas de gran calado que eran inaplazables, o *a lo mejor* también porque era plenamente consciente que este tema era una patata caliente en términos políticos, y quizás fuera aconsejable meter el debate en el refrigerador, y no volver a sacarlo hasta que hubieran pasado las elecciones previstas para 1906. El Gobierno de Rouvier está más escorado a la derecha, (en comparación con el saliente), no habiendo sido apoyado por los socialistas, pero todos los partidos de izquierda, incluidos Jaurès y los socialistas, están dispuestos a apoyar a Rouvier a condición de llevar a buen puerto la separación. Es la presión separatista lo que le lleva a tener que poner al frente de la cartera de Instrucción Pública y de Cultos a Bienvenu-Martin, en lugar de al, tal vez, más conciliador Briand. El nuevo Ministro de Instrucción Pública, Bellas Artes y Cultos, Bienvenu-Martin, desea colaborar con la comisión y hace redactar un nuevo proyecto de Ley próximo al primer texto de la comisión, que queda depositado en la Cámara de Diputados el 9 de febrero de 1905. Rouvier había afirmado en los pasillos del Parlamento a propósito de una eventual denuncia del Concordato que sobre ello *volveremos a hablar dentro de 10 años.*[438] Sin embargo una eventual política dilatoria no tenía visos de prosperar, máxime si tenemos en cuenta la actitud de algunos parlamentarios que pronto comienzan a *impacientarse*, como Émile Morlot, que el 10 de febrero de 1905 lanza una interpelación al Gobierno sobre las medidas que pensaba adoptar en materia de separación Iglesia-Estado, para asegurar la administración de las diócesis vacantes, así como para preparar *desde el presente la separación.* Rouvier deja que sean las Cámaras las que actúen, sin injerirse en el debate en nombre del Gobierno, como sería de esperar en un *viejo oportunista*, curtido en mil batallas, y que se ha visto obligado a incorporar en su gabinete a los presidentes de los dos grupos radical socialistas de la Cámara, Dubief y Bienvenu-Martin, separatistas entusiastas en ambos casos. Los intentos de Rouvier de dilatar el proceso, pronto se manifiestan efímeros, por la fuerte presión separatista.[439]

---

[438] AMSON, DANIEL. *La Querelle religieuse.* Odile Jakob. París. 2004. Páginas 283 y 284. SCOT, JEAN PAUL. *L'État chez lui, l'Église chez elle. Comprendre la loi de 1905.* Le Seuil. París. 2005. Página 217.

[439] BARBIER, EMMANUEL. *Histoire du catholicisme liberal et du catholicisme social en France. Du Concile Vatican à l'avènement de S.S. Benoît XV, (1870-1914).* Tomo IV. Imp. Cadoret. Burdeos. 1923-1924. Página 27.

Del 22 de febrero al 1 de marzo, la comisión se reúne a diario. Se retoman las principales disposiciones propuestas presentadas con anterioridad al proyecto de Combes, y se modifican numerosos artículos del proyecto de Bienvenu-Martin.[440] Aristide Briand tratará de buscar consejo en personas expertas en la materia, siendo ayudado entre otros por Louis Méjan, (protestante), el cual estará llamado a ejercer una gran influencia sobre su mentor, y Paul Grunebaum-Ballin, (judío), que acababa de publicar en el otoño de 1904 un estudio sobre la problemática jurídica de la separación, con un prefacio hecho por Anatole France. A ellos hay que unir el nombre de Léon Parsons, que se encargará de realizar la introducción histórica, no exenta de algunas inexactitudes, que pronto son puestas de manifiesto por la oposición. A estas influencias hay que unir la oportuna evolución personal e ideológica del propio Briand, que se desmarcará de *sus amigos* librepensadores, quizás porque no le conviniera tampoco distanciarse demasiado de los católicos, de cara a no cercenar sus expectativas de desarrollar una provechosa carrera política). Se organiza un sistema de *devolución* a las *asociaciones cultuales* de los bienes anteriormente detentados o utilizados por los *establecimientos públicos de culto,* condicionándolo a que dichas personas jurídicas de nueva creación, las citadas asociaciones cultuales, se *atuvieran a las reglas generales del culto cuyo ejercicio se propusieran asegurar,* una forma *elegante* de asegurar la autoridad de los obispos sobre las mismas, en opinión de DUCOMTE, pero que no va a levantar precisamente sin embargo un *cerrado entusiasmo* entre la jerarquía eclesiástica. En el proceso de elaboración de la Ley, jugarán también un importante papel Jaurès, que realiza una serie de transacciones oficiosas con diputados e intelectuales católicos, y Pressensé, cuyo trabajo tendrá un especial protagonismo en lo que respecta a la elaboración del clave artículo 4 de la Ley, fuertemente influido por la experiencia previa americana y de la Iglesia libre de Escocia. De este modo la solución que se adopte en Francia será en buena parte tributaria de los países anglosajones.[441]

---

[440] SCOT, JEAN PAUL. *L'État chez lui, l'Église chez elle. Comprendre la loi de 1905.* Le Seuil. París. 2005. Página 219.

[441] Este añadido es nuestro, y está irónicamente inspirado en lo que es susceptible de ser considerado como *políticamente correcto.* DUCOMTE, JEAN MICHEL. *La Loi de 1905. Quand l'État se séparait des Églises.* Milan. Toulouse. 2005. Página 25. MAYEUR, JEAN-MARIE. *La separation de l'Eglise et de l'État. (1905).* Firmin-Didot. París. 1966. Páginas 45 y 46.

Briand procura buscar una solución que pudiera ser aceptada por los católicos, o al menos por el sector más liberal de los mismos, intensificando sus contactos directos con personalidades de dicho ámbito ideológico como monseñores Fuzet, (arzobispo de Rouen), y Lacroix, (obispo de Tarentaise), apoyándose sobre el liberalismo sincero, y un poco *naíf* de Méjan, el cual estaba convencido de la viabilidad de la empresa de construir el estatuto jurídico de las confesiones religiosas en Francia, sobre las bases del principio de laicidad del Estado. El 4 de marzo de 1905, Briand presenta su Informe, asumiendo el compromiso de desmantelar la obra legislativa de Napoleón en materia de relaciones entre el Estado y las confesiones religiosas, y el 21 de marzo comienza el debate en la Cámara. Las discusiones parlamentarias pronto trascienden de las cuatro paredes del Palais Bourbon, para encender una controversia nacional, transparentando las sesiones la elocuencia de los oradores, y la pasión de las intervenciones que se van sucediendo a medida que los días transcurren.

7. LOS DEBATES PARLAMENTARIOS DE LA LEY DE SEPARACIÓN

7.1. Las cuestiones prejudiciales presentadas por Georges Berry y el padre Gayraud

La voz cantante en el debate no la van a llevar ni el Presidente del Consejo, Rouvier, que se desentiende del mismo, ni el Ministro de Instrucción Pública y de Cultos, Jean-Baptiste Bienvenu-Martin, que desempeña un papel secundario, sino el propio Briand, que deja constancia evidente de su calidad como orador y su desenvoltura para las maniobras parlamentarias, provocando intencionadamente a la extrema derecha, con el fin de cubrirse de las eventuales críticas que pudieran surgir desde los escaños de la extrema izquierda, y de este modo poder sacar adelante un texto que fuera susceptible de ser aceptado por los sectores más moderados de la oposición, que en caso de hacer suyo el texto, lo dotarían de una especial legitimidad. Uno de los personajes claves en esta compleja partida de esgrima, será Ribot, líder de los *progresistas*, (republicanos moderados que se han pasado a la oposición del Bloque de Izquierdas), cuyo papel será muy importante para que pueda salir adelante el texto de Briand, que cuenta con un doble rechazo, en primer lugar el de quienes desde tesis legistas republicanas y en frontal lucha contra la Iglesia consideran que el proyecto es demasiado liberal y condescendiente con la misma, y en segundo lugar, quienes desde posiciones conservadoras próximas a la Iglesia, creen que la Ley es un verdadero escarnio contra los católicos, destacando en este sentido las intervenciones de los diputados Groussau, profesor en la Facultad Católica de Lille, y Plichon, ingeniero, vinculado a la patronal católica.[442]

El debate parlamentario sobre el proyecto y las proposiciones de Ley relativas a la separación de las Iglesias y el Estado, comienzan en la Cámara de Diputados el 21 de marzo de 1905, centrándose en dos mociones prejudiciales antes de comenzar la discusión general, una presentada por Georges Berry y otra por el padre Gayraud.

Georges Berry propone que la Cámara se pronuncie a favor de una posposición del debate sobre la separación hasta que no se celebren las próximas elecciones legislativas en 1906, y que por consiguiente el mismo no tenga lugar durante esa legislatura,[443] pues invoca que los resultados de las elecciones de 1902 habían sido mayoritariamente contrarios a la idea de separación, ya que de los 269 electos que habían previsto este problema, (conforme al estudio sobre este particular realizado por Fouquet), 129 se habían mostrado a favor y 140 en contra, una estimación que es cuestionada por Octave Chenavaz, que considera que el cómputo de Fouquet ha sido inexacto, y que no ha tenido en cuenta todas las circulares y declaraciones escritas hechas por todos los candidatos, ante la reiteración en sus tesis por parte de Berry, desde las bancadas situadas a la extrema izquierda se escucha que *el escrutinio lo dirá*.[444] La propuesta será rechazada abrumadoramente por 343 votos en contra, y tan sólo 40 votos a favor.[445]

Una segunda cuestión previa presentada por el padre Gayraud, abogaba porque por razones de *lealtad diplomática* y *honestidad política*,

---

[442] LATREILLE, A. y RÉMOND, R. *Histoire du Catholicisme en France. III. La période Contemporaine*. Editions Spes. París. 1962. 2ª Edición. Página 508. MAYEUR, JEAN-MARIE. *La separation de l´Eglise et de l´État. (1905)*. Firmin- Didot. París. 1966. Páginas 47 y 48.

[443] Anales de la Cámara de Diputados de 21 de marzo de 1905. Página 1236.

[444] Anales de la Cámara de Diputados de 21 de marzo de 1905. Página 1237.

[445] Anales de la Cámara de Diputados de 21 de marzo de 1905. Página 1244.

así como por el interés en el mantenimiento del *orden público* y de la *paz religiosa*, la eventual denuncia del Concordato, la derogación de la Ley de 18 de Germinal del año X, y la separación entre la Iglesia y el Estado, se hicieran de un modo *amigable*, invitando al Gobierno para que fuera constituida una comisión extraparlamentaria en la que estuvieran representados los ministros de culto de las diversas confesiones religiosas interesadas en la materia, para que preparase una propuesta de acuerdo en conformidad con las confesiones religiosas.[446] Para Gayraud, el ideal de las relaciones entre la Iglesia y el Estado no sería la separación, sino *la unión de la sociedad civil y la religiosa ... la unión por la paz de las conciencias, por la tranquilidad pública y, al mismo tiempo, por la prosperidad del Estado y la libertad de la Iglesia,* sin que por ello el Concordato de 1801 sea la solución ideal, pues en el mismo la Iglesia católica *es reconocida, no como la verdadera religión, -que es lo que ella es a nuestro modo de ver-, sino simplemente como la religión de la mayoría de los franceses.* Una crítica al Concordato que Gayraud hace extensiva al sistema de designación de obispos, sujeta a una fuerte intervención estatal, (habiendo sido aplicado últimamente como un *instrumento de opresión a la Iglesia*), y a la retribución pública del clero, que le coloca en una situación de extrema debilidad, de *mendicidad* frente al poder civil. A ello le responde con sorna François Fournier, que ante dicha crítica, lo mejor sería entonces, *denunciarlo.*[447] La propuesta de Gayraud es rechazada al recibir 386 votos en contra, por tan sólo 162 votos favorables.[448]

7.2. Partidarios y detractores de la separación

Superado el debate de las cuestiones prejudiciales, el 23 de marzo comienza la discusión general de la Ley, en la Cámara de Diputados, y pronto quedan definidos los argumentos de los partidarios y detractores de la idea de separación, que van a dar lugar a un vivo debate, apasionado, y con frecuencia, de gran altura intelectual. El 8 de abril la Cámara rechaza la propuesta -dilatoria- de Georges Bethoulat, enemigo declarado de la separación, de realizar un sondeo entre los ayuntamientos a propósito de la misma, durante las vacaciones de Pascua, que es rechazada

[446] Anales de la Cámara de Diputados de 21 de marzo de 1905. Página 1236.
[447] Anales de la Cámara de Diputados de 21 de marzo de 1905. Páginas 1244 y 1255.
[448] Anales de la Cámara de Diputados de 21 de marzo de 1905. Página 1256.

por 335 votos en contra y tan sólo 239 votos a favor.[449] Ese mismo día la propuesta de tramitación de urgencia de la Ley es aprobada por 342 votos favorables y 232 en contra.[450] En las sesiones del 8 y el 9 de abril se rechazarán asimismo los contraproyectos de Urbain Sénac, Maurice Allard y Edmond Archdeacon.

7.2.1. *Argumentación de los partidarios*

7.2.1.1. La separación *posible*

Briand entendía que el Concordato había muerto, y que no tenía ningún sentido entablar conversaciones con la Santa Sede para reemplazarlo por otro diverso, pues había diferencias ideológicas insuperables, absolutamente irreconciliables.[451] Y estaba convencido que el proyecto de Ley de separación había sido discutido y votado *en un espíritu sincero y leal de equidad y liberalismo.* Admitía que era susceptible de ser perfeccionado mediante enmiendas que en cualquier caso afectarían a cuestiones menores, debiendo ser juzgado en conjunto, pues sólo de este modo podría a su juicio comprenderse su equilibrio y armonía.[452]

En una de sus réplicas a Grossau, Alexandre Zévaès, diputado socialista y francmasón, afirmará que el Concordato *lejos de haber aportado al país la paz religiosa, no había hecho sino desencadenar más violentamente que nunca el combate entre la Iglesia y el Estado,* pensaba que por el contrario, la separación podría *aportar la paz a todas las conciencias, pero no ya en un Estado libre,* (pues rechazaba la fórmula de Cavour), *sino en un Estado soberano.* Entendía que el Concordato de Bonaparte no obedecía a un *movimiento de fervor religioso,* sino que en realidad no suponía otra cosa que un *instrumento de dominación política,* pues aunque creía que la Iglesia era demasiado débil para darle sombra, podría serle útil si consiguiese tenerla dominada y controlada, y necesitaba por ello tener un clero sumiso, a base de *chambelanes, títulos* y *condecoraciones,* como en fin, todas las *antiguas cariátides del poder.*[453] Diputados como

[449] Anales de la Cámara de Diputados de 8 de abril de 1905. Página 1602.
[450] Anales de la Cámara de Diputados de 8 de abril de 1905. Página 1603.
[451] Anales de la Cámara de Diputados de 6 de abril de 1905. Página 1554.
[452] Anales de la Cámara de Diputados de 6 de abril de 1905. Página 1555.
[453] Anales de la Cámara de Diputados de 27 de marzo de 1905. Página 1373.

Alezandre Zévaès y Maurice Allard no dejarán de pedir constantemente la denuncia del Concordato.

El republicano Louis Barthou, diputado por el departamento de *Basses Pyrénées,*[454] expresando los sentimientos de los moderados del Bloque de Izquierdas, defenderá que la denuncia del Concordato era inaplazable, pues pensaba que la *separación de la Iglesia y del Estado se impondrá tarde o temprano, porque está en la corriente de las ideas modernas, porque la Iglesia reconocerá por si misma que la libertad es más y más para ella una condición de su dignidad, y que todo privilegio se torna fatalmente, en nuestros días, en servidumbre.*[455] Comenzaba a calar la idea de la inevitabilidad de la separación y que había que hacerla antes de las próximas elecciones.

7.2.1.2. La separación *imposible*, la de la utopía radical y la de la demagogia

Junto a la separación *posible*, o si se prefiere, *políticamente viable*, que se encuentra representada por el texto de Briand, existen otras tentativas políticas de llevar a cabo una separación, no exentas de una cierta demagogia, como las que son objeto de debate en las sesiones de la Cámara de Diputados del 8 y 10 de abril de 1905.

El 8 de abril se debate el contraproyecto de Urbain Sénac, diputado radical socialista, en cuyo artículo 1 se denuncia el Concordato de Napoleón, para a continuación declarar la afección a la beneficencia pública de todos los bienes eclesiásticos de cualquier tipo, incluidos todos los bienes afectos al culto, tales como catedrales, iglesias, capillas, sinagogas, etc., adquiridas con anterioridad o posterioridad al Concordato, así como aquellos afectos al alojamiento de los ministros de culto, arzobispados, obispados, presbiterios y seminarios y cualesquiera otros establecimientos cultuales, con sus dependencias inmobiliarias y objetos mobiliarios. Todos estos bienes tendrían la naturaleza de bienes del demanio público nacional. La propuesta de Sénac de denunciar el Concordato es rechazada

---

[454] Actualmente Pyrénées-Atlantiques

[455] Anales de la Cámara de Diputados de 28 de marzo de 1905. Página 1402.

por 580 votos en contra y sólo 2 votos a favor, y se decide por aclamación no pasar a entrar a estudiarlo.[456]

En la sesión del 10 de abril de 1905 se discutirán los contraproyectos de Maurice Allard y Edmond Archdeacon, dos hombres de orientación ideológica contrapuesta, que no comulgan con el texto propuesto por Briand, aunque por motivos muy diversos. Maurice Allard había depositado el 10 de marzo un contraproyecto de planteamientos más radicales que los de Briand, que deberá de estar pendiente no sólo de defender su propio proyecto, sino de rebatir los argumentos que le vienen desde la extrema izquierda, que pide una solución aún más anticlerical, haciendo un cierto equilibrismo político, pues Briand no puede permitirse perder votos por su izquierda, ni a la vez, el apoyo de partidos moderados de centro izquierda, que no comulgarían con soluciones como las propuestas por Allard. Éste proponía en el artículo 1 de su proyecto la supresión inmediata, (a partir del 1 de enero de 1906), y total, del presupuesto de culto, la confiscación de los bienes eclesiásticos, y arrendar los edificios de culto a las asociaciones cultuales por un alquiler que no podría ser inferior al 5% del valor del inmueble. Briand le replicará que, en esas condiciones, el alquiler a cobrar por Notre-Dame sería al menos de 1 millón de francos, una cifra astronómica, e igual ocurriría con la mayoría de las parroquias francesas, lo que obligaría a la Iglesia católica a renunciar a sus iglesias al no poder satisfacer los arrendamientos que se le iban a requerir. Briand pedirá a *sus amigos* de la extrema izquierda, que se resistan al deseo de hacer una manifestación anticlerical, *que no sólo será ineficaz, sino que además pudiera poner en manos de los enemigos de la República un arma peligrosa.* Añadiendo que él estaba convencido que Allard no había querido hacer otra cosa que exponer ante la Cámara su doctrina filosófica en materia religiosa, felicitándose por una iniciativa que nos había permitido escuchar un discurso lleno de *verbo, fantasía y originalidad,* (con sorna el padre Gayraud dirá: *¡Mucha fantasía!*).[457] sometida su propuesta a votación, será rechazada por 495 votos en contra y tan sólo 59 a favor,[458] lo cual dejaba a las claras el aislamiento de la extrema izquierda, que sólo consigue aglutinar 12 votos de la Unión socialista revolucionaria, 13 votos sobre 40 del partido socialista francés

[456] Anales de la Cámara de Diputados de 8 de abril de 1905. Páginas 1608 y 1614.
[457] Anales de la Cámara de Diputados de 10 de abril de 1905. Página 1635.
[458] Anales de la Cámara de Diputados de 10 de abril de 1905. Página 1647.

de Guesde y Vailland, y 34 diputados radical socialistas. Este pequeño y ruidoso grupo se opondrá constantemente a Briand y Jaurès, pero terminará votando a favor de la Ley.[459]

Un segundo texto será defendido por el nacionalista Edmond Archdeacon, diputado por la *Ligue de la patrie française,* que se reduce a tres artículos, por el primero quedaban derogadas todas la normas que regulaban en Francia el ejercicio de culto, en el segundo se afirmaba que el Estado *ignora* las religiones, sic, y en el tercero se decía que las asociaciones cultuales estarían sometidas al derecho común. En el fondo era un ejercicio de demagogia, en toda regla, una simple fantochada. En su defensa llegará a decir que los católicos aceptarían de buen grado el expolio de sus bienes, asegurarían sus necesidades de culto, sostendrían a sus sacerdotes ancianos … *porque ellos piensan como yo, que no se compra jamás demasiado cara la obtención de la libertad.* Tras declararse como ni creyente, ni practicante, y reconocer haber nacido en la religión católica, afirmará que el *patriotismo exige que si no se piensa como los ancestros, se respete al menos lo que ellos han pensado.* Su proyecto será rechazado por el aplastante resultado de 427 votos frente a 2.[460]

7.2.2. El eventual apoyo de los republicanos moderados a una separación liberal y pacífica

El arco parlamentario era lo suficientemente plural en la VIII Legislatura de la III República, como para admitir una simplista división maniquea entre partidarios y detractores de la separación. En algún punto intermedio entre ambas tesis maximalistas, se encontraba la posición de quienes eran partidarios de una separación que pudiéramos calificar como *liberal,* es decir, lo suficientemente tranquila como para no alterar la paz religiosa del país, que no implicase herir en vano los intereses de los creyentes franceses, especialmente de los católicos, una separación que no supusiera una provocación gratuita, ni una ruptura innecesaria (e indeseada), con la Santa Sede. Eran las tesis defendidas en la Cámara de Diputados por Alexandre Ribot, por los republicanos moderados, que podían prestar eventualmente su apoyo a la separación, aunque no a

[459] SCOT, JEAN PAUL. *L'État chez lui, l'Église chez elle. Comprendre la loi de 1905.* Le Seuil. París. 2005. Página 230.

[460] Anales de la Cámara de Diputados de 10 de abril de 1905. Página 1640.

cualquier tipo de ella. Una posición de bisagra, que se pone de manifiesto en cómo la intervención de Ribot en la sesión de Cámara del 3 de abril de 1905, crítica con el proyecto de Briand, es especialmente aplaudida por los escaños del centro y la derecha, y en los esfuerzos que el propio Ribot hará por rebajar la agresividad de la legislación anticlerical, algo que no le impide manifestar su eventual apoyo a una separación atemperada.

Alexandre Ribot reconoce en su intervención que el movimiento general de las ideas modernas conllevará tarde o temprano a la separación completa de la Iglesia y del Estado, y se atreve a pronosticar que si la misma se hace de forma *pacífica*, y *liberal*, la propia Iglesia católica comprenderá que la separación podrá garantizarla su *dignidad* e *independencia.* Por ello se muestra partidario de llevar a cabo una transición tranquila del modelo concordatario hacia la separación, durante la cual se deje a la Iglesia más libertad para la elección de los obispos, y donde la Iglesia se organizará pacíficamente, en vistas a la supresión gradual del presupuesto de cultos. Si por el contrario, la separación se hace de forma traumática, y se convierte en una sucesión de represalias en lugar de un acto de separación, difícilmente contribuirá a la pacificación del país. Por ello se ve obligado a reconocer que el proyecto de Briand suscita no pocas inquietudes entre católicos y protestantes, unas objeciones que se reproducen en la conciencia de muchos de los parlamentarios radicales.[461]

Ribot entendía que la nominación de obispos por el Estado no tenía por objeto imponer a la Iglesia unos determinados candidatos que la misma no pudiera aceptar, sino únicamente descartar a los miembros del clero violentos, agitados, que pudieran causar situaciones embarazosas al Estado.[462] Entendía que declarar que una nación como Francia, con todo su pasado, y todos sus intereses en el mundo, (piénsese por ejemplo en los territorios coloniales), no habría de tener relación alguna con la Santa Sede, y que la misma iba a ser radicalmente ignorada, no era únicamente algo que iba a contrapié de la política tradicional francesa, sino también de su política europea y de su política exterior, en el más amplio sentido de la palabra. No supondría únicamente una abrupta ruptura con la ancestral política francesa, sino que además conllevaría un grave perjuicio para los intereses franceses.[463]

---

[461] Anales de la Cámara de Diputados de 3 de abril de 1905. Páginas 1487 y 1488.

[462] Anales de la Cámara de Diputados de 3 de abril de 1905. Página 1492.

[463] Anales de la Cámara de Diputados de 3 de abril de 1905. Página 1494.

Las tesis de Alexandre Ribot eran en buena parte semejantes a las sostenidas por Jean-Marie de Lanessan, director de *Le Siècle*, y partidario de una visión liberal de la separación, desde cuyas páginas se rechaza frontalmente el proyecto de Combes de marcada orientación anticlerical, donde se da cabida a las cartas del clero liberal y republicano, que no desea que la política se mezcle con la religión, expresando un sentimiento de temor, no por minoritario, menos presente en un cierto sector del clero francés, a que la Santa Sede y las congregaciones romanas aumentasen el control sobre el propio clero en Francia.[464]

Sin embargo la actitud de cautela hacia el proyecto de Briand, no le impedía a Ribot ofrecer su colaboración para mejorar alguno de sus artículos clave, si fuera posible, y de este modo *hacerlos menos peligrosos.* Estaba en juego nada más y nada menos que la paz religiosa, por ello rechazaba una separación abrupta que produjera una ruptura definitiva con la Iglesia, y por ello se mostraba partidario de una discusión constructiva sobre el texto de la Ley, que evitara los peligros y los males de un enfrentamiento con la Santa Sede.[465]

7.2.3. Las tesis de los detractores

Entre los detractores del proyecto, el diputado católico Henri-Constant Groussau, Profesor de la Facultad de Derecho de la Universidad Católica de Lille, que había contribuido a fundar, toma como punto de partida de su argumentario las palabras incluidas en el Informe Briand, conforme al cual, la Ley no pretendía ser una *obra de pasión, de represalias, de odio, sino de razón, de justicia y de prudencia combinadas,* reflexionando con ironía sobre estas *maravillosas cualidades,* que a su juicio *se encuentran raramente en las leyes más recientes,*[466] para proseguir diciendo que existía una clara contraposición entre *las palabras de paz con que se nos prodiga para inspirar confianza y los actos que, al contrario, deben inspirarnos un singular recelo.*[467] Recordaba la existencia del Concordato, un documento que descansaba sobre un contrato, cuya existencia perduraba hasta ese mismo momento en que

[464] Anales de la Cámara de Diputados de 3 de abril de 1905. Página 1496.

[465] Anales de la Cámara de Diputados de 3 de abril de 1905. Páginas 1497 y 1501.

[466] Anales de la Cámara de Diputados de 27 de marzo de 1905. Página 1363.

[467] Anales de la Cámara de Diputados de 27 de marzo de 1905. Página 1365.

se estaba produciendo el debate, sin acuerdo previo, sobre lo que él consideraba como *un acto unilateral del Estado,* sobre una Ley *esencialmente modificable, una Ley caprichosa, una Ley que dependerá de mayorías cambiantes, que estará sometida a la influencia del resultado de las elecciones,* una Ley que sin necesidad de conocerla, *nosotros no la queremos.*[468] Pronosticaba que la separación haría del país, *un campo de discordia,*[469] denunciando que la separación se nos aparecía, y no creía equivocarse, como reclamada, deseada y querida, *no únicamente, pero si principalmente, por los adversarios de la idea religiosa ... sobre todo* por el movimiento del libre pensamiento y la masonería.[470]

Groussau anhelaba un modelo de separación como los de Bélgica o la protestante Holanda, en que la idea de separación se hacía compatibilizar con el mantenimiento del presupuesto de culto, tratando de desmentir que hubiera que identificar la idea de separación con la supresión de dicha dotación presupuestaria, una peculiar manera sin duda de entender la separación.[471] Este argumentario será reproducido por Ribot, partidario de una separación *liberal y pacífica,* que entendía, que la separación tal y como se había llevado a cabo en el derecho comparado, era compatible con el mantenimiento del presupuesto de culto y clero.[472] Grossau recelaba de la falta de garantías que pudiera ofrecer el liberalismo de hoy de cara al día de mañana, y por eso llegó a decir con firmeza que *ni engañados, ni cómplices, ... sin poner en discusión vuestra buena fe, nosotros no queremos, nosotros no podemos creer en vuestras promesas de paz religiosa.*[473] Con su rechazo a la separación quería evitar ser cómplice *de una tentativa de desorganización religiosa y social,* que él temía que estuviera oculta *en los pliegues de la separación de la Iglesia y el Estado.* Grossau decía ser sabedor de la militancia de los partidarios de la separación en diversos partidos políticos, muy diferentes entre sí, pero recelaba especialmente de los librepensadores y de la masonería, es decir, de quienes él consideraba como los *profesionales de la separación,* aquéllos que gritaban *Ni Dios,*

---

[468] Anales de la Cámara de Diputados de 27 de marzo de 1905. Página 1365.

[469] Anales de la Cámara de Diputados de 27 de marzo de 1905. Página 1366.

[470] Anales de la Cámara de Diputados de 27 de marzo de 1905. Página 1367.

[471] Anales de la Cámara de Diputados de 27 de marzo de 1905. Página 1370.

[472] Estábamos ante lo que pudiéramos denominar como separación *coja* o *imperfecta.* Anales de la Cámara de Diputados de 3 de abril de 1905. Página 1489.

[473] Anales de la Cámara de Diputados de 27 de marzo de 1905. Página 1372.

ni amo,[474] de quienes como Allard había confesado *Nosotros queremos destruir la religión.* Por el contrario, Grossau se mostraba partidario de preservar la religión, *con o sin separación*, pues, *querida y preparada por los enemigos de la Iglesia, la separación amenazaba ser una persecución religiosa mejor organizada, y eso sería al mismo tiempo, habría que temerlo, un obstáculo absoluto a la tranquilidad del país.*[475]

En la misma línea, Jean Plichon, diputado monárquico y católico, recordaba que el Concordato de 1801 había declarado que la religión católica sería libre en Francia, y que su culto sería público, reprochando que ello era incompatible con la política llevada hasta ese momento tendente a suprimir las congregaciones religiosas, y se preguntaba qué cabía entender por respetar a la Iglesia católica, y si ello era compatible con expulsar a los religiosos del país, cerrar las capillas, arrancar los crucifijos, suprimir las dotaciones al clero por meras resoluciones administrativas y sin juicio previo ni acuerdo con Roma, cuando las mismas venían recogidas en el propio Concordato, o denegar al Papa su derecho a la designación de los obispos,[476] denunciaba que la libertad únicamente existía para los perseguidores, denegándose a sus contradictores, a los que se les estaba obligando a postrarse de rodillas, a quienes *se proclaman neutrales, pero permanecen perseguidores.*[477] En la misma línea, Plichon entiende que la separación está hecha con mala fe, temiéndose que la misma fuera hecha con segundas intenciones, desconfiando de las declaraciones liberales de Briand, al que se le imputaba haber afirmado que la Iglesia católica es *nuestro peor enemigo*, por todo ello consideraba que el proyecto de Ley era una obra de *odio razonado, de hostilidad querida,* que convertiría a los sacerdotes en *sospechosos* y *proscritos*.[478]

El lugarteniente-coronel Halgouet, defendía el mantenimiento del Concordato por haber contribuido a la paz religiosa en Francia, entendiendo que no podía ser sustituido de modo unilateral por el Estado, por tratarse de un Tratado Internacional. La supresión del presupuesto supondría una violación de compromisos solemnes, y calificaba el alquiler a título oneroso de los lugares de culto, como una *desposesión* y una

---

[474] *Ni Dieu, ni maitre*, sic.

[475] Anales de la Cámara de Diputados de 27 de marzo de 1905. Página 1373.

[476] Anales de la Cámara de Diputados de 28 de marzo de 1905. Página 1391.

[477] Anales de la Cámara de Diputados de 28 de marzo de 1905. Página 1392.

[478] Anales de la Cámara de Diputados de 28 de marzo de 1905. Página 1401.

expoliación. Consideraba a las asociaciones cultuales como cismáticas, y creía que la asimilación de los oficios religiosos al régimen de las reuniones públicas, la supresión de las manifestaciones exteriores de culto y de los símbolos religiosos en lugares públicos, no eran otra cosa que una traición al derecho de los fieles a la libertad de culto.[479]

7.3. La discusión sobre el artículo 4: La espinosa cuestión de las asociaciones cultuales

El estatuto jurídico de las asociaciones cultuales suscitará uno de los más enconados debates, pues se trataba en el fondo de la clave de la bóveda de la propia Ley.

Los republicanos moderados como Ribot no eran partidarios de aceptar un modelo de organización de los católicos que bajo el pretexto de suponer una *mejora*, acabara por obligarles sin más a adoptar el modelo de organización de protestantes o judíos, que no tenía por qué serles necesariamente apropiado, máxime cuando en la Iglesia católica, los pastores no son elegidos, sino que son nombrados desde lo alto de la estructura piramidal, y donde el obispo juega un papel clave en la organización interna, fuertemente jerarquizada.[480]

Una de las cuestiones claves a dilucidar era qué entidad iba a ser la sucesora en la titularidad de los bienes y derechos de los establecimientos públicos de culto. A estos efectos, el artículo 4 del proyecto elaborado por la comisión hacía una parca referencia a que la misma fuera hecha a *las asociaciones que serán legalmente formadas para el ejercicio del culto en las antiguas circunscripciones de los citados establecimientos*. Era una cuestión que podía suscitar problemas, especialmente en situaciones *cismáticas*, pues aunque en la mayoría de los casos cabría esperar *a priori* que los fieles eligieran como presidente al *señor cura*, cabría preguntarse por qué ocurriría si esto no fuera así, y en el contexto de una posible situación de conflicto, los fieles (o si se prefiere, los *electores*, si se nos permite utilizar la ironía, tal vez políticamente incorrecta, empleada por CABANEL), decidieran elegir a un laico anticlerical, o a un pastor protestante, introduciendo en el *redil* de la Iglesia a un *lobo cismático, laico,*

---

[479] Anales de la Cámara de Diputados de 8 de abril de 1905. Página 1606.

[480] Anales de la Cámara de Diputados de 3 de abril de 1905. Página 1497.

o simplemente demócrata. En cuyo caso, cabría preguntarse por cuántas parroquias podrían salir del *regazo romano*. Como señalara Eugène Réveillaud, el 4 de abril de 1905, tal vez era la hora de reflexionar si había llegado el tiempo de eximir a la Iglesia del *yugo del ultramontanismo* y de activar *nuevos cultos, nuevas organizaciones religiosas que rompieran este molde de la unidad fáctica sobre el que, como una capa de plomo, el porvenir religioso y político de nuestro país pudieran ser aplastados.*[481]

En la sesión parlamentaria del 20 de abril de 1905, Briand propondrá dar una nueva redacción a dicho artículo 4, precisando que dicha atribución se realizaría a *las asociaciones que ajustándose a las reglas de organización general del culto, cuyo ejercicio se propongan asegurar, sean legalmente formadas, siguiendo las prescripciones del artículo 17*[482]*, para el ejercicio de este culto en las antiguas circunscripciones de los citados establecimientos.*[483] Con ello se trataba de calmar en cierto modo las suspicacias levantadas por la redacción original del texto propuesto por la comisión. Como señalara el propio Briand, no se podía ignorar que a la hora de dilucidar la devolución de los bienes de los establecimientos cultuales, se estaba en Francia ante tres confesiones religiosas, católica, judía y evangélica, que tenían sus propias constituciones, lo cual era un dato fáctico que le venía dado al Estado. Briand aboga por regular el estatuto jurídico de las confesiones religiosas *en el espíritu de la neutralidad, de modo que no sea atentatorio a la libre constitución de las iglesias …* entendiendo que el Estado no tenía *el derecho a obligarlas a una constitución nueva.*[484]

Se trataba de una fórmula que ya aparecía en la redacción original de proyecto de Francis de Pressensé, que al parecer se había inspirado en el modelo escocés y de algunos estados americanos, como ya hemos visto, pero el dato clave para explicar este cambio en la redacción del artículo 4 pudo ser una entrevista privada entre el propio Briand y monseñor Fuzet, arzobispo de Rouen.[485]

---

[481] CABANEL, PATRICK. *Entre religions et laïcité. La voie française: XIXe-XXIe siècles*. Privat. París. 2007. Página 79 y 80. LALOUETTE, JACQUELINE. *La séparation des églises et de l'État.* Éditions du Seuil. París. 2005. Página 408.

[482] El artículo 19, del texto definitivo de la Ley.

[483] Anales de la Cámara de Diputados de 20 de abril de 1905. Página 2007.

[484] Anales de la Cámara de Diputados de 20 de abril de 1905. Páginas 2007 y 2008.

[485] CABANEL, PATRICK. *Entre religions et laïcité. La voie française: XIXe-XXIe siècles*. Privat. París. 2007. Página 80. SCOT, JEAN PAUL. *L'État chez lui, l'Église chez elle. Comprendre la loi de 1905.* Le Seuil. París. 2005. Página 234.

Manifestando el sentir de los moderados, Ribot insistirá en la necesidad de *dejar a los católicos el modo de trazar las reglas de su organización ... nosotros no podemos imponerles una organización diferente, que puede ser mejor a nuestros ojos,* pero que no estuviera en conexión con la organización católica.[486] Sin embargo, entre los radicales, la enmienda del artículo 4 suscitará un claro rechazo, pues como dirá Bemale, entienden que la misma tendrá por consecuencia *entregar a la democracia francesa, atada de pies y manos, a la jerarquía romana,* pues en caso de conflicto, los tribunales civiles deberían pasar y conformarse por lo que previamente hubieran resuelto los tribunales canónicos, imputando a Briand, haber restablecido *la supremacía definitiva de la jerarquía romana sobre el conjunto de los fieles.*[487]

En la votación sobre la redacción del artículo 4, que tiene lugar el 22 de abril de 1905, 482 diputados votan a favor, (contando los sectores laicos convencidos, con el apoyo de la mayor parte de los católicos, pues salvo 9 diputados irreducibles, el resto han escuchado a Albert de Mun, que desaconseja tensar en exceso las cosas), por tan sólo 52 en contra, correspondientes a los sectores laicistas más radicales, que son los grandes derrotados. Con clarividencia, Jaurés exclama, *La séparation c´est faite!*[488] Se trataba de establecer una separación que fuera susceptible de ser perdurable, y para ello era necesario tratar de establecer un *pacto laico,* claro que para eso habría que esperar a cómo se iba a aplicar la Ley, si se haría *dulcemente* o por el contrario, de forma *rigurosa.*[489]

7.4. Aprobación de la Ley en la Cámara de Diputados y ulterior debate y aprobación en el Senado

La Ley de separación será aprobada en la Cámara de Diputados, el 3 de julio de 1905, por 341 votos a favor y 233 en contra, (el 59% de los votos emitidos), contando con el apoyo de los diputados del Bloque de

---

[486] Anales de la Cámara de Diputados de 20 de abril de 1905. Página 2007.

[487] Anales de la Cámara de Diputados de 20 de abril de 1905. Página 2015.

[488] *¡La separación está hecha!*

[489] CABANEL, PATRICK. *Entre religions et laïcité. La voie française: XIXe-XXIe siècles.* Privat. París. 2007. Páginas 81 y 82. SÉVILLIA, JEAN. *Quand les catholiques étaient hors la loi.* Perrin. París. 2006. Página 185.

Izquierdas,[490] y tres diputados de centro derecha, Stanislas de Castellane, (Cantal), Edmond Bartissol, (Pirineos-Orientales) y Henri Tournade, (Sena). El gran triunfador había sido Aristide Briand. El católico Albert de Mun invitaba a los lectores de la *Croix*, a marcar dicha fecha como un *día de luto.*[491] El semanario *Le Pèlerin*, fundado por los asuncionistas en 1873, en su edición del 9 de julio explicaba que dicho resultado se debía a las *concesiones* hechas por Briand, entendiendo que en cualquier caso se trataba de una Ley nefasta, pese a reconocer que pudiera haber sido incluso peor.[492]

Al día siguiente de haber sido votado el proyecto en la Cámara de Diputados, el Ministro de Cultos Bienvenu-Martin lo deposita en el Senado, en donde es elegida una comisión mayoritariamente favorable a la separación. Su presidente será Vallé, un hombre próximo a Combes, y el ponente Maxime Lecomte, un anticlerical convencido. El 13 de julio la comisión se reúne, y a propuesta de Bienvenu-Martin, se acuerda su tramitación por el procedimiento de urgencia. En cinco sesiones culmina la discusión, y a resultas de la misma es adoptado el texto, sin modificación alguna. A lo largo del verano de 1905 se suceden las declaraciones de políticos de izquierda dando por hecha la separación, y que sería una realidad antes de fin de año. El 30 de octubre, Maxime Lecomte deposita su Dictamen. El 9 de noviembre comienza el debate en el Senado. La tramitación de urgencia es aprobada por 171 votos contra 107. Es rechazado el centenar largo de enmiendas presentadas. Clemenceau lanzará una ácida crítica al artículo 4, por reconocer a los católicos el derecho a organizar *sus* asociaciones cultuales conforme a las normas del Derecho Canónico, lo que en su opinión no dejaba de ser una concesión a favor de la autoridad del Papa y de la ortodoxia romana, por parte de una Ley francesa, haciendo irónicamente referencia a una *separación concordataria,* y al mantenimiento de un *sistema de privilegio en un régimen de libertad,* y denunciando la existencia de un conflicto, a su modo de ver,

---

[490] Antes del escrutinio, Combés había manifestado su voto favorable a la Ley, sin renunciar a modificar los defectos que creía que la aquejaban, unas declaraciones que no podían despertar las inquietudes de los católicos, confirmando la opinión de aquéllos que creían que las concesiones de Briand tenían un carácter precario.

[491] *Jour de deuil*, sic.

[492] CAPÉRAN, LOUIS. *L'invasion laïque. De l'avènement de Combes au vote de la séparation.* Desclée de Brouver & Cie. París. 1935. Página 424. MAYEUR, JEAN-MARIE. *La separation de l'Eglise et de l'État. (1905).* Firmin- Didot. París. 1966. Páginas 92 y 93.

entre las reglas generales del culto católico, inspiradas en el derecho divino, y las reglas generales de la democracia francesa, basadas en los derechos del hombre. Clemenceau sarcásticamente habla de la existencia caricaturesca de una *garita a la izquierda, garita a la derecha, el señor Jaurès y el señor conde de Mun, montan guardia a la puerta del Vaticano, para impedir la Revolución e introducir la libertad.* A pesar de esta diatriba sin piedad contra el artículo 4, la Ley pasará por el Senado sin sobresaltos, siendo tramitada a ritmo rápido, algo de lo que se hace eco el diario *L´Humanité* en sus números de finales de noviembre de 1905.[493]

La Ley será votada en el Senado el 6 de diciembre de 1905, por 181 votos a favor y 102 en contra, (el 64% de los votos emitidos). Dos días después, el periódico *La Croix* publicaba un artículo de Albert de Mun que llevaba como significativo título el de *Consummatum est,* en que se decía que *la sentencia puesta por el Sanedrín masónico ha sido ejecutada. Cristo ha dejado de ser en Francia oficialmente reconocido.* El acontecimiento de la aprobación de la nueva Ley era considerado como *el más grave ... después de un siglo ... más grave que las revoluciones sucesivas, más grave que la gran guerra (Vendée) ... la Nación francesa ha sido, por sus representantes, borrada del número de los Estados católicos.* Es promulgada el día 9 de diciembre, y publicada en el *Journal Officiel* el 11 del mismo mes, en esa jornada, para sorpresa de quienes se temían la posibilidad de algaradas callejeras, los espíritus amanecieron calmos. Desde el lado protestante y judío era esperable una aplicación tranquila de la Ley, mayores incertidumbres se oteaban sin embargo en el horizonte desde la perspectiva católica, al no haber sido tenida para nada en cuenta la opinión de la Santa Sede en el proceso de elaboración.[494]

La posición ante la Ley divide a los representantes políticos, un ejemplo es lo que ocurre en el departamento de Nord, en el que 13 de

---

[493] CAPÉRAN, LOUIS. *L´invasion laïque. De l´avènement de Combes au vote de la séparation.* Desclée de Brouver & Cie. París. 1935. Páginas 425 a 442. LALOUETTE, JACQUELINE. *La séparation des églises et de l´État.* Éditions du Seuil. París. 2005. Página 414.

[494] LALOUETTE, JACQUELINE. *La séparation des églises et de l´État.* Éditions du Seuil. París. 2005. Página 416. LALOUETTE, JACQUELINE. *La séparation des églises et de l´État.* Éditions du Seuil. París. 2005. Páginas LALOUETTE, JACQUELINE. *La séparation des églises et de l´État.* Éditions du Seuil. París. 2005. Páginas MAYEUR, JEAN-MARIE. *La separation de l´Eglise et de l´État. (1905).* Firmin- Didot. París. 1966. Páginas 92 y 93.

los 24 diputados rechazaron la Ley, entre ellos los pertenecientes a la derecha católica, (Grossau, Montalembert y Plichon), y los republicanos moderados, (Delaune, Motte), y el propio padre Lemire, hombre díscolo con la jerarquía católica. Por el contrario, 6 de los 8 senadores votaron a favor de la Ley. El mayor respaldo a la misma viene de las filas radicales y socialistas.[495]

8. LA ACTITUD DE LA SANTA SEDE

La gestación de la Ley de separación se solapa con dos pontificados, el final del de León XIII, y el comienzo del de Pío X. León XIII confesará a una de las últimas personalidades recibidas en audiencia, el ex Presidente del Gobierno Jules Méline,[496] su desencanto por la beligerante actitud gubernamental, y el desconocimiento de sus esfuerzos por fomentar la alineación de los católicos franceses con la República. Fallecerá el 20 de julio de 1903.[497]

El cardenal Sarto, patriarca de Venecia, es elegido Papa el 4 de agosto de 1903, adoptando el nombre de Pío X, y pronto comienza a ser consciente de las dificultades que se avecinan en Francia. Durante ese verano, en plenas vacaciones parlamentarias, Combes comienza a dar señales de por dónde va a ir la política religiosa en un futuro próximo, y de cómo la idea de separación empieza a calar en su pensamiento. El 9 de agosto, en Marsella, tras acusar al episcopado francés de haber violado el Concordato en la mayor parte de los puntos que consagran los derechos del poder civil, se pregunta si la denuncia del mismo no estará *al final de este sistema de provocaciones premeditadas.* La escalada de declaraciones prosigue el 13 de septiembre en Treguier, y en Clermont-Ferrand el 11 de octubre, en que manifiesta la necesidad de buscar una solución *aceptable* a las relaciones entre la Iglesia y el Estado.[498]

---

[495] VANDENBUSSCHE, ROBERT. *Les Églises et l'État: d'une séparation à l'autre, 1789-1905*. En: VV.AA. *Les Églises et l'État d'une séparation à l'autre. 1789-1905*. Snoeck. 2005. Página 16.

[496] Ocupó el cargo del 29 de abril de 1896 al 28 de junio de 1898.

[497] CAPÉRAN, LOUIS. *L'invasion laïque. De l'avènement de Combes au vote de la séparation.* Desclée de Brouver & Cie. París. 1935. Páginas 285 y 286.

[498] CAPÉRAN, LOUIS. *L'invasion laïque. De l'avènement de Combes au vote de la séparation.* Desclée de Brouver & Cie. París. 1935. Páginas 287 y 288.

Durante la elaboración de la Ley, la Santa Sede guarda un prudente silencio, lo cual no quiere decir que no estuviera al corriente de lo que estaba sucediendo, ni que se viera con buenos ojos el desarrollo de los acontecimientos, más bien al contrario, la actitud tanto de Pío X, como de su Secretario de Estado, Merry del Val, era de verdadera preocupación. El 2 de diciembre de 1903, Pío X escribe al Presidente de la República, expresándole su dolor por la agravación de la legislación referente a las congregaciones religiosas, los ataques contra la Santa Sede, y la existencia de determinadas vacantes episcopales, que se están prolongando indefinidamente en el tiempo. La respuesta presidencial se hace esperar hasta el 27 de febrero de 1904, la antevíspera de la discusión del proyecto de Ley que ha alarmado al Papa, manifestando que lo único que se desea es mantener la paz religiosa y la leal ejecución del Concordato, y quejándose de cómo *un cierto número de miembros del clero*, se están involucrando en las luchas políticas. El Presidente Loubet termina haciendo referencia a que con independencia de sus opiniones personales sobre el problema, él debería ceñirse a su papel institucional limitándose a hacer llegar sus consejos a los ministros afectados, quejándose que ciertas cartas redactadas por la jerarquía eclesiástica francesa, hechas públicas, le imputaban injustamente su paternidad sobre ciertos proyectos de Ley, caldeando los ánimos de la opinión pública. La aceleración que experimenta el proceso de aprobación del proyecto de Ley que prohíbe la enseñanza a las congregaciones religiosas, durante el primer semestre de 1904, hace que Pío X comience a dudar de la eventual eficacia de su intervención confidencial.[499]

El 18 de marzo de 1904, Pío X realiza una protesta pública ante el Sacro Colegio, en que rechaza el proyecto de Ley que prevé la prohibición del ejercicio de la enseñanza a las congregaciones religiosas, y la dilación en la cobertura de las sedes episcopales vacantes. Desde un sector de la prensa como *Le Siècle*, *L´Aurore*, *La Lanterne* y *L´Action*, se reacciona con cólera ante estas manifestaciones. El Ministro de Asuntos Exteriores, Théophile Delcassé, se dirige a la Santa Sede señalando que el Gobierno francés no podía admitir dicha alocución, *ni en el fondo ni en la forma*. Merry del Val le responde diciendo que el Papa se había limitado a hacer referencia a cuestiones que directamente le incumbían en cuanto máximo

[499] CAPÉRAN, LOUIS. *L´invasion laïque. De l´avènement de Combes au vote de la séparation.* Desclée de Brouver & Cie. París. 1935. Páginas 289 y 290.

responsable de la Iglesia católica. Mientras tanto el problema de las sedes vacantes se enquista.[500]

A medida que los debates políticos comienzan a dejar patente la marcha de los acontecimientos, la preocupación en el Vaticano se hace patente, cuando el 21 de marzo de 1905 comienza el debate del proyecto de Ley en la Cámara. El 27 de marzo de 1905, Pío X se lamenta de cómo el proyecto no sólo va a *destrozar el pacto concluido al comienzo del siglo anterior, entre el Pontífice romano con los jefes del Gobierno francés, por el bien común de la religión y del Estado, sino incluso de precintar para siempre una Ley de separación del gobierno civil con la Iglesia.* El día siguiente, 28 de marzo, los periódicos publicaban una carta de los cinco cardenales franceses, dirigida al Presidente de la República, en idéntico sentido que la alocución papal. En ella expresaban, con una *respetuosa franqueza y sin ningún sentimiento de hostilidad,* su preocupación por que la ruptura del Concordato pudiera poner fin a un siglo de paz religiosa. La nueva Ley no *concordaba* un nuevo modelo, sino que a su juicio lo *imponía,* siendo formalmente contrario a los principios de la religión católica. Entendía que las organizaciones cultuales, organizadas fuera de la estructura jerárquica de la Iglesia, constituían una *negación de la constitución de la Iglesia y una tentativa formalmente cismática,* y que los católicos tenían el derecho y el deber de preservar el uso y disfrute de las iglesias, presbiterios y otros establecimientos de culto. La supresión de la dotación presupuestaria constituía, a su modo de ver, una grave violación de las prescripciones concordatarias. Por todo ello, los cardenales franceses demandaban el mantenimiento del Concordato, y en caso de ser precisa su modificación, que la misma tuviera lugar de común acuerdo entre la autoridad civil y la religiosa.[501]

La visita del Presidente Loubet a Italia, en abril de 1904, será la chispa que finalmente desencadene la ruptura de relaciones diplomáticas entre Francia y la Santa Sede. El margen de maniobra de la Santa Sede es muy reducido. La salida del nuncio en París, hace que el Secretario de Estado vaticano Merry del Val tenga que estar al corriente de lo que se está *cocinando* en Francia por medio del encargado de negocios monse-

---

[500] CAPÉRAN, LOUIS. *L'invasion laïque. De l'avènement de Combes au vote de la séparation.* Desclée de Brouver & Cie. París. 1935. Páginas 290 y 291.

[501] CAPÉRAN, LOUIS. *L'invasion laïque. De l'avènement de Combes au vote de la séparation.* Desclée de Brouver & Cie. París. 1935. Páginas 379 y 380.

ñor Montagnini, una persona a la que el puesto le viene grande, y en la que Merry del Val tiene poca confianza, (llegando a calificarlo en privado como un *idiota*[502]). Montagnini llega a transmitir a Roma la sugerencia del diputado católico conservador Jacques Piou, de la posibilidad de sobornar con fuertes sumas de dinero a políticos franceses, como Clemenceau, con el fin de mejorar las condiciones en las que quedaría la Iglesia católica en Francia, especialmente en lo relativo a continuar en el goce y disfrute de los templos, y en una dulcificación de la regulación jurídica de las asociaciones cultuales. Más tarde, cuando Montagnini sea expulsado de Francia, al ser considerado *agente de un gobierno extranjero,* y su documentación confiscada, la revelación de estos documentos además de confirmar el terrible veredicto de Merry del Val sobre Montagnini, provocará una situación embarazosa a Piou, (y al propio Vaticano), el cual niega tener conocimiento de todo esto, no desaprovechando la ocasión el siempre astuto Clemenceau, para desde las páginas del diario *Le Figaro* afirmar que él no había recibido nada a cambio, y que no estaría mal que Piou desmintiera si había percibido el dinero a tal fin, o si simplemente se lo había guardado en su bolsillo. Lo cierto es que la redacción final del texto, hará poco creíbles la existencia de sobornos para dulcificarlo.[503]

---

[502] *Andouille*, sic.

[503] HILAIRE, Y.M. *Rome choisit l'intransigeance.* En: CHOLVY, GÉRARD y HILAIRE, YVES-MARIE. *Histoire religieuse de la France Contemporaine. 1880/1930.* Privat. Toulouse. 1986. Página 115.

LARKIN, MAURICE. *L'Église et l'État en France. 1905: La crise de la Séparation.* Privat. Toulouse. 2004. Páginas 156 y 157.

CAPÍTULO VI.
EL CONTENIDO DE LA LEY DE SEPARACIÓN

1. PRECISIONES TERMINOLÓGICAS

La Ley de 9 de diciembre de 1905, de separación de la Iglesias y el Estado, instaura un modelo de radical separación entre el Estado y las confesiones religiosas en Francia, poniéndose fin de forma unilateral por parte estatal, al régimen Concordatario de 1801, el cual no aparece citado una sola vez en el texto de la misma. La República garantizará la libertad de culto público, pero termina con el régimen *napoleónico* de *confesiones reconocidas* entre 1802 y 1808.

Se trata de una Ley que emplea el plural *Iglesias*, pues abarca no sólo a la Iglesia católica, sino también a las iglesias minoritarias, muy particularmente a los protestantes y al judaísmo, sirviendo como botón de ejemplo la amplia redacción dada en su artículo 12 al concepto de lugar de culto, que abarca a las catedrales, iglesias, capillas, templos y sinagogas, o el artículo 14, que equipara a los grandes seminarios católicos con las facultades de teología protestantes, de las cuales únicamente había dos en todo el país, las de París y Montauban, e incluso el propio artículo 11 que hacía referencia a la reversión de las pensiones de los ministros de culto a favor de las viudas y los huérfanos, y que sólo podía hacer referencia a los pastores protestantes y rabinos judíos. Por ello resulta *impropio* hablar de una mera separación de la *Iglesia* (en singular) y el Estado, aunque ello pueda resultar *comprensible* si se tiene en cuenta que la Iglesia católica fue en Francia la religión *oficial* del Estado hasta la Revolución, y entre 1814 y 1830, la sociológicamente *mayoritaria*, y la que con mayor virulencia se opondrá a la misma a través de Pío X, como ocurre en aquellas *viejas parejas que se desgarran mutuamente*, al contrario de lo que sucederá con protestantes y judíos. Sin embargo tal vez resulte más *justo* hablar pura y simplemente de separación entre la Iglesia y el Estado, aunque resulte menos *eufónico,* pues la verdadera voluntad de ruptura separatista por parte del Estado va directamente dirigida hacia la Iglesia católica, e incluso porque aunque el propio término de *Iglesia* pueda ser correctamente aplicado respecto a los *reformados*, no puede serlo en ningún caso a la hora de referirse en términos apropiados con relación al judaísmo, pues para poder abarcarlo sería más correcto hacer referencia al concepto napoleónico decimonónico de *cultos reconocidos.*[504]

2. LOS PRINCIPIOS INSPIRADORES DE LA LEY

Tres eran las posibles fórmulas con las que ensayar un modelo de separación:[505]

1) Una Iglesia libre en un Estado Libre, como diría Cavour, o como propone NOBLEMAIRE, una Iglesia libre en un Estado neutro, sustituyendo la palabra *libre* al definir al Estado, por el vocablo *neutro,* cuya puesta en práctica reconoce el segundo autor citado, como francamente problemática, reconociendo que era *muy difícil* de verificar en el caso de un Estado *cualquiera*, respecto a una Iglesia *cualquiera,* pero del todo *imposible* en el supuesto del Estado *francés* respecto a la Iglesia *católica.* Ponía como ejemplo el modelo americano, pero entendía que era *ilusoria* su traslación a un país como Francia, demasiado acostumbrado a demandar de todo al Estado y esperarlo todo de él, como para sacudir el yugo de un golpe.

2) Una Iglesia bajo sospecha en un Estado desconfiado. NOBLEMAIRE desconfía de la verificabilidad de la solución anterior en la práctica, considera que la idea de neutralidad del Estado es una añagaza. Por ello el mismo se muestra partidario de actuar con enorme cautela a la hora de sustituir las *seguridades* del Concordato.

---

504 CABANEL, PATRIK. *1905, la séparation des Églises et de l'État en 30 questions.* Geste. La Crèche. 2005. Páginas 8 y 9.

505 NOBLEMAIRE, GEORGES. *Concordat ou Séparation. Réflexions sur les rapports de l'Église catholique et de l'État français précédées d'une lettre de M. Ribot.* Plon-Nourrit. París. 1904. Páginas 137 y ss.

3) Una Iglesia perseguida en un Estado sectario. En una interpretación a nuestro juicio reduccionista, NOBLEMAIRE entiende que el *programa* de este tercer escenario quedaría sintetizado en tres puntos: la supresión del presupuesto de cultos, la supresión de la embajada en el Vaticano, y la denuncia del Concordato.

Los dos grandes principios que inspiran la Ley de separación de 1905 vienen recogidos en los dos artículos que componen su Título I, y que se complementan entre sí, actuando como dos condiciones previas del nuevo sistema de relaciones entre el Estado y las confesiones religiosas:

1) El principio de libertad de conciencia, que se incorpora en su artículo 1 en los siguientes términos: *La República asegura la libertad de conciencia. Se garantiza la libertad de ejercicio de los cultos con las únicas restricciones dictadas a continuación por el interés del orden público.*[506] Con ello se está conectando directamente con lo previsto en el artículo 10 de la Declaración de Derechos del Hombre y del Ciudadano, en virtud del cual *nadie* podrá ser inquietado por sus opiniones, incluidas las religiosas, con tal que su manifestación no perturbe el orden público establecido por la Ley. Estas ideas se reiterarán en el artículo 1 de la Constitución de 4 de octubre de 1958, conforme al cual *Francia es una República laica,* que *asegura la igualdad ante la Ley de todos los ciudadanos sin distinción de religión (y) respeta todas las creencias.*

Como señala AMSON, el reconocimiento del principio de libertad de conciencia viene de la mano de la necesidad de respetar el principio de laicidad del Estado, e impide la discriminación de los ciudadanos por motivos religiosos, exigiendo la necesidad de garantizar la libertad de culto, tanto dentro como fuera de los templos, con el único límite del respeto de las exigencias mínimas derivadas del mantenimiento del orden público. Con ello se secularizan las instituciones y servicios públicos.[507]

2) El principio de separación entre el Estado y las confesiones religiosas, consagrado en su artículo 2, en virtud del cual la República no reconoce, ni paga, ni subvenciona ningún culto. En consecuencia, a partir del 1 de enero siguiente a la promulgación de la presente Ley, serán su-

---

[506] Algo que será descalificado desde sectores católicos, que lo consideran como una *piège mensonger,* es decir, una *falsa trampa,* sic. LATREILLE, A. y RÉMOND, R. *Histoire du Catholicisme en France. III. La période Contemporaine.* Editions Spes. París. 1962. 2ª Edición. Página 509.

[507] AMSON, DANIEL. *La Querelle religieuse.* Odile Jakob. París. 2004. Página 291.

primidos de los presupuestos del Estado, de los departamentos y de los ayuntamientos, todas las partidas de gastos relativas al ejercicio de los cultos. La única excepción contemplada por la Ley hacía referencia al mantenimiento de las previsiones presupuestarias destinadas a los servicios de las capellanías y destinadas a asegurar el libre ejercicio de los cultos en los establecimientos públicos, tales como los liceos, colegios, escuelas, hospicios, asilos y prisiones.

Al afirmar que la República no *reconoce* ningún culto, se está liquidando el sistema napoleónico de cultos reconocidos de 1802-1808, y se procede de este modo a poner fin a la distinción previa a 1905 entre cultos reconocidos, (católicos, evangélicos y judíos), y no reconocidos por el Estado, entre los cuales cabría incluir a grupos disidentes de la Iglesia católica y colectivos protestantes como la *Armée du Salut,* por lo que se da un paso adelante en pro del principio de igualdad y neutralidad de tratamiento legal, y sienta la primera piedra para el final de la injerencia del poder temporal en los asuntos internos de la Iglesia, característico del Antiguo Régimen.[508]

3. LAS ASOCIACIONES CULTUALES

3.1. Concepto

La clave de la bóveda del nuevo esquema legal diseñado por la Ley de separación eran las denominadas asociaciones cultuales, previstas en su artículo 4, cuyo fin sería proveer al mantenimiento de los gastos de culto[509] y a las cuales serían transferidos los bienes muebles e inmuebles de las rentas eclesiásticas, fábricas, consejos presbiterales, consistorios y otros establecimientos públicos, con todas las cargas y obligaciones que les graven, y con su afectación especial al culto, previéndose un plazo máximo de 1 año para la constitución de las mismas.[510] Conforme al Título IV de la Ley, que regulaba la constitución de las asociaciones cultuales, tendrían una naturaleza de derecho privado, rigiéndose a tales efectos por los artículos 5 y ss. del Título I de la Ley de asociaciones de

[508] CABANEL, PATRIK. *1905, la séparation des Églises et de l'État en 30 questions.* Geste. La Crèche. 2005. Páginas 18 y 19.

[509] Artículo 18 de la Ley de separación.

[510] Artículo 4 de la Ley de separación.

1 de julio de 1901, y en todo lo demás, por las específicas previsiones contempladas en la propia Ley de separación.[511] Su objetivo último sería venir a reemplazar a los viejos establecimientos de culto, devenidos caducos por la propia *separación.*

Las asociaciones cultuales recogidas en el artículo 4 de la Ley de separación, son vistas como una provocación por amplios sectores de la Iglesia católica, pues escapan de la autoridad de los obispos, y ser un atentado a la constitución jerárquica de la Iglesia. Para tratar de eludir un eventual rechazo de la jerarquía católica, se añadirá la fórmula según la cual, su constitución se haría *de conformidad a las reglas de organización general del culto, cuyo ejercicio pretendieran asegurar*,[512] de modo que la jerarquía católica pudiera augurar un cierta expectativa de mantenimiento de su autoridad sobre las mismas, de este modo, los fieles deberían de estar en comunión con sus curas, los curas con sus respectivos obispos, y éstos a su vez con el soberano pontífice.[513] Una fórmula de *compromiso* añadida por Briand, que ya se encontraba presente en el proyecto de Pressensé de 1903,[514] y que se inspiraba en la legislación de algunos Estados americanos y en la fórmula adoptada por la Cámara de los Lores para resolver un caso que había levantado una cierta polvareda en el Reino Unido, y especialmente en Escocia, a raíz del caso *Wee Free.* La redacción final buscaba atemperar, al menos en parte, *el coro de obispos profetizando cisma e indisciplina.*[515] Charles Dumont protestará contra esta *pseudo separación*, aparentemente *amañada.*[516]

---

511 Artículo 18 de la Ley de separación de 1905.

512 *Aux règles d'organisation générale du culte dont elles se proposen d'assurer l'exercice.*

513 DE LANESSAN, JEAN-LOUIS. *L'État et les églises en France depuis les origines jusqu'à la séparation.* Félix Alcan Editeur. París. 1906. Página 273.

514 CAPÉRAN, LOUIS. *L'invasion laïque. De l'avènement de Combes au vote de la séparation.* Desclée de Brouver & Cie. París. 1935. Página 402.

515 Un colectivo de protestantes que se había escindido de la Iglesia presbiteriana establecida, (vinculada al Estado), que había fundado la denominada *Free Church of Scotland.* Una nueva escisión había venido a formar la *Wee Free,* o *pequeña Iglesia libre,* una terminología heredada del inglés hablado en Escocia, donde *wee*, significa *pequeña*. LARKIN, MAURICE. *L'Église et l'État en France. 1905: La crise de la Séparation*. Privat. Toulouse. 2004. Página 191.

516 BAUBÉROT, JEAN. *Histoire de la laïcité en France.* Presses Universitaires de France. París. 2000. Página 77.

Este artículo contará con un respaldo abrumador de 482 votos a favor por tan sólo 52 votos en contra, (9 votos de extrema derecha y 43 socialistas y radical-socialistas).[517] Pero esta cláusula no surtirá el efecto de encubrir el indisimulado objetivo pretendido, pues la categoría de las denominadas asociaciones cultuales será frontalmente rechazada por la Santa Sede y el episcopado francés. La jerarquía católica temía la aparición de una serie de *asociaciones*, que reivindicasen ser parte de la Iglesia católica, pero que escapasen de su control, y en que la toma de decisiones estuviera exclusivamente en manos de laicos.[518]

Las asociaciones cultuales deberían tener exclusivamente por objeto el ejercicio de un culto y estar compuestas por un determinado número de personas adultas domiciliadas o residentes en la circunscripción religiosa respectiva, que variaría en función de la población de las localidades en las que se encuadrasen:[519]

1) 7 personas, en los ayuntamientos de menos de 1.000 habitantes.
2) 15 personas, en los que tuvieran entre 1.000 y 20.000 habitantes.
3) 25 personas, cuando el número de habitantes fuera superior a 20.000.

Al tener que estar organizadas en el marco de los respectivos municipios, y no tomar en cuenta las particularidades de cada confesión religiosa, este sistema era particularmente inadecuado para el caso de la Iglesia católica, que se organizaba en diócesis y parroquias, pudiendo corresponder a cada municipio más de una parroquia. Además este sistema podía dar lugar a divisiones que pudieran atentar a la unidad de la Iglesia católica y a su estructura jerárquica, siendo éste el principal escollo que suscita el rechazo de Pío X, a pesar del parecer de la mayor parte de los obispos franceses, que pudieran haber llegado a aceptarlas, si Roma lo hubiera hecho.[520]

---

[517] CABANEL, PATRIK. *1905, la séparation des Églises et de l'État en 30 questions.* Geste. La Crèche. 2005. Página 11.

[518] BASDEVANT-GAUDEMET, BRIGITTE. *State and Church in France.* En: ROBBERS, GERHARD. (Ed.). *State and Church in the European Union.* Nomos Verlagsgesellschaft. Baden-Baden. 2005. Páginas 163-164.

[519] Artículo 19 de la Ley de separación de 1905.

[520] BARBIER, MAURICE. *La Laïcité.* L'Harmattan. París. 1995. Página 49.

Los miembros de las asociaciones cultuales podrían darse de baja en cualquier momento, después del pago de sus cotizaciones vencidas y de aquellas correspondientes al año en curso, aunque existiera una cláusula en sentido contrario.[521]

Este modelo de demarcación municipal, no tomaba en consideración la especificidad de la Iglesia católica, que se organiza en diócesis y parroquias, y en la cual la autoridad es ejercida por los obispos y los curas, pudiendo ser peligrosa, en caso de producirse situaciones de división interna, pudiendo atentar contra la unidad de la Iglesia católica y su estructura jerárquica.[522]

3.2. Régimen de atribución de bienes a las asociaciones cultuales

Como hemos visto, el artículo 4 de la Ley de separación de 1905 contemplaba la creación de las denominadas asociaciones cultuales,[523] a las que en el plazo máximo de un año a partir de la promulgación de la Ley, serían transferidos los bienes muebles e inmuebles eclesiásticos, con todas sus cargas y obligaciones, manteniendo su afectación especial. Para poder proceder a ello, el artículo 3 de la Ley de separación encomendaba a los agentes de la administración pública proceder al inventario:

1) De los bienes mobiliarios e inmobiliarios de los establecimientos de culto.
2) De los bienes del Estado, de los departamentos y de los ayuntamientos que los citados establecimientos tuvieren en usufructo.

Este doble inventario sería formulado contradictoriamente con los representantes legales de los establecimientos eclesiásticos, los cuales serían debidamente citados por una notificación hecha según la forma administrativa. Con el fin de poder llevar a buen puerto el inventario, los agentes encargados de su realización, tendrían derecho a que les comunicaran todos los títulos y documentos útiles para sus operaciones.

---

[521] Artículo 19 de la Ley de separación de 1905.

[522] BARBIER, MAURICE. *La Laïcité*. L´Harmattan. París. 1995. Página 49.

[523] Hasta que no estuvieran constituidas las asociaciones cultuales, continuarían provisionalmente funcionando los establecimientos de culto cuya supresión era ordenada por el artículo 2 de la Ley de separación, conforme a lo dispuesto en el artículo 3 de la propia Ley.

Los bienes que provinieran del Estado y no estuvieran gravados por una fundación pía, creada con posterioridad a la Ley de 18 de Germinal del año X serían devueltos al Estado.[524]

En caso de alienación por la asociación cultual de valores mobiliarios o de inmuebles que formen parte del patrimonio de un establecimiento público disuelto, el montante del producto de la venta debería ser empleado en títulos de renta nominativos, o en las condiciones previstas en el párrafo 2 del artículo 22, es decir, destinado a la construcción, decoración o reparación de bienes muebles o inmuebles dedicados al culto.[525] Los bienes reivindicados por el Estado, los departamentos o los ayuntamientos no podrán ser alienados, transformados, ni modificados hasta que haya sido resuelto por los tribunales competentes.[526]

La atribución de bienes procedentes de los establecimientos eclesiásticos suprimidos, a favor de las asociaciones cultuales, vendría acompañada de las cargas que los gravasen, y muy particularmente, de los empréstitos que hubieran sido contratados con motivo de los gastos ocasionados por los edificios afectos a destinos de naturaleza religiosa. A tal efecto, las asociaciones cultuales deberían correr con las obligaciones derivadas de atender las anualidades de dichos empréstitos, en proporción del tiempo durante el cual hicieran uso de estos edificios.[527]

En el caso de bienes muebles o inmuebles gravados por una afectación caritativa, o cualquier otra diversa al ejercicio del culto, los mismos serían atribuidos a los servicios o establecimientos públicos o de utilidad pública, cuyo afectación fuera conforme a tales bienes. Esta atribución debería ser aprobada por el prefecto del departamento donde radicara el

---

[524] Artículo 5.1 de la Ley de separación de 1905. Dicho artículo añadía que: *Las atribuciones de bienes no podrán ser hechas por los establecimientos eclesiásticos hasta un mes después de la promulgación del reglamento de administración pública previsto en el artículo 43. A falta de lo cual, se podrá solicitar la nulidad ante el tribunal civil por cualquier parte interesada o por el Ministerio Público.*

[525] Artículo 5.3 de la Ley de separación de 1905.

[526] Artículo 5.4 de la Ley de separación de 1905.

[527] En caso que el Estado, los departamentos o los ayuntamientos volvieran a entrar en posesión de los edificios de los que eran propietarios, ellos serían responsables de las deudas regularmente contratadas y correspondientes a los citados edificios. Artículo 6 de la Ley de separación de 1905.

establecimiento eclesiástico.[528] El plazo de ejercicio de las acciones de recuperación o reivindicación sobre dichos bienes era extremadamente reducido, al ser de tan sólo 6 meses contados a partir del día en que la decisión prefectoral, (o en su caso el decreto del Consejo de Estado), que aprobase la atribución, hubiera sido publicada en el Boletín Oficial. Además en el caso de donaciones o legados, la acción sólo podría ser ejercitada nada más que por los autores o sus herederos en línea directa.[529]

En caso que los establecimientos eclesiásticos a extinguir, no hubieran procedido a la atribución de sus bienes, en el plazo de un año, sería provisto por decreto, mientras tanto, y hasta que no se procediera a dicha atribución, tales bienes serían colocados bajo secuestro.[530] Era una forma de *incentivar* la constitución de las asociaciones cultuales.

Si los bienes fueran reclamados, bien desde un primer momento, o bien más adelante, por varias asociaciones formadas para el ejercicio del mismo culto, la atribución que hubiera sido hecha por los representantes del establecimiento o por decreto, podría ser impugnada ante el Consejo de Estado, resolviendo al contencioso, el cual se pronunciará teniendo en cuenta todas las circunstancias de hecho.[531] Los católicos se oponían con firmeza a este precepto, pues recelaban del Consejo de Estado, al temer que entre esta institución y el Gobierno se produjera una colusión de intereses en perjuicio de la Iglesia, y que el Consejo de Estado actuara como verdugo al servicio del Gobierno. Máxime cuando el artículo 8, a diferencia de lo que ocurría con el artículo 4, no incorporaba una garantía de ortodoxia, algo que sería puesto de relieve por la encíclica *Vehementer Nos*.[532]

La atribución de bienes eclesiásticos podría ser ulteriormente recurrida en caso de división de la asociación, de creación de una nueva

[528] En caso contrario en que dicha aprobación no se produjera, debería resolverse por decreto del Consejo de Estado. Artículo 7.1 de la Ley de separación de 1905.

[529] Artículo 8 de la Ley de separación de 1905.

[530] Artículo 8 de la Ley de separación de 1905.

[531] Artículo 8 de la Ley de separación de 1905, el cual a continuación señalaba que la demanda sería presentada ante el Consejo de Estado en el plazo de un año a partir de la fecha del decreto o a partir de la notificación, a la autoridad prefectoral, por los representantes legales de los establecimientos públicos de culto, de la atribución hecha por ellos. Esta notificación debería ser hecha en el plazo de un mes.

[532] LARKIN, MAURICE. *L'Église et l'État en France. 1905: La crise de la Séparation*. Privat. Toulouse. 2004. Página 193.

asociación a consecuencia de una modificación en el territorio de la circunscripción eclesiástica y en el caso en que la asociación a la que resulte atribuido no se encontrase en condiciones de cumplir su objeto.[533]

A falta de una asociación apta para recibir los bienes de un establecimiento público de culto, los mismos serían atribuidos por decreto a los establecimientos municipales de asistencia o de beneficencia situados en los límites territoriales de la circunscripción eclesiástica afectada.[534]

En caso de disolución de una asociación, los bienes que le hubieran podido tener que ser eventualmente asignados, serían atribuidos por decreto dado en Consejo de Estado, bien a las asociaciones análogas en la misma circunscripción o, en su defecto, en las circunscripciones más próximas, o bien a establecimientos municipales de asistencia o beneficencia, situados dentro de los límites territoriales de la circunscripción territorial en cuestión.[535] El citado régimen de atribuciones, al que hemos venido haciendo referencia, no daría lugar a ninguna percepción o beneficio del Tesoro.[536]

LARKIN no duda en calificar a la encíclica *Gravissimo Officii,* que condena la constitución de dichas asociaciones cultuales, como *funesta,* pues la considera como un verdadero *suicidio legal* al obligar a sacrificar un enorme patrimonio, privando a la Iglesia de los medios para reconstituir nuevas fuentes materiales sobre una base jurídica sólida. POULAT estima en la elevada cifra de 400 millones de francos de la época, el valor de los bienes de los establecimientos de culto suprimidos, que fueron atribuidos a los establecimientos municipales. Con esta actitud de intransigencia se corría el grave riesgo de generar un problema aún más grande que el que se pretendía resolver, pues sin asociaciones cultuales, la Iglesia sólo podría adquirir mediante personas físicas la propiedad de los bienes en liza, una fórmula que no prometía una excesiva seguridad jurídica, especialmente para una comunidad que parecía dudar de la

---

[533] Artículo 8 *in fine* de la Ley de separación de 1905.

[534] Artículo 9.1 de la Ley de separación de 1905.

[535] Artículo 9 de la Ley de separación de 1905, el cual añadía que toda acción en recuperación o en reivindicación debería ser ejercida en el plazo de seis meses a partir del día en que el decreto hubiera sido insertado en el Boletín Oficial. La acción no podría ser intentada en caso de donaciones o legados, nada más que por los autores o sus herederos en línea directa.

[536] Artículo 10 de la Ley de separación de 1905.

lealtad de sus miembros, sin contar con el riesgo que supondría depender de la generosidad de unos mecenas, que una vez muertos darían paso a unos herederos que no necesariamente deberían tener que participar del pensamiento inicial de aquéllos.[537]

Un grave problema se planteaba de este modo en el caso de la Iglesia católica, a raíz del frontal rechazo a las asociaciones cultuales, por parte de la jerarquía eclesiástica, por ello, a instancias de Aristide Briand, el Parlamento aprueba la Ley de 2 de enero de 1907, en virtud de la cual, a falta de constitución de una asociación cultual, *los edificios afectos al ejercicio público del culto continuarán siendo dejados a disposición de los fieles y de los ministros de culto para la práctica de su religión.* Y una Ley de 13 de abril de 1908, con el fin de resolver problemas, atribuirá a las corporaciones municipales, la propiedad de las iglesias proveniente de los antiguos *establecimientos de culto,* quedando las entidades municipales encargados de su mantenimiento, y la Iglesia como usufructuaria de dichos bienes destinados al culto católico.[538]

3.3. La controversia social en torno a las asociaciones cultuales

Algunos juristas aconsejarán la constitución de tales asociaciones, es el caso de Georges Lagrésille, director de la *Revue des associations cultuelles,* que proponía la constitución de las mismas a nivel de parroquia y de diócesis, y que el cura fuera miembro de derecho de ellas, a título de *director*, con capacidad de representación ante las autoridades administrativas y judiciales, atenuando de este modo el peligro de confiarlas a un laico, denunciado desde la jerarquía católica. Otros como P. Le Verdier, abogado en Rouen,[539] aconsejaba la creación de cajas diocesanas con el fin de ayudar económicamente a las parroquias pobres y contribuir al sostenimiento del clero, no dudando en recomendar que las

[537] LARKIN, MAURICE. *L'Église et l'État en France. 1905: La crise de la Séparation.* Privat. Toulouse. 2004. Página 185 y 189. POULAT, ÉMILE. *Aux carrefours stratégiques de l'Église de France. XXe siècle.* Berg International. París. 2009. Página 53.

[538] DUCOMTE, JEAN MICHEL. *La Loi de 1905. Quand l'État se séparait des Églises.* Milan. Toulouse. 2005. Página 32.

[539] En el ínterin entre las encíclicas *Vehementer Nos*, (11 de febrero de 1906), y *Gravissimo Officii*, (10 de agosto de 1906), que fijan la posición de la Santa Sede contra la legislación separatista y su puesta en práctica.

mismas fueran gestionadas por laicos, por entender que el sometimiento de éstos al clero se limitaba al ámbito de la fe y las creencias, pero no a materias financieras[540]

Gustave Théry atacará frontalmente el texto de la Ley de separación, recomendando a los clérigos no firmar los inventarios de bienes, incluso aunque ellos hubieran estado presentes durante la realización de los mismos, anhelando poner al Gobierno ante el dilema de optar entre, o bien dejar el texto de la norma en mera letra muerta, o bien tener que aplicar las medidas confiscatorias con todas sus consecuencias, con el rechazo social y el coste político que ello conllevaría. Con ocasión del XXX Congreso de Juristas Católicos, celebrado en octubre de 1906, llegará a aconsejar el desconocimiento de la Ley de separación y el ejercicio público de culto sin constituir asociaciones cultuales, ni cumplir formalidad alguna.[541] Y lo mismo hará Jean de Plessis, profesor en la Facultad Libre de Derecho de Angers, que invita a no practicar el *ensayo leal* de la Ley, que desembocaría en una exclusión de los sacerdotes en la composición de las cultuales, y que conllevaba la vigilancia de la Iglesia por *la canalla y las autoridades judiciales,* condenando a la Iglesia a la pobreza, dada la escasez de medios con los que quedarían dotadas las asociaciones cultuales, proponiendo la organización del *culto privado* en edificios que serían propiedad de asociaciones civiles, colocadas bajo la autoridad del obispo y que se cederían a los párrocos.[542]

3.4. La constitución de asociaciones cultuales

Firmemente rechazadas por la jerarquía católica, muy pocas llegarán a constituirse, sirviendo como ejemplo las establecidas en Culey, (Meuse), Merville, (Normandía), o Puymasson, (Lot-et-Garonne), siendo

[540] DUMONS, BRUNO y MOULINET, DANIEL. *Les laïcs catholiques face à la Séparation.* En: CHANTIN, JEAN-PIERRE y MOULINET, DANIEL. (Dir.). *La Séparation de 1905. Les hommes et les lieux.* Les editions de l´atelier. París. 2005. Páginas 74 y 75.

[541] THÉRY, GUSTAVE. *Commentaires et examen critique de la loi du 9 décembre 1905 sur la Séparation des Églises et de l´État.* Imprimerie de la Croix du Nord. Lille. 1906. Página 29. DUMONS, BRUNO y MOULINET, DANIEL. *Les laïcs catholiques face à la Séparation.* En: CHANTIN, JEAN-PIERRE y MOULINET, DANIEL. (Dir.). *La Séparation de 1905. Les hommes et les lieux.* Les editions de l´atelier. París. 2005. Páginas 75 y 76.

[542] DUMONS, BRUNO y MOULINET, DANIEL. *Les laïcs catholiques face à la Séparation.* En: CHANTIN, JEAN-PIERRE y MOULINET, DANIEL. (Dir.). *La Séparation de 1905. Les hommes et les lieux.* Les editions de l´atelier. París. 2005. Página 75.

consideradas como *disidentes* y *cismáticas* por las autoridades eclesiásticas.[543] Detrás de la constitución o no de las asociaciones cultuales estaba la tensión del posible éxito o fracaso de la propia Ley de separación, pues era la clave de la bóveda del ordenamiento legal previsto en la misma.

Por eso tenía plena justificación desde el punto de vista de la Iglesia católica, la carta dirigida el 28 de marzo de 1905 por los cinco cardenales franceses al Presidente de la República reprochando la falta de sujeción a los obispos y párrocos de las asociaciones cultuales, tal y como se iba perfilando en los borradores de la Ley de separación que se estaban manejando, calificándolas como *formalmente cismáticas*. Tres meses después de la publicación de la Ley sólo había sido declarada una ante una prefectura, en Tarn-et-Garonne. En el primer semestre de 1906 la constitución de asociaciones cultuales tiene lugar con cuentagotas, pero se acelera a finales de año, al crearse 3 en septiembre, 21 en octubre, 67 en noviembre y 58 en diciembre, es decir el 74,5% del conjunto de expedientes que se conservan en los Archivos Nacionales. A ello pudo coadyuvar la tentación de probar un *ensayo leal* de la separación.[544]

Apenas dos centenares se había constituido al votarse la *petite loi* de 2 de enero de 1907, que preveía en su artículo 5 que en caso de no constituirse una asociación cultual, *los edificios afectos al ejercicio público del culto continuarán siendo dejados a disposición de los fieles y de los ministros de culto para la práctica de su religión.* Con ello queda suprimida la necesidad de constituir asociaciones cultuales. La mayoría de las creadas con anterioridad dejan de operar a partir de ese momento, y apenas una quincena son declaradas hasta noviembre de 1908.[545]

Las asociaciones cultuales constituidas se agruparán en torno a dos grandes polos. Uno de ellos es el *Secrétariat des Associations Cultuelles Catholiques,* que publica una revista, *L´Avenir*, que es enviada gratuitamen-

543 BARBIER, EMMANUEL. *Histoire du catholicisme liberal et du catholicisme social en France. Du Concile Vatican à l´avènement de S.S. Benoît XV, (1870-1914).* Tomo IV. Imp. Cadoret. Burdeos. 1923-1924. Página 162.

544 CHANTIN, JEAN-PIERRE. *Les cultuelles: des catholiques contre Rome?* En: CHANTIN, JEAN-PIERRE y MOULINET, DANIEL. (Dir.). *La Séparation de 1905. Les hommes et les lieux.* Les editions de l´atelier. París. 2005. Páginas 110 y 111.

545 CHANTIN, JEAN-PIERRE. *Les cultuelles: des catholiques contre Rome?* En: CHANTIN, JEAN-PIERRE y MOULINET, DANIEL. (Dir.). *La Séparation de 1905. Les hommes et les lieux.* Les editions de l´atelier. París. 2005. Páginas 111 y 112.

te a las parroquias rurales, y es financiada por Clemenceau. Los dirigentes de la asociación son el padre Félix Meillon, antiguo capellán del Liceo de Marsella convertido al protestantismo, y el abogado protestante William-Jacques Bonzon. El segundo es la *Ligue des Catholiques de France,* cuya audiencia potencial era más grande, que es fundada el 15 de septiembre de 1906, por el periodista Henri des Houx, es decir, cuando la encíclica *Gravissimo Officii* de 10 de agosto de 1906 condenando las asociaciones cultuales, ya había sido publicada, y cuando se ha desatado una violenta campaña de prensa desde *Le Matin,* que cuenta con el respaldo de Briand, y cuyo fin no es otro que apelar a la constitución de dichas asociaciones, con el fin de poner al Papa ante una situación de hechos consumados. Des Houx no pretendía romper teológicamente con Roma, sino suplir la inoperatividad de los obispos franceses y de este modo garantizar la salvación de los bienes de la Iglesia, gracias a los propios parroquianos, que eran según él, los legítimos propietarios de este patrimonio. El modelo de estatutos propuesto por Des Houx para la constitución de asociaciones cultuales, incorporaba una expresa profesión de fe católica, de modo que para poder ser elector de los cargos de la misma se precisaba *hacer profesión de fe y sumisión a la enseñanza dogmática y moral de la Iglesia católica, apostólica y romana*, y que la Asamblea General de la misma se reuniría *todas las veces que el obispo lo ordenara.* Es decir, se buscaba por todos los medios no aparecer como organizaciones cismáticas, de permanecer en el seno de la Iglesia, incluso a pesar de lo que de transgresor conllevaba la propia creación de este tipo de asociaciones a finales de 1906, cuando la condena a las mismas por parte de Roma, ya se había producido. Este modelo de estatutos será el más utilizado en la constitución de asociaciones cultuales, pero no el único, pues en otros se hará una referencia al sometimiento de los mismos a la Ley de asociaciones de 1901, una solución alternativa que había sido preconizada por algunos obispos, pero que en el fondo no era conforme a la legislación estatal vigente.[546]

Cabría preguntarse qué había detrás de este movimiento de creación de asociaciones cultuales. CHANTIN sostiene que probablemente encerraba una motivación netamente *política,* consistente en un sentimiento *republicano* preocupado por contener eventuales inclinaciones o presio-

---

[546] CHANTIN, JEAN-PIERRE. *Les cultuelles: des catholiques contre Rome?* En: CHANTIN, JEAN-PIERRE y MOULINET, DANIEL. (Dir.). *La Séparation de 1905. Les hommes et les lieux.* Les editions de l´atelier. París. 2005. Páginas 112 a 114.

nes *reaccionarias*. No es menos cierto que no existe correlación entre el sentido del voto de los representantes políticos de los departamentos y el número de asociaciones cultuales que ulteriormente se crearon en los mismos, pues si bien es verdad que en algunos departamentos como Ariège, en los Pirineos, y la Charente-Maritime, al suroeste, donde todos sus diputados votaron la Ley de separación, encabezaron luego las cifras de constitución de asociaciones cultuales, por el contrario en Pyrénées-Atlantiques, en el sur, y Eure, al norte, la mayoría de sus diputados votaron en contra de la Ley, y sin embargo presentaron un alto número de cultuales, y en muchos departamentos en que sus representantes políticos votaron a favor de la Ley, apenas se constituyeron.[547]

La geografía de la constitución de las asociaciones cultuales apunta especialmente al suroeste de Francia, pues es allí donde se encuentran los departamentos donde las mismas se crean en mayor número, por ejemplo el de Gers, que con 47 asociaciones cultuales ostenta el record nacional, seguido del de Pyrénées-Atlantiques, con 16 casos, si bien el resto de departamentos de esta región a duras penas superan alguna vez los 5. Un caso peculiar es el de Córcega, donde se crean 10 asociaciones, tal vez por la falta de unanimidad del clero local al producirse las elecciones, y donde apenas la mitad del clero en activo participan en la campaña contra el Gobierno. En otros departamentos como el de Eure, la constitución de 17 asociaciones se ve impulsada por la presencia de sacerdotes disidentes, la influencia del propio Des Houx y la idea de crear una unión regional normanda con sede en la localidad de Bernay.[548]

4. ESTATUTO JURÍDICO DE LOS BIENES INMUEBLES, CON ESPECIAL REFERENCIA A LOS EDIFICIOS DE CULTO

Un Decreto de 2 de noviembre de 1789 puso los bienes eclesiásticos *a disposición de la Nación* con el fin de contribuir de forma conveniente

[547] CHANTIN, JEAN-PIERRE. *Les cultuelles: des catholiques contre Rome?* En: CHANTIN, JEAN-PIERRE y MOULINET, DANIEL. (Dir.). *La Séparation de 1905. Les hommes et les lieux.* Les editions de l´atelier. París. 2005. Página 114.

[548] CHANTIN, JEAN-PIERRE. *Les cultuelles: des catholiques contre Rome?* En: CHANTIN, JEAN-PIERRE y MOULINET, DANIEL. (Dir.). *La Séparation de 1905. Les hommes et les lieux.* Les editions de l´atelier. París. 2005. Páginas 117 y 118.

a los gastos del culto, al mantenimiento de sus ministros y al consuelo de los pobres, y un Decreto de 30 de mayo de 1795 confía provisionalmente las iglesias a los ayuntamientos, y su libre disposición a los ciudadanos, y aunque con motivo de las negociaciones del Concordato la Iglesia pretendió recuperar dichos bienes, Napoleón lo rechazó, de modo que el artículo 12 del Concordato ponía a disposición de los obispos las iglesias que no hubieran sido vendidas como bienes nacionales y que fueran necesarias para el culto, a razón de un edificio de culto por cura y sucursal, conforme preveía el artículo orgánico 75.[549]

4.1. Las controvertidas previsiones del proyecto de Briand

El artículo 9 del proyecto de Ley de separación partía de la previsión de considerar que los edificios anteriores al Concordato que hubieran estado afectados al ejercicio del culto o al alojamiento de sus ministros, tales como catedrales, iglesias, capillas, templos, sinagogas, arzobispados, obispados, casas parroquiales, seminarios, así como sus dependencias anejas y los objetos que les servían de ornato, que eran en propiedad del Estado o de los ayuntamientos, continuarían bajo su propiedad, siendo cedidos a título gratuito por un periodo de dos años, contados a partir de la promulgación de la Ley, a los establecimientos públicos de culto o a las asociaciones cultuales que en el futuro se constituyeran. La propiedad de los inmuebles construidos con posterioridad al Concordato sería atribuida en función de la identidad de sus constructores y el lugar en el que fueron construidos, de modo que los edificados con fondos y en terrenos privados, serían donados a la Iglesia, y el resto pertenecerían al dominio público.

Transcurrido dicho breve plazo de 2 años, el Estado y las corporaciones locales cederían en arrendamiento dichos inmuebles, de su propiedad, a las asociaciones cultuales, por un periodo de tiempo no superior a 5 años en el caso de los presbiterios, ni de 10 años en el caso de las iglesias, no pudiendo sobrepasar la cuota de alquiler, el 10% de los ingresos anuales medios de los establecimientos de culto suprimidos, en los cinco años anteriores a la promulgación de la Ley. Tales previsiones en materia de

[549] CABANEL, PATRIK. *1905, la séparation des Églises et de l'État en 30 questions.* Geste. La Crèche. 2005. Páginas 24 y 25.

arrendamiento de los bienes eclesiásticos a favor de las asociaciones cultuales, eran frontalmente rechazadas por parte de la Iglesia. El diputado católico Plichon tenía miedo a lo que pudiera acontecer una vez transcurrido ese plazo de 7 años (2+5) años para los presbiterios y de 12 años (2+10) para las Iglesias, pues a partir de ese momento, el Estado, los departamentos y los ayuntamientos se convertirían en plenos dueños y señores de esos inmuebles, con lo que ello conllevaba, pues los podrían libremente enajenar, alquilar a los católicos, a las asociaciones cultuales, alquilar a terceros, e incluso utilizarlos para sus fines privativos, pues nada ni nadie estaría capacitado para impedirlo. Y ponía más ejemplos, de cosas que hipotéticamente podrían suceder pasados dichos plazos, como que una iglesia protestante fuera cedida a la Iglesia católica en un ayuntamiento mayoritariamente católico, (como en tiempos no muy pretéritos había ya acontecido), o que un templo católico, *en que hubieran sido sepultados nuestros padres, bautizados nuestros hijos o hecho su primera comunión, hubiéramos contraído matrimonio o quisiéramos ser llevados en el momento de nuestro fallecimiento ...* fueran transformados en *almacén, sala de baile, museo o logia masónica...* pues *todo es posible.*[550] Plichon señalaba que pasado dicho plazo de 12 años, a partir de 1917, la *papeleta de la separación* se trasladaría a los ayuntamientos que deberían decidir qué hacer con las iglesias, y cada cuatro años, tras las oportunas elecciones municipales, habría que discutir sobre el mismo tema, lo cual *será la guerra civil,* pronosticaba el Marqués de L´Estourbeillon, sin que los gestos denegatorios hechos por Briand, tranquilizasen a Plichon.[551]

Las reticencias del católico Plichon eran asimismo compartidas por el republicano moderado Ribot, que recelaba del plazo de carencia de 2 años, al cual achacaba un claro carácter electoralista, es decir, evitar calculadamente que eventuales problemas que pudieran suscitarse con motivo del destino y las condiciones de uso de esos inmuebles, acarreasen un indeseado alto coste político en las ya próximas elecciones generales de 1906. Ribot consideraba que no había razón para privar de sus iglesias a quienes las habían construido con su propio esfuerzo, y que las experiencias previas de separación vividas en otros países, no habían conllevado la necesidad de dicha incautación. Al fijar el término de 12 años, transcurrido el cual los municipios no estarían obligados a ceder

[550] Anales de la Cámara de Diputados de 28 de marzo de 1905. Página 1397.
[551] Anales de la Cámara de Diputados de 28 de marzo de 1905. Página 1398.

las iglesias a los católicos, se estaría dejando la puerta abierta a futuras discusiones y enfrentamientos, que convertirían a las iglesias en el centro de las disputas municipales, algo sobre lo que Ribot creía que se debería estar en guardia, no sólo por razones políticas, sino muy especialmente, por motivos de equidad, resultando inadmisible convertirlas en lugares de espectáculo, o de reunión, provocando gratuitamente la rabia e indignación de los católicos.[552] Maurice Colin no alcanzaba a entender el *interés* por alquilar unos edificios, a cambio de unos alquileres que necesariamente deberían de ser bajos, prefiriendo que los mismos fueran entregados a título gratuito.[553]

El siempre ponderado arzobispo de París, monseñor Richard, era favorable a boicotear dichas cláusulas normativas arrendaticias. Los católicos liberales no admitían la eventual cesión en alquiler a la Iglesia de los templos destinados al culto, temerosos del coste político que podría tener su condescendencia en este punto, estando las elecciones generales a apenas un año vista. Finalmente, a instancias de hombres como Georges Leygues, se modificará el régimen a aplicar a los lugares destinados al culto, el 5 de junio de 1905, los cuales serían cedidos a título gratuito a las asociaciones cultuales, sin tener que abonar a cambio renta alguna.[554]

Un problema aparte lo constituirán las casas parroquiales, palacios episcopales y seminarios, respecto de los que no pendía la carga afectiva que gravitaba sobre los lugares de culto, respecto a los cuales el proyecto deja a las corporaciones locales la alternativa de optar entre alquilarlos o vendérselos a las asociaciones cultuales, o bien dedicarlos a otros usos, pero en ningún caso donarlos. El proyecto establecía un plazo de transición de 5 años, (que se reducía a 2 en el caso de los palacios episcopales), durante el cual se mantendría el estado de cosas existente hasta ese momento, pasado el cual podrían ser cedidos en alquiler a la Iglesia.[555]

---

[552] Anales de la Cámara de Diputados de 3 de abril de 1905. Página 1500.

[553] Anales de la Cámara de Diputados de 4 de abril de 1905. Página 1525.

[554] LARKIN, MAURICE. *L'Église et l'État en France. 1905: La crise de la Séparation.* Privat. Toulouse. 2004. Páginas 167 y 168.

[555] LARKIN, MAURICE. *L'Église et l'État en France. 1905: La crise de la Séparation.* Privat. Toulouse. 2004. Páginas 168 y 169.

4.2. La regulación definitiva de la Ley en esta materia

La Ley va a distinguir básicamente entre dos grupos de edificios, los anteriores a 1905, y aquellos posteriores respecto a los cuales la misma no preveía nada.

Respecto al primer grupos de edificios, los anteriores a 1905, el artículo 12 de la Ley de separación, afirmará que los edificios puestos a disposición de la Nación y que estuvieran afectos al ejercicio público de los cultos o al alojamiento de sus ministros, (catedrales, iglesias, capillas, templos, sinagogas, arzobispados, obispados, casas parroquiales, seminarios), así como sus dependencias inmobiliarias, y los objetos mobiliarios que les decorasen en el momento en que dichos edificios hubieran sido restablecidos a los cultos, quedarían y permanecerían en propiedad del Estado, de los departamentos y de los ayuntamientos.

Los edificios afectos al ejercicio público del culto, así como los objetos mobiliarios que los decoran, serían dejados gratuitamente a disposición de los establecimientos públicos de culto, una vez que hubieran sido atribuidos a las asociaciones llamadas a sustituirlos.[556]

La cesación de dicho disfrute, y, si hubiera lugar, su transferencia, serían pronunciadas por decreto, salvo recurso al Consejo de Estado resuelto al contencioso:[557]

1) Si la asociación beneficiaria fuera disuelta.
2) Si, en caso de fuerza mayor, el culto dejara de ser celebrado durante al menos seis meses consecutivos.
3) Si la conservación del edificio donde aquellos objetos mobiliarios clasificados en virtud de la Ley de 1887 y del artículo 16 de la propia Ley de separación, estuviera comprometida por insuficiencia de mantenimiento, y después del requerimiento debidamente notificado del consejo municipal o, en su defecto, del prefecto.
4) Si la asociación cesara de cumplir su objeto o si los edificios son desafectados de su destino.
5) Si la misma no satisficiera tanto las obligaciones derivadas del artículo 6 de la Ley de separación (referidas a la atención debida

[556] Artículo 13.1 de la Ley de separación de 1905.
[557] Artículo 13.2 de la Ley de separación de 1905.

a las cargas derivadas de los eventuales empréstitos vinculados a los mismos), o del último parágrafo del propio artículo 13 de la Ley de separación, (relativas a la obligación de realizar las reparaciones de toda naturaleza, así como a los gastos de seguro y otras cargas concernientes a los edificios y a los muebles que los decoran), y las prescripciones relativas a los monumentos históricos.

La desafección de los inmuebles aludidos, en el caso anteriormente previsto, podría ser declarada por Decreto emanado del Consejo de Estado. Más allá de este caso, la misma sólo podría ser hecha en virtud de una Ley.[558]

Los inmuebles en otro tiempo afectados a los cultos y en los que tales ceremonias de culto no hubieran sido celebradas durante el plazo de un año anterior a la Ley de separación, así como aquéllos que no fueran reclamados por una asociación cultual en el plazo de dos años desde su promulgación, podrían ser desafectados por Decreto.[559] Lo mismo sería de aplicación a los edificios cuya desafectación hubiera sido demandada con anterioridad al 1 de junio de 1905.[560]

Los establecimientos públicos de culto, y después las asociaciones beneficiarias, estarían obligados a realizar las reparaciones de toda naturaleza, así como pagar los gastos de seguro y otras cargas concernientes a los edificios y a los muebles empleados en su decoración.[561] Se trataba de una pesada carga económica, especialmente para las parroquias más pequeñas y con menos recursos financieros.

Los arzobispados, obispados, casas parroquiales y sus dependencias, los grandes seminarios y facultades de teología protestante, serían dejados gratuitamente a disposición de los establecimientos públicos de culto, y posteriormente a las asociaciones cultuales, por unos plazos de tiempo relativamente breves, que comenzarían a correr desde la entrada en vigor de la Ley y que serían de:[562]

1) 2 años, en el caso de los arzobispados y obispados.

---

558 Artículo 13.3 de la Ley de separación de 1905.
559 Artículo 13.4 de la Ley de separación de 1905.
560 Artículo 13.4 de la Ley de separación de 1905.
561 Artículo 13 *in fine* de la Ley de separación de 1905.
562 Artículo 14.1 de la Ley de separación de 1905.

2) 5 años, en el de las casas parroquiales en las localidades donde resida el ministro de culto, los grandes seminarios y las facultades de teología protestante.[563]

Los establecimientos públicos de culto y las asociaciones cultuales, estarían sujetos, en lo que respecta a estos edificios, a las obligaciones derivadas de los gastos de mantenimiento y seguro de dichos inmuebles, pero no quedarían obligados a las grandes reparaciones.[564] Expirado el plazo de disfrute gratuito, la libre disposición de dichos edificios sería devuelta al Estado, a los departamentos o a los ayuntamientos.[565]

Los archivos eclesiásticos y las bibliotecas existentes en los arzobispados, obispados, grandes seminarios, parroquias, sus sucursales y dependencias, serían inventariados, y aquéllos que fueran reconocidos como propiedad del Estado, le serían restituidos.[566]

A día de hoy el Estado es propietario en Francia de 87 catedrales, y los ayuntamientos lo son de unas 45.000 iglesias, puestas a disposición de los fieles y del clero, para el ejercicio del culto.[567]

Los edificios construidos con posterioridad a 1905, pertenecen a las asociaciones cultuales que los han construido y administran. Los ayuntamientos pueden ceder terrenos en enfiteusis por un periodo de 99 años, y con la Ley de finanzas de 29 de julio de 1961, los departamentos y los ayuntamientos pueden garantizar los empréstitos contratados por las asociaciones cultuales con el fin de construir edificios destinados a fines religiosos, o subvencionar proyectos mixtos que comprendan un centro cultural al lado de un espacio cultual.[568]

---

[563] En idéntico plazo de 5 años, se extinguirían también, los subsidios de alojamiento que, a falta de casa parroquial, correspondían a los ayuntamientos, en el momento de entrada en vigor de la Ley de separación, por aplicación del artículo 136 de la Ley de 5 de abril de 1884, cesando de pleno derecho en caso de disolución de la asociación cultual respectiva. Artículo 14 *in fine* de la Ley de separación de 1905.

[564] Artículo 14.2 de la Ley de separación de 1905.

[565] Artículo 14.6 de la Ley de separación de 1905.

[566] Artículo 16 *in fine* de la Ley de separación.

[567] SERÉE DE ROCH, LUDOVIC. *Administration & Fiscalité des biens d'Église*. Ed. Artège. Perpignan. 2012. Página 54.

[568] CABANEL, PATRIK. *1905, la séparation des Églises et de l'État en 30 questions*. Geste. La Crèche. 2005. Páginas 25 y 26.

5. LA CUESTIÓN DE LA SEPARACIÓN *FINANCIERA*

5.1. Supresión del presupuesto de culto

5.1.1. El montante de las dotaciones presupuestarias a finales del siglo XIX

A raíz de las disposiciones concordatarias, la hacienda eclesiástica se recupera, tras haber sufrido las terribles consecuencias de la Revolución, produciéndose un paulatino incremento de la dotación presupuestaria a favor del clero francés, que pasa de suponer poco más de un millón de francos al comienzo del Concordato, a representar 53.000.000 de francos en 1875.[569]

EVOLUCIÓN DEL PRESUPUESTO DE CULTOS EN FRANCIA DURANTE EL SIGLO XIX.[570]

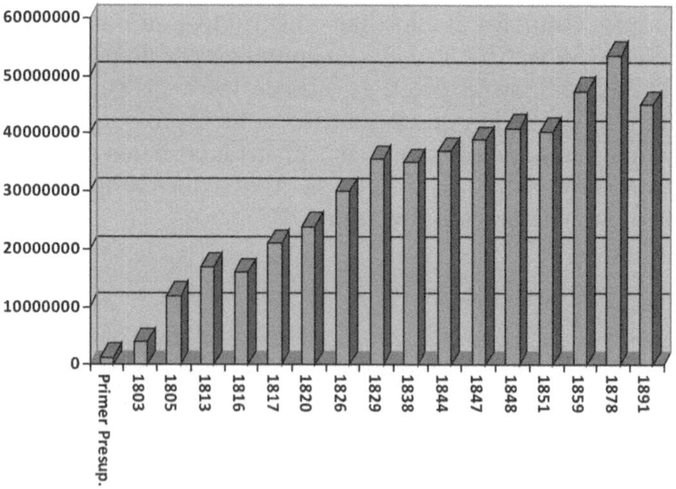

[569] DANSETTE, ADRIEN. *Histoire religieuse de la France contemporaine. Sous la IIIème République.* Flammarion. 1951. Página 17.

[570] Datos expresados en francos. LENIAUD, JEAN-MUCHEL. *L'Administration des Cultes pendant la période concordataire.* Nouvelles Editions Latines. París. 1988. Páginas 29 y 30.

El presupuesto de obligaciones eclesiásticas en 1895, ascendía a título de ejemplo, a 45.413.653 francos, distribuidos del modo siguiente: 44.175953 francos para el clero metropolitano francés católico, judío y protestantes, y 1.237.700 francos para el clero argelino, previéndose en este caso además de la financiación de los tres cultos reconocidos por Napoleón, ciertas partidas destinadas a la retribución del culto musulmán, a razón de 222.430 francos para la retribución del personal de culto, y 75.000 francos para gastos de material de culto musulmán.

PRESUPUESTO DE CULTOS DE AÑO 1895.
(LEY DE 16 DE ABRIL DE 1895).[571]

	FRANCIA	
Capítulo	Concepto	Francos
1	Personal del servicio de cultos	225.000
2	Material del servicio de cultos	23.000
3	Impresiones	8.000
4	Gastos diversos	4.000
5	Retribución de arzobispos y obispos	925.000
6	Retribución de curas párrocos	4.421.500
7	Retribución de vicarios generales	482.500
8	Retribución de canónigos	491.900
9	Retribución de asistentes y vicarios	1.257.100
10	Pensiones y auxilios eclesiásticos	693.500
11	Mobiliario de arzobispados y obispados	19.000
12	Alquileres y rentas para obispados	11.023
13	Mantenimiento de edificios diocesanos	590.000
14	Grandes reparaciones de edificios diocesanos	990.000
15	Créditos especiales para diversas catedrales	355.000
16	Auxilios para iglesias y presbiterios	1.970.000
17	Personal de los cultos protestantes	1.280.600
18	Indemnizaciones y seguros de las iglesias	188.000
19	Gastos para los seminarios protestantes	26.500
20	Personal del culto israelita	133.530

[571] RAUX, GEORGES. *La République et le Concordat de 1801.* Ancienne Maison Quantin. Librairies-Imprimeries Réunies. París. 1895. Páginas 355 y 356.

21	Gastos del seminario israelita	22.000
22	Auxilios de edificios de cultos protestantes e israelita	58.800
23	Gastos de ejercicios pasados no caducados	Memoria
24	Gastos de ejercicios cerrados	Memoria
	Subtotal	44.175.953
	ARGELIA	
Capítulo	Concepto	Francos
1	Retribución del arzobispo y obispos	35.000
2	Retribución de los vicarios generales	25.200
3	Retribución de los canónigos	21.600
4	Retribución de los auxiliares	667.900
5	Auxilios eclesiásticos	6.500
6	Mobiliario del arzobispado y obispados	1.000
7	Mantenimiento de los edificios diocesanos	10.000
8	Grandes reparaciones de los edificios diocesanos	10.000
9	Auxilios para las iglesias y presbiterios	30.000
10	Personal de los cultos protestantes	93.500
11	Personal del culto israelita	25.370
12	Auxilios de edificios de cultos protestantes e israelita	1.200
13	Personal del culto musulmán	222.430
14	Material del culto musulmán	75.000
15	Gastos de paso	13.000
16	Gastos de ejercicios pasados no caducados	Memoria
17	Gastos de ejercicios cerrados	Memoria
	Subtotal	1.237.700
	Francia	44.175.953
	Argelia	1.237.700
	Total.	45.413.653

El artículo 2 de la Ley de separación consagraba que la República no reconoce, ni paga, ni subvenciona ningún culto. Ello tenía como consecuencia inmediata que a partir del 1 de enero siguiente a la promulgación de la presente Ley, serán suprimidos de los presupuestos del Estado, de los departamentos y de los ayuntamientos, todas las partidas de gastos relativas al ejercicio de los cultos. Solamente se contemplaba en la Ley una excepción que hacía referencia al mantenimiento de las dotaciones públicas para los servicios de las capellanías y destinadas a asegurar el libre ejercicio de los cultos en los establecimientos públicos, tales como los liceos, colegios, escuelas, hospicios, asilos y prisiones.

Cabe preguntarse por el alcance real de la medida, para lo cual se hace necesario proceder a una evaluación de las cantidades percibidas en virtud de la dotación de culto y clero en Francia a finales del siglo XIX, la cual se traducía en las siguientes cifras:[572]

Dignidad	Número	Retribución anual
Arzobispo	17	15.000 Francos
Obispo	67	10.000 Francos
Vicarios Generales Archidiocesanos De 1ª Clase. De 2ª Clase.	168	 3.500 Francos 2.500 Francos
Canónigos	Variable	1.500 Francos[574]
Párrocos De 1ª Clase. (Alrededor de ¼ del total) De 2ª Clase. (Alrededor de ¾ del total)	3.450[575]	 1.500 Francos[576] 1.200 Francos[577]
Asistentes[578]	31.000[579]	900 Francos[580]
Vicarios	6.930	450 Francos[581]

572 LARKIN, MAURICE. *L'Église et l'État en France. 1905: La crise de la Séparation.* Privat. Toulouse. 2004. Página 53.

573 Mínimo.

574 Aproximadamente.

575 Mínimo.

576 Mínimo.

577 Sacerdotes de parroquia que no eran reconocidos como *curas párrocos* en el sentido de los artículos orgánicos.

578 Aproximadamente.

579 Mínimo.

580 Mínimo.

Antes de entrar en valoraciones, conviene tener en cuenta que las disposiciones concordatarias atribuían al Gobierno la obligación de dar al clero católico un *tratamiento decoroso*, algo que no dejaba de ser un concepto jurídico indeterminado. Si analizamos con detalle las cantidades consignadas en las estadísticas anteriores, veremos que la mayor parte del clero percibía unos emolumentos por debajo de los 1.000 francos, un salario equiparable al de un profesor en prácticas, que percibía unos 900 francos, y poco más que un trabajador de las industrias textiles, que cobraba unos 750 francos, muy lejos de las retribuciones de un médico, que rondaban los 5.000 francos mensuales. Y aunque pudieran percibir alguna cantidad adicional en concepto de honorarios de misas, por la administración de los sacramentos o celebrar determinadas ceremonias religiosas, lo cierto es que esas cantidades resultaban exiguas, probablemente a duras penas llegarían a los 300 francos, (en la parroquias pobres dicha cantidad sería incluso inferior), y de tan magras retribuciones habría que detraer el pago de impuestos, los gastos de alimentación y alojamiento, y de ama de llaves. Las cantidades percibidas habían sufrido los efectos de la devaluación de la moneda, de modo que con ocasión de los debates de la Ley de separación en la primavera de 1905, el diputado monárquico católico Plichon consideraba que las 1.200 libras previstas por Mirabeau como ingresos mínimos para un sacerdote con cura de almas, serían en realidad equivalentes a 2.400 francos de 1905, una cantidad muy superior a los emolumentos percibidos.[581] Por otra parte no todos los sacerdotes que prestaban sus servicios eran remunerados por el Estado, pues junto con los 42.000 que sí lo eran, existían otros 15.000 cuyos sueldos corrían exclusivamente a cargo de la Iglesia. Por poner un ejemplo, el presupuesto estatal solamente preveía 7 vicarios para todo París, pero debido a su expansión demográfica, era necesario emplear a más de 500. Sin contar con el personal de los seminarios e institutos católicos, cuyas retribuciones no quedaban cubiertas por el Concordato.[582]

Se puede afirmar que los sacerdotes son *virtuosos*, pero también *pobres*. Las retribuciones de los párrocos oscilan entre 1.200 y 1.500 francos, los asistentes no superan los 900 francos, y la de los vicarios se reducen a la mitad, 450 francos, lo que representa apenas 1,25 francos al día. A ello hay que unir los derechos de pie de altar y los honorarios de misas. Los derechos

[581] Anales de la Cámara de Diputados de 28 de marzo de 1905. Página 1398.

[582] LARKIN, MAURICE. *L'Église et l'État en France. 1905: La crise de la Séparation*. Privat. Toulouse. 2004. Páginas 52 y 53.

de pie de altar varían enormemente de unas parroquias a otras, pudiendo oscilar entre 30.000 y 80.000 francos para las grandes parroquias de París, a apenas 6 francos en una pobre parroquia rural. Representaban una media de 17 francos en las diócesis de Orleans en 1868, y de 50 francos en la de Gap en 1877. Los honorarios de misas ascendían a 1,5 francos por misa en París, y 1 franco en los pueblos, de modo que su montante total oscilaba notablemente entre las parroquias más ricas y las más pobres. Los asistentes podían tener unos ingresos anuales adicionales medios de 50 francos en concepto de pie de altar y 200 francos por misas, si a esto sumamos los 900 francos de dotación estatal, podemos estimarles un sueldo anual de unos 1.200 francos, con los cuales tenían que vivir el sacerdote y su ama de llaves, por lo que los recursos económicos eran más bien insuficientes, para vivir con una mínima holgura.[583]

Si tomamos como referencia las cifras aportadas por NOBLEMAIRE, referidas a 1904, en vísperas de la separación, la partida del presupuesto de culto destinada a los católicos preveía un crédito total de unos 40.581.703 francos, de los cuales 37.026.600 se destinaban al mantenimiento de los ministros de culto, a lo que había que unir 1.574.500 francos destinados a financiar a las iglesias protestantes, desglosados en las siguientes partidas:[584]

1) 1.317.000 francos financiaban gastos de personal culto protestante, que eran objeto de la siguiente distribución:

	Pastores	Retribución individual	Retribución en total
Iglesia reformada	12	3.000	36.000
	109	2.200	237.600
	91	2.000	182.000
	427	1.800	768.600
Iglesia de la Confesión de Augsburgo	10	3.000	30.000
	5	2.200	11.000
	5	2.000	10.000
	42	1.800	75.600

[583] DANSETTE, ADRIEN. *Histoire religieuse de la France contemporaine. Sous la IIIème République*. Flammarion. 1951. Página 25.

[584] NOBLEMAIRE, GEORGES. *Concordat ou Séparation. Réflexions sur les rapports de l'Église catholique et de l'État français précédées d'une lettre de M. Ribot. Plon-Nourrit.* París. 1904. Página 293.

2) 188.000 francos se destinaban a pago de seguros, indemnizaciones y gastos de administración.

3) 26.500 francos para el seminario de París, y el de Montauban.

4) 43.000 francos para el mantenimiento de los edificios de culto protestantes.

En el caso del culto judío, las cifras totales ascendían a 162.530 francos, distribuidos en:[585]

1) 119.000 francos que financiaban gastos de personal culto, que eran objeto de la siguiente distribución:

Ministro de culto	Retribución individual	Retribución total.
1 gran rabino del consistorio central	12.000	12.000
1 gran rabino del consistorio de París	5.000	5.000
8 grandes rabinos de los consistorios de Bayona, Besançon, Burdeos, Épinal, Lille, Lyon, Marsella y Nancy	4.000	32.000
24 rabinos	De 1.750 a 2.500	46.700
23 ministros oficiantes	De 600 a 2.000	23.300

2) Gastos de alojamiento, socorros sociales a los ministros de culto y sus viudas, y gastos de administración: 13.530 francos.

3) Gastos del seminario judío: 22.000 francos

4) Mantenimiento de sinagogas: 8.000 francos.

5.1.2. Los problemas derivados de la estructura territorial de las diócesis y de las previsiones de los artículos orgánicos

Otro de los problemas a los que se enfrentaba la Iglesia católica en Francia durante el siglo XIX, era la desigual distribución de sus diócesis, y los desajustes existentes en el ratio de fieles *per cápita* que correspondía atender a cada párroco. La situación venía a complicarse debido a la

[585] NOBLEMAIRE, GEORGES. *Concordat ou Séparation. Réflexions sur les rapports de l'Église catholique et de l'État français précédées d'une lettre de M. Ribot. Plon-Nourrit.* París. 1904. Página 294.

concurrencia de diversos factores, de naturaleza jurídica unos, de carácter demográfico otros. Entre los primeros convenía destacar la rigidez introducida por los artículos orgánicos unilateralmente redactados por Napoleón, que dificultaba la posibilidad de redefinir el tamaño de las diócesis o modificar su número, así como incluir nuevos cargos eclesiásticos con derecho a dotación presupuestaria pública, sin el previo consentimiento de las autoridades civiles.

A principios de siglo XIX la dificultad de las comunicaciones hacía que la velocidad de los transportes quedaba definida, (y por ende limitada), a lo que pudiera galopar un caballo al día, por lo que el tamaño de las diócesis quedó *de facto* afectado no tanto por la población de las mismas, cuanto por la distancia y las facilidades de comunicación. Ello provocaba que las diócesis montañosas, poco pobladas, tuvieran un tamaño reducido. Y lo que se predicaba de las diócesis era aún más importante a la hora de definir la dimensión territorial de las parroquias, pues un cura párroco debía de poder atender en un periodo de tiempo razonable a cada habitante de la misma. Por ello cuando las diócesis o parroquias sufrían de serias dificultades de comunicación, tendían a ser geográficamente más reducidas, aunque estuvieran poco pobladas, incrementándose el ratio de sacerdotes por habitante, no siendo infrecuente la existencia de demarcaciones territoriales bien comunicadas y muy densamente pobladas, en que la relación de eclesiásticos por feligrés era extraordinariamente reducida, resultando insuficiente para poder atender adecuadamente las necesidades de asistencia espiritual. Por otra parte, el número de vocaciones tendía a ser superior en términos relativos en las pequeñas diócesis montañosas, donde el sentimiento religioso se encontraba más arraigado. Por si ello fuera poco, a medida que avanza el siglo XIX, el problema no hace más que multiplicarse, pues tiende a incrementarse la población de los grandes núcleos urbanos a raíz de los cambios demográficos y migratorios que vienen de la mano de la incipiente industrialización, siendo con frecuencia reticentes los sacerdotes a emigrar a las áreas urbanas, desde el momento que ello implicaba tener que romper sus lazos personales y familiares.[586]

---

[586] Entre 1871 y 1898, la población pasa de 36.200.000 habitantes a 38.700.000, excluida Argelia, quedando congelada en 6 diócesis, disminuyendo en 45, e incrementándose en otras 33. El caso más llamativo es la diócesis de París, que gana 1.300.000 almas. LARKIN,

La creación de una parroquia, o de una diócesis, requería del visto bueno del Gobierno, y a partir de la proclamación de la III República, las autoridades comienzan a ser *parsimoniosas*, cuando no, simple y llanamente, *hostiles*. Normalmente el Gobierno se mostraba presto y dispuesto a suprimir su apoyo financiero a las parroquias *manifiestamente superfluas*, pero crear parroquias nuevas era *cosa de otro cantar*. El ejemplo más significativo era París, cuya diócesis contaba en 1802 con 630.000 almas, atendidas en 116 parroquias por una treintena de curatos, el resto eran meramente sucursales cuyos gastos eran en su mayor parte cubiertos por la Iglesia, cada parroquia contaba por lo tanto con una media de 5.431 personas. La Iglesia aportaba una fuerza suplementaria de 259 vicarios, que no recibían financiación estatal alguna. En 1898 la población era de 3.340.514 habitantes, pero al no existir nada más que 39 curatos y 104 sucursales, a cada parroquia le correspondía una media de 23.360 almas, el cuádruplo que en 1802. Incluso teniendo en cuenta la existencia de 519 vicarios, (de los cuales sólo 7 eran remunerados por el Estado), la media de fieles por sacerdote era de 5.046 personas, quintuplicando prácticamente el ratio nacional de 1.133 fieles por sacerdote. Por el contrario en la pequeña diócesis montañosa saboyana de Tarentaise, que en 1898 contaba con apenas 68.000 habitantes, el Estado financiaba 86 parroquias, que tenían una media de 791 almas, contando con el auxilio de 25 vicarios, cuyas retribuciones, (salvo en el caso de 3 de ellos), eran financiadas por el Estado, por lo que había un sacerdote por cada 612 habitantes. Y en la de Bayeux, situada en Normandía, al noroeste del país, la República retribuía a 73 curatos, así como 120 de los 147 vicarios, por lo que la media de fieles por parroquia era de 585, habiendo 1 sacerdote por cada 486 habitantes. Se trataba de un problema que no tenía fácil solución, pues la movilidad de sacerdotes de unas diócesis a otras no era la panacea, desde el momento que se requería el visto bueno previo de las autoridades civiles para la creación de un nuevo puesto financiado por el Estado, en caso contrario, si se producía el traslado, era altamente probable que se procediera a amortizar la vacante, sin crearse una nueva plaza con derecho a dotación presupuestaria.[587]

MAURICE. *L'Église et l'État en France. 1905: La crise de la Séparation*. Privat. Toulouse. 2004. Página 59.

[587] LARKIN, MAURICE. *L'Église et l'État en France. 1905: La crise de la Séparation*. Privat. Toulouse. 2004. Páginas 59 y 60.

5.1.3. La supresión de la dotación presupuestaria y sus consecuencias

La idea de suprimir el presupuesto de obligaciones eclesiásticas comienza a arraigar a partir de la proclamación de la III República, especialmente en el seno de los partidos políticos de izquierda, como los radicales, que sarcásticamente afirmaban que *¡quien quiere a los sacerdotes, los paga!*[588] Sin embargo no faltarán políticos avezados como Gambetta, que no dudarán en advertir a quienes se mostraban partidarios de una separación radical, que ello sería *el fin del mundo*, y que el clero agruparía en torno a si todas las reacciones, y *sería más fuerte que nosotros.*[589]

El tema de la supresión de la dotación presupuestaria prevista concordatariamente a favor de los cultos reconocidos era una de las cuestiones centrales de la Ley de separación. La dotación era vista desde amplios sectores católicos como un modo de compensar a la Iglesia por la desamortización de bienes eclesiásticos a resultas de la Revolución, aunque para otros no debía considerarse tanto el pago de una deuda histórica, cuanto la mera remuneración de un servicio público. Buena parte de la discusión se centró en determinar el modo en que se produciría la supresión de dicha dotación, especialmente respecto a aquellos sacerdotes con más años de servicios. Finalmente se establece el siguiente cuadro, que presentaba el problema de no contemplar el numeroso caso de aquellos sacerdotes que habían ocupado durante muchos años el cargo de vicarios supernumerarios, no remunerados por el Estado, y que quedaban fuera de los períodos de cómputo de la antigüedad, de cara a devengar eventualmente una pensión:[590]

---

[588] NOBLEMAIRE, GEORGES. *Concordat ou Séparation. Réflexions sur les rapports de l'Église catholique et de l'État français précédées d'une lettre de M. Ribot*. Plon-Nourrit. París. 1904. Página 178.

[589] NOBLEMAIRE, GEORGES. *Concordat ou Séparation. Réflexions sur les rapports de l'Église catholique et de l'État français précédées d'une lettre de M. Ribot*. Plon-Nourrit. París. 1904. Página 187.

[590] BARBIER, MAURICE. *La Laïcité*. L'Harmattan. París. 1995. Página 47. LARKIN, MAURICE. *L'Église et l'État en France. 1905: La crise de la Séparation*. Privat. Toulouse. 2004. Páginas 170 y 171. SCHWARTZ, RÉMY. *La jurisprudence de la loi de 1905*. En: *Arch. Phil. Droit*. Número 48. 2004. Páginas 86 y ss.

Edad	Años de trabajo remunerados por el Estado	Pensiones calculadas en % del sueldo	Remuneraciones transitorias en % del sueldo, por cada uno de los 4 años siguientes a la entrada en vigor de la Ley			
≥ 60 años	≥ 30 años	75%				
≥ 45 años	≥ 20 años	50%				
Resto	-	-	1º	2º	3º	4º
			100%	66%	50%	33%

El artículo 11 de la Ley de separación regulaba la asignación de pensiones al clero, a cuyos efectos se tomaba como referencia un doble umbral de edad del clero elegible para las mismas:[591]

1) Los ministros de culto que, a partir de la promulgación de la Ley, hubieran cumplido los 60 años, y desempeñado durante al menos 30 años funciones eclesiásticas remuneradas por el Estado, recibirían una pensión anual y vitalicia de las 3/4 partes de su sueldo.

2) Aquéllos que hubieran cumplido los 45 años, y llevado a cabo durante al menos 20 años funciones eclesiásticas remuneradas por el Estado, recibirían una pensión anual y vitalicia igual a la mitad de su sueldo.

Era un sibilino modo de ofrecer una jubilación *anticipada* al clero, algo que era susceptible de perjudicar especialmente a la Iglesia católica, la cual quedaría sin duda notablemente debilitada en caso que un amplio número de sus ministros de culto se acogiesen a dichas normas. Las demandas de pensión deberían ser formuladas en el plazo de un año desde la promulgación de la Ley de separación, pues en otro supuesto prescribiría el derecho a solicitar su disfrute.

Dichas pensiones no podrían superar los 1.500 francos, pero en caso de fallecimiento de los titulares, serían reversibles, hasta la mitad de su importe en beneficio de la viuda y de los huérfanos menores dejados por el difunto y, hasta una cuarta parte, para el caso de viudas sin hijos menores a su cargo. A la mayoría de edad de los huérfanos, la pensión se extinguirá de pleno derecho.[592]

---

[591] BARBIER, MAURICE. *La Laïcité.* L'Harmattan. París. 1995. Página 47.

[592] Se hacía expresa reserva en el propio artículo 11 de la Ley de separación, de los derechos adquiridos en materia de pensiones por aplicación de la legislación anterior, así

Para el resto de ministros de culto que no quisieran o no pudieran, acogerse a dicho *sistema* de pensiones, y que hasta el momento de la promulgación hubieran venido siendo remunerados por el Estado, el artículo 11 de la Ley preveía un mecanismo para su gradual desvinculación económica del Estado:[593]

1) El clero retribuido hasta esa fecha por el Estado que no se acogiera al sistema de pensiones, continuaría percibiendo durante 4 años contados a partir de la supresión del presupuesto de cultos, una remuneración igual a la totalidad de su sueldo durante el primer año, a los dos tercios durante el segundo, la mitad durante el tercero, y un tercio durante el cuarto.

2) En cualquier caso, en los ayuntamientos de menos de 1.000 habitantes, y para los ministros de culto que continuasen en el cumplimiento de sus funciones, (y no cambiaran de parroquia, algo que podía dejar desiertas gran número de parroquias pobres), la duración de cada uno de los cuatro periodos arriba indicados sería doblada.

Las citadas pensiones y asignaciones, serían intransferibles e inembargables en las mismas condiciones que las pensiones civiles. Cesarían en todo caso de pleno derecho en los supuestos de condena a una pena aflictiva o infamante o en caso de condena por uno de los delitos previstos en los artículos 34 y 35 de la Ley, que hacían referencia a conductas consideradas como subversivas contra la República, con lo cual se buscaba conseguir un clero dócil. El derecho a la obtención o al disfrute de una pensión o asignación sería suspendido por las mismas circunstancias que conllevaban la pérdida de la condición de francés, durante la privación de dicha cualidad.

Las sumas que quedasen disponibles cada año por la supresión del presupuesto de cultos serían repartidas entre los ayuntamientos a prorrata del contingente de la contribución inmobiliaria de las propiedades no

---

como de los socorros acordados, tanto a los antiguos ministros de los diferentes cultos, como a su familia.

La Ley de 27 de junio de 1885, relativa al personal de las facultades de teología católica suprimidas, sería aplicable a los catedráticos, profesores titulares, profesores no numerarios y estudiantes de las facultades de teología protestante.

[593] Tanto el sistema de pensiones, como la escala progresiva de extinción de la retribución económica del clero con cargo a fondos públicos, serían aplicables también a los departamentos y corporaciones locales, en caso que los ministros de culto fueran retribuidos por ellos.

edificadas que les hubiera sido asignada durante el ejercicio precedente a la promulgación de la presente Ley.[594]

Este sistema de pensiones y retribuciones transitorias fue visto con recelo desde los partidos situados más a la derecha del arco parlamentario, pues temían que con ello el clero quedase anestesiado, y no alzara su voz en protesta contra la Ley en las ya inminentes elecciones de 1906. Por otra parte algunos obispos hicieron un llamamiento para que los sacerdotes de sus respectivas diócesis renunciaran a estas retribuciones, bajo amenaza de suspensión en caso de desobediencia, como hizo el obispo Douais de Beauvais, aunque el cardenal Richard, a interpelación del Secretario de Estado Merry del Val desde Roma, se había mostrado partidario de aceptar las pensiones. Lo cierto es que terminadas las elecciones en mayo de 1906, unos 30.000 sacerdotes habían hecho valer sus nuevos derechos pecuniarios frente al Estado, en aplicación de la Ley de separación. Un número minoritario renunció a ellos, mediante cartas en las que declinaron el cobro de dichos emolumentos, quedando al final todo en un gesto simbólico.[595]

A partir de 1906, sólo las diócesis más ricas estarán en condiciones de ofrecer a su clero unas condiciones de vida dignas. En las diócesis más pobres la situación se hará más complicada, es el caso de Haute-Vienne, Lot, Lozère o Basses-Alpes. Los ministros de culto pierden su condición de funcionarios, y deberán de ser retribuidos por las asociaciones cultuales o diocesanas respectivas, las cuales se financiarán a su vez sobre la base de las aportaciones, donaciones y legados de los fieles. Pasados unos años de la promulgación de la nueva Ley, la situación parece bajo control en algunas diócesis ricas o fervorosas, como París o Arras, (en Arras en 1910, la mitad de los curas percibían una remuneración idéntica a la anterior a 1905), pero en buena parte de Francia se instala *la gloriosa miseria de los sacerdotes*. En Tarenteise, un territorio católico, pero pobre, el resultado de las cuestaciones sólo llega a 1 franco por persona en 11 parroquias.[596]

---

[594] Artículo 41 de la Ley de separación.

[595] LARKIN, MAURICE. *L'Église et l'État en France. 1905: La crise de la Séparation.* Privat. Toulouse. 2004. Páginas 171 y 172.

[596] AMSON, DANIEL. *La Querelle religieuse.* Odile Jakob. París. 2004. Páginas 310 y 311. PIERRARD, PIERRE. *Un siècle de l'Église de France. 1900/2000.* Desclée de Brouwer. París. 2000. Página 48.

Un sector del clero francés comienza a mirar al ejemplo de los Estados Unidos, donde la separación, ensayada desde hace muchos años, ha tenido como consecuencia paradójica el fortalecimiento de la Iglesia, al correr los fieles, con su esfuerzo económico personal, con el mantenimiento del culto. Las palabras del cardenal Gibbons serán premonitorias, cuando señale que serán necesarios muchos años de separación para que la misma surta efectos en ese sentido, especialmente si ello no viene acompañado de un cambio de mentalidad de los fieles católicos, al tener en mente lo que venía ocurriendo en Estados Unidos, donde los proyectos económicos más ambiciosos habían sido cubiertos con la generosidad de los fieles, irlandeses, ingleses o polacos, cuya actitud contrastaba con la de los fieles italianos o franceses, poco dados a *rascarse* el bolsillo, acostumbrados a que en sus países fuera el Estado quien corriera con el mantenimiento de los gastos de culto, habiendo necesitado al menos una generación para adaptarse a la realidad y sensibilizarse sobre sus deberes en materia de sostenimiento económico de la Iglesia.[597]

5.1.4. Una ignorancia matizada

5.1.4.1. Los límites al *no reconocimiento*

La separación no ha hecho desaparecer a la religión de la vida pública, pues no era ese su objetivo, ni mucho menos, al *asegurar la libertad de conciencia* y *garantizar el libre ejercicio de los cultos,* ha fortalecido el ejercicio de este derecho fundamental. La Ley de 1905 reconoce la posibilidad de creación de capellanías en el seno de los establecimientos públicos de enseñanza, de asistencia y penitenciarios. Y en su artículo 4 supedita a las asociaciones cultuales a *las reglas de organización general de los cultos cuyo ejercicio se proponen asegurar.*[598]

---

[597] LARKIN, MAURICE. *L'Église et l'État en France. 1905: La crise de la Séparation.* Privat. Toulouse. 2004. Páginas 173 y 174.

[598] DUCOMTE, JEAN MICHEL. *La Loi de 1905. Quand l'État se séparait des Églises.* Milan. Toulouse. 2005. Páginas 38 y 39.

5.1.4.2. Los resquicios de financiación pública directa

En Francia se mantiene la retribución pública de los ministros de culto *reconocidos* en tiempos napoleónicos, en los departamentos de Alsacia, Mosela, y en determinados territorios de ultramar, como Guayana, Saint-Pierre-et-Miquelon y Mayotte, lo que constituye un resquicio propio de tiempos pretéritos. A ello hay que sumar la financiación pública de las capellanías militares o civiles, la remuneración pública del profesorado de la enseñanza privada concertada, (que en buena parte reviste una naturaleza confesional), o las cargas asumidas por el erario público en materia de mantenimiento de los edificios de culto que pertenecen al Estado o a otras entidades públicas, como las entidades locales, especialmente en aquellos casos en que estén clasificados como monumentos históricos, la cesión de terrenos para la edificación de lugares de culto en los planeamientos urbanísticos, y un catálogo de deducciones fiscales, entre otros impuestos, especialmente en el de sucesiones y donaciones.[599]

5.2. Gestión y administración de los bienes eclesiásticos

La tradición concordataria había creado un escenario en virtud del cual los ingresos de las confesiones reconocidas, especialmente los de la Iglesia católica estaban sujetos a estricto escrutinio de las autoridades públicas. Una inercia que iba a ser muy difícil de superar, una vez que había arraigado. Existía además un segundo factor y era la desconfianza existente desde ciertos sectores anticlericales, a que las asociaciones cultuales pudieran gozar de una saneada hacienda, y eventualmente convertirse en árbitros del panorama político, interfiriéndose en las campañas electorales, mediante la financiación del lobby católico, reemplazando con ello el papel que algunas congregaciones religiosas habían desempeñado en tiempos pretéritos en territorio galo.

Los actos de gestión financiera y de administración legal de los bienes efectuados por los directores o los administradores de las asociaciones cultuales quedaban sujetos al control de la asamblea general de los miembros de la asociación, y sometidos a su aprobación, debiendo producirse

[599] DUCOMTE, JEAN MICHEL. *La Loi de 1905. Quand l'État se séparait des Églises.* Milan. Toulouse. 2005. Página 39.

dicha rendición de cuentas al menos con carácter anual, y no cabiendo disposición estatutaria alguna en sentido contrario.[600]

Las asociaciones cultuales van a ver restringido por Ley, el posible origen de sus ingresos financieros, pues se busca que la financiación de las mismas descanse exclusivamente sobre los fieles, y no sobre los presupuestos de los entes de derecho público, como había venido ocurriendo desde tiempos napoleónicos. Tales ingresos podrían consistir por lo tanto conforme al artículo 19 de la Ley de separación, en las cotizaciones de sus miembros, previstas por el artículo 6 de la Ley de 1 de julio de 1901, el producto de recaudaciones y colectas para el mantenimiento del culto, los procedentes de ceremonias y servicios religiosos, el alquiler de los bancos y sillas, o por el suministro de objetos destinados al servicio de los funerales en los edificios religiosos, y por la decoración de estos inmuebles.

No podrían recibir ningún tipo de subvención pública, cualquiera que fuera su procedencia, estatal, departamental o municipal, no teniendo tal consideración, las sumas que eventualmente pudieran consignarse en los presupuestos públicos, con el fin de proceder a la reparación de los edificios de culto.

Las asociaciones cultuales, (y sus eventuales uniones),[601] deberían llevar una relación de sus ingresos y gastos, estando obligadas a formular anualmente las cuentas financieras del ejercicio transcurrido, y elaborar un inventario de sus bienes muebles e inmuebles. Dichas cuentas anuales serían fiscalizables por la administración pública, y muy en particular, por la inspección general de finanzas.[602]

La Ley de separación se mostraba especialmente detallista a la hora de regular el posible destino de los remanentes de ingresos que no hubieran sido gastados en el ejercicio en curso, los cuales podían recibir uno de estos destinos, contemplados en los artículos 19 y 22 de la Ley de separación:

---

[600] Artículo 19 de la Ley de separación de 1905.

[601] Una posibilidad contemplada en el artículo 20 de la Ley de separación, que a tales efectos se remitía al artículo 7 del Decreto de 6 de julio de 1901, estando específicamente sujetas a lo dispuesto en el artículo 18, y en los cinco últimos parágrafos del artículo 19 de la propia Ley de separación.

[602] Artículo 21 de la Ley de separación.

1) Ser traspasado a otra asociación constituida para el mismo objeto, sin que ello diera lugar a contraprestación alguna.[603]

2) Constituir un fondo de reserva suficiente para asegurar los gastos de mantenimiento del culto, no pudiendo en ningún caso, recibir un destino diverso. Dicho fondo debería estar invertido en valores nominativos. El montante de esta reserva no podría nunca superar, en el caso de asociaciones y uniones que tuvieran más de 5.000 francos de ingresos, una suma superior en tres veces a dicha cantidad. Para las demás asociaciones, el límite se fijaba en no sobrepasar en más de seis veces la media anual de las sumas invertidas anualmente para los gastos de culto durante los últimos cinco ejercicios.[604] Cláusulas limitativas que tenían su razón de ser en la anteriormente citada desconfianza hacia las mismas desde determinados sectores políticos, temerosos a que pudieran erigirse en la sombra en un poder económico incontrolado.

   En caso de infracción de estas previsiones, los tribunales podrían condenar a la asociación o unión a destinar el excedente constatado, a establecimientos municipales de asistencia o beneficencia.[605]

3) Constituir una reserva especial en que los fondos deberían estar depositados, en dinero o en títulos nominativos, en la Caja de depósitos y consignaciones para ser exclusivamente afectados, incluidos los intereses, a la adquisición, construcción, decoración o reparación de bienes muebles o inmuebles destinadas a las necesidades de la asociación o unión.[606] Nótese de nuevo la prevención en pro de controlar las finanzas eclesiásticas, imponiéndose una afectación finalista a este excedente económico, que no se encontraba en este caso limitado cuantitativamente.

Se trata de una normativa que permite un amplio intervencionismo de la administración en las finanzas de las confesiones religiosas, lo cual aunque pudiera venir justificado por un benemérito fin de evitar una excesiva acumulación de recursos financieros en manos muertas, no dejaba de resultar cuando menos paradójico en una Ley que se autocalificaba

---

603 Artículo 19 de la Ley de separación.

604 Artículo 22.1 de la Ley de separación.

605 Artículo 23.2 de la Ley de separación.

606 Artículo 22.2 de la Ley de separación.

precisamente como de *separación,* cuando en este punto se caracterizaba paradójicamente por todo lo contrario.

La contravención de las disposiciones financieras, patrimoniales y de funcionamiento interno, contempladas en los artículos 18 a 22 de la Ley, conllevaría una multa de 16 a 200 francos para los directores o administradores de una asociación cultual, o unión de ellas, que fueran declarados responsables de las mismas. Estas sanciones serían dobladas en su cuantía en el caso de reincidencia. Además, tales contravenciones podrían dar lugar a la posibilidad de disolución de las respectivas asociaciones, y de sus uniones.[607]

Una Ley de 25 de diciembre de 1942 declarará que no serán consideradas como *subvenciones* públicas, quedando por lo tanto autorizadas, las *aportaciones* financiadas con fondos públicos destinadas a sufragar los gatos de mantenimiento de los inmuebles puestos a disposición de las asociaciones cultuales.[608]

5.3. Régimen tributario

El artículo 24 de la Ley de separación, a la hora de regular el régimen fiscal de las confesiones religiosas, distinguía dos tipos de bienes inmuebles:

1) Los edificios afectos al ejercicio del culto pertenecientes al Estado, a los departamentos o a los ayuntamientos, los cuales continuarían exentos del impuesto de bienes inmuebles, y al impuesto sobre puertas y ventanas.[609]
2) Los edificios afectos al alojamiento de los ministros de culto, los seminarios, las facultades de teología protestante que pertenecen al Estado, a los departamentos y a los ayuntamientos, y los bienes que son propiedad de las asociaciones y de las uniones, los cuales estarían sujetos a los mismos impuestos que aquéllos de los particulares.

[607] Artículo 23, *in fine*, de la Ley de separación.

[608] DUCOMTE, JEAN MICHEL. *La Loi de 1905. Quand l'État se séparait des Églises.* Milan. Toulouse. 2005. Página 32.

[609] Equivalente a los vados de aparcamiento, en derecho tributario español.

Las asociaciones y uniones no estarían en ningún caso sujetas al impuesto de inscripción, ni a aquél que grava a los círculos de reunión por el artículo 33 de la Ley de 8 de agosto de 1890, ni tampoco al impuesto del 4% sobre los ingresos, establecido por las Leyes de 28 de diciembre de 1880 y 29 de diciembre de 1884.[610]

La atribución de donaciones y legados a favor de las asociaciones cultuales, quedaría exenta del impuesto de transmisiones.

6. NORMAS REGULADORAS DE LAS REUNIONES PÚBLICAS Y DE CULTO

El Título V de la Ley de separación incorporaba una serie de normas tendentes a regular el culto de las confesiones religiosas en Francia. Las reuniones para la celebración de un culto que tuvieran lugar en los locales pertenecientes a una asociación de culto o que hubieran sido puestos a su disposición, deberían ser *públicas*, es decir, abiertas a toda persona de modo que nadie podría ser descartado de las mismas, lo que parece desconocer el carácter específico de estas reuniones, que presuponen la adhesión a una fe, y la pertenencia a una comunidad religiosa. Las autoridades administrativas se reservaban una facultad de vigilancia sobre las mismas, que quedaba vagamente justificada en el *interés del orden público.* Este límite en principio parecería lógico, desde el momento en que el Estado debe mantener el orden público en todo tipo de reunión, especialmente cuando ésta es pública, es decir abierta, pero la apertura de la redacción de la cláusula parecía desconocer la especificidad de este tipo de reuniones, pues el reconocimiento de un amplio margen de apreciación a favor del Estado, podía ser una fuente de abuso.[611] Roma se niega a pasar por lo que considera una burda asimilación a otro tipo de reuniones públicas, pese a que el propio cardenal Lecot llegase a difundir un modelo de declaración administrativa, restando importancia a todo ello por entender que era un mero formalismo burocrático.[612]

---

[610] Artículo 24, *in fine*, de la Ley de separación.

[611] BARBIER, MAURICE. *La Laïcité.* L'Harmattan. París. 1995. Página 49.

[612] Artículo 25 de la Ley de separación de 1905. BARBIER, MAURICE. *La Laïcité.* L'Harmattan. París. 1995. Página 49.

La falta de la práctica de dichas declaraciones previas por parte del clero católico, hará que se formulen unas 40.000 contravenciones por celebración de oficios religiosos sin previa comunicación a la administración. El *delito de misa* es por lo tanto sancionado, pero en una actitud que raya el ridículo, el Gobierno renuncia al ejercicio de actuaciones judiciales. Con el fin de limar asperezas, la Ley de 28 de marzo de 1907 suprimirá la necesidad de realizar dichas *declaraciones previas,* para todas las reuniones públicas.[613]Además se contenía una expresa prohibición de mantener reuniones políticas en los locales afectos habitualmente al ejercicio de un culto.[614] En caso de cometerse tales contravenciones, se preveía la responsabilidad civil de las correspondientes asociaciones cultuales a cuyo cargo estuviera el inmueble donde la infracción hubiera sido cometida.[615]

El artículo 27 de la Ley de separación contemplaba que *Las ceremonias, procesiones y otras manifestaciones exteriores de un culto,* se regularían *en conformidad con los artículos 95 y 97 de la Ley municipal de 5 de abril de 1884.* De ellos se desprendía que las ceremonias religiosas podrían desarrollarse en el exterior de los edificios de culto, y que el único problema sería el de armonizar dichas manifestaciones con los eventuales límites derivados del mantenimiento del orden público. El Consejo de Estado resolverá cómo armonizar estas cuestiones en el caso del *Abbé Olivier,* de 19 de febrero de 1909, planteado a raíz de una resolución del alcalde de la localidad de Sens de 1 de septiembre de 1906, por el que se prohibían *todas las manifestaciones religiosas, y especialmente aquéllas que tienen lugar en la vía pública con motivo de los entierros.* El padre Olivier, ignorará dicha prohibición, debiendo intervenir el Consejo de Estado, el cual anula la resolución municipal por entender que el mantenimiento del orden público no legitimaba automáticamente a un alcalde a poder reglamentar las manifestaciones de culto sobre la vía pública, y en particular las ceremonias fúnebres, en tales condiciones, prohibiendo a los miembros del clero, revestidos con sus hábitos sacerdotales, poder acompañar a pie a las comitivas fúnebres, conforme a unas ancestrales

---

[613] DÉMIER, FRANCIS. *La France du XIXe siècle. 1814-1914.* Éditions du Seuil. París. 2007. Página 398. SCOT, JEAN PAUL. *L'État chez lui, l'Église chez elle. Comprendre la loi de 1905.* Le Seuil. París. 2005. Páginas 293 y 303.

[614] Artículo 26 de la Ley de separación de 1905.

[615] Artículo 36 de la Ley de separación de 1905.

tradiciones locales. El Consejo de Estado anulará dicha norma reglamentaria municipal por considerar que la misma había sido dictada en base a consideraciones extrañas al objeto en virtud del cual las autoridades municipales pueden regular los servicios de inhumación, incurriendo en una desviación de poder.[616]

El repique de las campanas se regularía por decreto municipal, y, en caso de desacuerdo entre el alcalde y el presidente o director de la asociación de culto, por decreto prefectoral. Remitiéndose a un reglamento de la administración pública[617] la determinación de las condiciones y los casos en los que los repiques de campanas civiles podrían tener lugar.[618]

Los contraventores de las prescripciones anteriores,[619] serían sancionados penalmente conforme a lo dispuesto en los oportunos reglamentos de policía administrativa, siendo merecedores de las correspondientes penas, tanto aquéllos que hubieran organizado las reuniones o manifestaciones ilícitas, los que hubieran participado en las mismas en condición de ministros de culto, como los que hubiesen facilitado los locales para celebrarlas.[620]

El artículo 28 de la Ley de separación prohibía en lo sucesivo, levantar o fijar ningún signo o emblema religioso en los monumentos públicos o en cualquier emplazamiento público, a excepción de los edificios que sirven al culto, los terrenos de sepultura en los cementerios, los monumentos funerarios, así como en los museos o exposiciones.

7. RÉGIMEN DE SANCIONES PENALES

El artículo 30 de la Ley de separación se remitía a la prohibición contemplada en el artículo 2 de la Ley de 28 de marzo de 1882, en virtud de la cual, la enseñanza de la religión no podía ser impartida a los niños de 6 años.[621]

---

[616] AMSON, DANIEL. *La Querelle religieuse.* Odile Jakob. París. 2004. Página 299.

[617] Previsto por el artículo 43 de la Ley de separación.

[618] Artículo 27 de la Ley de separación de 1905.

[619] Contenidas en los artículos 25, 26 y 27 de la Ley de separación de 1905.

[620] Artículo 29 de la Ley de separación de 1905.

[621] Siendo de aplicación a los ministros de culto que infringieran estas prescripciones, las disposiciones del artículo 14 de la Ley precitada.

Además en el artículo 31 se contemplan penas de multa de 16 francos a 200 francos y cárcel de 6 días a 2 meses, o una de las dos penas solamente, para aquéllos que, bien por la vía de los hechos, violencias o amenazas contra un individuo, bien por hacer temer la pérdida del empleo o de exponer a un daño a su persona, su familia o su fortuna, le hubieran obligado a ejercer o abstenerse de ejercer un culto, a tomar parte o a cesar de tomar parte de una asociación cultual, a contribuir o a abstenerse de contribuir a los gastos de culto. Y en el artículo 32 se preveían idénticas penas respecto a aquéllos que impidieran, retardasen o interrumpieren los ejercicios de un culto por disturbios o desórdenes causados en el local destinado a tales ejercicios. Las sanciones anteriores previstas en los artículos 31 y 32, no se aplicarían a los disturbios, ofensas o vías de hecho, que por su naturaleza o circunstancias no dieran lugar a penas superiores que las previstas en las disposiciones del Código Penal.[622]

Ya con motivo de la discusión en la Cámara del anteproyecto presentado por la comisión Briand, algunos diputados como Maurice Colin no eran partidarios de una policía especial de cultos, prefiriendo la aplicación de las disposiciones del derecho común, por entender que eran suficientes para corregir eventuales excesos cometidos por los ministros de culto. Además, Colin discrepaba de la imposición de sanciones a los fundadores y directores de las asociaciones cultuales, y de la exigibilidad a los mismos de responsabilidad civil subsidiaria por los delitos que pudieran cometer los ministros de culto con motivo del desempeño de su oficio en las iglesias adscritas a la respectiva asociación cultual, pues ello tendría previsiblemente efectos disuasorios.[623]

Asimismo el artículo 34 de la Ley contempla una serie de sanciones penales respecto a aquellos ministros de culto que, en los lugares donde ejercieren dicho culto, ultrajasen o difamasen públicamente a un ciudadano encargado de un servicio público, con ocasión de sus discursos, escritos o mediante carteles fijados en lugares públicos, siendo punido con una pena de 500 a 3.000 francos y/o cárcel de 1 mes a 1 año. Y el artículo 35 tipificaba penalmente la *provocación* e *incitación*, oralmente o por escrito, a *resistirse a la ejecución de las leyes* o a los actos legales de la autoridad pública, así como a la sublevación, previéndose penas de

---

[622] Artículo 33 de la Ley de separación de 1905.

[623] Anales de la Cámara de Diputados de 4 de abril de 1905. Página 1.525.

cárcel que irían de 3 meses a 2 años.[624] Expresiones como *provocación a resistir a las leyes* serán consideradas por el diputado conservador Plichon como *extraordinariamente elásticas*, y sus consecuencias de cara a la seguridad jurídica y el acceso a la tutela judicial efectiva podían ser nefastas, máxime si se tiene en cuenta la dureza de las sanciones penales previstas.[625] Las correspondientes asociaciones cultuales serían responsables civiles subsidiarias por las infracciones contempladas en los dos anteriores preceptos.[626] Por todo ello Plichon denunciaba que los ministros de culto, las asociaciones cultuales y los propios edificios de culto quedarían expuestos a merced de la primera denuncia que se presentase, por lo que parecía quedar en entredicho la, a su juicio, pretenciosa declaración de Briand, para el que *la separación es la libertad*, pues para Plichon la dureza de estas sanciones penales dejaban entrever justo lo contrario, y temía que pudiera reproducirse en Francia algo semejante a las consecuencias de la *Kulturkampf* en la Alemania de Bismarck, especialmente entre 1871 y 1878.[627] Maurice Allard le replicará diciendo que *los sacerdotes hablan en nombre de Dios bajo la amenaza de penas eternas. Nosotros no tenemos estos medios a nuestra disposición, nosotros no tenemos otra cosa que la persuasión ...* a lo que podríamos añadir, la del Código Penal, claro.[628] Y la verdad es que Plichon tenía razones para estar alerta, no en vano, en pleno debate parlamentario, leerá, lo que un par de semanas antes decía el número de *La Lanterne* del 4 de marzo de 1905, *nosotros lo repetimos, la República no debe considerar a los sacerdotes sino como seres peligrosos y malhechores, por lo que es necesario por todos los medios ponerles fuera de combate.* Briand creía absolutamente necesario cortar las alas a aquellos sacerdotes dispuestos a utilizar sus sermones como armas arrojadizas contra las autoridades republicanas, y requerirles que se limitasen a actuar dentro del contexto propio de sus funciones espirituales, y correlativamente, exigir a las asociaciones cultuales que se constriñeran al objeto preciso y exclusivo para el cual habían sido autorizadas a constituirse. Entendía que era necesario examinar si se encontraban en condiciones diferentes el ciudadano que

---

[624] Sin perjuicio de las penas de la complicidad, en el caso en que la provocación hubiera sido seguida de una sedición, revuelta o guerra civil.

[625] Anales de la Cámara de Diputados de 28 de marzo de 1905. Página 1399.

[626] Artículo 36 de la Ley de separación de 1905.

[627] Anales de la Cámara de Diputados de 28 de marzo de 1905. Página 1401.

[628] Anales de la Cámara de Diputados de 28 de marzo de 1905. Páginas 1398 y 1399.

cometía el mismo delito con motivo de una reunión pública, bajo el control incesante de una contradicción siempre posible, respecto al sacerdote que hablaba desde lo alto de su púlpito, amparado *por la autoridad moral de su Iglesia, en medio de sus fieles silenciosos, postrados ante su palabra,* por lo que a su juicio no debiera haber preocupación alguna a que el Estado usara *los medios para defenderse contra el abuso que pudiere hacerse de este poder, a cuya constitución ha contribuido el Estado en una buena parte.*[629]

8. OTRAS DISPOSICIONES GENERALES

El Título VI de la Ley de separación, incluía una serie de *Disposiciones Generales,* entre las cuales se preveía el sometimiento de las congregaciones religiosas a las leyes de 1 de julio de 1901, 4 de diciembre de 1902 y 7 de julio de 1904.[630] Asimismo se incluía una previsión por la que durante 8 años a partir de la promulgación de la presente Ley, los ministros de culto serían inelegibles para el consejo municipal en los ayuntamientos donde ejercieran su ministerio eclesiástico,[631] una norma de carácter claramente discriminatorio.[632]

La Ley contemplaba asimismo, en este cajón de sastre, que las disposiciones legales relativas a los días actualmente feriados, se mantienen en vigor.[633]

Un reglamento de administración pública emitido en los tres meses siguientes a la promulgación de la presente Ley, determinaría las medidas adecuadas para asegurar su aplicación.[634] Los reglamentos de administración pública determinarían las condiciones en que la Ley será aplicable en Argelia y las colonias.[635]

El artículo 44 incluía una cláusula derogatoria de todas las disposiciones relativas a la organización pública de los cultos anteriormente

---

[629] Anales de la Cámara de Diputados de 6 de abril de 1905. Página 1556.

[630] Artículo 38 de la Ley de separación.

[631] Artículo 40 de la Ley de separación.

[632] BARBIER, MAURICE. *La Laïcité.* L'Harmattan. París. 1995. Página 49.

[633] Artículo 42 de la Ley de separación.

[634] Artículo 43.1 de la Ley de separación.

[635] Artículo 43.2 de la Ley de separación.

reconocidos por el Estado, así como todas las disposiciones contrarias a la presente Ley, y en particular:

1º La Ley de 18 de Germinal del año X, que incorpora la Convención hecha entre el Papa y el Gobierno francés junto con los artículos orgánicos de la citada Convención y de los cultos protestantes.

2º El Decreto de 26 de marzo de 1852 y la Ley de 1 de agosto de 1879, sobre los cultos protestantes.

3º Los Decretos de 17 de marzo de 1808, la Ley de 8 de febrero de 1831 y la ordenanza de 25 de mayo de 1844 sobre el culto israelita.

4º Los Decretos de 22 de diciembre y 19 de marzo de 1859.

5º Los artículos 201 a 208, 260 a 264, y 294 del Código Penal.

6º Los artículos 100 y 101, los parágrafos 11 y 12 del artículo 136 y el artículo 167 de la Ley de 5 de abril de 1884.

7º El Decreto de 30 de diciembre de 1809 y el artículo 78 de la Ley de 26 de enero de 1892.

CAPÍTULO VII.
LA REACCIÓN DE LAS CONFESIONES RELIGIOSAS A LA LEY DE SEPARACIÓN

1. LA RESPUESTA DE LA IGLESIA CATÓLICA

1.1. La Iglesia francesa ante la encrucijada de aceptar o rechazar la Ley

La gestación de la Ley de separación se solapa con dos pontificados, el de León XIII, (1878-1903), un Papa eminentemente reformador, y el de Pío X, (1903-1914), un pontífice enérgico, que siente un profundo temor a que la nueva Ley francesa suscitara una posible reacción anticlerical incontrolable en cadena en otros países como España o Portugal, algo que no estaba del todo desencaminado, vista la evolución ulterior de los acontecimientos en la Península Ibérica, mostrándose poco partidario de contemporizar con una República laica.

Entre diciembre de 1899 y mayo de 1902 se había renovado a un total de 21 obispos franceses, lo cual podría apuntar a un posible apaciguamiento de la situación, si se tiene en cuenta que a principios de 1904 eran en total 79, incluyendo a los aún no consagrados, existiendo 5 sedes vacantes, (9 a finales de ese mismo año, y 15 al terminarse 1905). Todos los obispos en funciones a principios de 1904 tenían en común haber sido nombrados durante la III República, cuyos políticos habían tratado de promover en la medida de lo posible a obispos conciliadores frente al poder y la sociedad moderna, lo suficientemente moderados como para ser aceptados por la Santa Sede, celosa por descartar a aquellos eclesiásticos que fueran contrarios al dogma de la infalibilidad papal. Pocos de los obispos franceses en funciones en 1904 podían ser calificados de ultramontanos, con la excepción tal vez de los de Cabrières, Luçon

(Belley), Briey (Meaux), o Pelgé (Poitiers). La moderación política y religiosa que caracteriza a un amplio sector del episcopado, alimentará la crítica de los adversarios del régimen republicano, especialmente los más intransigentes, nacionalistas y monárquicos, por considerarlos *criaturas* del francmasón Dumay, Director de Cultos a partir de 1887, que les achacan ser meros *funcionarios que portan sotanas violetas,* en lugar de *hábitos bordados, dispuestos a complacer a quienes les pagan*, como aceradamente escribía en 1904 el barón Mandat-Grancey.[636] La generación de los *obispos de Dumay,* (y que a nadie se le escape, de León XIII *también*, que *casualmente* era quien ocupaba la sede de Pedro por aquel entonces), gozará de una mala reputación en el Vaticano a partir de la elección de Pío X, al achacárseles ser excesivamente propensos a adoptar posiciones *acomodaticias* respecto al poder civil.[637]

La mayoría de los obispos estaban acostumbrados a una política de moderación, y producida la debacle del Concordato podían estar muy bien tentados a buscar una solución transaccional y contemporizadora con el poder civil, pues finiquitado el Concordato, el futuro se presentaba incierto para una Iglesia despojada de sus bienes. La actitud de la Santa Sede por el contrario será la de no hacer concesiones frente al poder civil, y para ello tenía poderosas razones, la primera y principal era la propia fidelidad a los principios, a la que habría que unir la desconfianza ante el anticlericalismo gubernamental y el temor a un contagio europeo del mismo, si no se adoptaba una posición de firmeza. Era por lo tanto la hora de proceder a una *romanización* del episcopado francés mediante la recomposición del mismo favorecida por la libertad recuperada por la Santa Sede para proceder a las nuevas designaciones episcopales.[638]

En el seno de la Iglesia francesa no existía una posición unánime, se puede afirmar que en esta encrucijada de caminos, el catolicismo francés se encuentra dividido. Un importante sector adopta una posición de rechazo, para lo cual contará con la ventaja del apoyo de la prensa católica

---

[636] SORREL, CHRISTIAN. *Les évêques à l'heure de la Séparation.* En: CHANTIN, JEAN-PIERRE y MOULINET, DANIEL. (Dir.). *La Séparation de 1905. Les hommes et les lieux.* Les editions de l´atelier. París. 2005. Páginas 54 y 55.

[637] SCOT, JEAN PAUL. *L´État chez lui, l´Église chez elle. Comprendre la loi de 1905.* Le Seuil. París. 2005. Página 309.

[638] SORREL, CHRISTIAN. *Les évêques à l'heure de la Séparation.* En: CHANTIN, JEAN-PIERRE y MOULINET, DANIEL. (Dir.). *La Séparation de 1905. Les hommes et les lieux.* Les editions de l´atelier. París. 2005. Página 63.

mayoritaria, los antiguos miembros de las órdenes religiosas, una parte mayoritaria del clero, y el *pueblo* de *fieles,* especialmente en las áreas rurales en que la realización de los inventarios de los bienes eclesiásticos supone una afrenta imperdonable. Las asociaciones cultuales son vistas como un verdadero *caballo de Troya* de los *librepensadores*, para controlar a la Iglesia católica. Es la línea editorial de *La Libre Parole*, *L'Autorité*, *La Verité française*, y *La Croix*, aunque en este último caso, el silencio inicial de Roma haga que en un primer momento adopte una actitud reservada. No es una actitud exclusiva de los sectores más *refractarios*, representados en políticos como Groussau o el conde de Mun. Obispos como monseñor Turinaz en Nancy, (Lorena), o monseñor Dubillard en Quimper, (Bretaña), siguen esta línea de rechazo a la Ley, a los que se suman miembros del clero secular como el canónigo Delassus, director de *La Semaine religieuse* en la diócesis de Cambrai, (en el departamento Norte, en la frontera flamenca), y regular, como el padre Le Doré, superior de las congregación de los eudistas.[639]

Monseñor Turinaz, obispo de Nancy, se adhiere sin reservas a la condena de la Ley hecha por Pío X, criticando a aquellos católicos partidarios de asumir la nueva legislación separatista, acusándoles de estar dominados por una doble pasión, la *pasión de la servidumbre al Estado y la pasión de las concesiones perpetuas y universales,* descalificando las consecuencias de esta actitud dócil frente a los *enemigos* de la Iglesia, que no reportaría nada más que un *instante de cese en su implacable persecución.* En semejante sintonía, monseñor Gieure, recientemente nombrado obispo de Bayona, se mostraba partidario de resistir a lo que el calificaba como el sometimiento a *la Constitución Civil del Clero.*[640]

Un sector de la jerarquía, minoritario sin duda, se mostraba partidario de aceptar la Ley, a modo de mal menor, como ocurría en el caso del arzobispo de Rouen, monseñor Fuzet, no tanto porque la Ley levantase el más mínimo entusiasmo, cuanto por evitar los posibles desórdenes y la situación de anarquía a la que podría conducir un rechazo frontal de la norma por parte del episcopado francés. Monseñor Lacroix, obispo de

[639] MAYEUR, JEAN-MARIE. *La separation de l'Eglise et de l'État. (1905).* Firmin-Didot. París. 1966. Páginas 105 y 106.

[640] BARBIER, EMMANUEL. *Histoire du catholicisme liberal et du catholicisme social en France. Du Concile Vatican à l'avènement de S.S. Benoît XV, (1870-1914).* Tomo IV. Imp. Cadoret. Burdeos. 1923-1924. Página 148.

Tarenteise, poco partidario de enfrentamientos directos con las autoridades civiles, aboga por el respeto a la Constitución, los pronunciamientos judiciales y las leyes. Y monseñor Mignot, arzobispo de Albi, rechaza una descalificación apriorística de las asociaciones cultuales, por entender que a primera vista, no era posible determinar que las disposiciones de la Ley fueran dañinas para la Iglesia, y que la constitución de las asociaciones cultuales tuviera que ser necesariamente contraria a los derechos de la Iglesia y *a su constitución divina.* Sin embargo, un número muy superior de obispos católicos se mostrará a favor de sostener un catolicismo *integral,* y consiguientemente, de mantener las *formas tradicionales de inserción de la Iglesia en la sociedad,* aunque ello no impida un sentimiento de alivio por la liberación de la Iglesia frente a la *tutela* del Estado, que el nuevo escenario supone, como es por ejemplo el caso de monseñor de Cabrières, obispo monárquico de Montpellier.[641]

El padre Gayraud, en la *Revue du clergé français,* sostendrá que la Iglesia se podría acomodar a las asociaciones cultuales, a pesar de su condena por Roma. En idéntica sintonía, su colega el padre Klein entendía que las asociaciones cultuales escapaban al peligro del cisma. El sacerdote Parísino Hippolyte Hemmer, abogará en la *Revue catholique des Èglises,* por la aceptación de la Ley de separación, entendiendo que la constitución de las controvertidas asociaciones cultuales no tendría por qué comprometer el mantenimiento del principio de autoridad en el seno de la Iglesia. Asimismo vendrán publicadas en la revista la *Quinzaine*, el 1 de junio de 1905, sus *Réflexions sur la situation de l´Eglise de France au debut du XX siècle,* que poco después ven la luz en forma de folleto, bajo el título *Politique religieuse et séparation,* (que tendrá un notable eco), poniendo sobre la mesa el punto de vista de los denominados católicos *liberales,* herederos de las tesis de Lamennais, que piensan que la supresión del Concordato liberaría al clero francés de la situación de funcionario, y del espíritu decadente que ello conllevaba, permitiendo una nueva organización eclesiástica, adaptada al verdadero estado de la religión en las áreas rurales, aunque con más clarividencia que otros, Hemmer se abstendrá de realizar eventuales intentos de aproximación a

---

[641] BARBIER, EMMANUEL. *Histoire du catholicisme liberal et du catholicisme social en France. Du Concile Vatican à l´avènement de S.S. Benoît XV, (1870-1914).* Tomo IV. Imp. Cadoret. Burdeos. 1923-1924. Página 148. MAYEUR, JEAN-MARIE. *La separation de l´Eglise et de l´État. (1905).* Firmin- Didot. París. 1966. Páginas 97 y 98.

la política religiosa de la Revolución, invitando sin embargo a realizar el paso de la situación concordataria a la separación, y superando los temores que pudiera haber ante una eventual intromisión de los laicos en la gestión de los asuntos temporales de la Iglesia, que las asociaciones cultuales podían conllevar, siendo partidario de construir una Iglesia moderna, transparente, capaz de administrar las contribuciones de los fieles de forma eficiente, y de rendir cuentas de todo ello, mostrándose hostil a la formación de un partido político católico, y alertando de los riesgos de incurrir en determinados excesos derivados del abuso de una posición de privilegio a la sombra del poder político, o del propio orgullo sacerdotal. La Iglesia debería distanciarse del espíritu reaccionario, trabajar a favor del progreso social y de la separación frente al Estado. Los sacerdotes Parísinos Soulange-Bodin y Hemmer, defienden que la Iglesia debe distanciarse del espíritu reaccionario, entendiendo que la separación del Estado les ofrecía una oportunidad providencial. Su posición es minoritaria, y quedarán acalladas en medio del clamor general de la mayor parte de los católicos franceses, en contra de la separación, pero no por ello deben pasar ignoradas y desapercibidas, pues existieron.[642]

Un sector, calificado por MAYEUR como los *transigentes,* entre los que se podría contar por ejemplo al conde de Haussonville, (que se había destacado en 1891 por su apelación al alto clero a resistirse a las leyes laicas), invita sin embargo ahora a la Iglesia a aceptar el modelo de derecho común derivado de la Ley de separación, tal y como se recoge en un artículo suyo publicado en el periódico *Le Figaro*, de 29 de diciembre de 1905, superando aquel tiempo en que siguiendo las palabras de San Luis, el Estado asume el papel de *sargento* al servicio de la pujanza de

[642] BARBIER, EMMANUEL. *Histoire du catholicisme liberal et du catholicisme social en France. Du Concile Vatican à l'avènement de S.S. Benoît XV, (1870-1914).* Tomo IV. Imp. Cadoret. Burdeos. 1923-1924. Página 149. CABANEL, PATRIK. *1905, la séparation des Églises et de l'État en 30 questions*. Geste. La Crèche. 2005. Página 30. CABANEL, PATRICK. *Entre religions et laïcité. La voie française: XIXe-XXIe siècles*. Privat. París. 2007. Página 69 y ss. MAYEUR, JEAN-MARIE. *La separation de l'Eglise et de l'État. (1905).* Firmin-Didot. París. 1966. Páginas 99 a 101. MAYEUR, JEAN-MARIE. *La separation des Eglises et de l'État, (1905).* L'Atelier. París. 2005. Página 105. SCOT, JEAN PAUL. *L'État chez lui, l'Église chez elle. Comprendre la loi de 1905*. Le Seuil. París. 2005. Página 267. VANDENBUSSCHE, ROBERT. *Les Églises et l'État: d'une séparation à l'autre, 1789-1905*. En: VV.AA. *Les Églises et l'État d'une séparation à l'autre. 1789-1905*. Snoeck. 2005. Página 13.

la Iglesia, poniéndose el brazo secular al servicio del poder espiritual. El conde de Haussonville piensa con optimismo, (no sabemos hasta qué punto suficientemente fundado), que la Iglesia puede llegar a ser autosuficiente en términos económicos con las aportaciones de los fieles, y que puede sobrevivir a la separación. Aboga por la constitución de *uniones diocesanas* que permitan un justo reequilibrio entre parroquias ricas y pobres, y aboga por no lamentar la ruptura del Concordato napoleónico. Pone como ejemplo a los católicos perseguidos en Ginebra, que se organizan en torno a la *Œuvre du clergé* fundada por monseñor Mermillod, compuesta y administrada por laicos, que ingresa sus fondos en una caja central, gestionada por un tesorero laico, pero puesta a disposición del obispo, el cual repartía el dinero entre las parroquias en función de sus necesidades.[643] Ferdinand Brunetière, publica un artículo en la *Revue des deux Mondes*, el 1 de diciembre de 1905, en que pone como modelo de referencia el caso de los Estados Unidos, en que la experiencia de la participación de los laicos en la gestión de las finanzas de las iglesias no ha supuesto problema alguno, por lo que esta solución sería exportable a Francia, donde también podría ser viable. Y el 25 de diciembre de 1905, la revista *Le Correspondant,* publica una declaración que ha salido de la mano de su dirección en que se aboga por una *Iglesia libre en un Estado libre*, siempre y cuando el desarrollo administrativo de la Ley no cercene el poco margen que la Ley deja. El director de la publicación es Etienne Lamy, católico republicano, pero muchos de sus colaboradores y lectores son monárquicos.[644]

El historiador Anatole Leroy-Beaulieu consideraba que la separación era inevitable, pero defendía que debiera hacerse de modo equitativo, respetando el *modesto salario* del clero, garantizando a la Iglesia la libertad de poseer y adquirir bienes, y reivindicando el mantenimiento del protectorado francés sobre las obras católicas orientales, por entender que con ello se conservaría un útil instrumento con el que preservar la in-

---

[643] DUMONS, BRUNO y MOULINET, DANIEL. *Les laïcs catholiques face à la Séparation.* En: CHANTIN, JEAN-PIERRE y MOULINET, DANIEL. (Dir.). *La Séparation de 1905. Les hommes et les lieux.* Les editions de l´atelier. París. 2005. Página 70.

[644] MAYEUR, JEAN-MARIE. *La separation de l´Eglise et de l´État. (1905).* Firmin-Didot. París. 1966. Páginas 103 a 104. PORTIER, PHILIPPE. *L´épiscopat français et la loi de Séparation. Retour sur un processus de reconnaissance.* En: WEIL, PATRICK. *Politiques de la Laïcité au XXe siècle.* PUF. París. 2007. Página 209. SCOT, JEAN PAUL. *L´État chez lui, l´Église chez elle. Comprendre la loi de 1905.* Le Seuil. París. 2005. Página 266.

fluencia francesa. Hyacinthe de Gailhard-Bancel, diputado de inspiración cristiano social y adscrito a la *Action Libérale*, creía que la separación podría suponer un revulsivo saludable para la opinión pública católica adormecida. El jurista y político católico Gustave de Lamarzelle, llega incluso a esbozar un diseño ideal de una organización piramidal de las asociaciones cultuales, que aporta una aproximación a las mismas de carácter marcadamente positivo.[645]

Otro sector de los católicos franceses sin embargo no se muestra tan condescendiente con los cambios propuestos, y algunos de ellos son partidarios de mantener el Concordato. Albert de Mun, fundador de los Círculos Católicos Obreros recela de las modificaciones legales y de la nueva libertad de la Iglesia, que no sería más que un espejismo ilusorio. Émille Ollivier, que fuera Presidente del Consejo y Ministro de Cultos al final del II Imperio, aboga porque la cuestión fuera consultada al pueblo en referéndum. El historiador Georges Goyau creía que la Ley era una norma persecutoria, y Ferdinand de Brunetière señala que la misma suponía una denuncia unilateral del Concordato.[646]

Llama la atención el significativo mutismo que guarda la Santa Sede, y ello pese a que desde allí no se es para nada ajeno a los acontecimientos que se están sucediendo en Francia. A finales de 1905, el padre Birot, vicario general y colaborador de monseñor Mignot, arzobispo de Albi, lleva a Roma una memoria en que se muestra un punto de vista favorable al reconocimiento de las asociaciones cultuales. Pío X se muestra prudente, y prefiere callar hasta que el reglamento administrativo de desarrollo de la Ley no fuera publicado, la experiencia relativamente reciente hacía temer por una indeseada versión de unos eventuales e inesperados *nuevos artículos orgánicos*, como ocurriera un siglo antes con el Concordato napoleónico. Pocos días más tarde, el 5 de enero de 1906, llega al Vaticano el padre Le Doré, anotando Pío X tras esta visita, que la impresión del clérigo francés era que la Ley de separación era incluso peor que la Constitución Civil del Clero, que los artículos orgánicos y

---

[645] DUMONS, BRUNO y MOULINET, DANIEL. *Les laïcs catholiques face à la Séparation.* En: CHANTIN, JEAN-PIERRE y MOULINET, DANIEL. (Dir.). *La Séparation de 1905. Les hommes et les lieux.* Les editions de l´atelier. París. 2005. Páginas 70 y 71.

[646] DUMONS, BRUNO y MOULINET, DANIEL. *Les laïcs catholiques face à la Séparation.* En: CHANTIN, JEAN-PIERRE y MOULINET, DANIEL. (Dir.). *La Séparation de 1905. Les hommes et les lieux.* Les editions de l´atelier. París. 2005. Páginas 71 y 72.

que las *leyes de mayo*[647] de tiempos de la *Kulturkampf* destinadas a *poner a raya* a los católicos en la Alemania de Bismarck, y que la legislación secularizadora de la escuela francesa. A su regreso a Francia, el religioso se va de la lengua en una entrevista a *La Libre parole*, publicada el 28 de enero, erigiéndose en portavoz de las intenciones de la Santa Sede, sin que nadie se lo hubiera pedido, manifestando que el Papa se inclinaba por la resistencia a la Ley, siendo desmentido por *L'Osservatore Romano*, el 5 de febrero de 1906, en una nota que le desautorizaba como portavoz oficioso del pensamiento del Pontífice.[648]

1.2. La crisis de los inventarios y la encíclica *Vehementer Nos*, de 11 de febrero de 1906

Briand había aventurado que *la reforma así hecha (será) de una aplicación fácil.* Los hechos pronto desmentirán su *optimista* pronóstico. Aunque algunos de los grandes laicos católicos, y ciertos cardenales y obispos hubieran podido dar por buena la reforma, el aparente liberalismo de la misma es visto como un señuelo por amplios sectores de los integrantes de las congregaciones religiosas, la prensa católica y los sectores más católicos del oeste de Francia, y su aplicación va a ser pronto vista como *persecutoria*.[649] El artículo 3 de la Ley de separación de 1905 preveía que una vez promulgada la misma, se procedería por parte de los

---

[647] La denominación de *leyes de mayo* toma su nombre del mes en que se aprobaron. En mayo de 1873 el Estado impone la formación de los teólogos en las Universidades, así como los exámenes de Estado para el clero, el juicio del clero por tribunales especiales y el reemplazamiento de los vicarios capitulares por funcionarios. En mayo de 1874 se decreta que el clero que se hubiera resistido a las leyes de mayo de 1873 sea sometido a una serie de sanciones, entre las cuales estaría la privación de la nacionalidad alemana. Las leyes de mayo de 1875 expulsan a las congregaciones religiosas, salvo aquéllas que se dedican a asistencia a los enfermos, atribuyendo la gestión de los bienes de la Iglesia a los laicos. Además el clero es obligado a prestar un juramento semejante al de los funcionarios. SIAT, JEANNINE. *Le Kulturkampf : crise politique, crise religieuse?* En: CARRIER-REYAUD, BRIGITTE. (Dir.) *Histoire de la religion et de la culture en Europe de 1800 à 1914.* Ellipses. París. 2001. Página 75.

[648] MAYEUR, JEAN-MARIE. *La separation de l'Eglise et de l'État. (1905).* Firmin-Didot. París. 1966. Páginas 109 y 110.

[649] BAUBÉROT, JEAN. *Histoire de la laïcité en France.* Presses Universitaires de France. París. 2000. Página 79.

agentes de la administración de bienes a la realización de un inventario de los muebles e inmuebles de los establecimientos públicos de culto, así como de los bienes del Estado, los departamentos y los municipios, cuyo uso y disfrute estaba en manos de dichos establecimientos. Este doble inventario sería llevado a cabo de manera contradictoria con los representantes legales de los establecimientos eclesiásticos, para lo que serían debidamente llamados mediante una notificación hecha por vía administrativa, atribuyéndose a los agentes administrativos encargados de la realización de los mismos, la potestad de hacerse comunicar todos los títulos y documentos útiles para sus operaciones. Las cláusulas contenidas en el artículo 3 de la Ley de separación habían pasado *sorprendentemente* desapercibidas durante los debates parlamentarios habidos con ocasión de la misma. En teoría, las fábricas parroquiales tenían obligación de llevar un inventario de sus bienes, a partir de una Ley que databa de 1809, pero en la práctica esta obligación no se había observado. La necesidad de realizar tales inventarios, introducida a raíz de una enmienda de Alexandre Ribot, en el fondo había sido considerada como una mera formalidad administrativa, con el fin de proceder a la transferencia de los bienes de las fábricas concordatarias a las nuevas asociaciones cultuales, creadas por el artículo 4 de la Ley, y había obtenido un amplio respaldo parlamentario, que sobrepasaba la mayoría del Bloque de Izquierdas.[650]

El Decreto regulador de la realización de los inventarios había aparecido el 29 de diciembre de 1905, pero la crisis se desencadena a raíz de una Instrucción de la Dirección General del Tesoro, de 2 de enero de 1906, en que se desliza una frase que hace estallar el polvorín social, al permitir a los agentes encargados de realizar el registro de bienes, poder pedir a los sacerdotes presentes en la operación, que les fueran abiertos los sagrarios donde se guardaba el Santísimo Sacramento, algo que hería profundamente los sentimientos de los católicos, al tocar el corazón de las creencias de la fe católica, la presencia real de Jesucristo en la hostia. Se trata de un paso *torpe* y *provocador*, que irrita a la prensa católica. El fantasma de la profanación estaba rondando. Este texto es difundido por *La Verité française* y por *La Croix*, el 11 de enero, y suscita una profunda

650 SÉVILLIA, JEAN. *Quand les catholiques étaient hors la loi.* Perrin. París. 2006. Página 196. TRONCHET, GUILLAUME. *Le cabinet Rouvier et l'administration préfectorale dans la crise des Inventaires (janvier-mars 1906).* En: WEIL, PATRICK. *Politiques de la Laïcité au XXe siècle.* PUF. París. 2007. Página 79.

inquietud y rechazo social entre los católicos, lo cual obliga al Gobierno a intentar calmar dicha preocupación, culpando al Director General del ramo de haber actuado de forma negligente, irresponsable, y unilateral, sin el conocimiento de Bienvenu-Martin, Ministro de Cultos, ni de Briand, ponente de la Ley. La apertura de los sagrarios es vista como un *sacrilegio*, y el inventario como un *preludio del espolio, un primer paso para el embargo de los bienes de la Iglesia.* Los diputados católicos parecen tranquilizarse, y el episcopado guarda una actitud expectante, llamando el cardenal Richard a la prudencia, y a no cometer precipitaciones, invitando desde las páginas de *La Semaine religieuse de París* a observar en sus inventarios una actitud *pasiva pero correcta,* siendo secundado por los obispos de Meaux, que recomienda a sus párrocos actuar con *calma,* y de Quimper, que les pide que no tengan inconveniente en abrir los sagrarios, si los funcionarios se mostraran dispuestos a forzar o derribar la puerta de los mismos. No por ello las medidas gubernamentales dejan de verse como una provocación inaceptable, porque en realidad había mucho de ello, y aunque los primeros inventarios comienzan a realizarse en provincias, sin que se susciten incidentes o disturbios de mayor importancia, lo cierto es que las cosas comienzan a cambiar a partir del 1 de febrero, cuando empiezan a surgir los primeros problemas de orden público, al procederse a realizar el inventario de bienes en la Iglesia de Santa Clotilde, en el 7º distrito de París, en que se levantan barricadas callejeras, y en el interior es apilado un montón de sillas, detrás de las puertas de la entrada principal, para dificultar el acceso de la fuerza pública, que tras una verdadera batalla campal, entre 500 *píos apaches* y la policía mandada por el prefecto Lépine, consigue entrar en el templo, al día siguiente los incidentes se repiten en la iglesia de *Saint Pierre-du-Gros-Caillou*, en el mismo distrito Parísino, entrando la policía por la fuerza, tras romper una puerta a hachazos, terminando los incidentes tras la batalla campal desatada en el interior del templo, con más de medio centenar de detenidos, y un elevado número de heridos. Aunque el clero parroquial desaprueba los incidentes, se ve sobrepasado por la actuación de activistas de los sectores nacionalistas, como el diputado y consejero municipal del distrito, Maurice Spronck, el almirante Bienaimé, representante de la *Ligue de la Patrie française* en la Cámara de Diputados, el diputado católico Jean Lerolle, el mismísimo panfletario antisemita Edouard Drumont, o los jóvenes realistas de la *Ligue d'Action française,* que esperando dar un golpe a la República, ha coordinado la acción en las iglesias, no faltando la presencia de Léon Daudet y Charles Maurras, pero la reacción popular ha sobrepasado sus expectativas, al sumarse a las protestas mujeres y jóvenes católicos de todas las tendencias.[651]

Los problemas de orden público derivan tanto de la desafortunada redacción de la normativa que los regulaba, como del rechazo que los mismos levantan en un importante sector de los católicos franceses, especialmente en aquellas regiones de Francia más tradicionalistas. No se trata únicamente de la respuesta de un puñado de élites económicas, nobles o burgueses acomodados, vinculados a partidos políticos conservadores, sino de una verdadera reacción popular, algo especialmente claro en los ámbitos rurales, en que el pueblo llano se encuentra especialmente apegado a sus tradiciones religiosas, a sus iglesias y a sus santos patronos, donde la contestación a las autoridades políticas es una consecuencia directa a la lesión por ellos sentida en sus sentimientos religiosos más íntimos. El clero llega a sentirse superado por la espiral que experimenta el desarrollo de los acontecimientos, protagonizados por los jóvenes monárquicos de la *Action Française*. El propio párroco de Santa Clotilde, cuyas órdenes de no cerrar las puertas del templo han sido desobedecidas,

---

[651] AMSON, DANIEL. *La Querelle religieuse.* Odile Jakob. París. 2004. Página 288. CABANEL, PATRICK. *Entre religions et laïcité. La voie française: XIXe-XXIe siècles.* Privat. París. 2007. Páginas 87 y 88. DÉMIER, FRANCIS. *La France du XIXe siècle. 1814-1914.* Éditions du Seuil. París. 2007. Página 397. HILAIRE, Y.M. *Vers de nouveaux rapports entre les Eglises et l'Etat.* En: CHOLVY, GÉRARD y CABANEL, PATRICK. *La révolte des Inventaires.* En: CHANTIN, JEAN-PIERRE y MOULINET, DANIEL. (Dir.). *La Séparation de 1905. Les hommes et les lieux.* Les editions de l'atelier. París. 2005. Página 93. HILAIRE, YVES-MARIE. *Histoire religieuse de la France Contemporaine. 1880/1930.* Privat. Toulouse. 1986. Páginas 111 y ss. JOLY, LAURENT. *Les nationalistes et la loi de Séparation (1905-1906).* En: WEIL, PATRICK. *Politiques de la Laïcité au XXe siècle.* PUF. París. 2007. Página 99. LARKIN, MAURICE. *L'Église et l'État en France. 1905: La crise de la Séparation.* Privat. Toulouse. 2004. Páginas 210 y ss. MAUDIT, ANNE-MARIE y MAUDIT, JEAN. *La France contre la France. La séparation de l'Église et de l'État. 1900-1906.* Plon. París. 1984. Páginas 297 y ss. MAYEUR, JEAN-MARIE. *La separation de l'Eglise et de l'État. (1905).* Firmin- Didot. París. 1966. Páginas 111 a 113. PIERRARD, PIERRE. *Un siècle de l'Église de France. 1900/2000.* Desclée de Brouwer. París. 2000. Página 45. SCOT, JEAN PAUL. *L'État chez lui, l'Église chez elle. Comprendre la loi de 1905.* Le Seuil. París. 2005. Página 272. SCOT, JEAN PAUL. *Gènese de la loi de 1905.* En: ZARKA, CHARLES YVES. *Faut-il reviser la Loi de 1905?* Presses Universitaires de France. París. 2005. Páginas 46 y 47. SÉVILLIA, JEAN. *Quand les catholiques étaient hors la loi.* Perrin. París. 2006. Páginas 196 y ss.

anuncia su dimisión el 4 de febrero de 1906, al sentirse desautorizado por los partidarios de oponerse a toda costa a la realización de los inventarios. A pesar de los llamamientos a la calma que se hacen desde ciertos sectores eclesiales, lo cierto que es que se produce una reacción espontánea de rebelión contra los inventarios, que acaba con numerosos heridos y dos muertos, uno de ellos en Boeschèpe, (Flandes), el 6 de marzo de 1906, y el otro en Alto Loira. Tras un duro debate en la Cámara de Diputados el 7 de marzo, el Gobierno de Rouvier debe dimitir, y es remplazado por Sarrien, entrando a formar parte del Consejo de Ministros, Briand, (Ministro de Cultos), y Clemenceau, (Ministro del Interior).[652]

La Santa Sede, que ha guardado una exquisita prudencia ante el preocupante desarrollo de los acontecimientos, se decide finalmente a pronunciarse, a raíz de la crisis de los inventarios de los bienes del clero, viene con retraso, pero es clara y decidida, saliendo a la luz la encíclica *Vehementer Nos*, con fecha de 11 de febrero de 1906, pero que probablemente llevaba ya un cierto tiempo gestándose, de modo que son los dramáticos sucesos a raíz de la elaboración de los inventarios, lo que precipita la respuesta de Pío X, deseoso de dar una señal clara a los católicos franceses, al condenar el régimen de separación, e instar al episcopado francés a oponerse a la aplicación de la Ley, renunciando a una eventual tentación acomodaticia al nuevo texto.[653]

A los ojos de la Iglesia, estábamos ante una situación que oprimía los *derechos más sagrados* de la Iglesia, *injuriosa* frente a Dios, una

---

[652] CABANEL, PATRIK. *1905, la séparation des Églises et de l´État en 30 questions*. Geste. La Crèche. 2005. Páginas 23 y ss. CABANEL, PATRICK. *La révolte des Inventaires*. En: CHANTIN, JEAN-PIERRE y MOULINET, DANIEL. (Dir.). *La Séparation de 1905. Les hommes et les lieux*. Les editions de l´atelier. París. 2005. Página 93. HILAIRE, Y.M. *Vers de nouveaux rapports entre les Eglises et l´Etat*. En: CHOLVY, GÉRARD y HILAIRE, YVES-MARIE. *Histoire religieuse de la France Contemporaine. 1880/1930*. Privat. Toulouse. 1986. Página 113. MAYEUR, JEAN-MARIE. *La separation de l´Eglise et de l´État. (1905)*. Firmin- Didot. París. 1966. Páginas 117 a 119.

[653] CABANEL, PATRIK. *1905, la séparation des Églises et de l´État en 30 questions*. Geste. La Crèche. 2005. Página 12. CABANEL, PATRICK. *La révolte des Inventaires*. En: CHANTIN, JEAN-PIERRE y MOULINET, DANIEL. (Dir.). *La Séparation de 1905. Les hommes et les lieux*. Les editions de l´atelier. París. 2005. Página 93. PORTIER, PHILIPPE. *L´épiscopat français et la loi de Séparation. Retour sur un processus de reconnaissance*. En: WEIL, PATRICK. *Politiques de la Laïcité au XXe siècle*. PUF. París. 2007. Página 210. POULAT, ÉMILE. *Les Diocesáines*. La documentation Française. París. 2007. Páginas 44 y ss.

negación del orden sobrenatural, (algo cuestionable, en función de la perspectiva por la que se optase), suponiendo la derogación unilateral del Concordato *una violación del derecho de gentes,* (una fórmula tal vez algo excesiva, pero parcialmente cierta), siendo la nueva Ley contraria a la *constitución divina* de la Iglesia en tres puntos básicos:[654]

1) La Ley venía a atribuir la administración y la tutela del culto público, no a un *cuerpo jerárquico* instaurado por el *Salvador*, sino a una asociación constituida por personas *laicas*. A lo que podía objetarse que el adjetivo *laicas*, no figuraba en el tenor literal del artículo 18 de la Ley de separación, sino que era un añadido intencionado, pues en él sólo se hacía referencia a *personas*.
2) El Consejo de Estado era el único competente para resolver las diferencias entre asociaciones cultuales, las cuales *estarán por lo tanto en una relación frente a la autoridad civil en una dependencia tal que la autoridad eclesiástica no tendrá ningún poder.* A ello cabría objetar que esta objeción sólo se sostiene entendiendo que sólo la autoridad canónica tuviera autoridad sobre estas asociaciones extrañas al Estado.
3) La Ley viola los derechos de propiedad que la Iglesia adquirió por múltiples títulos, y en virtud del Concordato, al declarar propiedad del Estado y de los ayuntamientos, todos los edificios eclesiásticos anteriores al Concordato. Esto podría entenderse si se toma en cuenta que la Iglesia nunca admitió la nacionalización de los bienes del clero de 1789.

Pío X advierte del riesgo de profanación de los templos, y de descatolización de Francia. El tono es crítico al considerar la tesis separatista como una *negación muy clara del orden sobrenatural*, y limitar la acción del Estado a *la mera persecución de la prosperidad pública durante esta vida,* considerando a la Ley como *profundamente injuriosa frente a Dios,* motivo por el cual es objeto de reprobación y condena, *la derogación unilateral del Concordato ... como violación del derecho natural, el derecho de gentes y la fidelidad pública a los tratados, como contraria a la constitución divina de la Iglesia, a sus derechos esenciales y a su*

---

[654] BARBIER, MAURICE. *La Laïcité.* L'Harmattan. París. 1995. Página 52. SCOT, JEAN PAUL. *L'État chez lui, l'Église chez elle. Comprendre la loi de 1905*. Le Seuil. París. 2005. Página 275.

libertad. El Papa solicita la unión de los católicos franceses, invitando a los miembros del clero a reivindicar los derechos y la libertad de la Iglesia, aunque sin ofender a nadie. El tenor de la redacción literal de la encíclica no dejaba lugar a duda alguna sobre la posición pontificia al respecto, *Roma locuta est*, y el vigor de su tono, dejaba el camino despejado a los más intransigentes, sobre la posición a adoptar, pues como señalara Albert de Mun en *La Croix*, el 20 de febrero de 1906, Roma había tomado *en adelante netamente partido por la resistencia.* El 25 de febrero, 14 obispos son designados unilateralmente por la Santa Sede, por primera vez en muchos siglos, a fin de cuentas era un efecto colateral de la crisis de relaciones Iglesia – Estado, que reforzaba notablemente a la primera. Pío X deja entrever a los nuevos obispos que su posición se declina por el rechazo a las asociaciones cultuales previstas por la Ley de separación, invitándoles a huir de toda tentación de contemporización con el Estado. El 26 de febrero el cardenal Merry del Val transmite instrucciones al auditor de la nunciatura, monseñor Montagnini, que a pesar de la ruptura de relaciones diplomáticas, permanece en París, en que con carácter meridianamente claro se propone el rechazo a la formación de las asociaciones cultuales previstas en la Ley, ante el temor a que una política en Francia de mano blanda por parte de la Santa Sede, pudiera hacer incontrolable un eventual estallido de una reacción anticlerical en otros países vecinos como España. Era *un episodio de la lucha de las fuerzas del mal contra la Iglesia.* Merry del Val no estaba del todo desencaminado, pues era un evidente problema latente, aunque no se planteará primero en España, (a donde hay que esperar a la proclamación de la II República, el 14 de abril de 1931), sino en Portugal, a raíz de la caída de la Monarquía con la Revolución de 5 de octubre de 1910, y la promulgación de la Ley de separación Portuguesa de 20 de abril de 1911.[655] Las instrucciones del Secretario de Estado iban pues dirigidas hacia la necesidad de adoptar una actitud de resistencia contra la Ley, con lo cual parecía marcar una línea diferente a la inicialmente tomada por los cinco cardenales franceses, (Richard, de París, Coullié, de Lyon, Perraud, de Autun, Lecot de Burdeos, y Labouré, de Rennes), que el 28 de diciembre de 1905, con la Ley todavía en caliente, se habían mostrado más bien proclives a adoptar

---

[655] Sobre Portugal véase el excelente estudio: DA COSTA SEABRA, JOÃO MARÍA FÉLIX. *O Estado e a Igreja em Portugal no início do Século XX. A Lei da Separação de 1911*. Principia. Cascais. 2009.

una cauta posición de espera, para ver qué decía finalmente la normativa reglamentaria de desarrollo de la misma.[656]

La intransigencia de Pío X será contestada por autores como LANESSAN, que criticarán a la Santa Sede por no haber admitido *la libertad de conciencia individual ni la neutralidad religiosas de los Estados,* y su poca clarividencia para entender la situación, y no haber tenido la sabiduría necesaria para inspirar su conducta, que podría llevar a la ruina *pronta y completa* del catolicismo francés, de modo que condenar con anatema a los enemigos de la doctrina oficial, no impediría que Francia hiciera de la *libertad y la neutralidad, el fundamento de su política.*[657]

Aunque con motivo del debate parlamentario sostenido el 7 de marzo de 1906, que a la postre dará lugar a la caída del Gabinete Rouvier, la cuestión de los inventarios de los bienes del clero, (como paso previo a su atribución a las asociaciones cultuales), fuera considerada por Ribot como una *minucia,* algo carente de la menor importancia, lo cierto es que el comienzo de los mismos, va a desencadenar una verdadera situación de crisis social, que quizás fuera verdaderamente desproporcionada, en relación con la importancia real del contenido material de la medida, aunque llegar a esta afirmación resulte hoy, un siglo después, algo más fácil de afirmar, apoyándonos en la perspectiva que aporta el transcurso del tiempo.[658]

El debate parlamentario se recuerda como uno de los más intensos y apasionados, centrándose en el problema de la aplicación de la Ley. El diputado Plichon, perteneciente al partido Acción Liberal, califica a la Ley como una Ley de muerte, por el enfrentamiento que está causando entre las *dos Francias.* Briand se muestra partidario de que la Ley se quede como está, *una Ley de tolerancia y de igualdad,* según sus palabras, *ejecutada con moderación y prudencia, pero también sin desmayo, con circunspección, pero sin desfallecimiento.* Jules Dansette le increpará

---

[656] MAYEUR, JEAN-MARIE. *La separation de l'Eglise et de l'État. (1905).* Firmin-Didot. París. 1966. Páginas 121 a 123. CABANEL, PATRICK. *La révolte des Inventaires.* En: CHANTIN, JEAN-PIERRE y MOULINET, DANIEL. (Dir.). *La Séparation de 1905. Les hommes et les lieux.* Les editions de l'atelier. París. 2005. Página 93.

[657] DE LANESSAN, JEAN-LOUIS. *L'État et les églises en France depuis les origines jusqu'à la séparation.* Félix Alcan Editeur. París. 1906. Página 276.

[658] MAYEUR, JEAN-MARIE. *La separation de l'Eglise et de l'État. (1905).* Firmin-Didot. París. 1966. Página 111.

añadiendo: *y a golpes de revólver.* El padre Lemire, diputado demócrata cristiano denuncia el rigor con el que se está aplicando la Ley, y cómo la práctica de los inventarios es vista como una usurpación a los ojos del pueblo llano, pero reconoce que la Ley, que contiene una serie de promesas de libertad, no es inaceptable para los católicos, suscitando la crítica desde los escaños situados a la extrema derecha y los aplausos del centro, izquierda y extrema izquierda, apelando al Gobierno para que realice un ejercicio de cordura. El progresista Ribot, critica los errores del Gabinete al no haber dialogado con los obispos y haberse precipitado en la elaboración de los inventarios, y por haber comenzado a ejecutar la Ley en medio de una situación de anarquía y desórdenes públicos, pero a su vez llama la atención al episcopado, al exhortarle a que no deje pasar las ventajas que la Ley puede tener para la Iglesia, como son la libertad sin control estatal en la designación de obispos, el reconocimiento de su derecho de reunión, la atribución gratuita del usufructo de los templos, y en medio de aplausos del centro, izquierda y extrema izquierda, termina añadiendo que se trata de una Ley que puede que no sea ventajosa, pero que no es *una Ley de violenta persecución.* Rouvier interviene para afirmar que la Ley será aplicada con la *prudencia, tacto y sabiduría ... que comporta su profunda preocupación por la paz pública.* Estas declaraciones saben a poco a los partidos situados más a la izquierda, provocando inquietud entre las filas de la extrema izquierda, radical socialistas y socialistas. Finalmente Rouvier es puesto en una situación de minoría parlamentaria por 267 votos contra 234, y se ve forzado a dimitir.[659]

El nuevo gabinete que se forma el 13 de marzo de 1906, se orienta claramente más a la izquierda, bajo la presidencia de Sarrien, un parlamentario líder de la izquierda radical, sin especial renombre, pero influyente, que incorpora a dos personas clave, Clemenceau, al frente del Ministerio del Interior, y a Briand, para ocupar la cartera de Instrucción Pública y Cultos. Accedían ambos por vez primera a responsabilidades ministeriales, formando parte de un mismo equipo, pese a haberse enfrentado antes con motivo de la redacción del artículo 4 de la Ley de separación. Una declaración ministerial de 14 de marzo de 1906 afirmaba por un lado el deseo de respetar el derecho a la libertad de conciencia de todos los ciudadanos, así como el deseo de aplicar la Ley con el espíritu liberal

---

[659] MAYEUR, JEAN-MARIE. *La separation de l'Eglise et de l'État. (1905).* Firmin-Didot. París. 1966. Páginas 135 a 140.

con la que fue votada por el Parlamento, como probaba la presencia en el Gobierno del propio ponente de la misma, comprometiéndose en cualquier caso a asegurar la vigencia de todas las leyes, en todo el territorio del Estado. El 16 de marzo siguiente, una Circular confidencial remitida a los prefectos, invitaba a suspender la realización de los inventarios, si los mismos debieran realizarse por la fuerza, detrás de la cual se encuentra la mano de Clemenceau. El senador por La Mancha, Gaudin de Villaine, que había interpelado al Gobierno anterior sobre el tema de la práctica de los inventarios, manifiesta el día 20 de marzo su intención de retirarla, con tal que el Gobierno precisara el alcance de dicha norma reglamentaria que la prensa había difundido. El astuto Clemenceau, que como buen *zorro* político estaba dispuesto a nadar y salvar la ropa, encuentra una fórmula *pintoresca*, al afirmar que *el recuento de unos candelabros en una iglesia, no vale una vida humana*, lo cual no implicaba renunciar a la aplicación de la Ley, sino simplemente abordar el problema *a nuestra manera.*[660]

Sarrien decide entonces, a finales del mes de marzo de 1906, dirigirse a los procuradores generales, con el fin de pedirles un informe detallado sobre la marcha en la elaboración de los inventarios. Las respuestas van llegando en un goteo continuo a lo largo del mes de abril, y con frecuencia contienen una minuciosa descripción de la situación, distrito a distrito, llegando a la conclusión que los inventarios se han realizado en buena parte del país, y que los incidentes han sido más bien aislados. El 31 de mayo de 1906, sólo quedaban por efectuar 4.791 inventarios, habiendo sido ya concluidos los correspondientes a 63.219 establecimientos de culto. MAYEUR señala que el avance en la realización de los inventarios puede encontrar diversas explicaciones, una primera y de gran calado podría perfectamente ser la indiferencia religiosa de la propia población, a lo que habría que añadir la actitud de determinados obispos, poco partidarios de entrar en conflicto con el poder civil, lo que ayuda a comprender la situación de calma que se vive en la diócesis de Arras, en contraste con la de Cambrai, (que entonces incluía el departamento de Nord), por la actitud de monseñor Williez, obispo de Arras. Y algo semejante se podría decir respecto a la diócesis de Rouen, al frente de la

---

[660] CABANEL, PATRIK. *1905, la séparation des Églises et de l'État en 30 questions.* Geste. La Crèche. 2005. Página 24. CABANEL, PATRICK. *Entre religions et laïcité. La voie française: XIXe-XXIe siècles.* Privat. París. 2007. Página 87. MAYEUR, JEAN-MARIE. *La separation de l'Eglise et de l'État. (1905).* Firmin- Didot. París. 1966. Páginas 140 y 141.

cual estaba monseñor Fuzet, en que los inventarios se hacen sin especiales conflictos, pese a que algunos de los parlamentarios elegidos por este territorio habían votado en contra de la Ley de separación. Sin embargo esta explicación, basada en la actitud personal de determinados obispos especialmente conciliadores, o prefectos particularmente hábiles, no es suficiente para entender la falta de correlación entre el mapa de la Francia cristiana y el de los inventarios, pues para ello hay que valorar también la propia idiosincrasia de los católicos franceses, que queda reflejada en departamentos de especial arraigo católico, como Saboya, (donde no hay mayores problemas, salvo en algunas parroquias de montaña), Lot, o Bearn, (en que cabe incluso apreciarse una diversa actitud entre los católicos vascos y bearneses), en los que se puede apreciar la existencia de una fina distinción entre vida religiosa y opción política, llegando a la convicción que la política republicana no pone en riesgo su fe, por lo que los católicos de estos territorios no sienten la imperiosa necesidad de alinearse sin más con los dictados de los partidos conservadores. Es ésta una sutilísima explicación que ayuda precisamente a comprender la fortaleza del régimen republicano a partir de 1877, tal y como magistralmente destaca MAYEUR.[661]

CABANEL describe la existencia de una Francia *blanca*, minoritaria, que se encuentra focalizada (a parte de ciertos sectores de París, de fuerte inspiración monárquica), en la zona bretona y de La Vendée, por un lado, y el sureste del Macizo Central, por otro, a lo que habría que unir el departamento de Nord, el País Vasco y algunas zonas en las proximidades de los Alpes. Es la Francia en que es aún fuerte el reclutamiento de sacerdotes diocesanos y regulares, de cristianos rurales fuertemente apegados a la tradición, en ocasiones asentados en áreas montañosas, con fuerte connotación periférica, que hablan sus propias lenguas y dialectos regionales, como el flamenco, bretón, vasco, provenzal u occitano.[662]

Frente a esa Francia *blanca*, enfrentada a los inventarios, en la mayor parte del país los mismos tienen lugar sin mayores dificultades, aunque los sacerdotes con frecuencia hagan constar su rechazo mediante la lec-

---

[661] MAYEUR, JEAN-MARIE. *La separation de l´Eglise et de l´État. (1905).* Firmin-Didot. París. 1966. Páginas 142 a 143.

[662] CABANEL, PATRICK. *La révolte des Inventaires.* En: CHANTIN, JEAN-PIERRE y MOULINET, DANIEL. (Dir.). *La Séparation de 1905. Les hommes et les lieux.* Les editions de l´atelier. París. 2005. Página 94.

tura de una carta de protesta antes de retirarse, y esto es perfectamente válido incluso para regiones profundamente cristianas como Saboya, Lot y Béarn, estamos ante lo que CABANEL denomina como una Francia *azul*, cuya población es partidaria de distinguir religión y política, que no está dispuesta a seguir ciegamente las consignas que pudieran darles los sacerdotes, pese a que los mismos sean plenamente respetados por los fieles. En las regiones religiosamente indiferentes o anticlericales, la única resistencia corre a cargo de las élites monárquicas, como sería el caso de Provenza. Prueba de lo certero de este punto de vista es que el 31 de mayo de 1906 se habían ya realizado 63.219 inventarios, restando únicamente por hacer 4.791, es decir, apenas el 7% de los mismos. La resistencia a los inventarios admite una tipología, que permite distinguir cómo en París tiene una mayor connotación política al ser capitalizada por sectores monárquicos, *adosada a los distritos elegantes y a los medios nobiliarios,* pero en la cual se echa en falta la ausencia del humilde pueblo católico. Por el contrario, en la región oeste, en Deux-Sèvres o La Vendée, la nobleza y el pueblo actúan conjuntamente, en su oposición a los inventarios. En la parte meridional y oriental del Macizo Central la resistencia adquiere un matiz clerical y popular, salvo excepciones, al estar la nobleza poco representada en este territorio. En buena parte del resto de Francia, la agitación a raíz de la puesta en práctica de los inventarios, tuvo carácter *limitado* y *esporádico*. La reacción de rechazo a los inventarios por parte de los católicos, contrastará con la actitud más dócil de protestantes y judíos.[663]

1.3. La búsqueda de soluciones *acomodaticias*: la convoctoria de la asamblea plenaria del episcopado y las tesis de los *cardenales verdes*

Monseñor Lecot, arzobispo de Burdeos, prepara un modelo de estatutos de la *asociación diocesana de la Gironde,* que será declarada el 17 de

---

[663] CABANEL, PATRICK. *La révolte des Inventaires.* En: CHANTIN, JEAN-PIERRE y MOULINET, DANIEL. (Dir.). *La Séparation de 1905. Les hommes et les lieux.* Les editions de l´atelier. París. 2005. Páginas 95 y 96. DARCOS, XAVIER. *L´Etat et les Églises. La question laïque.* Odile Jakob. París. 2006. Página 127. VANDENBUSSCHE, ROBERT. *Les Églises et l´État: d´une séparation à l´autre, 1789-1905.* En: *VV.AA. Les Églises et l´État d´une séparation à l´autre. 1789-1905.* Snoeck. 2005. Página 16.

febrero de 1906,[664] que serán modificados el 16 de marzo de ese mismo año,[665] no sobreviviendo a la muerte de su fundador, el 19 de diciembre de 1908, siendo clausurada el 15 de febrero de 1909, a instancia de su sucesor, monseñor Andrieu. Esta asociación no revestía el carácter de *cultual*, (sobre esta cuestión se suscitará un amplio debate en la Cámara de Diputados, el 13 de noviembre de 1906), en el sentido de la Ley de 9 de diciembre de 1905, no teniendo la virtualidad de poderle ser atribuidos los bienes de los establecimientos públicos de culto disueltos, de modo que al no ser *cultual,* no entraba dentro de la prohibición de Pío X, lo cual le habría obligado a tener que disolverse. En opinión de POULAT, sus estatutos no presentaban incompatibilidad alguna con la Ley de asociaciones de 1 de julio de 1901, y los correlativos derechos de la jerarquía eclesiástica, (como pronto le sería objetado). Su finalidad no era otro que el de contribuir a asegurar la existencia de los sacerdotes diocesanos, y de venir en ayuda de las asociaciones constituidas en vista del ejercicio del culto católico con la aprobación de la autoridad diocesana y de facilitar a sus miembros el ejercicio del culto, como se expresaba en el artículo 2 de sus estatutos. Al frente de la misma se erigía un consejo central presidido por el arzobispo, y un comité de dirección, con carácter delegado del anterior y funciones ejecutivas. A ello se unía la previsión de la existencia de una asamblea general y una serie de secciones parroquiales.[666] De haberse generalizado esta fórmula, pudiera haber anticipado la resolución del conflicto en dos décadas.

La comisión preparatoria de la Asamblea Plenaria del episcopado francés adopta el anteproyecto de estatutos de las *asociaciones cultuales canónicas*, preparado en abril de 1906 por monseñor Fulbert Petit, arzobispo de Besançon y monseñor Catteau, obispo de Luçon. Dichas *asociaciones cultuales canónicas*, no podrían ser formadas sin el acuerdo del obispo respectivo, su fundador debería ser un sacerdote que contara con la aprobación del obispo de la diócesis,[667] cada asociación debería

---

[664] Y sus estatutos publicados en el *Journal Officiel* el 27 de febrero.

[665] Los estatutos será publicados en el *Bulletin religieux de l'archidiacre de Bourdeaux,* correspondientes a los días 13 y 20 de abril de 1906, páginas 214 a 219 y 227 a 239, respectivamente.

[666] POULAT, ÉMILE. *Les Diocesáines.* La documentation Française. París. 2007. Páginas 58 y ss.

[667] Artículo 1 del *Proyecto de estatutos orgánicos para las asociaciones cultuales católicas.*

estar vinculada a la *unión diocesana* que cada obispo constituiría,[668] cada uno de sus miembros debería prestar juramento de fidelidad a su obispo,[669] y tales asociaciones sólo se ocuparían de cuestiones financieras y administrativas,[670] tal y como preveía el artículo 18 de la Ley, nunca de cuestiones dogmáticas. Desde la nunciatura en París, monseñor Montagnini alerta a Merry del Val sobre la actitud de monseñor Fulbert Petit, de estar dirigiendo una campaña tendente a conseguir que la Santa Sede se preste a una solución acomodaticia a la Ley. La Asamblea Plenaria cuya celebración estaba inicialmente prevista para el día 13 de marzo de 1906, se suspende, al darse el día 5 instrucciones desde Roma, en que se pide esperar a que se dicte por parte de las autoridades francesas la oportuna normativa reglamentaria de desarrollo.[671]

El 26 de marzo de 1906, el periódico *Le Figaro*, publicaba una carta suscrita por una serie de notables católicos franceses, muchos de ellos miembros de la Academia Francesa o del Instituto de Francia, entre los que se encuentran figuras como Ferdinand Brunetière, (escritor y crítico literario), Denis Cochin, (escritor y diputado conservador), o Georges Goyau y Paul Thureau-Dangin, (historiadores), o políticos como Castelnau, vinculado al partido *Action Libérale*, por la que hacían un llamamiento a los obispos a aceptar la Ley. La presencia de varios académicos entre los firmantes, provoca que se les ponga el apodo de *cardenales verdes,*[672] en referencia al color de las vestimentas académicas. Proponían de este modo entrar en el juego de las asociaciones cultuales, contempladas en la Ley de separación, cuyos miembros estarían *en comunión* con su cura párroco, éste con su obispo, y este último con el Pontífice. Los firmantes de la carta se mostraban escépticos sobre una eventual solución diferente a la legalmente contemplada, pues la búsqueda de una fórmula de persona jurídica alternativa a las

[668] Artículo 3 del *Proyecto de estatutos orgánicos para las asociaciones cultuales católicas.*

[669] Artículo 4 del *Proyecto de estatutos orgánicos para las asociaciones cultuales católicas.*

[670] Artículo 18 del *Proyecto de estatutos orgánicos para las asociaciones cultuales católicas.*

[671] POULAT, ÉMILE. *Les Diocesáines.* La documentation Française. París. 2007. Páginas 68 y ss. SCOT, JEAN PAUL. *L'État chez lui, l'Église chez elle. Comprendre la loi de 1905.* Le Seuil. París. 2005. Páginas 276 y 277.

[672] Es decir: *cardinaux verts*, sic.

asociaciones cultuales devendría ilegal, y serían disueltas por el Estado, corriéndose el riesgo de convertir el catolicismo en una religión privada. Además advertían que con la Ley en la mano, en caso de no proceder a la realización de los inventarios y constituir las oportunas asociaciones cultuales, se corría el riesgo que el Estado procediese simple y llanamente a la confiscación de los bienes de la Iglesia, algo a lo que estaría perfectamente legitimado por el propio tenor de la Ley, y convertirlos en *graneros de heno o salas de danza,* pudiendo darse la situación de tener que optar por condescender ante tal eventual profanación o defender los templos por la fuerza. Asimismo alertaban del riesgo de una guerra civil, y un enfrentamiento entre franceses, por lo que sin renunciar a una posible derogación o modificación de la Ley, siguiendo el oportuno procedimiento legal, y sin desautorizar al Papa, se mostraban partidarios de utilizar los resquicios que la Ley dejaba, por muy restrictivos que fueran. Era un documento escrito desde una perspectiva *posibilista*, que rechazaba la idea de ver a la Iglesia fuera de la legalidad establecida, aunque la misma no fuera compartida, tendente a apaciguar los ánimos y evitar confrontaciones innecesarias, y de consecuencias imprevisibles. Ideológicamente ubicados en el centro derecha, son personalidades que han rendido grandes servicios a la Iglesia católica, a la que desean servir con lealtad, muchos de ellos son socialmente conservadores, pero próximos al catolicismo social, y *alérgicos* a adoptar posiciones contrarevolucionarias, de carácter inmovilista.[673]

El padre Lemire, parlamentario, intenta hasta el último momento buscar un proyecto de mutualidades eclesiásticas que pudiera servir para salvar los bienes de las fundaciones eclesiásticas. Pero la fórmula no convence a Pío X, que inflexiblemente se empeña en salvaguardar la constitución autónoma de la Iglesia.[674]

---

[673] DE LANESSAN, JEAN-LOUIS. *L'État et les églises en France depuis les origines jusqu'à la séparation.* Félix Alcan Editeur. París. 1906. Página 273. MAYEUR, JEAN-MARIE. *La separation de l'Eglise et de l'État. (1905).* Firmin-Didot. París. 1966. Páginas 149 a 154. PIERRARD, PIERRE. *Un siècle de l'Église de France. 1900/2000.* Desclée de Brouwer. París. 2000. Página 47.

[674] LATREILLE, A. y RÉMOND, R. *Histoire du Catholicisme en France. III. La période Contemporaine.* Editions Spes. París. 1962. 2ª Edición. Página 512.

La carta de los *cardenales verdes* disgusta a Roma, y el diario *La Croix*, de 24 de marzo, se hace eco de la necesidad de resistir a la Ley. Una causa de la que el conde Albert de Mun se erige pronto en abanderado, el día 28 de marzo en *La Croix*, al entender que la cualidad de los firmantes del documento, no sirve de justificación de sus tesis. El conde de Mun apela a la necesidad de defender los valores tradicionales ancestrales, advirtiendo del riesgo latente de convertir el culto católico en una religión privada, y de la posible pérdida de las iglesias, que serían *sustraídas para ser cerradas o profanadas*. La Ley de separación aparecía ante sus ojos como una ley *de persecución y de guerra* y hace un llamamiento a la desobediencia de la Ley, pues aunque en caso de no constitución de las asociaciones cultuales la letra de la misma preveía el cierre de las 40.000 iglesias de Francia, habría que ver quién se atrevería a ponerlo en práctica, si los católicos se sublevarán contra la misma: *el rebaño se ha alzado y los lobos no le podrán sorprender*. Las primeras adhesiones llegan inmediatamente, entre ellas las de Jacques Piou, líder de la Acción Liberal, y la de Jean Lerolle, presidente de la Asociación Católica de la Juventud Francesa, A.C.J.F.[675]

Las elecciones legislativas celebradas a dos vueltas el 6 y el 20 de mayo de 1906, dan como resultado un avance del Bloque de Izquierdas, que gana unos 60 diputados más, formándose una mayoría suficiente con la unión de radical socialistas, radicales independientes y republicanos independientes, que no van a tener necesidad de contar con los socialistas para formar Gobierno. El resultado de las elecciones excluía la posibilidad de modificación de la Ley de separación, con independencia que fuera sensatamente aconsejable proceder con moderación a la hora de la aplicación de la misma.

Cabe entre tanto preguntarse por la posición de los *purpurados* franceses, los cinco *verdaderos* cardenales, y sus colegas del episcopado, que se reúnen finalmente en Asamblea Plenaria del 30 de mayo al 1 de junio de 1906, una vez que se han celebrado ya las elecciones legislativas, y se conoce su resultado. Es la primera vez que ocurre en la historia de Francia, y tiene lugar en un momento especialmente delicado, de no retorno,

---

[675] BARBIER, EMMANUEL. *Histoire du catholicisme liberal et du catholicisme social en France. Du Concile Vatican à l'avènement de S.S. Benoît XV, (1870-1914)*. Tomo IV. Imp. Cadoret. Burdeos. 1923-1924. Página 153. MAYEUR, JEAN-MARIE. *La separation de l'Eglise et de l'État. (1905)*. Firmin-Didot. París. 1966. Páginas 155 a 159.

en que muchas cosas están cambiando de forma acelerada e irreversible, los tiempos concordatarios pueden darse por finiquitados, y con ello el aislamiento de los obispos en sus diócesis. Con motivo de los trabajos preparatorios para la celebración de la misma, el cardenal Merry del Val hacía saber en un escrito confidencialmente dirigido a monseñor Montagnini, encargado de negocios de la nunciatura, el 27 de febrero de 1906, su preocupación por la presencia en la comisión preparatoria del arzobispo de Albi, pues recelaba de sus posiciones ideológicas, y su proximidad al poder establecido. Asimismo el Secretario de Estado rogaba a Montagnini que, con la máxima discreción, le hiciera saber al cardenal Richard que el Santo Padre no estaba dispuesto a aceptar la fórmula de las asociaciones cultuales, *dando así razón a aquéllos de toda la prensa liberal y masónica del mundo, los cuales habían dicho que la protesta es sólo doctrinal y platónica, y que el Papa, después de hablar fuerte, aceptará todo en la práctica.* Asimismo en caso de tener que formar una comisión preparatoria, la misma en ningún caso debería ser permanente, reservándose la Santa Sede su derecho a *decidir si una institución de tal tipo es oportuna sobre otro punto,* recelando por lo tanto, de una posible pérdida de control de la situación francesa, por parte de Roma. Merry del Val advertía que si bien resultaría especialmente difícil al Papa, ordenar a los obispos el rechazo al sufrimiento de la Ley en contra de sus convicciones, era meridianamente falso que estuviera dispuesto a permitir que los mismos se sometieran sin más a la misma.[676]

Con motivo de la celebración de la Asamblea Plenaria, el cardenal Richard hace saber a los obispos que están obligados a mantener el sigilo de las deliberaciones, tras leer una carta redactada el 4 de marzo en tono intransigente por Pío X, en que se impone el *secreto del Santo Oficio* y se amenaza con pena de excomunión a quien rompiera el secreto de las deliberaciones, pero al parecer ello no será óbice para que Briand resulte puntualmente informado de todo lo que se está allí cocinando y que *Le Siècle*, publicara el 23-26 de agosto de 1906, los informes y el texto de

[676] BARBIER, EMMANUEL. *Histoire du catholicisme liberal et du catholicisme social en France. Du Concile Vatican à l'avènement de S.S. Benoît XV, (1870-1914).* Tomo IV. Imp. Cadoret. Burdeos. 1923-1924. Página 153. POULAT, ÉMILE. *Les Diocesáines.* La documentation Française. París. 2007. Páginas 46 y 47.

los acuerdos adoptados.[677] Se les hace llegar a los obispos franceses, el documento de monseñor Fulbert Petit, relativo a las asociaciones cultuales, que había sido adoptado por la comisión preparatoria de la misma. Monseñor Fulbert Petit se mostraba partidario de reafirmar la condena papal a la Ley de separación, y la sumisión a las instrucciones que emanen de Roma. Además los obispos franceses reciben un segundo documento, una *Mémoire confidentiel*, redactado por monseñor Fuzet, arzobispo de Rouen, sobre la Asociaciones Cultuales en Prusia, en que se examina el desarrollo de los acontecimientos en aquel país a partir del establecimiento de dichas asociaciones en 1875, meramente toleradas por Pío IX, *en evitación de males mayores*, objeto de una regulación legal más dura que la francesa. La divulgación ulterior de este documento *confidencial,* levantará una gran controversia, pues ponía en aprietos el mantenimiento a ultranza de una actitud de rechazo a las novedades legislativas francesas.[678] Los obispos se adhieren a los postulados de la *Vehementer Nos*, en materia de asociaciones cultuales, por 72 votos a favor y tan sólo 2 en contra, pero se aprecia un sentir muy mayoritario de intentar buscar un *modus vivendi,* consistente en crear asociaciones que *sin violar la Ley de separación, mantuvieran a salvo los derechos de la Iglesia*), lo cual obtiene el respaldo de 48 votos frente a 26. En una tercera votación, por 56 votos contra 18, se aprueba el proyecto de *asociaciones canónicas legales,* abanderado por monseñor Fulbert Petit, arzobispo de Besançon,

---

[677] BARBIER, EMMANUEL. *Histoire du catholicisme liberal et du catholicisme social en France. Du Concile Vatican à l'avènement de S.S. Benoît XV, (1870-1914).* Tomo IV. Imp. Cadoret. Burdeos. 1923-1924. Páginas 154 y 155.

[678] La legislación alemana había desposeído a la Iglesia de la administración de sus bienes temporales, atribuyéndola a los consejos de iglesia, y a los representantes parroquiales, que guardan un tremendo parecido con las *asociaciones cultuales* francesas, representando incluso una situación peor para los intereses de la Iglesia, pues en Prusia los consejos de iglesia, y los representantes parroquiales son elegidos por la totalidad de los católicos de la parroquia, y en caso de conflicto entre dichos órganos colegiados laicos y la jerarquía eclesiástica, son las autoridades civiles provinciales, o el Ministro de Cultos, quienes resuelven el pleito. Los obispos alemanes alzaron la voz contra lo que consideraban un atropello a los derechos inalienables de la Iglesia, al poner a las autoridades religiosas bajo la dependencia de asociaciones de laicos y el poder civil, pero tienen que acabar condescendiendo, con la autorización resignada del Sumo Pontífice. La cuestión era si la solución dada en el Rin, era trasladable para el Sena, es decir si Roma podía acordar para los católicos franceses aquello que había acordado para los alemanes. MAYEUR, JEAN-MARIE. *La separation de l'Eglise et de l'État. (1905).* Firmin- Didot. París. 1966. Páginas 161y 162.

tal y como en el fondo venía a ser exigido por la Ley, sin comprometer las *esenciales y legítimas exigencias de la Iglesia*,[679] pero de cuya *legalidad* dudaban algunos políticos como Jacques Piou y juristas como Émile Chénon, profesor en la Facultad de Derecho de París, justificando la toma de posición papal en una conferencia que tendrá lugar el 29 de noviembre de 1906, en la que pone de manifiesto los riesgos que encerraba la interpretación y aplicación de los artículos 4 y 8 de la Ley de separación.[680]

La prensa liberal y gubernamental no dudará en utilizar los resultados de estas votaciones, para llevar el agua a su molino, intentando instrumentalizarlos como arma de división y enfrentamiento de la opinión pública y la Santa Sede, difundiendo la idea de que los obispos franceses se habían mostrado a favor de las asociaciones cultuales, algo que no era cierto.[681]

Siempre pródigo a la hora de conceder entrevistas, el padre Lemire, no duda en hacer declaraciones en las que se aparta del espíritu de la encíclica *Vehementer Nos*, como las publicadas el 6 de junio de 1906 en la *Republique française,* afirmando que a su juicio las asociaciones cultuales no eran contrarias a la ortodoxia de la Iglesia, pues las mismas le permitían poseer legalmente, siendo necesario que en Francia, *la propiedad sea representada a los ojos del Estado por una organización regular reconocida por él, y que esté dentro de una situación legal,* llegando a decir que *a día de hoy ... en una República como la nuestra, es imposible que la Iglesia conserve su derecho de propiedad,* no pudiendo oponerse *ante el control de este derecho ejercido por el Estado.* Lemire entendía que la Ley de separación permitía a la Iglesia organizarse jerárquicamente, y

---

[679] CABANEL, PATRIK. *1905, la séparation des Églises et de l'État en 30 questions.* Geste. La Crèche. 2005. Página 13. MAYEUR, JEAN-MARIE. *La separation de l'Eglise et de l'État. (1905).* Firmin- Didot. París. 1966. Páginas 125 y 160 a 163. SORREL, CHRISTIAN. *Les évêques à l'heure de la Séparation.* En: CHANTIN, JEAN-PIERRE y MOULINET, DANIEL. (Dir.). *La Séparation de 1905. Les hommes et les lieux.* Les editions de l'atelier. París. 2005. Página 59.

[680] DUMONS, BRUNO y MOULINET, DANIEL. *Les laïcs catholiques face à la Séparation.* En: CHANTIN, JEAN-PIERRE y MOULINET, DANIEL. (Dir.). *La Séparation de 1905. Les hommes et les lieux.* Les editions de l'atelier. París. 2005. Páginas 75 y 77. SCOT, JEAN PAUL. *L'État chez lui, l'Église chez elle. Comprendre la loi de 1905.* Le Seuil. París. 2005. Página 278.

[681] BARBIER, EMMANUEL. *Histoire du catholicisme liberal et du catholicisme social en France. Du Concile Vatican à l'avènement de S.S. Benoît XV, (1870-1914).* Tomo IV. Imp. Cadoret. Burdeos. 1923-1924. Páginas 154 y 155.

que nada impedía proceder a esta reorganización. A finales de ese mismo mes, Lemire manifestaba en *Matin,* que la Ley no era cismática, y que la desgracia era que el Papa se encontraba prisionero de un clan, y que los católicos estaban siendo manipulados por diarios como la *Croix,* que mantenían una serie de noticias tendenciosas que caldeaban las relaciones entre Roma y París.[682]

Estas fórmulas *acomodaticias* serán objeto de un meridiano rechazo por parte de la Congregación de asuntos eclesiásticos extraordinarios, que comienza a examinar la documentación remitida desde Francia el 9 de junio de 1906, la sesión decisiva tiene lugar 3 días después, el 12 de junio, y en ella se imponen las tesis de su presidente, el cardenal Merry del Val, a pesar de los esfuerzos conciliadores del cardenal Rampolla, rechazándose la solución recomendada por el episcopado francés. Sin embargo la respuesta oficial de la Santa Sede no se produce de inmediato, sino que se demorará por espacio de prácticamente un mes, quizás porque se esté a la expectativa de una eventual propuesta de negociación proveniente del Gobierno francés, que con el paso de los días demuestra no ser otra cosa que un vano espejismo. La encíclica *Gravissimo Officii* despejará eventuales dudas.[683]

1.4. El rechazo vaticano a las asociaciones cultuales: La encíclica *Gravissimo Officii* de 10-14 de agosto de 1906

La mayoría de los obispos franceses parecían ser partidarios de amoldarse a las exigencias de la Ley, una vez que fuera votada, y por lo tanto de formar asociaciones cultuales, (u otras semejantes), que permitieran gestionar mejor las parroquias.[684] La toma de posición oficial vaticana,

[682] BARBIER, EMMANUEL. *Histoire du catholicisme liberal et du catholicisme social en France. Du Concile Vatican à l'avènement de S.S. Benoît XV, (1870-1914).* Tomo IV. Imp. Cadoret. Burdeos. 1923-1924. Página 150.

[683] CABANEL, PATRIK. *1905, la séparation des Églises et de l'État en 30 questions.* Geste. La Crèche. 2005. Páginas 13 y 14. Los susceptibles de ser denominados *assomptionnistes.* MAYEUR, JEAN-MARIE. *La separation de l'Eglise et de l'État. (1905).* Firmin- Didot. París. 1966. Páginas 163 y 164. PORTIER, PHILIPPE. *L'épiscopat français et la loi de Séparation. Retour sur un processus de reconnaissance.* En: WEIL, PATRICK. *Politiques de la Laïcité au XXe siècle.* PUF. París. 2007. Página 210.

[684] CABANEL, PATRIK. *1905, la séparation des Églises et de l'État en 30 questions.* Geste. La Crèche. 2005. Página 26.

finalmente se produce por medio de una nueva encíclica, la *Gravissimo Officii,* que pese a llevar fecha de 10 de agosto, ve la luz el día 14 en *L´Osservatore Romano*, en la que se rechaza cualquier *experimento* o *ensayo* de asociación cultual, por entender que es una fórmula contraria a la estructura jerárquica de la Iglesia católica. A los ojos de Pío X, no se trata de una Ley de *separación*, sino de *opresión* de la Iglesia, y por lo tanto inasumible. Una afirmación tal vez exagerada, pero que no es enteramente falsa, pues la abusiva injerencia del Estado en materia religiosa constituía una limitación a la libertad de la Iglesia. Por ello el Pontífice decide adoptar una posición de firmeza, porque lo que estaba en juego era una cuestión de principios, dada la voluntad del Gobierno francés de ignorar a la Santa Sede. Con ello se cierra la puerta a cualquier veleidad de adaptación al nuevo marco legislativo francés, algo a lo que algunos podían estar tentados. La reacción de aquel sector de la jerarquía eclesiástica francesa partidaria de evitar la confrontación directa con el poder temporal será de *gran sorpresa,* (Mignot), e incluso de una *estupefacción dolorosa,* (Lacroix), pues no deja rescoldos a la posición previamente adoptada por la mayoría del episcopado francés de buscar una solución legal o al menos un *modus vivendi*, sin embargo esa misma mayoría de la jerarquía eclesiástica francesa estará dispuesta a sacrificar sus ideas a la *sentencia de Pedro,* con contadas discrepancias, como la de Lacroix, que llega a proclamar que ello *es el tañido fúnebre del catolicismo en Francia.*[685]

Pío X se manifiesta de modo tajante, descartando taxativamente además cualquier tipo de fórmula sucedánea, que pretendiera cumplir simultáneamente con los requisitos establecidos por el derecho estatal y el canónico, prohibiendo cualquier tipo de soluciones alternativas que no se amoldarán indubitadamente a la *divina constitución de la Iglesia, los derechos inmutables del Romano Pontífice y de los obispos, así como su autoridad sobre los bienes necesarios a la Iglesia, particularmente sobre los edificios consagrados.*[686]

---

[685] BARBIER, MAURICE. *La Laïcité.* L´Harmattan. París. 1995. Página 53. SORREL, CHRISTIAN. *Les évêques à l'heure de la Séparation.* En: CHANTIN, JEAN-PIERRE y MOULINET, DANIEL. (Dir.). *La Séparation de 1905. Les hommes et les lieux.* Les editions de l´atelier. París. 2005. Página 59.

[686] BARBIER, EMMANUEL. *Histoire du catholicisme liberal et du catholicisme social en France. Du Concile Vatican à l'avènement de S.S. Benoît XV, (1870-1914).* Tomo IV. Imp. Cadoret. Burdeos. 1923-1924. Página 155.

La reacción a la respuesta vaticana varía en función de los diversos actores del escenario político y social francés. Desde la *Revue catholique des institutions et du droit,* Henry Lucien-Brun saluda efusivamente la firme toma de posición del Papa, ante los escasos resultados que en su opinión había tenido la actitud de la Iglesia católica francesa frente a la legislación secularizadora inmediatamente anterior, consistente en *protestar teóricamente*, y en la práctica tratar de *ensayar lealmente* todas las *leyes de persecución*, de forma infructuosa, criticando el a su juicio exceso de celo, de legalismo y de lealtad hacia las autoridades, que en la práctica se había visto *recompensado* con unos resultados desastrosos.[687]

En publicaciones católicas liberales, como *Demain,* en su número de 17 de agosto de 1906, se afirma que la solución venida de Roma no era la esperada por sus editores, por entender que daba una excusa a los sectores más extremistas de la sociedad francesa, para mantener el combate entre las *dos Francias*. Sin ocultar que la Ley no era un texto plenamente liberal, y por lo tanto era susceptible de ser criticada, se sostenía que las garantías contenidas en su artículo 4, la convertían en *"relativamente liberal" y prácticamente aceptable.* No será éste el posicionamiento pontificio, el cual se hacía indubitadamente en contra del texto, en nombre de la disciplina católica, de la cuál era el guardián, algo que el periódico se negaba a entrar a valorar, por no ser de su incumbencia.[688]

El *Bulletin de la semaine*, de 22 de agosto de 1906, se mostraba partidario de acatar las instrucciones del Santo Padre, haciendo votos, *como católicos y como franceses,* por una *reconciliación de la Iglesia y de nuestra Francia moderna.* Un artículo publicado el 3 de octubre siguiente, se mostraba sin embargo más crítico, al decir que *regocijarse por la unidad no es encontrar una solución,* pero la tajante respuesta papal había dejado abierta la cuestión de cómo obrar a partir de este momento, correspondiendo decir a la Santa Sede qué hacer, después de haber señalado lo que no se debía hacer.[689]

---

687 DUMONS, BRUNO y MOULINET, DANIEL. *Les laïcs catholiques face à la Séparation.* En: CHANTIN, JEAN-PIERRE y MOULINET, DANIEL. (Dir.). *La Séparation de 1905. Les hommes et les lieux.* Les editions de l´atelier. París. 2005. Página 74.

688 BARBIER, EMMANUEL. *Histoire du catholicisme liberal et du catholicisme social en France. Du Concile Vatican à l'avènement de S.S. Benoît XV, (1870-1914).* Tomo IV. Imp. Cadoret. Burdeos. 1923-1924. Página 156.

689 BARBIER, EMMANUEL. *Histoire du catholicisme liberal et du catholicisme social en France. Du Concile Vatican à l'avènement de S.S. Benoît XV, (1870-1914).* Tomo IV.

Antes de poner fin a sus trabajos, la Asamblea Plenaria había constituido una comisión permanente compuesta por 18 miembros,[690] con el fin de proseguir con el desarrollo de estas materias. Del escaso *entusiasmo* con que dicha noticia es recibida en Roma, puede ser buena muestra la carta que el 26 de agosto remite Merry del Val a Montagnini, en que le manifiesta el delicado encargo de dirigirse al cardenal Richard, para expresarle que dicha comisión *no inspiraba una plena confianza a la Santa Sede,* como tampoco a su entender, a la mayoría de los obispos franceses. La misma sólo se reunirá una vez, el 2 de septiembre de 1906, eso sí, para disolverse.[691]

El episcopado francés se muestra *unánime*, en lo que respecta a su adhesión a la encíclica, pero sin embargo se encuentra *dividido*, porque no todos adoptan la misma actitud, pues mientras unos se adhieren al *Roma locuta est*, y dan por zanjado el tema, otros como monseñor Fulbert Petit ponen de manifiesto que Roma no había dado las instrucciones prácticas a seguir, que se estaban esperando. Incluso el cardenal Lecot, arzobispo de Burdeos, esperaba infructuosamente que el Parlamento diera satisfacción a las objeciones pontificias. Tal vez, el propio Pío X esperaba que al final se abrieran negociaciones, como las indiscreciones de *La Croix* dejan entrever, pero la respuesta de Briand desde *L´Humanité*, no da lugar a dudas, pues el Gobierno esperaba que fuera el Papa quien diera el primer paso, y reconociera la legitimidad de la Ley, por lo que manifiesta que sus expectativas se habían visto decepcionadas. Combes, más a la izquierda, puntualizaba que era de desear que el Gobierno se abstuviera de posibles tentaciones de modificar la Ley, y de toda *coquetería* con quienes mostraban su rechazo *a una Ley liberal y liberadora.* Pío X sospechaba de

---

Imp. Cadoret. Burdeos. 1923-1924. Páginas 156 y 157.

[690] Compuesta por los siguientes mitrados franceses, Bonnefoy, (Aix), Mignot, (Albi), Enard, (Auch), De Cabrières, (Montpellier), Petit, (Bensançon), el cardenal Lecot, (Burdeos), Belmont, (Saint-Flour), Williez, (Arras), Hautin, (Chambéry), el cardenal Couillié, (Lyon), el cardenal Richard, y monseñor Amette, (París), Latty, (Avignon), Gouraud, (Vannes), Meunier, (Évreux), Ardin, (Sens), Germain, (Toulouse), y Rumeau, (Angers).

[691] BARBIER, EMMANUEL. *Histoire du catholicisme liberal et du catholicisme social en France. Du Concile Vatican à l'avènement de S.S. Benoît XV, (1870-1914).* Tomo IV. Imp. Cadoret. Burdeos. 1923-1924. Páginas 154 y 155.

las *intenciones pérfidas* de los anticlericales, y desconfiaba de los *daños y trampas* de eventuales soluciones acomodaticias.[692]

El plazo de un año para constituir las asociaciones cultuales, previsto en el artículo 4 de la Ley de separación, comenzaba a estar acuciantemente próximo, y era hora de adoptar una decisión antes del 11 de diciembre. Por ello se reúne una segunda Asamblea episcopal, del 4 al 7 de septiembre de 1906, para examinar las diversas alternativas posibles antes de adoptar una decisión definitiva, que podía consistir en mantener el *statu quo,* (y no hacer nada), o fundar una organización religiosa sobre la base del derecho común, reconociendo implícitamente la Ley de separación de 1905, o incluso optar por instituir un culto privado. Los obispos estaban expectantes, y el 11 de septiembre, en *La Croix*, parece bosquejarse cuál va a ser la actitud definitiva, continuar con la práctica del culto después del 11 de diciembre de 1906, (último plazo impuesto a la Iglesia católica por la Ley de separación, para adaptarse a la misma), y vigilar pasivamente las posiciones, si mientras tanto no se han dado a los católicos *garantías ciertas y legales.* Se descarta cualquier tentación de regresar al proyecto de asociaciones *canónico legales*, que hubieran podido dar lugar a *malentendidos.* Llegó a proponerse por parte de monseñor Le Camus, obispo de La Rochelle, la exclusión de las ceremonias solemnes ligadas al bautismo, el matrimonio y las exequias fúnebres, a aquéllos que se negasen a contribuir al sostenimiento de los gastos del culto, pero dicha idea es finalmente rechazada, al llegar de Roma una expresa desaprobación al respecto. Los obispos franceses se adhieren expresamente a la encíclica *Gravissimo Officii.* A la conclusión de la Asamblea se hace un llamamiento a los católicos a la unidad, y a obedecer a sus obispos y párrocos, enviándose a los fieles una carta pastoral colectiva en que se afirma su voto de unión al Papa, y la disposición a seguir su doctrina, que redactada por monseñores Amette, coadjutor de París, Chapon, obispo de Niza, y Dadolle, obispo de Dijon, es leída en todas las parroquias de Francia el 23 de septiembre de 1906, explicándose a los fieles las razones del rechazo a las asociaciones cultuales, por desconocer la estructura jerárquica de la Iglesia católica, no pudiendo quedar eventualmente a

[692] MAYEUR, JEAN-MARIE. *La separation de l'Eglise et de l'État. (1905).* Firmin-Didot. París. 1966. Páginas 168 y 169. SORREL, CHRISTIAN. *Les évéques à l'heure de la Séparation.* En: CHANTIN, JEAN-PIERRE y MOULINET, DANIEL. (Dir.). *La Séparation de 1905. Les hommes et les lieux.* Les editions de l'atelier. París. 2005. Página 60.

expensas del arbitrio de los miembros de las asociaciones cultuales, y prohibiéndose expresamente a los fieles integrarse en las mismas, bajo cualquier pretexto.[693]

El rechazo *oficial* a la constitución de asociaciones cultuales, por parte de la jerarquía católica, tal y como quedaban reguladas por la Ley de separación, no impide que se constituyan algunas, bien es cierto que en número muy reducido, suscitando su desaprobación y condena por Roma.[694]

Cabría preguntarse por las razones que llevaron a la Santa Sede a rechazar la constitución de las asociaciones cultuales, que tan onerosas consecuencias tuvo en pérdidas patrimoniales. Entre ellas, cabría destacar cuestiones de *forma*, como el carácter unilateral de la Ley, que llevaba implícita una violación del pacto concordatario, y que suponía el fin de la teoría clásica de los *dos poderes,* el civil y el eclesiástico, reivindicando el primero su competencia exclusiva para legislar en cuestiones religiosas, sin supeditación al segundo de ninguna clase. A ello habría que sumar razones psicológicas, al ser vista esta legislación como un producto de un enemigo al que no hay que hacer concesiones de ningún tipo. El propio concepto jurídico de *asociación cultual* era extraño a la cultura y al Derecho de la Iglesia.[695]

1.5. La reacción del Gobierno a la respuesta de la Iglesia

La respuesta a la toma de posición del Papa, en los diversos sectores laicos, varía desde quienes abogan por un retorno inmediato a la nación de los bienes eclesiásticos y los edificios de culto, a quienes con responsabilidades de gobierno se muestran más cautelosos, ante las imprevisibles consecuencias que podría tener una reacción de planteamientos tan radicales. Briand, milita en el segundo sector, y reacio a tomar decisiones te-

---

693 BARBIER, EMMANUEL. *Histoire du catholicisme liberal et du catholicisme social en France. Du Concile Vatican à l'avènement de S.S. Benoît XV, (1870-1914).* Tomo IV. Imp. Cadoret. Burdeos. 1923-1924. Página 160. MAYEUR, JEAN-MARIE. *La separation de l'Eglise et de l'État. (1905).* Firmin- Didot. París. 1966. Página 169.

694 DUCOMTE, JEAN MICHEL. *La Loi de 1905. Quand l'État se séparait des Églises.* Milan. Toulouse. 2005. Página 30.

695 POULAT, ÉMILE. *Aux carrefours stratégiques de l'Église de France. XXe siècle.* Berg International. París. 2009. Páginas 53 y 54.

merarias, se muestra partidario de aplicar al pie de la letra lo estipulado en la Ley de separación, exigiendo a los ministros de culto que prestaran sus servicios en localidades de menos de 1.000 almas que quisieran percibir las prestaciones suplementarias contempladas en la Ley, la presentación de un certificado emitido por los representantes de la correspondiente asociación cultual, (cuya constitución era frontalmente rechazada por la jerarquía católica), lo cual supuso que 13.000 sacerdotes perdieran su derecho a percibir tales retribuciones. Ante la imposibilidad de emitir dichos certificados, 5.600 eclesiásticos de menos de 26 años, que se habían beneficiado de las previsiones contempladas en el artículo 23 de la Ley del servicio militar de 1889, en materia de dispensa de la realización del mismo, (tal y como preveía por otra parte el propio artículo 39 de la Ley de separación), fueron llamados a filas.[696]

La situación del Gobierno no es fácil, porque su margen de maniobra es reducido, siendo muchos los inconvenientes que podían derivarse desde su posición, tanto en el caso de adoptar una huida hacia adelante, como en el de cejar en sus tesis. Ferdinand Buisson, en el congreso del partido radical socialista celebrado en Lille, aboga por rechazar tanto una capitulación como una persecución, procediendo a transferir los bienes eclesiásticos a establecimientos de beneficencia, tal y como la Ley preveía.[697]

Briand, siempre dispuesto a hacer malabarismos políticos, consigue que el Consejo de Ministros celebrado el 28 de octubre de 1906, acepte una interpretación *sui generis* del ordenamiento jurídico, según la cual sería posible legalmente celebrar el culto sin necesidad de constituir las asociaciones cultuales previstas en la Ley de 1905, aplicando a los católicos la Ley de 1881 sobre derecho de reunión, que permite la celebración de reuniones públicas, con tal de haber sido previamente declaradas a la autoridad gubernativa. Una Decisión del Consejo de Estado de 31 de octubre, admite esta interpretación, y una Circular de 1 de diciembre, dirigida por Briand a los prefectos, reduce a una mera formalidad anual la realización de dicha declaración previa gubernativa. Algunos obispos

---

[696] BARBIER, EMMANUEL. *Histoire du catholicisme liberal et du catholicisme social en France. Du Concile Vatican à l'avènement de S.S. Benoît XV, (1870-1914).* Tomo IV. Imp. Cadoret. Burdeos. 1923-1924. Páginas 159 y 160.

[697] MAYEUR, JEAN-MARIE. *La separation de l'Eglise et de l'État. (1905).* Firmin-Didot. París. 1966. Página 171.

consienten a los sacerdotes de sus diócesis, realizar tales declaraciones, pero son desautorizados por Pío X, que no quiere entrar al trapo del Gobierno, y ello es comunicado a todos los obispos franceses, por medio de una Circular interna del arzobispo de París, de fecha 7 de diciembre de 1906. El Papa manifiesta que la actitud a adoptar es la de *continuar el culto en las iglesias, absteniéndose de toda declaración,* y ante esta toma de posesión, los obispos que han impartido instrucciones favorables a proceder a dichas declaraciones gubernativas, proceden a dar marcha atrás, y anulan dichas directrices.[698]

El 5 de noviembre de 1906, Briand es interpelado en la Cámara de Diputados por Allard, el cual en nombre de los librepensadores se inclina por la no devolución de los bienes de la Iglesia a las asociaciones cultuales, y el otorgamiento de los mismos a establecimientos de beneficencia de los municipios, acusando al Gobierno de estar haciendo demasiadas concesiones al Vaticano. La respuesta del Ministro de Cultos llega el 9 de noviembre, manifestando su deseo de aplicar *la Ley tal cual es,* indicando que la separación acometida por la República no representa una declaración de guerra contra la Iglesia, considerando que la encíclica *Gravissimo Officii* es radicalmente nula. Además entiende que el Papa ha aceptado implícitamente la separación al haber comenzado ese mismo año a designar unilateralmente a 14 nuevos obispos, y que las nuevas reuniones que los obispos están comenzando a celebrar no es sino una manifestación de sus derechos civiles. Briand es consciente que la no constitución de las cultuales se debe en buena parte a la obligación de los obispos franceses de seguir las instrucciones que les vienen dictadas desde Roma. Briand afirma que las iglesias continuarán abiertas al culto público, pero expirados los plazos *generosamente* concedidos por el Estado para la constitución de las asociaciones cultuales, el Gobierno podría desafectar por Decreto, tal o cual iglesia. Desde las filas católicas, Jacques Piou veía sin embargo la puesta en marcha de la Ley como una verdadera declaración de guerra. Jean Jaurès por su parte quería ir más allá, y atribuir inmediatamente los bienes de la Iglesia a los ayunta-

[698] DÉMIER, FRANCIS. *La France du XIXe siècle. 1814-1914.* Éditions du Seuil. París. 2007. Página 397. MAYEUR, JEAN-MARIE. *La separation de l'Eglise et de l'État. (1905).* Firmin- Didot. París. 1966. Página 173. PIERRARD, PIERRE. *Un siècle de l'Église de France. 1900/2000.* Desclée de Brouwer. París. 2000. Página 47.

mientos, compeliendo a los católicos a proceder a la constitución de las asociaciones cultuales.[699]

En el transcurso de un debate parlamentario, el 13 de noviembre de 1906, Briand afirma que es su deseo aplicar *íntegramente* la Ley, incluso en el caso de ausencia de asociaciones cultuales católicas, con dos consecuencias directas, la primera, el secuestro de los bienes de las fábricas de las iglesias a partir del 12 de diciembre de 1906, la segunda, el recurso a la Ley de 1881 sobre las reuniones públicas, con el fin de dar un estatuto legal a los oficios religiosos.[700]

En vísperas del vencimiento del plazo de 1 año para la constitución de las asociaciones cultuales, (12 de diciembre de 1906), se han creado casi 2.000 asociaciones protestantes y judías, pero prácticamente ninguna católica. Ante la actitud de la jerarquía eclesiástica católica de firme rechazo a la constitución de asociaciones cultuales, por medio de una Circular de 1 de diciembre de 1906, Briand busca una fórmula por la que *los adeptos de una religión* sin necesidad de estar unidos mediante los lazos de un contrato de asociación, pudieran satisfacer las necesidades del ejercicio público del culto mediante una serie de reuniones celebradas a instancias de iniciativas individuales, beneficiándose en este caso no del ejercicio del derecho de asociación, sino del de reunión, siendo suficiente realizar una declaración a comienzos de año, para todos los oficios religiosos. Las iglesias permanecerían abiertas al público, pero el clero las utilizaría a título de meros *precaristas*, es decir, en calidad de *ocupantes sin título jurídico.* Las casas parroquiales pasarían a los ayuntamientos, las cuales serían arrendadas a los sacerdotes, y los palacios episcopales y seminarios entrarían a manos del Estado y los departamentos. El 8 de diciembre el cardenal Lecot difunde un modelo de notificación de reunión, que él presenta como una mera *formalidad legal.* Pero el diario *La Croix* del día siguiente publica una declaración por la que el Papa prohíbe realizar ningún tipo de comunicación administrativa con motivo de la celebración de reuniones de culto, por entender que no eran asimilables sin más a

---

[699] BARBIER, EMMANUEL. *Histoire du catholicisme liberal et du catholicisme social en France. Du Concile Vatican à l'avènement de S.S. Benoît XV, (1870-1914).* Tomo IV. Imp. Cadoret. Burdeos. 1923-1924. Páginas 163 y 164.

[700] DÉMIER, FRANCIS. *La France du XIXe siècle. 1814-1914.* Éditions du Seuil. París. 2007. Página 397. SCOT, JEAN PAUL. *L'État chez lui, l'Église chez elle. Comprendre la loi de 1905.* Le Seuil. París. 2005. Página 289.

cualquier otro tipo de reunión pública. Pío X rechaza esta solución nuevamente el 16 de diciembre, impartiendo instrucciones a los sacerdotes para que éstos continuaran celebrando los oficios religiosos, absteniéndose de realizar cualquier tipo de declaración administrativa, al entender que los templos, lugares consagrados a Dios, han sido puestos en *una situación peor a la de una sala de baile,* y de celebrar contratos de arrendamiento con relación a los lugares de culto y demás edificios eclesiásticos, colocados bajo secuestro, salvo en caso de absoluta necesidad.[701]

Ante la marcha de los acontecimientos, Clemenceau y Briand reaccionan expulsando expeditivamente el 11 de diciembre al auditor de la nunciatura, Montagnini, acusado de incitar a varios sacerdotes a proclamar soflamas antigubernamentales, y cuyos documentos reservados son embargados, estudiados por una comisión parlamentaria y filtrados a la prensa, dejando en una delicada posición a la Santa Sede, al poner de manifiesto sus injerencias en la política francesa. El Consejo de Ministros celebrado ese mismo día invita a los tribunales de justicia a que exciten su celo a la hora de perseguir las eventuales infracciones de la Ley de 1881, ha aparecido un nuevo delito, el de celebración de la santa misa. Sin embargo el Gobierno recula pronto, porque ello sólo podría dar lugar a nuevos incidentes, pues estaba en realidad jugando con fuego, y no sabía a ciencia cierta cuáles podrían ser las consecuencias, y deposita finalmente un proyecto de Ley, en el que se suprime la necesidad de declaración previa.[702]

El Gobierno hace aprobar una nueva Ley, que ve la luz el 2 de enero de 1907, por la que, las iglesias quedan *a disposición de los fieles y de los ministros de culto para la práctica de su religión,* añadiendo que *hasta su desafectación regular.* Pío X rechazará la fórmula por la encíclica de 6 de enero, *Une Fois Encore*,[703] con un tono apocalíptico, al ver en

---

[701] BARBIER, EMMANUEL. *Histoire du catholicisme liberal et du catholicisme social en France. Du Concile Vatican à l'avènement de S.S. Benoît XV, (1870-1914).* Tomo IV. Imp. Cadoret. Burdeos. 1923-1924. Páginas 165 y 166. SCOT, JEAN PAUL. *L'État chez lui, l'Église chez elle. Comprendre la loi de 1905.* Le Seuil. París. 2005. Páginas 290 y ss.

[702] MAYEUR, JEAN-MARIE. *La separation de l'Eglise et de l'État. (1905).* Firmin-Didot. París. 1966. Página 174.

[703] PORTIER, PHILIPPE. *L'épiscopat français et la loi de Séparation. Retour sur un processus de reconnaissance.* En: WEIL, PATRICK. *Politiques de la Laïcité au XXe siècle.* PUF. París. 2007. Página 210. POULAT, ÉMILE. *Les Diocesáines.* La documentation Française. París. 2007. Páginas 101 y ss.

las proposiciones del Gobierno francés, *una declaración de guerra a lo sobrenatural.* Los obispos franceses vuelven a reunirse por tercera vez del 15 al 19 de enero de 1907, con el fin de buscar una posible solución a los problemas planteados. La Ley de 28 de marzo de 1907, garantiza la libertad de ejercicio del culto, y la de 13 de abril de 1908, trata de resolver el litigio sobre la devolución de los bienes.[704]

Por otra parte se produce una reducción del número de vocaciones, que va a perjudicar especialmente a las órdenes regulares. Ante las dificultades en los departamentos metropolitanos, muchos religiosos dejan la Francia continental para emigrar a los territorios del Imperio francés, en los que los efectivos misioneros se ven reforzados por la llegada de los religiosos que han visto prohibido el desempeño de sus funciones en la metrópoli. Otros se asientan en España y en América Latina, contribuyendo a la expansión de la lengua y la cultura francesas en dichos territorios.[705]

2. LA RESPUESTA DE LAS CONFESIONES MINORITARIAS: PROTESTANTES Y JUDÍOS

La posición de las minorías religiosas ante la idea de la separación frente al Estado es más compleja que la de la Iglesia católica, cuya orientación global era netamente contraria a la misma.

Entre las minorías religiosas existía una cierta tradición separatista, como modo de garantía de un marco mínimo de libertad religiosa, pero por otra parte el sistema napoleónico de *cultos reconocidos* era francamente ventajoso para protestantes y judíos, pues además de suponer para ellos su reconocimiento jurídico, les aportaba una cierta equiparación al estatuto de la Iglesia católica, y financiación pública. Sin embargo no es menos cierto que dentro de las minorías religiosas no se vería con malos ojos la adopción de una normativa separatista que fuera moderada y liberal, lo cual se encuentra en claro contraste con la posición mayoritaria de

---

[704] BARBIER, EMMANUEL. *Histoire du catholicisme liberal et du catholicisme social en France. Du Concile Vatican à l'avènement de S.S. Benoît XV, (1870-1914).* Tomo IV. Imp. Cadoret. Burdeos. 1923-1924. Página 165. PIERRARD, PIERRE. *Un siècle de l'Église de France. 1900/2000.* Desclée de Brouwer. París. 2000. Página 47.

[705] LATREILLE, A. y RÉMOND, R. *Histoire du Catholicisme en France. III. La période Contemporaine.* Editions Spes. París. 1962. 2ª Edición. Página 555.

los católicos, claramente recelosos contra cualquier fórmula separatista, y ante eventuales veleidades laicistas. La posición de los judíos será de extrema prudencia, a la hora de decantarse públicamente por una fórmula de este tipo, ante el temor de despertar el antisemitismo católico, por ello el gran rabino Zadoc Kahn afirmará que los judíos no demandaban la separación, por entender que hacían un *bon ménage avec l´État,* aunque en su caso la aceptarían sin mayores aspavientos. Pero al conocerse el proyecto del gabinete de Émile Combes, el 29 de octubre de 1904, en cuyo artículo 8 se preveía la limitación de las organizaciones eclesiásticas a un mero nivel departamental, lo cual era especialmente pernicioso para las minorías religiosas protestante y judía, muy diseminadas territorialmente, y por lo tanto vitalmente necesitadas de una organización a nivel central que coordinase su presencia en todo el territorio del Estado, la reacción contra esta previsión normativa vendrá capitaneada como hemos dicho por Raoul Allier, y los hermanos Méjean, en la prensa escrita, primero en *Le Siècle*, y después en los *Cahiers de la quinzaine,* donde el católico Charles Péguy juega un importante papel, consiguiendo paralizarse dicha normativa. Por lo demás, protestantes y judíos aceptarán a grandes rasgos la separación, aunque algunos aspectos de la misma les resultaran inquietantes, especialmente en todo lo relativo a cuestiones de financiación del culto. A la hora de redactar el texto definitivo de la Ley, Aristide Briand elegirá a dos juristas pertenecientes a las minorías religiosas, Luis Méjan, hijo y hermano de un pastor protestante, y Paul Grunebaum-Ballin, judío, que se esforzarán por limar parte de las asperezas que hubieran podido herir innecesariamente a la Iglesia católica.[706]

Una vez aprobada la Ley de separación, protestantes y judíos procederán a constituir las asociaciones cultuales previstas en las mismas, y el inventario de bienes que la nueva normativa requería, será realizada sin suscitar el rechazo que levantase en el caso de la Iglesia católica.[707]

---

[706] BAUBÉROT, JEAN. *Histoire de la laïcité en France.* Presses Universitaires de France. París. 2000. Página 76. CABANEL, PATRIK. *1905, la séparation des Églises et de l´État en 30 questions*. Geste. La Crèche. 2005. Páginas 14 a 16.

[707] DUCOMTE, JEAN MICHEL. *La Loi de 1905. Quand l´État se séparait des Églises.* Milan. Toulouse. 2005. Página 31.

2.1. Los protestantes ante la separación

El protestantismo se había caracterizado por una larga tradición de inspiración liberal, tendente a la separación entre la Iglesia y el Estado, que enlaza con el pensamiento del teólogo Alexandre Vinet, el cual abogó en la primera mitad del siglo XIX por la libertad de creencias religiosas, y defendió con este fin la separación formal de la Iglesia y del Estado en sus obras *Mémoire en faveur de la liberté des cultes*, (1826), *Essai sur la conscience,* (1829), y *Essai sur la manifestation des convictions religieuses,* (1842). Un pensamiento que enlaza con los planteamientos de Edouard de Laboulaye, Prévost Paradol, Edmond de Pressensé, y el propio Sínodo general de la Iglesia reformada, celebrado en 1872, que se declaran partidarios de aceptar la separación *quand les pouvoirs publics la jugeraient nécessaire pour tous les cultes.*[708]

En vísperas de la separación, la comunidad protestante había ya sufrido la amputación de una cuarta parte de sus miembros, al perderse Alsacia y Lorena. Hay unos 650.000 protestantes en Francia, que representan algo menos de un 2% de la población. CHOLVY distingue tres tipos de regiones, en función de su presencia en Francia. En primer lugar aquéllas en las que es un fenómeno esencial en la sociedad, bien porque es mayoritario, como ocurre en algunos cantones del Gard, Deux Sèvres, y Montbéliard, o porque constituye una fuerte minoría, y que podrían denominarse como *regiones protestantes*, aunque esta expresión pueda ser considerada tal vez como engañosa. Un segundo núcleo estaría compuesto por la región de París, en que pese a no exceder cuantitativamente su presencia a la media nacional, la misma es altamente significativa desde un punto de vista cualitativo, al superar proporcionalmente su peso social real, al que les pudiera corresponder atendiendo a las cifras absolutas de su número global. El tercer área estaría compuesto por el denominado *desierto protestante,* que abarcaría el oeste, centro, norte y nordeste de Francia, en que su presencia es testimonial, *en dosis homeopáticas.* Esta distribución

[708] Una excelente síntesis de los planteamientos del protestantismo francés en relación con la República, y el principio de laicidad del Estado lo encontramos en: CABANEL, PATRICK. *Le Dieu de la République. Aux sources protestantes de la laïcité, (1860-1900).* Presses Universitaires de Rennes. Rennes. 2003. CAPÉRAN, LOUIS. *L'invasion laïque. De l'avènement de Combes au vote de la séparation.* Desclée de Brouver & Cie. París. 1935. Página 359.

es tributaria de lo acontecido en tiempos pretéritos, pero a partir de 1860, comienza a verse afectada por el declive de los hogares tradicionales, en particular en el sur del país, y por el progresivo proceso de despoblación rural y de los territorios montañosos, parcialmente compensado por el desarrollo de otras zonas del *país bajo,* como Mazamet, la región del Sena, o el Ródano.[709]

La idea de separación es más próxima a la sensibilidad calvinista que a la de la confesión de Augsburgo. Los sínodos particulares de París y Montbéliard, celebrados en noviembre de 1904, se muestran partidarios de mantener el *statu quo* que representa la legislación napoleónica del año X, aunque algunos pastores luteranos aboguen por la separación, con tal que la misma fuera *liberal* y *sincera.* Los calvinistas por el contrario son más favorables a la introducción del nuevo régimen separatista, aunque los consistorios celebrados en 1903 y 1904 no hicieran nada por adelantar la implantación del modelo separatista, y aunque el final de la unión con el Estado no fuera demandado por los consistorios, lo cierto es que los mismos no se opondrían a la misma, dejando al Parlamento la responsabilidad sobre la elección del momento, no dejando pasar la oportunidad para recalcar que desde 1802, las iglesias reformadas no habían dado lugar al menor conflicto en sus relaciones con el Estado. Por lo tanto, no existe dentro de la Iglesia reformada ningún principio que se oponga a la idea de separación entre la Iglesia y el Estado, con tal que la misma no esté inspirada por un principio de persecución religiosa, sino de verdadera tolerancia, que aporte las debidas garantías para la realización de los ideales de justicia y libertad religiosa. Sin embargo, al conocerse los proyectos de Ley de separación que se estaban barajando, algunas voces protestantes que se habían mostrado partidarias de la separación, como la de Louis Lafon, pastor protestante en Montauban y director de la publicación titulada la *Vie nouvelle,* se muestran muy críticas con los *artículos inicuos y arbitrarios* de los proyectos de separación. Especial controversia levanta el artículo 8 del proyecto de Émile Combes, contra el cual se alza una actitud de rechazo desde las filas protestantes, llegando

---

[709] CHOLVY, G. *Les protestants.* En: CHOLVY, GÉRARD y HILAIRE, YVES-MARIE. *Histoire religieuse de la France Contemporaine. 1880/1930.* Privat. Toulouse. 1986. Páginas 36 y ss. SACQUIN, MICHÈLE. *La question protestante en France au XIXe siècle. Fictions et réalité.* En: FRÉCHET, HÉLÈNE. (Coord.) *Religion et culture de 1800 à 1914.* Editions du Temps. París. 2001. Páginas 177 a 192.

a ser considerado por algunos como una revocación del Edicto de Nantes. Por el contrario, el proyecto de Briand, con retoques, era más susceptible de poder ser asumido.[710]

El pastor Élisée Lacheret afirma claramente a la vista de la marcha de los acontecimientos que los fieles deberán financiar el culto, ante la evidencia del carácter *inevitable* de la separación, de la cual es partidario a título personal, por entender que el Concordato ha quedado superado. De hecho, detrás del proyecto de Ley presentado el 25 de junio de 1903 por Eugène Réveillaud, se encuentra la pluma de ilustres protestantes, como el propio Élisée Lacheret, (en cuyo domicilio particular se habían reunido, para elaborarlo), el abogado Rigot, el pastor Bruguiêre, y muy especialmente Hippolyte-Jean Messines, pastor de la parroquia de Versailles, la del propio Réveillaud.[711]

Protestantes y judíos irán de la mano en buena parte del proceso legislativo separatista, en parte porque a ambos les perjudicaban determinadas propuestas como la de limitar el ámbito de las uniones al de los departamentos, y en parte porque el papel de ambos cultos va a ser el de meros *comparsas*, especialmente en el caso de los judíos, que al contrario de lo que decía la prensa antisemita, carecían de un solo parlamentario que pudiera mediar por su causa.[712]

2.2. Los judíos ante la separación

La posición de los judíos había quedado reforzada a raíz de los acontecimientos revolucionarios, al serles ofrecida la ciudadanía francesa, el 21 de septiembre de 1791, y con ello se producirá una *pacífica* aceptación de la República, cuya legitimidad nunca será *contestada*. Una actitud que contrasta con el rechazo frontal hacia todo lo que tuviera connotaciones

---

710 CAPÉRAN, LOUIS. *L'invasion laïque. De l'avènement de Combes au vote de la séparation.* Desclée de Brouver & Cie. París. 1935. Páginas 359 a 362.

711 HARISMENDY entiende que no está probada la presencia en esa comisión del que será ponente del texto, Louis Méjan. HARISMENDY, PATRICK. *Les protestants face à la Séparation.* En: CHANTIN, JEAN-PIERRE y MOULINET, DANIEL. (Dir.). *La Séparation de 1905. Les hommes et les lieux.* Les editions de l'atelier. París. 2005. Páginas 128 a 129.

712 DELMAIRE, DANIELLE. *Les juifs face à la Séparation.* En: CHANTIN, JEAN-PIERRE y MOULINET, DANIEL. (Dir.). *La Séparation de 1905. Les hommes et les lieux.* Les editions de l'atelier. París. 2005. Página 147.

ligadas a la Revolución y la República sentido por amplios sectores de la Iglesia católica a lo largo del siglo XIX, motivado por la experiencia traumática revolucionaria. Este fenómeno quedará reflejado en el acervo cultural judío a través del proverbio *yiddish* que decía a principios del siglo XIX, *Feliz como un judío en Francia,* apoyado sobre la constatación práctica del especial espíritu de tolerancia dispensado a los judíos, en contraste con la situación de persecución experimentada en otros lugares del mundo.[713]

La presencia de la comunidad judía en Francia se ve incrementada a lo largo del siglo XIX, al pasar de 46.663 miembros en 1808, a 63.142 en 1831, 73.965 en 1853, 79.964 en 1861 y 89.047 en 1866. Pero se verá conmocionada por las consecuencias territoriales del desastre de Sedán, pues 41.000 judíos que vivían en Alsacia-Lorena, pasan a estar sujetos a soberanía alemana. En 1872, los 49.439 judíos que residen en Francia se distribuyen principalmente en tres zonas geográficas, París, Provenza y el suroeste, a lo que hay que añadir una pequeña diáspora de comunidades procedentes de Alsacia-Lorena, que prefieren permanecer como ciudadanos de Francia. Estas comunidades se asientan especialmente en París, Marsella, Lyon y Lille, incrementando cuantitativamente la comunidad judía residente en Francia, que en vísperas del *affaire* Dreyfus contaba con unas 80.000 personas. A ellos hay que sumar otros 40.000 que residen en Argelia. Se ocupan principalmente en profesiones liberales, el ejército y la administración, no siendo rara del todo su implicación en la política, lo que facilita su completa integración. Es una comunidad principalmente urbana, y de clase media y alta. Simpatizan con el sistema republicano, que ha mejorado sensiblemente su régimen jurídico y favorecido su integración social, liberándolos de pasadas situaciones de discriminación, por ello profesan un patriotismo natural y sincero, reafirmado su sentimiento de pertenencia a una nación que los ha acogido. A finales del siglo XIX, constituyen un colectivo más secularizado que el de sus antepasados, algo a lo que han contribuido diversos factores apuntados por DELMAIRE, tales como la emancipación, el proceso de asimilación, la pérdida de las comunidades más religiosas situadas en Alsacia-Lorena, y en general, el

---

[713] *Hereux comme un juif en France,* sic. DARMON, OLIVIER. *Judaïsme et République: l'acceptation de la loi de 1905.* En: MARTY, NICOLAS y GAUDELET, BRUNO. (Dir.) *Centenaire de la Loi de Séparation des églises et de l'État du 9 décembre 1905.* Presses Universitaires de Perpignan. Perpignan. 2007. Páginas 93 y 94.

profundo fenómeno secularizador que está viviendo la sociedad francesa, que también les afecta a ellos. En la década de los 80, destacan dos acontecimientos, la llegada de nuevos contingentes de judíos a raíz de las persecuciones en Rusia, especialmente hacia 1881, y el *affaire* Dreyfus, que introduce un elemento inquietante sobre la plena capacidad de protegerlos, por parte de la República, al aflorar a la superficie unas fuerzas que hasta ese momento habían permanecido ocultas, en situación de letargo, en un momento en que la principal reivindicación de los judíos es muy sencilla, que se *les dejara en paz*. Constituyen una comunidad a la que la secularización le afecta cada vez con más intensidad, experimentando una *laicización* socialmente *liberadora,* y un cierto *relajamiento* religioso. El hebreo se convierte en una lengua *incomprensible*. Con el retorno de Alsacia y Lorena Francia en 1918, se estima que su número podría ser de unas 150.000 personas.[714]

La posición adoptada por los judíos franceses frente a la Ley de separación, puede rastrearse a partir de la lectura de dos de los principales semanarios judíos, *Les Archives Israélites* y *L´Univers Israélite*. El primero de ellos fue fundado en 1840 por S. Cahen, con una orientación cultural y literaria, y con el paso del tiempo adopta una posición a favor de un judaísmo moderno y liberal. En tiempos de la separación era dirigido por Émile Cahen y su redactor jefe era Hippolyte Prague. El segundo había sido fundado en 1844 con la aspiración de ser un periódico *religioso moral y literario,* para limitar los excesos de los modernistas, especialmente de aquellos próximos a *Les Archives Israélites.*[715]

Aunque la idea de la separación es recibida con cierto entusiasmo en un primer momento, a partir del 3 de noviembre de 1904, *Les Archives Israélites* comienzan a mostrar su decepción con el proyecto presentado por Combes, pues Prague critica la gran presencia del Estado en asuntos religiosos, y por entender que se corre el riesgo de que la separación no

---

[714] AYOUN, RICHARD. *Le judaïsme en France au XIXe siècle.* En: FRÉCHET, HÉLÈNE. (Coord.) *Religion et culture de 1800 à 1914.* Editions du Temps. París. 2001. Página 154. DELMAIRE, D. *Les communautés juives.* En: CHOLVY, GÉRARD y HILAIRE, YVES-MARIE. *Histoire religieuse de la France Contemporaine. 1880/1930.* Privat. Toulouse. 1986. Páginas 50 a 53. PIERRARD, PIERRE. *Un siècle de l'Église de France. 1900/2000.* Desclée de Brouwer. París. 2000. Página 31.

[715] DELMAIRE, DANIELLE. *Les juifs face à la Séparation.* En: CHANTIN, JEAN-PIERRE y MOULINET, DANIEL. (Dir.). *La Séparation de 1905. Les hommes et les lieux.* Les editions de l´atelier. París. 2005. Páginas 141 y 142.

se haga de modo equitativo, y que los cultos no subvencionados queden sometidos al Estado, no dudando en llegar a calificar el modelo propuesto como de *bastardo,* criticando *los derechos exorbitantes de control y de policía* por parte del Estado. Dos son los principales focos de preocupación en la prensa judía, el primero de ellos es la obligación de formar una unión cultual por departamento, algo que quizás fuera posible en el caso del culto católico, pero que era ilusorio en el de los judíos al haber muchos departamentos en que las comunidades eran muy pequeñas y serían incapaces de formar dichas uniones. El segundo problema son las pensiones de jubilación de los rabinos, calculadas en términos igualitarios para todos los pastores de culto, pasando por alto que en el caso de los rabinos, como en el de los pastores protestantes, las obligaciones familiares solían ser comúnmente más pesadas, de modo que el régimen económico previsto para un sacerdote católico soltero, no era adecuado para el de un ministro de culto que con frecuencia tenía que hacer frente a cargas familiares. La crítica hacia Combes se ve acompañada de calificaciones como *arbitrariedad administrativa, preocupaciones policiales* y *vigilancia financiera.* Asimismo hay preocupación por el régimen jurídico al que quedará sometido el seminario israelita, que no queda asimilado a las facultades de teología, a lo que hay que añadir el temor de los judíos argelinos a que pudiera desaparecer su principal fuente de financiación, las tasas recaudadas por las autoridades religiosas por el consumo de carne casher.[716]

A pesar de estos recelos iniciales, la comunidad judía terminará por aceptar plenamente la separación. Isaïe Levaillant, comentando unas declaraciones de Combes, afirmará en *Les Archives Israélites* que la separación era *el instrumento de la conciliación, de la libertad y de la independencia.* Hippolyte Prague apelaba a la tradicional capacidad de sacrificio de los judíos y a su adaptabilidad a las situaciones más adversas, y a la disposición de los fieles a contribuir a las necesidades del culto en función de su propia capacidad económica, por lo que creía que la separación únicamente podría traer consecuencias positivas para la comunidad judía, por lo que su *ardor laico* no quedaba para nada menoscabado por la nueva legislación. En términos semejantes, en *L´Univers Israélite* se

[716] DELMAIRE, DANIELLE. *Les juifs face à la Séparation.* En: CHANTIN, JEAN-PIERRE y MOULINET, DANIEL. (Dir.). *La Séparation de 1905. Les hommes et les lieux.* Les editions de l´atelier. París. 2005. Páginas 143 y 144.

podía leer que el judaísmo separado del Estado se parecería en mucho al de aquel momento, inmediatamente previo a la separación. Abandonado el proyecto de Combes, que suscitara inicialmente recelos, a medida que avanza la discusión parlamentaria de la Ley, decaen las posibles suspicacias. Hippolyte Prague afirmará que el culto israelita no había poseído nunca pretensiones políticas, y que no había tenido jamás *un céntimo que partir con el Estado*. Una vez aprobada la Ley en la Cámara de Diputados, la aceptación de la misma es franca entre los líderes judíos, por lo que olvidando los iniciales recelos que pudo levantar el proyecto de Combes, Isaïe Levaillant llegará a afirmar que *el judaísmo francés no se ha opuesto jamás a la Separación, el mismo no se ha meramente resignado a la misma, sino que la ha deseado ardientemente como una medida necesaria para su independencia y salud.* O en palabras de Hippolyte Prague, *hay separación, pero no divorcio.* Como señala DELMAIRE, el sentimiento era algo confuso, porque si bien los decretos napoleónicos habían contribuido a la integración del judaísmo en el paisaje religioso francés, y por lo tanto habían resultado altamente valiosos, no era menos cierto que la nueva legislación separatista era inevitable, y que podía servir para defender a la República frente a los ataques de los católicos conservadores, o al menos eso es lo que podía desprenderse desde una determinada perspectiva ajena a la Iglesia católica. Al judaísmo sólo le quedaba tratar de sacar el mejor partido de la nueva normativa, en otras palabras, actuar con pragmatismo inteligente.[717]

Cabría hacer un balance de lo que podría tener de bueno y de malo esta reforma. Isaïe Levaillant creía que la misma serviría para *renovar y regenerar* al judaísmo francés. En el fondo eran conscientes, como reconocerá el propio Hippolyte Prague, que la mejora del estatuto jurídico de la población judía se había desarrollado al amparo de una República laica, por lo que era la ocasión de reafirmar nuevamente su lealtad a los valores que la misma suponía, de ahí que no será raro encontrar en la prensa judía escritos en elogio de personalidades como Rouvier, con el que la Ley ya no sería una *camisa de fuerza* para las confesiones religiosas, o Briand, del que se resalta su espíritu conciliador e imparcial. Los posibles riesgos podrían venir de la tentación de división y cisma que pudieran encerrar

---

[717] DELMAIRE, DANIELLE. *Les juifs face à la Séparation.* En: CHANTIN, JEAN-PIERRE y MOULINET, DANIEL. (Dir.). *La Séparation de 1905. Les hommes et les lieux.* Les editions de l´atelier. París. 2005. Página 145.

las nuevas asociaciones cultuales, actuando con sus propios fondos, y sin estar sujetas a la estrecha jerarquía característica de otras confesiones religiosas, como la católica.[718] Ninguno de los eventuales recelos perfilados en el horizonte, se mostrarán como reales. Después de la Ley, el judaísmo persiste. Los consistorios, tanto a nivel central como regional, continúan desarrollando su papel dentro de la estructura organizativa de la comunidad judía, y comienzan a funcionar las nuevas asociaciones cultuales judías, sin mayores problemas. Los inventarios desarrollados en las sinagogas se realizan sin dificultades, a diferencia de lo ocurrido en algunas iglesias católicas. La separación será aceptada sin mayores traumas, inaugurando una nueva fase de las relaciones entre el Estado y las comunidades judías, tras la experiencia emancipadora de tiempos de la Revolución y el Estado tutor napoleónico, en el contexto de una República radical y laica, no exenta de riesgos y peligros, como los que podían venir de sectores sociales antidreyfusianos y antisemitas, más o menos presentes en un amplio sector de la mayoría católica.[719]

[718] Una desunión que podría venir de varios frentes. Uno de ellos pudiera ser el caso de la *Union libérale israélite*, que adquiere una cierta independencia frente al judaísmo mayoritario y tradicionalista, y que inaugura en 1907 una sinagoga, no integrándose en *la Union des associations cultuelles* de Francia, creada el 13 de noviembre de 1906 y que inicia una corriente liberal en Francia, que no conllevará el cisma que temía el conservador *L´Univers Israélite*. Otra vía de agua podría venir abierta por parte de los judíos emigrantes procedentes de Polonia y Rusia, que no siempre se integrarán bien en las estructuras del judaísmo francés tradicional, y por parte de los judíos de observancia estricta, u ortodoxa.

[719] DELMAIRE, DANIELLE. *Les juifs face à la Séparation.* En: CHANTIN, JEAN-PIERRE y MOULINET, DANIEL. (Dir.). *La Séparation de 1905. Les hommes et les lieux.* Les editions de l´atelier. París. 2005. Páginas 149 a 152.

CAPÍTULO VIII.
LA APLICACIÓN DE LA LEY DE SEPARACIÓN

1. EL DESARROLLO NORMATIVO INMEDIATO DE LA LEY: LA DEFINICIÓN DEL RÉGIMEN LEGAL DE LOS LUGARES DE CULTO, Y LA LEY DE 2 DE ENERO DE 1907

El 15 de diciembre de 1906, el Gobierno deposita un nuevo proyecto de Ley, en virtud del cual el ejercicio del culto podría ser asegurado bien por las asociaciones constituidas conforme a las leyes de 1901 y de 1905, o incluso mediante iniciativas a título individual, debiendo realizarse una declaración previa que sería válida por el plazo de un año. Los departamentos y los municipios van a recibir la libre disposición de los palacios arzobispales, episcopales, casas parroquiales, presbiterios y seminarios, que son de su propiedad y cuyo usufructo no haya sido reclamado por una asociación conforme a la Ley de 1905. Con el rechazo de la jerarquía católica a la Ley de 1905, la Iglesia no se había puesto en una situación de *ilegalidad,* sino más bien de *incapacidad civil* a la hora de ejecutar los actos jurídicos necesarios para sus actividades cultuales, privando al Estado y a los ayuntamientos de un interlocutor con el que poder firmar el contrato de afectación de las iglesias, corriéndose el riesgo de poderse cerrar las mismas, y de este modo, poder incluso interrumpirse el culto católico. El Gobierno se encuentra en una situación comprometedora, pues de atenerse al tenor literal de la Ley, debería clausurar 40.000 templos católicos, al no haberse constituido las asociaciones cultuales que debieran haber asumido su gestión, (ante el seguimiento masivo por parte del clero francés del llamamiento a la desobediencia hecho por Roma), y de suspender por tanto el libre ejercicio del culto garantizado por la Ley. Las consecuencias podían ser imprevisibles. Es por ello por lo que el Gobierno se ve obligado a *recular* ante este riesgo, y la Ley de 2 de enero de 1907, trata de *relajar* tensiones.[720]

El proyecto apadrinado por el Gobierno es calificado como de un *liberalismo excesivo,* desde otros sectores más a la izquierda del arco parlamentario. Presentándose otras dos proposiciones de Ley, más radicales, y que tienen como mentores a Ferdinand de Buisson, y Maurice Allard y Dejeante, respectivamente. El texto de Buisson, apoyado por los radical-socialistas, propone el levantamiento del secuestro y la libre disposición *definitiva e inmediata* de los edificios eclesiásticos por parte del Estado. El de Maurice Allard y Dejeante, defendido por 22 diputados socialistas, exige la atribución de los bienes eclesiásticos a los establecimientos municipales de asistencia y beneficencia, en los términos del artículo 9 de la Ley de 1905, pero con *efecto inmediato,* así como la desafección de pleno derecho de las iglesias y otros edificios destinados al culto. Las fuerzas políticas anticlericales están dispuestas a sacar provecho del no sometimiento de la Iglesia católica al régimen de asociaciones cultuales previsto en la Ley de separación, y a aplicarle todas las sanciones que la misma contemplaba en caso de boicot.[721]

Por la Ley de 2 de enero de 1907, las iglesias quedan *a disposición de los fieles y de los ministros de culto para la práctica de su religión,* eso sí, *hasta su desafectación regular,* autorizándose sin ulteriores formalidades las reuniones públicas de culto. El ejercicio del culto podría ser asegurado por asociaciones ordinarias constituidas al amparo de la Ley de asociaciones de 1901, o *por medio de reuniones tenidas a iniciativa individual.*[722] La afectación de los templos al culto seguirá en manos de la Iglesia, que los disfrutará en calidad de simple ocupante, al amparo de un derecho de usufructo determinado en un contrato en el que se estipula

---

[720] POULAT, ÉMILE. *De «L'esprit laïque» à notre «laïcité publique».* En: CHANTIN, JEAN-PIERRE y MOULINET, DANIEL. (Dir.). *La Séparation de 1905. Les hommes et les lieux.* Les editions de l'atelier. París. 2005. Página 243. POULAT, ÉMILE. *Aux carrefours stratégiques de l'Église de France. XXe siècle.* Berg International. París. 2009. Página 53. SCOT, JEAN PAUL. *L'État chez lui, l'Église chez elle. Comprendre la loi de 1905.* Le Seuil. París. 2005. Página 294.

[721] SCOT, JEAN PAUL. *L'État chez lui, l'Église chez elle. Comprendre la loi de 1905.* Le Seuil. París. 2005. Página 294.

[722] BARBIER, MAURICE. *La Laïcité.* L'Harmattan. París. 1995. Página 55.

su duración temporal, con el ayuntamiento en el que los bienes radiquen. El disfrute gratuito podría ser acordado por los alcaldes o prefectos, pero los fieles correrían con los gastos de reparaciones y seguros. Se suprimían asimismo los plazos establecidos por la Ley de 1905 para la desafección de los bienes eclesiásticos, obispados, presbiterios, y seminarios, así como las prestaciones concedidas a los ministros de culto en virtud de la Ley de 1905. El propósito declarado por Briand con motivo de su discusión parlamentaria era el de *hacer una legislación tal que, sea lo que hiciere Roma, y cualquiera que fuese la actitud que adoptare, le fuera imposible salirse de la legalidad.* La Ley es combatida en la Cámara de Diputados por Ribot, y en el Senado por De Las-Cases, pero es aprobada por un amplio margen de votos, el 21 de diciembre en la Cámara de Diputados, por 388 votos a favor y 180 en contra, y en el Senado, el 28 de diciembre, por 180 votos frente a 90, entrando en vigor el 2 de enero de 1907. La respuesta de Pío X a la Ley de 2 de enero de 1907, no se hace demorar, pues viene el 6 de enero, día de la Epifanía, de la mano de una encíclica, *Une Fois Encore,* cuyo título es suficientemente significativo[723] mostrando su desencanto por el desarrollo de los acontecimientos, en la que se comienza afirmando que *una vez más,* se hace necesaria una respuesta firme por parte de la Iglesia. A su modo de ver es una Ley que no hace sino agravar seriamente las consecuencias nefastas de la Ley de separación, mereciendo por tanto la plena reprobación pontificia.[724]

Los obispos franceses vuelven a reunirse, pero esta vez no pueden hacerlo en el palacio arzobispal de París, de donde el cardenal Richard acaba de ser expulsado, sino en Muette, bajo los auspicios del conde de Franqueville, del 15 al 19 de enero, proclamando su adhesión incondicional a Pío X. La asamblea de obispos fija las condiciones en que el ejercicio de culto podría ser celebrado legalmente, permitiéndose a los

---

[723] *Una vez más*, sic.

[724] BARBIER, EMMANUEL. *Histoire du catholicisme liberal et du catholicisme social en France. Du Concile Vatican à l'avènement de S.S. Benoît XV, (1870-1914).* Tomo IV. Imp. Cadoret. Burdeos. 1923-1924. Página 165. BAUBÉROT, JEAN. *La loi de 1905 est plus qu'une loi.* En: ZARKA, CHARLES YVES. *Faut-il reviser la Loi de 1905?* Presses Universitaires de France. París. 2005. Página 123. MAYEUR, JEAN-MARIE. *La separation de l'Eglise et de l'État. (1905).* Firmin- Didot. París. 1966. Páginas 174 y 175. LATREILLE, A. y RÉMOND, R. *Histoire du Catholicisme en France. III. La période Contemporaine.* Editions Spes. París. 1962. 2ª Edición. Página 513. SCOT, JEAN PAUL. *L'État chez lui, l'Église chez elle. Comprendre la loi de 1905.* Le Seuil. París. 2005. Página 294.

sacerdotes, con autorización de sus obispos, arrendar los presbiterios a los ayuntamientos. Dos obispos *conciliadores,* los de Orleans, monseñor Dadolle, y de Dijon, monseñor Touchet, se encargan de redactar del 22 al 25 de enero, una declaración resumiendo estas decisiones, incorporándose como anexo un modelo de "contrato de disfrute",[725] que sería suscrito entre el ayuntamiento y el sacerdote, que los obispos estaban dispuestos a probar.

El texto es discutido con los cardenales Merry del Val y Gasparri, siendo supervisado directamente por Pío X, que lee varias veces el texto y lo corrige, de modo que aunque es atribuido a la asamblea de obispos reunida en Muette, en realidad ha sido objeto de una redacción definitiva por parte del Vaticano, siendo añadidas *a posteriori* las firmas de los obispos franceses sin previa consulta a los mismos sobre el texto final enmendado por Roma.[726]

Obtenida la aprobación de la Santa Sede, el 30 de enero de 1907, dan a conocer una declaración en la que muestran *su* toma de posición ante el desarrollo de los acontecimientos, que es publicada el 31 de enero en *L´Osservatore romano*,[727] en que con el fin de salvaguardar el ejercicio público del culto, y defender los lugares sagrados, evitando eventuales profanaciones, acceden a suscribir los oportunos contratos administrativos con los prefectos o las autoridades municipales, para poder usar los edificios de culto, reservándose el derecho a incluir en dichos contratos aquellas cláusulas que no sean contrarias al orden público, pero que sean necesarias para asegurar el ejercicio del culto, y que garanticen la seguridad moral del servicio religioso en las iglesias, así como el respeto al principio eclesial de jerarquía. Los obispos parecían de esta manera estar dispuestos a aceptar la Ley de 2 de enero de 1907, a pesar de *mantener*

[725] Esta propuesta de contrato contaba con el respaldo de 65 obispos sobre un total de 81. SORREL, CHRISTIAN. *Les évéques à l´heure de la Séparation.* En: CHANTIN, JEAN-PIERRE y MOULINET, DANIEL. (Dir.). *La Séparation de 1905. Les hommes et les lieux.* Les editions de l´atelier. París. 2005. Página 60.

[726] SCOT, JEAN PAUL. *L´État chez lui, l´Église chez elle. Comprendre la loi de 1905.* Le Seuil. París. 2005. Página 299.

[727] La versión publicada en *L´Osservatore romano* reproducía básicamente el texto aparecido en Francia en publicaciones católicas como *La Croix* y *L´Univers,* pero en ella se contenía una alusión a los bienes sagrados *indignement* expoliados, una palabra *indegnamente,* que había sido suprimida del texto de la declaración del episcopado francés publicado en Francia en aras a la conciliación con las autoridades civiles.

inquebrantablemente en unión con el Santo Padre, las protestas hechas por éste contra las leyes de 1905 y 1907. A falta de un acuerdo, la Iglesia permanecerá como *ocupante sin título jurídico,* es decir, *en precario.*[728]

El 3 de febrero una circular remitida por Briand a los prefectos, sobre el contrato de uso de las iglesias, permite el disfrute gratuito de las iglesias, previo acuerdo estipulado entre por una parte el prefecto y el alcalde, (autorizado por la corporación municipal), y las asociaciones cultuales o los sacerdotes, por otra. Si el plazo fuera superior a 18 años, las autoridades municipales deberían contar con autorización superior, pudiendo señalar el contrato que el sacerdote actuaba de conformidad con sus superiores, con el fin de respetar la jerarquía eclesiástica. Sin embargo se plantea el problema de qué hacer cuando el sacerdote que firmó el acuerdo, fuera remplazado por otro, cabiendo en esos casos preguntarse si su sucesor podría subrogarse en dicho disfrute. Briand quería que la subrogación estuviera subordinada al visto bueno del alcalde, mientras que las autoridades eclesiásticas abogan por una subrogación automática. Las negociaciones con el Gobierno se inician desde el arzobispado de París. A ello hay que unir los problemas planteados sobre quién y cómo debería asumir el coste de las reparaciones. El 23 de febrero una nota oficiosa anunciaba la ruptura de las conversaciones entabladas, ante la falta de acuerdo.[729]

Entre tanto, el 22 de enero de 1907, Étienne Flandin ha depositado un proyecto de Ley en virtud del cual se suprimía la necesidad de autorización previa para la realización de oficios religiosos. El texto es hecho suyo por el Gobierno, siendo aprobado en la Cámara por 532 votos contra 1, un respaldo que no consiguió el artículo 4 de la Ley de 1905. El documento comienza a ser estudiado el 14 de febrero en el Senado, siendo finalmente promulgado el 28 de marzo de 1907, de modo que *las reuniones públicas, cualquiera que sea su objeto, podrán ser tenidas, sin declaración previa.* Se introduce un importante cambio, la declaración

---

[728] MAYEUR, JEAN-MARIE. *La separation de l'Eglise et de l'État. (1905).* Firmin-Didot. París. 1966. Páginas 179 y 180. BARBIER, EMMANUEL. *Histoire du catholicisme liberal et du catholicisme social en France. Du Concile Vatican à l'avènement de S.S. Benoît XV, (1870-1914).* Tomo IV. Imp. Cadoret. Burdeos. 1923-1924. Páginas 169 a 171.

[729] BARBIER, EMMANUEL. *Histoire du catholicisme liberal et du catholicisme social en France. Du Concile Vatican à l'avènement de S.S. Benoît XV, (1870-1914).* Tomo IV. Imp. Cadoret. Burdeos. 1923-1924. Páginas 172 y 173.

pasa de ser *obligatoria* a meramente *facultativa*. Los librepensadores con Allard a la cabeza entienden que se trataba de una verdadera cesión ante el Papa de dimensiones *escandalosas*, realizada al dictado del episcopado francés, y trata de introducir una enmienda por la que las reuniones de culto debieran estar sometidas a declaración previa, haciendo constar el nombre del sacerdote que usaría el templo, pero es ampliamente rechazada en el debate parlamentario. Briand intenta *vender* la nueva solución como una manera de conseguir que la Iglesia católica acepte el marco legal francés. Los departamentos y los ayuntamientos van a conservar la plena propiedad de los establecimientos de culto, pero su afectación se deja a favor de la Iglesia católica, incluso si el sacerdote es un *simple ocupante sin título*.[730]

Otro problema candente era que las misas previstas por los autores de fundaciones piadosas, no estaban siendo ofrendadas, al haber sido colocados los bienes eclesiásticos bajo secuestro, o atribuidos a establecimientos públicos de beneficencia. Los herederos de los donantes entablan por ello acciones ante los tribunales, con el fin de proceder a la revocación de los legados por incumplimiento de las cargas, y los tribunales comenzaron a dar la razón a los demandantes, por lo que el importe de dichas fundaciones debería ser restituido por los municipios. Por ello el Gobierno envía al Parlamento una *Ley de devolución de los bienes eclesiásticos*, que atribuye únicamente a los herederos directos la posibilidad de ejercer acciones de revocación, resolución o reivindicación, concediéndoseles a tales efectos un plazo de 6 meses para hacer valer sus derechos, y recibirían los bienes con todas las cargas que los gravaban. Los ayuntamientos podrían acometer los gastos necesarios para el mantenimiento y conservación de las iglesias, pero no estaban obligados a satisfacer los relativos a su embellecimiento. En aquellos casos en los que el municipio hubiera rechazado correr con los gastos de mantenimiento de un inmueble destinado al culto, y los fieles fueran incapaces de asumirlos, el Gobierno se reservaba el derecho a desafectarlo,

---

[730] BARBIER, EMMANUEL. *Histoire du catholicisme liberal et du catholicisme social en France. Du Concile Vatican à l'avènement de S.S. Benoît XV, (1870-1914).* Tomo IV. Imp. Cadoret. Burdeos. 1923-1924. Páginas 169 y 170. SCOT, JEAN PAUL. *L'État chez lui, l'Église chez elle. Comprendre la loi de 1905.* Le Seuil. París. 2005. Página 303.

y clausurarlo. La Ley será finalmente votada el 21 de diciembre de 1907, contando con un amplio respaldo parlamentario.[731]

El 13 de abril de 1908, una Ley regula el contencioso abierto por la devolución de los bienes.

2. LA INCOMPLETA APLICACIÓN DE LA LEY

La Ley se va a aplicar de un modo incompleto al contemplarse excepciones de carácter geográfico, (Alsacia-Mosela y territorios de ultramar), e incorporarse excepciones de comprensión de la misma, y aplicarse de un modo *sui generis*, que llega hasta nuestros días, por medio de la consulta a las autoridades francesas en la designación de las sedes episcopales a través del nuncio apostólico, los encuentros regulares de los responsables de la Iglesia católica con las autoridades francesas, las consultas a las autoridades religiosas sobre cuestiones socialmente relevantes, la colocación de las autoridades religiosas en órganos consultivos tales como diversos tipos de comisiones, los privilegios de Francia a Roma en Tierra Santa, y el papel protector de Francia sobre las comunidades católicas repartidas alrededor del mundo, el papel destacado de la Iglesia en los medios de comunicación social, especialmente en los de titularidad pública, en contraste con la situación del resto de cultos minoritarios y la influencia de las festividades católicas en la determinación del calendario festivo.[732]

2.1. El caso de Alsacia-Mosela

Cuando en 1905 se promulga la Ley de separación, los dos departamentos de Alsacia, así como el de Mosela se encontraban bajo soberanía alemana, algo que venía aconteciendo desde 1871, a raíz del desastre

[731] BARBIER, EMMANUEL. *Histoire du catholicisme liberal et du catholicisme social en France. Du Concile Vatican à l'avènement de S.S. Benoît XV, (1870-1914).* Tomo IV. Imp. Cadoret. Burdeos. 1923-1924. Página 174.

[732] BOYER, ALAIN. *La loi de 1905 : de la guerre au dialogue. Réflexions autour de la loi de 1905.* En: MARTY, NICOLAS y GAUDELET, BRUNO. (Dir.) *Centenaire de la Loi de Séparation des églises et de l'État du 9 décembre 1905.* Presses Universitaires de Perpignan. Perpignan. 2007. Páginas 38 y ss.

de Sedán, por ello allí no se aplicarán ni las Leyes Ferry, ni la Ley de separación.[733]

En estos tres departamentos, permanecerán en vigor las disposiciones del Concordato de Napoleón, los artículos orgánicos, algunas disposiciones francesas anteriores a 1871, (algo que no deja de ser una *peculiaridad* en términos históricos, pues la obra del *nominalmente católico* Napoleón, va a ser respetada por el *protestante* Guillermo I, no extendiéndose a estos territorios la política anticlerical de la *Kulturkampf* del omnipotente canciller Bismarck, en un delicado momento histórico en que la unidad de Alemania en torno a la Prusia protestante, hace nacer un cierto recelo en otros países católicos vecinos), así como ciertas normas complementarias dictadas durante la dominación alemana, como por ejemplo la ordenanza prusiana de 1873, mantenida en 1918, por la que la enseñanza religiosa de los cuatro cultos reconocidos está prevista a nivel primario y secundario, de modo que es una materia curricular más, aunque susceptible de ser dispensada, a petición de los padres, existiendo además dos Facultades de Teología, una católica (creada en 1902, mediante un acuerdo entre el Gobierno alemán y la Santa Sede, una convención que se estimó en vigor mediante un intercambio de cartas entre la Santa Sede y el Gobierno francés), y otra protestante, (esta última creada en el siglo XVI con motivo de la fundación de la Universidad de Estrasburgo, y por lo tanto con carácter previo a la incorporación de Alsacia a Francia en 1648), integradas en la Universidad pública francesa Marc Bloch de Estrasburgo. A diferencia de lo que ocurrió en el *resto* de Francia, en que estas instituciones fueron suprimidas para los católicos en 1885, (la Facultad de Teología católica de la Sorbona es sustituida por la sección de *Ciencias religiosas* de la *École pratique des hautes études*, en 1886, a la que se encargará el estudio de los *fenómenos religiosos* conforme a métodos científicos, provocando grandes debates), y para los protestantes en 1906. No existe sin embargo una Facultad de Teología judía, aunque en la Universidad de Estrasburgo se enseñan algunas materias de filosofía o teología judías.[734]

---

[733] CABANEL, PATRIK. *1905, la séparation des Églises et de l'État en 30 questions*. Geste. La Crèche. 2005. Página 41.

[734] BARBIER, MAURICE. *La Laïcité.* L'Harmattan. París. 1995. Páginas 94 y 95. BAUBÉROT, JEAN. *Histoire de la laïcité en France.* Presses Universitaires de France. París. 2000. Página 56. BEDOUELLE, GUY y COSTA, JEAN-PAUL. *Les lacïcités à la française.* PUF. París. 1998. Páginas 144 y 145. CABANEL, PATRICK. *Les mots de la Laïcité.* Presses Universitaires du Mirail. Toulouse. 2004. Página 4. DUCOMTE, JEAN-MICHEL.

Al ponerse fin a la I Guerra Mundial, y regresar estos tres departamento a la soberanía francesa, la situación se resuelve de modo provisional mediante la Ley de 17 de octubre de 1919, y más delante de modo definitivo, por la Ley de 1 de junio de 1924, manteniéndose a grandes rasgos el estado de cosas hasta ese momento vigente, y ello a pesar de los infructuosos esfuerzos de Édouard Herriot y los partidos de la coalición de izquierdas que en 1924 tratan de introducir en estos territorios la eficacia de la Ley de separación, que se verán condenados al fracaso, por la fuerte oposición local.[735]

El Consejo de Estado, declarará el 24 de enero de 1925, que dicho estatuto local *ad hoc*, es compatible con el principio de indivisibilidad republicana, de modo que el régimen concordatario, tal y como resulta de la Ley de 18 de Germinal del año X, está aún en vigor en los departamentos del Rhin y de Mosela. La Ordenanza de 15 de septiembre de 1944, restablecedora de la legalidad republicana, confirma dicho estado de cosas. De este modo, únicamente los cuatro cultos napoleónicos, (católico, luterano, calvinista y judío), son reconocidos por el Estado, quedando sujeto el ejercicio del resto de cultos, a una autorización por Decreto del Consejo de Estado.[736]

El Estado se interfiere en el nombramiento de los ministros de los cultos reconocidos, de un doble modo. En un caso son directamente nombrados por el Presidente de la República, que es lo que ocurre con los obispos de Estrasburgo y Metz, y sus coadjutores, (previa concertación con la Santa Sede), e igual acontece con los inspectores de la Iglesia lu-

La laicïcité. Milan. Toulouse. 2009. Páginas 30 y 31. SIAT, JEANNINE. *Le Kulturkampf: crise politique, crise religieuse?* En: CARRIER-REYAUD, BRIGITTE. (Dir.) *Histoire de la religion et de la culture en Europe de 1800 à 1914.* Ellipses. París. 2001. Página 71.

[735] BARBIER, MAURICE. *La Laïcité.* L'Harmattan. París. 1995. Página 92. DUCOMTE, JEAN MICHEL. *La Loi de 1905. Quand l'État se séparait des Églises.* Milan. Toulouse. 2005. Página 36.

[736] CABANEL, PATRIK. *1905, la séparation des Églises et de l'État en 30 questions.* Geste. La Crèche. 2005. Página 41. DUCOMTE, JEAN MICHEL. *La Loi de 1905. Quand l'État se séparait des Églises.* Milan. Toulouse. 2005. Páginas 36 y 37. DUCOMTE, JEAN-MICHEL. *El modelo francés de laicidad y el debate sobre el código de laicidad en las instituciones públicas.* En: LLAMAZARES FERNÁNDEZ, DIONISIO. *Libertad de conciencia y laicidad en las instituciones y servicios públicos.* Dykinson. Madrid. 2005. Página 348. LOCHAK, DANIÈLE. *La laïcité française à l'épreuve de l'intégration européenne. Pluralisme et convergences.* L'Harmattan. París. 2002. Página 126.

terana y tres miembros de su directorio. Los restantes son nombrados con el acuerdo del Gobierno, es lo que ocurre con los vicarios y los curas, los pastores y los presidentes de los consistorios, así como con los rabinos. Los cultos no reconocidos están en principio sometidos a un Decreto de 1859, que prevé una autorización del Consejo de Estado para su ejercicio público, pero de hecho, se organizan libremente, al prevalecer la cláusula contenida en el artículo 2 de la Constitución de 1958 por la que se respetan *todas las creencias.*[737]

Al renunciar Francia a extender la legislación laica forjada en los años 1880-1908, a estos territorios, tanto en 1919 con motivo de su reintegración, como tras el intento infructuoso durante el *Cartel des gauches* en 1924, y en 1944, con ocasión de la II Guerra Mundial, permanecen en Francia por lo tanto tres departamentos *concordatarios,* que constituyen el testimonio dos veces centenario de una situación que desapareció hace más de un siglo en el resto de Francia, con sacerdotes católicos, pastores protestantes y rabinos judíos, remunerados por el Estado. Una situación que no deja de suponer un cierto anacronismo, pues en uno de los países constitucionalmente más laicos, se conserva en vigor en una porción de su territorio, uno de los concordatos más antiguos.[738]

En estos territorios continúa en vigor en lo que concierne a la enseñanza primaria pública, la Ley Falloux de 15 de marzo de 1850, que refuerza el sistema confesional de la Ley Guizot de 1833. La mayoría de las escuelas primarias en estos departamentos son interconfesionales, hoy en día, pero conservan la enseñanza religiosa, que fue convertida en obligatoria por el Reich alemán, no reconociéndose la posibilidad de exención de la misma hasta 1936, bajo el Frente Popular, de modo que al momento de la inscripción los padres del alumno menor de edad, pueden pedir la dispensa de la asistencia a la clase de enseñanza religiosa, en cuyo caso los alumnos recibirán un complemento de enseñanza moral en lugar de la enseñanza religiosa. A finales de los años 90 del siglo XX, el 81% de los alumnos de las escuelas primarias seguían la enseñanza religiosa en Alsacia, un porcentaje que se reducía al 10% en

---

[737] ARECES PIÑOL, MARÍA TERESA. *Francia: Cien años de laicidad.* En: *Laicidad y Libertades. Escritos Jurídicos.* Número 5. Volumen I. Madrid. 2005. Página 92. BARBIER, MAURICE. *La Laïcité.* L'Harmattan. París. 1995. Páginas 92 y 93.

[738] BEDOUELLE, GUY y COSTA, JEAN-PAUL. *Les laïcités à la française.* PUF. París. 1998. Página 145.

el caso de los alumnos de Institutos de Enseñanzas Medias. En contraste con todo este escenario descrito, existe en Alsacia y Lorena un 7% de población musulmana, que no puede acogerse a los privilegios reconocidos a católicos, protestantes y judíos, por no figurar entre los cultos reconocidos por Napoleón, quedando fuera del acceso a la dotación presupuestaria estatal y al sistema educativo, tanto en lo que concierne a la enseñanza de la religión musulmana, como a la inexistencia de una Facultad de Teología propia, aunque su creación en la Universidad Marc Blanch fuera propuesta en 1996 por el teólogo protestante Étienne Trocmé, con el fin de contribuir a la formación de los futuros imanes musulmanes, pudiendo servir de laboratorio para una integración del islam en el seno de un hasta ahora cerrado *club*, el de los antiguos cultos reconocidos por Napoleón.[739]

La constitucionalidad del modelo de enseñanza religiosa que se mantiene en estos territorios, ha sido doctrinalmente cuestionada por entenderse que puede estar en contradicción con el artículo 1 de la Constitución, sobre el carácter laico de la República, y la previsión contenida en el Preámbulo de la Constitución de 1946, en virtud del cual la enseñanza pública, (cuya organización corre a cargo del Estado), es laica, a pesar de ello, esta situación no presenta una especial controversia a nivel social, siendo en buena parte pacíficamente admitida.[740]

Al estar definido en estos territorios el modelo de relaciones entre la Iglesia y el Estado en base al modelo de *cultos reconocidos* hace más de 200 años, quedan fuera del mismo los musulmanes, y los nuevos movimientos religiosos, que no se benefician de ninguna de las ventajas de las que disfrutan los 4 cultos tradicionales, quedando sujetos a un régimen de autorización, que acentúa la discriminación que sufren en términos comparativos, algo que resulta incontestable, incluso si se tiene en cuenta la actitud de tolerancia que *de facto* siguen las autoridades públicas locales.[741]

---

[739] CABANEL, PATRICK. *Les mots de la Laïcité.* Presses Universitaires du Mirail. Toulouse. 2004. Páginas 4 a 7.

[740] BEDOUELLE, GUY y COSTA, JEAN-PAUL. *Les lacïcités à la française.* PUF. París. 1998. Páginas 148 y 149.

[741] BEDOUELLE, GUY y COSTA, JEAN-PAUL. *Les lacïcités à la française.* PUF. París. 1998. Página 147.

El Bureau de cultos de Estrasburgo, adjunto al Ministerio del Interior, gestiona hoy en día la remuneración de unos 1.500 ministros de culto de los cuatro cultos reconocidos en Alsacia-Mosela: católico, luterano, calvinista y judío.[742]

De este modo, la laicidad no queda definida como un concepto *absoluto,* sino que es susceptible de reconocer *excepciones*, o *expresiones diferentes*, que se explican a partir de una historia específica.[743]

No han faltado autores que ponen en duda la constitucionalidad de este estado de cosas, definido en un conjunto de normas de rango infra constitucional, y que en buena parte son no sólo anteriores a la Constitución de 1958, sino contrarias además al principio de laicidad de la República francesa. Estas normas preconstitucionales no han sido nunca impugnadas ante la Corte Constitucional, ni por vía de acción, ni de excepción, manteniéndose por lo tanto en vigor. El pronunciamiento del Consejo de Estado de 24 de enero de 1925, ha admitido la validez de esta legislación, y el de 15 de mayo de 1986, ha permitido reformar por decreto el régimen de los establecimientos públicos de culto, pareciendo dejar entrever la constitucionalidad del mismo, al menos implícitamente.[744]

---

[742] CABANEL, PATRIK. *1905, la séparation des Églises et de l'État en 30 questions.* Geste. La Crèche. 2005. Página 42. Las peculiaridades de este territorio se extienden también al ámbito de la enseñanza. A tales efectos puede verse: BONNET, JEAN-LOUIS. *L'enseignement religieux dans les écoles primaires publiques d'Alsace-Moselle.* En: MESSNER, FRANCIS y WOEHRLING, JEAN MARIE. *Les statuts de l'enseignament religieux.* Dalloz. París. 1996. Páginas 95 a 101. PIETRI, JEAN-PAUL. *L'enseignement religieux dans les établissements secondaires publics d'Alsace-Moselle.* En: MESSNER, FRANCIS y WOEHRLING, JEAN MARIE. *Les statuts de l'enseignament religieux.* Dalloz. París. 1996. Páginas 103 a 112. SIAT, GUY. *Les écoles normales et les institutions universitaires de formation des maîtres en Alsace-Moselle au regard du statut scolaire local.* En: MESSNER, FRANCIS y WOEHRLING, JEAN MARIE. *Les statuts de l'enseignament religieux.* Dalloz. París. 1996. Páginas 77 a 94.

[743] LOCHAK, DANIÈLE. *La laïcité française à l'épreuve de l'intégration européenne. Pluralisme et convergences.* L'Harmattan. París. 2002. Página 125.

[744] BEDOUELLE, GUY y COSTA, JEAN-PAUL. *Les lacïcités à la française.* PUF. París. 1998. Páginas 147 y 148.

2.2. Los territorios coloniales y de ultramar

A pesar de la categórica redacción de la Ley de separación, lo cierto es que su aplicación en los territorios de ultramar seguirá sus propios tiempos y sus propias reglas, poniéndose de manifiesto una *doble vida* de la misma.[745] Gambetta afirmó con pragmatismo, (no exento de un cierto cinismo), que *l´anticlericalisme n´est pas un article d´exportation,* algo que se explica si se tiene en cuenta el decisivo papel que jugaban las misiones religiosas francesas de cara a conseguir la consolidación del imperio colonial, una meta para cuya obtención no era siempre suficiente el recurso a la fuerza de las armas, por lo que la obra cultural desarrollada por los misioneros franceses se muestra como un factor determinante del fortalecimiento de la presencia francesa. La separación no llegará a aplicarse a los territorios de ultramar, debido a los intereses coloniales en juego, y a la necesidad sentida de *atar en corto* al culto musulmán en determinados territorios, especialmente en aquéllos en los que es la religión mayoritaria de la población. Las matizadas medidas de separación que se introduzcan en algunos territorios coloniales, como Indochina o Madagascar, se harán siempre en base a una serie de especificidades que otorgarán un trato más beneficioso a la Iglesia católica, con respecto al resto de cultos religiosos.[746]

2.2.1. Las Antillas

Las *viejas colonias* de Martinica, Guadalupe (incluidas las pequeñas islas de San Bartolomé y San Martín), y Reunión, tenían en el siglo XIX, una organización religiosa similar a la de la metrópoli. La organización de las diócesis antillanas había quedado definida por los Decretos de 18 de diciembre de 1850 y de 3 de febrero de 1851, siendo reguladas conforme a las disposiciones del derecho civil y canónico, en vigor en la metrópoli,

---

[745] POULAT, ÉMILE y GELBARD, MAURICE. *Scruter la loi de 1905. La République française et la Religion.* Fayard. Millau. 2010. Página 222.

[746] BOYER, ALAIN. *La loi de 1905: de la guerre au dialogue. Réflexions autour de la loi de 1905.* En: MARTY, NICOLAS y GAUDELET, BRUNO. (Dir.) *Centenaire de la Loi de Séparation des églises et de l´État du 9 décembre 1905.* Presses Universitaires de Perpignan. Perpignan. 2007. Páginas 37 y 38. DUCOMTE, JEAN-MICHEL. *La laicïcité.* Milan. Toulouse. 2009. Página 31.

y extendiéndose de este modo a las mismas la aplicación del Concordato, estando gestionadas cada una de estas diócesis por sus respectivos obispos, siendo su clero reclutado en las diócesis de Francia, remunerándose por el Estado, y dependiendo del Ministerio de Cultos. En este contexto, llamaba la atención el importante papel desempeñado por las congregaciones religiosas católicas en el sistema educativo primario público local. Los paralelismos con la metrópoli no acabarán aquí, pues en ambas islas también tendrá lugar una fuerte corriente anticlerical, con motivo de la proclamación de la III República, a la que no es ajena la nueva burguesía de color que poco a poco va acaparando mayores cuotas de poder, en detrimento de los terratenientes blancos, a partir del reconocimiento por las autoridades republicanas del derecho de sufragio universal. Este sentimiento anticlerical será abanderado por políticos como Hégésippe Légitimus, que a finales del siglo XIX se erige como líder de una corriente política de color, de ideología socialista. En las Antillas, la burguesía de color estará fuertemente influenciada por la masonería.[747]

Llama la atención que el proceso de sustitución en el sistema educativo de los congregacionistas, se anticipe incluso en Martinica, a la metrópoli, donde no tendrá lugar hasta la Ley Bert-Goblet de 30 de octubre de 1886. Las medidas anticlericales no se dejan esperar en las Antillas, pues en abril de 1880, el diario republicano *Le Progrès de la Guadeloupe,* se hacía eco del interés del Ministerio de Marina por sugerir a los Consejos Generales de las Antillas francesas, de eliminar la enseñanza congregacionista del sistema educativo primario público, una medida que el rotativo acogía con entusiasmo, porque *la República no puede confiar la educación de sus jóvenes generaciones a aquéllos que son sus peores enemigos.* Estas propuestas no calan en Guadalupe, pero sí en Martinica, donde los hermanos de Ploërmel, que se encontraban presentes desde la *Monarquía de Julio*, se ven obligados a dejar los colegios públicos en 1882, y refugiarse en la enseñanza privada o pasar a Guadalupe, y algo

[747] BAUBÉROT, JEAN. *Histoire de la laïcité en France.* Presses Universitaires de France. París. 2000. Página 84. DELISLE, PHILIPPE. *Les Antilles: Séparation différée et apaisée.* En: CHANTIN, JEAN-PIERRE y MOULINET, DANIEL. (Dir.). *La Séparation de 1905. Les hommes et les lieux.* Les editions de l´atelier. París. 2005. Páginas 157 y 158.

semejante les ocurre al año siguiente en Martinica a las hermanas de Saint-Joseph de Cluny.[748]

Por el contrario, la Ley de asociaciones de 1901, que imponía la necesidad de una autorización preliminar a las congregaciones religiosas para que éstas pudieran desplegar su labor, es aplicada sin embargo con varios años de retraso en las Antillas, pues ello no ocurre hasta la promulgación, el 19 de diciembre de 1908, de un Decreto *ad hoc* que extiende dicha norma a Martinica, Guadalupe y Reunión, siendo fijados en febrero de 1909 por vía reglamentaria, los documentos necesarios para obtener tales autorizaciones.[749]

Con motivo de la puesta en marcha de la Ley de separación, monseñor de Cormont, obispo de Martinica, dirigirá un Memorial a las autoridades francesas, poniendo de manifiesto los riesgos que a su juicio supondría la aplicación de la Ley de separación, como la puesta en peligro de la paz religiosa, y el riesgo de infravalorar el peso real del catolicismo en las Antillas, proponiendo la posposición de su aplicación. Por otra parte, no se podía negar el temor a las consecuencias que podría tener el debilitamiento de las congregaciones religiosas católicas francesas en estos territorios, tales como un incremento de la presión de la influencia americana y de la presencia de colectivos protestantes, o la propia reacción del clero local, que podría incitar a la sublevación de la población contra las autoridades coloniales. La Ley de separación será finalmente extendida a las Antillas por el Decreto de 6 de febrero de 1911, cuyo artículo 2 reproduce el texto de la Ley, en virtud del cual, la República no reconoce ni retribuye culto alguno, previendo que a partir del 1 de julio siguiente, sería suprimida la dotación de culto y clero del presupuesto colonial. El artículo 3 contemplaba la realización de los inventarios de bienes eclesiásticos con el fin de resolver cuál sería su destino. Como peculiaridad, el artículo 16 preveía el reconocimiento de pensiones a favor del clero que hubiera cotizado al menos 15 años de servicios, las cuales ascenderían a las 3/5 partes de los sueldos percibidos. Inmediatamente

---

[748] DELISLE, PHILIPPE. *Les Antilles: Séparation différée et apaisée.* En: CHANTIN, JEAN-PIERRE y MOULINET, DANIEL. (Dir.). *La Séparation de 1905. Les hommes et les lieux.* Les editions de l´atelier. París. 2005. Página 159.

[749] DELISLE, PHILIPPE. *Les Antilles: Séparation différée et apaisée.* En: CHANTIN, JEAN-PIERRE y MOULINET, DANIEL. (Dir.). *La Séparation de 1905. Les hommes et les lieux.* Les editions de l´atelier. París. 2005. Páginas 159 y 160.

el Decreto es promulgado en cada una de las islas, y las medidas de separación se convierten en obligatorias. El desarrollo de los inventarios se demora un poco más, al tener que esperar a un Decreto de 10 de enero de 1912, para que se fijen las condiciones precisas para la ejecución de dichas operaciones. Los inventarios se realizarán de modo rápido y discreto y los presbiterios serán dejados a disposición del clero.[750]

Un problema específico de las Antillas francesas era la falta de vocaciones locales, a lo que contribuían numerosos factores, entre ellos la ausencia de un seminario mayor en Guadalupe, y el poco éxito del abierto en 1851 en Martinica, que debe ser cerrado un par de décadas después, y que sólo pudo formar 8 sacerdotes criollos entre 1851 y 1865, a lo que había que unir el reducido número de nacimientos *legítimos*, y la propia resistencia de la población de colonos blancos a perder uno de lo que ellos consideraban como símbolos de su (supuesta), *superioridad.* La administración había *de facto* disminuido el número de sacerdotes retribuidos, de 80 sacerdotes a 56, como hacía constar en 1901 monseñor Cormont en un escrito de queja, viéndose obligado a recurrir a la congregación autorizada del Santo Espíritu para cubrir los puestos vacantes. En cierto modo, la *separación* se había anticipado en este punto en las Antillas. La Santa Sede decidirá a finales de 1909 vincular las diócesis de Martinica, Guadalupe y Reunión, a la Sagrada Congregación de la Propaganda, ante la falta de vocaciones locales con el fin de proveer adecuadamente a la cobertura de las necesidades de asistencia espiritual, lo cual será encomendado a la comunidad de *Pères du Saint-Esprit.*[751]

2.2.2. Guayana

La situación de la Guayana francesa se regirá por un régimen especial en que se aplicará una Ordenanza de Carlos X, de 27 de agosto de 1828,

---

[750] DELISLE, PHILIPPE. *Les Antilles: Séparation différée et apaisée.* En: CHANTIN, JEAN-PIERRE y MOULINET, DANIEL. (Dir.). *La Séparation de 1905. Les hommes et les lieux.* Les editions de l´atelier. París. 2005. Páginas 160 a 164. POULAT, ÉMILE y GELBARD, MAURICE. *Scruter la loi de 1905. La République française et la Religion.* Fayard. Millau. 2010. Página 224.

[751] DELISLE, PHILIPPE. *Les Antilles: Séparation différée et apaisée.* En: CHANTIN, JEAN-PIERRE y MOULINET, DANIEL. (Dir.). *La Séparation de 1905. Les hommes et les lieux.* Les editions de l´atelier. París. 2005. Páginas 166 y 167.

de clara inspiración concordataria, y que coloca al culto católico, financiado con fondos públicos, bajo la doble dependencia del Gobernador y de un superior eclesiástico, no quedando sujeta a la Ley de separación de 1905.[752] Lo cierto es que era una colonia indeleblemente marcada por su importancia como presidio. Desde el punto de vista canónico no era una diócesis, sino una mera prefectura apostólica. La Ordenanza de Carlos X de 1828 establece la existencia de un único culto *reconocido*, en el sentido de lo establecido en el Concordato napoleónico, el culto católico, por lo que sólo sus ministros serán retribuidos con fondos públicos. Los protestantes y judíos deberán ser remunerados por lo tanto por los propios fieles. Se trata de una regulación *cuasi concordataria,* pese a que la misma no resultaba ni de la aplicación del propio Concordato de 1801, ni de una extensión del mismo a este territorio a raíz de un eventual acuerdo diplomático con la Santa Sede, sino de un acto unilateral del Estado francés, que por propia voluntad decidió aplicar un régimen *sui generis* a este territorio, también *sui generis* por cierto. Estaríamos ante una *modulación* del principio de *laicidad*, impuesta por la propia diversidad y complejidad de las realidades geográficas, sociales y humanas, a las que debe aplicarse.[753]

Hoy en día se mantiene un régimen diferenciado para el clero de Guayana, por lo que en materia remuneratoria se asimila al de Alsacia-Mosela, siendo satisfechos con cargo a fondo públicos los sueldos de un obispo y una veintena de sacerdotes, si bien no corren a cargo de los Presupuestos Generales del Estado, sino del departamento, (aunque en realidad quedan cubiertos por la *subvención de equilibrio* hecha a cargo del presupuesto estatal), ni son designados por decreto del Presidente de la República, aunque el procedimiento de designación del obispo de Cayenne, es semejante al de los citados territorios metropolitanos, incluyendo las fases de proposición por la Santa Sede, (limitada a tres candidatos), consulta al Gobierno, (que puede hacer valer su oposición), y nombramiento por la Santa Sede, (únicamente tras previo acuerdo con

---

752 DUCOMTE, JEAN MICHEL. *La Loi de 1905. Quand l'État se séparait des Églises.* Milan. Toulouse. 2005. Página 37.

753 BOYER, ALAIN. *Le droit des religions en France.* Presses Universitaires de France. París. 1973. Páginas 208 y 209. LOCHAK, DANIÈLE. *La laïcité française à l'épreuve de l'intégration européenne. Pluralisme et convergences.* L'Harmattan. París. 2002. Página 128. POULAT, ÉMILE y GELBARD, MAURICE. *Scruter la loi de 1905. La République française et la Religion.* Fayard. Millau. 2010. Página 222.

las autoridades estatales. Por razones de oportunidad política, el Gobierno ha rehusado a que estas retribuciones corran a cargo directamente del presupuesto del Ministerio del Interior, como ocurre en relación con los ministros de culto de Alsacia-Mosela. Diversas son las causas del mantenimiento de esta anómala situación desde el punto de vista del principio de laicidad del Estado, entre las que podrían encontrarse la propia pobreza de estos territorios, o el riesgo de influencia extranjera que pudiera verse favorecida por la llegada de misioneros extranjeros, en caso contrario.[754]

De este modo, la Guayana, que desde 1946 es un departamento de ultramar, y desde 1956 una diócesis católica de pleno derecho, se caracteriza por una serie de singularidades, como la de haber sido un territorio en el que desde su incorporación a Francia durante el Antiguo Régimen hasta la II Guerra Mundial, tuvo en el culto católico al único allí practicado, y ser el más antiguo régimen cultual que existe en Francia, pues quedó fijado en 1828, sobre la base de un modelo preexistente, y que ha sobrevivido *deliberadamente* a todos los cambios institucionales, políticos y religiosos habidos en los últimos 2 siglos, constituyendo un modelo doblemente derogatorio de la Ley de separación de 1905, pues no sólo es contrario a la previsión contenida en su artículo 2, en virtud del cual la Republica *no reconoce, ni subvenciona* ningún culto, sino porque además nunca se ha aplicado lo dispuesto en su artículo 43.2, es decir, la extensión de la propia Ley a los territorios coloniales.[755]

2.2.3. Argelia y otros territorios del Norte de África

2.2.3.1. Argelia

A raíz de la conquista de Argelia por Francia, el tratado de capitulación, firmado el 5 de julio de 1830, establece el reconocimiento de la libertad de culto musulmán, que no sería obstaculizado en modo alguno, y se promulga el 25 de abril de 1837 la bula de Gregorio XVI, por la que se procedía a la erección de la diócesis de Argel, quedando el obispo de Argel sujeto al

[754] BARBIER, MAURICE. *La Laïcité.* L'Harmattan. París. 1995. Página 96. BOYER, ALAIN. *Le droit des religions en France.* Presses Universitaires de France. París. 1973. Páginas 209 y 210.

[755] POULAT, ÉMILE y GELBARD, MAURICE. *Scruter la loi de 1905. La République française et la Religion.* Fayard. Millau. 2010. Página 233.

arzobispado de Aix. En puridad Argelia no fue nunca una *colonia*, pues fue declarado *territorio francés* en 1848, siendo dividido en tres departamentos, a los que se añadirá el territorio del Sahara, no siendo nunca asimilada su situación a la de la metrópoli.[756] El 25 de julio de 1866, por bula de Pío IX, se crean las diócesis de Orán y Constantine, quedando estos obispados como sufragáneos del de Argel, convirtiéndose Argelia en la decimoctava provincia eclesiástica de Francia. Con ello Argelia quedada dividida en 3 diócesis concordatarias, correspondiéndose las mismas con los límites de los departamentos existentes, a diferencia de lo que ocurría en algunas diócesis metropolitanas, en que ello no era así. En virtud de una convención de 1893, Francia y la Santa Sede elegirán de común acuerdo al arzobispo de Carthage, una situación que se mantendrá hasta 1964, es decir, incluso después de la independencia de Túnez en 1956.[757]

Una serie de decisiones adoptadas entre 1830 y 1851, ponen al islam argelino bajo el control del Estado, sancionando la sucesión del Estado francés tras el periodo de poder otomano. Así una Orden Ministerial de 30 de abril de 1851, seguida de numerosas circulares del Gobierno colonial argelino, regulan el estatuto del personal y de los lugares de culto musulmanes, con el fin de racionalizar su control y su financiación. El Estado colonial termina por convertirse en el garante del ejercicio del culto musulmán, algo que queda confirmado por una Ley de 23 de diciembre de 1875. En vísperas de la adopción de la Ley de separación, las autoridades coloniales remuneraban a más de 500 clérigos musulmanes. Era una forma de conseguir un poderoso contrapeso, que consolidase la presencia francesa en el territorio, aunque ello supusiera contravenir los objetivos ideológicos coloniales que aconsejaban liberar a los indígenas de la influencia del islam.[758]

---

[756] POULAT, ÉMILE. *Notre laïcité publique. "La France est une République laïque".* Berg. París. 2003. Página 93.

[757] ACHI, RABERH. *Laïcité d'empire. Les débats sur l'application du régime de séparation à l'islam impérial.* En: WEIL, PATRICK. *Politiques de la Laïcité au XXe siècle.* PUF. París. 2007. Páginas 238 y ss. BARBIER, MAURICE. *La Laïcité.* L'Harmattan. París. 1995. Página 97. SAAÏDIA, OISSILA. *«L'autre France» face à la Séparation.* En: CHANTIN, JEAN-PIERRE y MOULINET, DANIEL. (Dir.). *La Séparation de 1905. Les hommes et les lieux.* Les editions de l'atelier. París. 2005. Página 172.

[758] ACHI, RABERH. *Laïcité d'empire. Les débats sur l'application du régime de séparation à l'islam impérial.* En: WEIL, PATRICK. *Politiques de la Laïcité au XXe siècle.* PUF. París. 2007. Página 254.

La Ley de asociaciones de 1901 fue introducida por el Decreto de 22 de septiembre de 1904, aunque había sido juzgada como aplicable inmediatamente por parte del Presidente del Consejo, Combes, y aplicada por lo tanto a las congregaciones religiosas.[759]

La aplicación de Ley de separación en Argelia, no fue objeto de debate con motivo de la tramitación parlamentaria de la misma en la Asamblea Nacional, estableciéndose en el artículo 43 que *los reglamentos de administración pública determinarán las condiciones en que la presente Ley será aplicable en Argelia y a las colonias.* Será en el Senado donde se abra la discusión, al ponerse de manifiesto el deseo de algunos parlamentarios de no aplicar la Ley en dicho territorio, y en general, en los territorios coloniales, ante el temor a que en caso contrario se produjera un menoscabo de la influencia francesa en las colonias. Paul Géronte, senador por Argel, no tenía miedo a ello, y no participaba de dichas objeciones, pues pensaba que las leyes de la República debían ser aplicadas *a ambos lados del Mediterráneo*. El resultado del debate se saldará finalmente con la aplicabilidad de la Ley de separación al territorio argelino, confiando a las autoridades administrativas el establecimiento del reglamento de aplicación de la misma, en forma de Decreto, (bajo el control del Consejo de Estado, pero fuera de la tramitación parlamentaria), cuyo texto final verá la luz con fecha de 27 de septiembre de 1907, al dilatarse su elaboración en el tiempo, pues el primer borrador estaba ya redactado en enero de 1906. Con ello el Gobierno se aseguraba hábilmente un cierto margen de maniobra, necesario para poder aplicar la Ley aprobada por el Parlamento nacional, a los territorios coloniales. La laicización no se podía decretar sin más en las colonias, pues chocaba con la realidad colonial, aún más si cabe en los territorios musulmanes.[760]

Al proceso de elaboración del mismo es invitado el arzobispo de Argel, pero por razones que nos resultan desconocidas, no asistirá el mismo, sino el Vicario General Cornud, que aportará una letra de excusa,

---

[759] POULAT, ÉMILE y GELBARD, MAURICE. *Scruter la loi de 1905. La République française et la Religion.* Fayard. Millau. 2010. Página 224.

[760] ACHI, RABERH. *Laïcité d'empire. Les débats sur l'application du régime de séparation à l'islam impérial.* En: WEIL, PATRICK. *Politiques de la Laïcité au XXe siècle.* PUF. París. 2007. Páginas 240 y 244-245. SAAÏDIA, OISSILA. *«L'autre France» face à la Séparation.* En: CHANTIN, JEAN-PIERRE y MOULINET, DANIEL. (Dir.). *La Séparation de 1905. Les hommes et les lieux.* Les editions de l'atelier. París. 2005. Página 173.

y una nota adjunta pidiendo algunas modificaciones al primer borrador del texto, lo cual prueba que hay un ambiente de *entente* diverso al de la Francia continental. Estas normas reglamentarias dictadas al amparo de la habilitación contenida en el artículo 43 la Ley de separación de 1905, y en particular la que hace referencia a Argelia, no hacen otra cosa que vaciar de contenido el denominado principio de separación, respecto a los citados territorios coloniales, algo que se explica en el particular interés de las autoridades metropolitanas en tener bien controlada la situación del culto musulmán. No se podía pasar por alto que sobre una población de unos 6.000.000 de habitantes, los franceses eran apenas 600.000, y era preciso asegurar la supremacía francesa frente al resto de población musulmana y extranjera.[761]

En vísperas de la separación, el presupuesto de cultos se elevaba a 790.000 francos para el catolicismo, (600.000 fieles), el protestantismo, (12.000 fieles), y el judaísmo, (64.000 fieles), y 450.000 francos para el islam, (pese a ser este la religión de la inmensa mayoría de la población indígena, unos 5.000.000 de personas), una desproporción que se explica por el hecho que el culto musulmán sólo era retribuido por el Estado en unas 166 mezquitas, atendidas por personal nombrado por la administración pública.[762]

Dos son las principales novedades que aporta el decreto argelino, la primera es que contempla una serie de *indemnizaciones por el ejercicio de la función* a favor de los ministros de culto católico, aunque con carácter limitado, pues sólo se prevén respecto al clero de las localidades rurales más pobres, o donde sea preciso realizar costosos desplazamientos para poder prestar la asistencia religiosa. No afecta por lo tanto a las grandes ciudades. Además el montante máximo queda fijado de forma uniforme en la módica cifra de 1.800 francos anuales, no acumulables con otras percepciones estatales, como eventuales cobros de derechos de pensión,

---

[761] ACHI, RABERH. *Laïcité d'empire. Les débats sur l'application du régime de séparation à l'islam impérial.* En: WEIL, PATRICK. *Politiques de la Laïcité au XXe siècle.* PUF. París. 2007. Página 257. DUCOMTE, JEAN MICHEL. *La Loi de 1905. Quand l'État se séparait des Églises.* Milan. Toulouse. 2005. Página 37. SAAÏDIA, OISSILA. *«L'autre France» face à la Séparation.* En: CHANTIN, JEAN-PIERRE y MOULINET, DANIEL. (Dir.). *La Séparation de 1905. Les hommes et les lieux.* Les editions de l'atelier. París. 2005. Páginas 173 y 174.

[762] POULAT, ÉMILE. *Notre laïcité publique. "La France est une République laïque".* Berg. París. 2003. Páginas 100 y 101.

aunque sí computarían de cara al devengo de una pensión futura. La determinación de los miembros del clero que tendrían derecho al cobro de dichas compensaciones correría a cargo del Gobernador General, que para ello tendría en cuenta razones de *interés nacional* y de *orden público*, unos *elegantes* conceptos detrás de los cuales se escondía el especial celo de la administración por controlar el reclutamiento de los ministros de culto, de modo que los perceptores de dichos fondos fueran nacionales, y el temor a que sacerdotes extranjeros pastorearan a una feligresía privada de un clero nacional suficiente, algo que no estaba del todo desencaminado si lo evaluamos en *sibilinos* términos de *oportunidad política,* pues los italianos no habían admitido el protectorado francés sobre Túnez, o porque los españoles consideraban que Marruecos y Orán estaban destinados a ser zona bajo su *influencia.* La segunda particularidad es que el presupuesto colonial correría con los costes de aquellos edificios en estado defectuoso que no fueran susceptibles de ser reparados por las asociaciones cultuales, por el alto coste de las obras a acometer.[763] Aunque la posibilidad de financiación del clero se preveía inicialmente para un periodo de tan sólo 10 años, de hecho las mismas fueron abonadas, (incluso a favor de los ministros de culto islámicos), hasta la independencia de Argelia en 1962, (tras las sucesivas prórrogas expresas de 1917, 1922 y 1932, siendo finalmente suprimido todo límite temporal por el régimen de Vichy, que reconoce indefinidamente las *indemnizaciones por el ejercicio de la función* mediante un Decreto de 19 de mayo de 1941, que se aplica hasta 1962), pese a que era una solución en abierta contraposición con el artículo 2 de la Ley de separación de 1905, que prohibía cualquier tipo de financiación pública a favor de las confesiones religiosas.[764]

La puesta en marcha de los inventarios en territorio argelino, sin embargo, no se querrá dejar demorar en el tiempo por las autoridades centrales, pues una carta del Ministerio de Instrucción Pública y de Cultos es enviada al prefecto de Orán, el 18 de diciembre de 1905, poco más de

---

763 SAAÏDIA, OISSILA. *«L'autre France» face à la Séparation.* En: CHANTIN, JEAN-PIERRE y MOULINET, DANIEL. (Dir.). *La Séparation de 1905. Les hommes et les lieux.* Les editions de l'atelier. París. 2005. Página 174.

764 ACHI, RABERH. *Laïcité d'empire. Les débats sur l'application du régime de séparation à l'islam impérial.* En: WEIL, PATRICK. *Politiques de la Laïcité au XXe siècle.* PUF. París. 2007. Páginas 258 y 259. BARBIER, MAURICE. *La Laïcité.* L'Harmattan. París. 1995. Página 97.

una semana después de la aprobación de la Ley, con el fin de proceder al inventario de los archivos eclesiásticos, estipulándose que el mismo se haga con la mayor diligencia posible. Enterado el Gobernador, éste enviará una misiva el 17 de febrero de 1906, al citado prefecto, en que le pide que paralice las actividades de inventario que le han sido solicitadas por el Ministerio, y que no adopte medidas de aplicación de la Ley de separación sin informar previamente de ella. Detrás de este intercambio epistolar, late un conflicto de competencias, pues era sólo el Gobernador General quien podía impartir instrucciones directas a los prefectos de los tres departamentos argelinos. Habrá que esperar a 1908 para que el Gobernador imparta las oportunas directrices, dando lugar el comienzo de los inventarios en junio de 1908, y finalizando los mismos a principios de 1909. El desarrollo de los mismos tiene lugar de forma pacífica, a ello contribuye la propia especificidad argelina, que aconseja al clero actuar con especial *patriotismo*, debido a la presencia masiva de indígenas y a la heterogeneidad de la población europea residente en el territorio.[765]

Es precisamente en pleno proceso de elaboración de la Ley, cuando hace pública su dimisión monseñor Oury, arzobispo de Argel, que es anunciada en la *Semaine Religieuse d´Oran* el 11 de noviembre de 1905, poco antes de la votación definitiva de la Ley, alegando oficialmente motivos de salud. No se hará efectiva hasta el 15 de febrero de 1908, fecha en la que es designado monseñor Combes, arzobispo de Carthage. Monseñor Oury era un obispo concordatario que no podía resignarse a la separación. A ello había que sumar el problema de conciencia que suponían las denominadas *indemnizaciones por el ejercicio de la función,* como queda reflejado en una carta suya de 15 de noviembre de 1907. Aceptarlas suponía un acto de sumisión al poder temporal y de admisión del nuevo estado de cosas, pero rechazarlas conllevaba añadir una dificultad adicional a la práctica del apostolado en territorios de misión. Tras la I Guerra Mundial, el Estado mantendrá dichas *indemnizaciones,* pues no en vano la actividad desplegada por los religiosos franceses en Argelia contribuía notablemente a la consolidación de la presencia y de los intereses coloniales en dicho territorio, y no dudará en subvencionar la construcción de nuevos edificios de culto, en una muy laica Francia, en

765 SAAÏDIA, OISSILA. *«L´autre France» face à la Séparation.* En: CHANTIN, JEAN-PIERRE y MOULINET, DANIEL. (Dir.). *La Séparation de 1905. Les hommes et les lieux.* Les editions de l´atelier. París. 2005. Página 175.

que el artículo 2 de la Ley de separación continuaba en vigor, y en la que por lo tanto la República no reconocía, ni asalariaba, ni subvencionaba, ningún culto. Las diócesis argelinas no podían sin más ser asimiladas al resto de las diócesis coloniales, debido a la proximidad con la metrópoli, el particular estatuto argelino, y la presencia masiva de europeos, que contribuyen a forjar un escenario particular, forzado por las necesidades del caso concreto, y el pragmatismo necesario para afrontar el problema. Ello obliga a que ambas partes, Iglesia y Estado, mantengan paradójicamente un *espíritu concordatario, sin Concordato*, dándose un trato de favor a la Iglesia, en relación con lo que ocurría en otros territorios coloniales, en la medida que para la metrópoli Argelia era verdaderamente la *autre France.*[766]

2.2.3.2. Otros territorios del Norte de África: Marruecos y Túnez

Al tiempo de promulgarse la Ley de separación, Marruecos no era todavía un protectorado francés, permaneciendo a efectos canónicos bajo la jurisdicción del obispo español de Cádiz, hasta el acuerdo de 1923 entre Francia y la Santa Sede, que erige el territorio en un vicariato apostólico, que es confiado el 2 de julio de 1923 a un franciscano francés, a pesar de no estar autorizada la orden franciscana en Francia.[767]

Túnez sin embargo había quedado bajo protectorado francés a raíz del Tratado del Bardo, firmado el 12 de mayo de 1881, en el palacio de Ksar Sa´id, cercano al palacio del Bardo, entre las autoridades tunecinas, representadas por el bey Muhammad III al-Sadiq, y el representante del Gobierno francés, el general Bréart. Con el mismo se ponía fin al conflicto bélico iniciado con el pretexto de la invasión de Argelia por la tribu Kroumer, que es aprovechada por Jules Ferry, Ministro de Asuntos Exteriores, para enviar una tropa expedicionaria francesa. Tradicionalmente había venido existiendo una prefectura apostólica, confiada a clérigos italianos, pero el cardenal Lavigerie, consiguió que León XIII restableciera en 1884 la antigua sede de Cártago, a la que se le unió, a título estrictamente

---

[766] SAAÏDIA, OISSILA. *«L´autre France» face à la Séparation.* En: CHANTIN, JEAN-PIERRE y MOULINET, DANIEL. (Dir.). *La Séparation de 1905. Les hommes et les lieux.* Les editions de l´atelier. París. 2005. Páginas 176, 179 y 180.

[767] POULAT, ÉMILE y GELBARD, MAURICE. *Scruter la loi de 1905. La République française et la Religion.* Fayard. Millau. 2010. Página 225.

honorífico, el primado de África, que Lavigerie acumula con su sede de Argel. Fallecido Lavigerie en 1892, una *convención*, (*intercambio de cartas*, desde el punto de vista francés, un *Concordato*, desde la perspectiva de la otra parte), de 7 de noviembre de 1893, prevé que la elección del arzobispo sería hecha mediante un acuerdo previo entre ambas potencias, una solución cuando menos *chocante*, por su *apariencia* concordataria o cuasi concordataria, pero que encuentra su justificación en el temor francés a que la Santa Sede pudiera designar a un prelado italiano. Este sistema será aplicado hasta la independencia de Túnez.[768]

2.2.4. Africa Ecuatorial Francesa

En el África negra se puede afirmar que la República *delegará* su *misión civilizadora* en las misiones, no aplicándose plenamente la Ley de separación.[769] Qué duda cabe que la administración de un importante imperio colonial como el francés, obligaba a no pequeñas dosis de pragmatismo, pues como decía Gambetta, *el anticlericalismo no es artículo de exportación*, o como señalara Émile Poulat,[770] *el código civil, el Concordato ... y la separación tenían fronteras: la Francia Metropolitana ...* para ultramar regía un *depende*. Por eso aunque en el artículo 43.2 de la Ley de separación se preveía la promulgación de sucesivos reglamentos de administración pública[771] que determinaran las condiciones en las que sería aplicada esta Ley en Argelia y las colonias, sin embargo en el caso de la colonias del África Ecuatorial Francesa, el África negra, nunca se dictó dicho reglamento, por lo que las únicas leyes utilizables, (no sin numerosos posibles subterfugios y fuentes de problemas), serían las leyes de 1901 y 1904 sobre las congregaciones que permitían laicizar los

[768] POULAT, ÉMILE y GELBARD, MAURICE. *Scruter la loi de 1905. La République française et la Religion.* Fayard. Millau. 2010. Página 225.

[769] BAUBÉROT, JEAN. *Histoire de la laïcité en France.* Presses Universitaires de France. París. 2000. Páginas 85 y 86.

[770] POULAT, ÉMILE. *Liberté, laïcité. La guerre des deux France et la modernité.* Le Cerf-Cujas. 1987. Página 125.

[771] Unos reglamentos cuya promulgación se dilata en el tiempo, llevando fecha de 27 de septiembre de 1907, (Argelia), 6 de febrero de 1911, (Antillas y Reunión), y 11 de marzo de 1913, (Madagascar, sin Mayotte y las Comores).

hospitales y proclamar la ilegalidad de los establecimientos misioneros no autorizados.[772]

La realidad del Congo francés,[773] o si se prefiere, del África Ecuatorial Francesa,[774] era la de unos territorios en los que el aparato administrativo que sostenía la presencia de Francia como potencia colonizadora era señaladamente débil. COULON pone como ejemplo la situación de la enseñanza primaria en la colonia del Moyen-Congo, durante el curso 1906-1907, en que había un total de 2 escuelas públicas en Brazzaville, con 7 profesores y 191 alumnos, y 33 escuelas privadas, de las que 24 eran de niños, 5 de niñas y 4 mixtas, con 821 alumnos, 266 alumnas, 34 maestros y 8 maestras, establecidas en las localidades de una decena de localidades: Liranga, Balloys, Irebu, Bonga, Brazzaville, Ste. Radegonde, St François, Lékéti, Bouenza y Linzolo. Eso era todo. La situación que acabamos de describir da una idea muy exacta de cuál era el grado de penetración que tenía la presencia francesa, y de la importancia que dentro de la misma desempeñaba la acción de la Iglesia católica en términos relativos. Una figura estará llamada a desempeñar un papel especialmente importante, monseñor Prosper Augouard, obispo del Congo francés, que con motivo de la reorganización de estos territorios coloniales llevada a cabo en enero de 1910 con la creación del África Ecuatorial Francesa, reivindicará que la presencia de misioneros católicos era anterior a la del propio Estado francés, en estos territorios, invocando los derechos adquiridos en virtud del Tratado de Berlín, de 26 de febrero de 1885, que garantizaba el derecho a la presencia de misioneros, en los territorios coloniales.[775]

Es especialmente interesante el intercambio epistolar que mantienen a principios de 1912 el Ministro de Colonias, Albert Lebrún, que contesta en una carta de 4 de abril de 1912, a la que previamente le había dirigido

[772] COULON, PAUL. *La Séparation en Afrique Équatoriale Française (1905-1921).* En: CHANTIN, JEAN-PIERRE y MOULINET, DANIEL. (Dir.). *La Séparation de 1905. Les hommes et les lieux.* Les editions de l´atelier. París. 2005. Páginas 185 y 186.

[773] Reorganizado por el Decreto de 1 de febrero de 1906.

[774] Terminología empleada por el Decreto de 15 de enero de 1910.

[775] BAUBÉROT, JEAN. *Histoire de la laïcité en France.* Presses Universitaires de France. París. 2000. Página 85. COULON, PAUL. *La Séparation en Afrique Équatoriale Française (1905-1921).* En: CHANTIN, JEAN-PIERRE y MOULINET, DANIEL. (Dir.). *La Séparation de 1905. Les hommes et les lieux.* Les editions de l´atelier. París. 2005. Páginas 188 y 189.

el 16 de enero de ese mismo año, el Ministro de Asuntos Exteriores, Raymond Poincaré, que desde el día 14 de enero era a su vez Presidente del Gobierno, donde en relación con la presencia de misiones religiosas en Francia, se señala que las Leyes francesas de 1 de julio de 1901 y 7 de julio de 1904 relativas a la supresión de la enseñanza por parte de las congregaciones religiosas, no podían ser aplicadas a las regiones africanas bajo el ámbito de aplicación del Acta general de Berlín de 26 de febrero de 1885 y Bruselas, de 2 de julio de 1890, y que el Gobierno podría protestar contra la expulsión de misioneros franceses de los territorios coloniales portugueses en África, en aplicación del artículo 2.3 del Acta de Bruselas. Es especialmente curioso la posición de los responsables del Ministerio de Colonias, que distinguen entre aquellos territorios directamente sujetos al Tratado de Berlín de 1885 y Bruselas de 1890, el Congo, respecto a los cuales hay que respetar los compromisos internacionales suscritos por Francia, y los *demás territorios*, para los que resulta *sin interés* dictar norma alguna. A Raymond Poincaré no se le escapaba que los compromisos internacionales suscritos por Francia le impedían trasponer a estos territorios su derecho interno, y que las leyes de 1901 y 1904 preveían una serie de disposiciones respecto a las congregaciones religiosas, que en caso de aplicarse a los misioneros extranjeros, crearían un conflicto diplomático. Sobre el tablero de juego estaba el importante papel que los misioneros desempeñaban en la consolidación de la presencia colonial en estos territorios, que no dejaba de tener unas marcadamente irónicas consecuencias, pues la República laica se veía obligada a defender la presencia de sus misioneros católicos en los territorios de otras potencias coloniales, (como Portugal), y a la vez se veía obligada a no poder practicar en los propios territorios coloniales franceses, lo que estaba dispuesta a eventualmente reprochar a las demás potencias coloniales. Un *bonito enredo*, que tenía una *curiosa* conclusión, que no podía ser otra que *era urgente no hacer nada,* en cuanto a la aplicación de las leyes de 1901 y 1904 en los territorios coloniales franceses, en unos casos porque lo impedía el derecho internacional, y en otros porque ello supondría *tirar piedras sobre el propio tejado.* El escenario no dejaba de ser *cómico*, pues todos los actores implicados participaban de un *doble juego* en los territorios coloniales, como describe COULON, con la aguda ironía cuya comprensión sólo está al alcance de personas inteligentes, pues por un lado nos encontramos con las autoridades eclesiásticas, encabezadas por monseñor Augouard, un monárquico convencido, soldado del Pontífice, convertido en flamante obispo colonial, que para nada podía identificarse con esa República laica, pero que desarrollaba su labor, como buen patriota, con un crucifijo en una mano, y una bandera tricolor en la otra, a la hora de defenderse frente a la actuación de ingleses, alemanes y portugueses, y por otro lado, qué decir de las autoridades coloniales republicanas, de esos hombres políticos a los que se les llenaba la boca clamando en público que *el clericalismo, ahí está el enemigo,* pero que a la par reconocían a los misioneros como los mejores propagadores de la *grandeza* de Francia, y que no dudaban en poner todas las medallas que fueran necesarias, (*y alguna más*), en la sotana de hombres como monseñor Augouard.[776]

La I Guerra Mundial, *purificó la atmósfera* de tensión en las relaciones entre la Iglesia y el Estado, a ello contribuyó sin duda la *Union sacrée,* la contribución de *toda* la nación al esfuerzo bélico, y dentro de ese *todo*, también quedaron incluidos los católicos franceses. Ello trajo consecuencias positivas de cara a definir el marco jurídico a aplicar a la Iglesia católica en los territorios coloniales. A eso hay que unir las propias disposiciones del Tratado de Saint-Germain-en-Laye, de 10 de septiembre de 1919, entre Francia, Estados Unidos, Bélgica, el Imperio Británico, Italia, Japón y Portugal, que procede a la revisión de las Actas Generales de Berlín de 26 de febrero de 1885, y Bruselas, de 2 de julio de 1890, y que extiende a los territorios africanos la protección *de las instituciones religiosas* y de *la libertad de conciencia y de libre ejercicio de todos los cultos,* en su artículo 11. Al final de todo este devenir de acontecimientos, la Ley de separación quedará *jurídicamente inexportada* a las colonias del África negra.[777]

2.2.5. Madagascar

La situación de la Iglesia católica en Madagascar como territorio colonial, había venido revistiendo características particulares, pues no

---

[776] COULON, PAUL. *La Séparation en Afrique Équatoriale Française (1905-1921).* En: CHANTIN, JEAN-PIERRE y MOULINET, DANIEL. (Dir.). *La Séparation de 1905. Les hommes et les lieux.* Les editions de l´atelier. París. 2005. Páginas 192 y 193.

[777] COULON, PAUL. *La Séparation en Afrique Équatoriale Française (1905-1921).* En: CHANTIN, JEAN-PIERRE y MOULINET, DANIEL. (Dir.). *La Séparation de 1905. Les hommes et les lieux.* Les editions de l´atelier. París. 2005. Páginas 193 y 197.

había conocido nunca un régimen jurídico concordatario, careciendo de obispos residenciales, y de una estructura propiamente organizada en diócesis y parroquias, y donde la presencia católica había venido siendo liderada tradicionalmente por las congregaciones misioneras, en pugna con las sociedades misioneras protestantes.[778]

Madagascar reúne el perfil de la típica colonia *de explotación,* en que la denominada población *europea* no superó el 1% de sus habitantes, durante todo el período colonizador. En 1909 sobre un total de 2.965.508 *indígenas* y *mestizos,* había tan sólo 15.118 *europeos.*[779]

La determinación de las condiciones en que la Ley de separación va a ser aplicada a Madagascar, conforme a lo que establecía el artículo 43.2 de la misma va a venir fijada por el Decreto de 11 de marzo de 1913, en cuyo artículo 35 se precisaba que *ulteriormente* sería estatuido sobre el régimen de Mayotte y las Comores, (cosa que nunca sucederá), reiterándose en su artículo 2, lo especificado en la propia Ley de separación, sobre que la República no reconocía, retribuía, ni subvencionaba, culto alguno, y como consecuencia de todo ello, no se inscribiría ninguna partida de gasto en los presupuestos de Madagascar y sus dependencias, ni en los de los municipios de la colonia. Únicamente se preveía la posibilidad de incluir financiación destinada a cubrir los gastos de funcionamiento de los servicios de capellanía organizados con el fin de garantizar el libre ejercicio del culto en los establecimientos públicos, como los liceos, colegios, escuelas, hospicios asilos y prisiones. Se trataba cuando menos de una previsión legal no exenta de una *sui generis* naturaleza, pues el punto de partida previo era ya el de un modelo de separación entre la Iglesia y el Estado, que había caracterizado a la monarquía malgache, tras la llegada de los primeros misioneros protestantes británicos en 1820, de modo que cuando se produce la anexión francesa de Madagascar el 6 de agosto de 1896, regía un modelo de separación de hecho, por lo que el Decreto de 11 de marzo de 1913, no modificaba el estado de cosas previo, limitándose a establecer pomposamente una mera *separación de derecho,* que poco nuevo añadía. Por otra parte no se puede pasar por

[778] POULAT, ÉMILE y GELBARD, MAURICE. *Scruter la loi de 1905. La République française et la Religion.* Fayard. Millau. 2010. Página 224.

[779] DUTEIL, SIMON. *Laïcisation dans les colonies françaises. Le cas de Madagascar. (1904-1913).* En: WEIL, PATRICK. *Politiques de la Laïcité au XXe siècle.* PUF. París. 2007. Página 266.

alto que a lo largo del siglo XIX, Madagascar se había visto sujeta a una doble influencia, inglesa, (especialmente por medio de sus misioneros protestantes), y francesa, (que es la que tardíamente se consolida a finales del siglo XIX). Por ello el conflicto separatista va a revestir aquí algunas peculiaridades autóctonas, porque los protagonistas no son los mismos, pues la presencia protestante es mayoritaria, de modo que la separación está dirigida primordialmente a ellos, pues para *afrancesar* el territorio convenía *tener a raya* a los protestantes extranjeros, si se nos permite utilizar una expresión que no por *desenfadada* es *menos ajustada* a una correcta descripción del conflicto de intereses en juego.[780]

Tras la anexión francesa, en 1896, las autoridades podrían haber extendido el marco concordatario, como ocurrió en Tahití, pero no lo hicieron. Un Decreto de 8 de junio de 1901, someterá la apertura de los lugares de culto a autorización administrativa, declarando a los edificios de culto como bienes domaniales, y permite la atribución de terrenos a título oneroso, con el fin de poder proceder a la construcción de nuevos edificios. Uno de los grandes focos de controversia será la cuestión escolar, pues la política de las autoridades coloniales en esta materia suscitará un primer conflicto a raíz de la Decisión de 10 de octubre de 1896, que obligaba a la escolarización en francés en todo el territorio malgache. Esto causa un grave conflicto en las escuelas protestantes, de gran presencia en la isla, en que la enseñanza tenía lugar en malgache e inglés. El nuevo escenario provoca un doble efecto llamada, de protestantes franceses de la *Société des Missions Évangeliques de París,* (que llegan en reducido número, respondiendo a sus correligionarios británicos), y de misioneros regulares católicos franceses, que se desplazan en mayor cantidad, y a los que el Gobernador General, Joseph Simon Gallieni (que seguirá una política de *mano dura*, denominada como de *pacificación,* y que sirve para asegurar el control íntegro de la isla), les encomienda la organización del sistema educativo, algo que no deja de resultar paradójico, por tratarse de un republicano laico. Los principales problemas se presentarán con los misioneros protestantes, que finalmente se resolverán estableciendo un modelo de escuela libre subvencionada, por Resolución de 16 de abril de 1899, un particular modelo de escuela concertada que sólo se puede

---

[780] ZORN, JEAN-FRANÇOIS. *La Séparation des Églises et de l'État à Madagascar.* En: CHANTIN, JEAN-PIERRE y MOULINET, DANIEL. (Dir.). *La Séparation de 1905. Les hommes et les lieux.* Les editions de l'atelier. París. 2005. Páginas 201 y 202.

comprender desde una perspectiva *tropicalizada* de la laicidad francesa. La Ley de asociaciones de 1901, no se aplicará a Madagascar, que en esto sigue un camino inverso al de la metrópoli, convirtiéndose en un territorio de refugio de las congregaciones religiosas. A partir de 1903, el Gobierno colonial tratará de dar un impulso laico a la escuela en Madagascar, en colaboración con la *Alliance française* y la *Mission laïque française* (MLF), decidiendo por Resolución de 25 de enero de 1904, suprimir las fuertes subvenciones a la enseñanza privada, abriéndose un periodo de laicización de la enseñanza, que dará lugar a una fuerte controversia, que afectará a la etapa de desempeño de sus funciones por los Gobernadores Generales Gallieni, Victor Augagneur y Albert Picquié.[781]

El Gobernador General Victor Augagneur, francmasón, llegado a Madagascar el 23 de diciembre de 1905, poco después de la promulgación de la Ley de separación, pronto adoptará una serie de medidas tendentes a reducir la libertad de asociación, de reunión y de ejercicio privado o público del culto. Era un partidario convencido de la separación *integral*. En octubre de 1906 procede a la disolución de la *Union Chrétienne de Jeunes Gens*, que había sido fundada en 1898, y tolerada por su predecesor Gallieni, presidida por un malgache, y que acababa de adquirir un local en pleno centro de Antananarivo. A ello se une la adopción de una restrictiva política en materia de concesión de autorizaciones para reuniones públicas, (prohibiéndose con frecuencia la celebración de reuniones religiosas fuera de los templos), o para construir y reconstruir edificios de culto.[782]

Detrás de la política de Augagneur se esconde un cierto recelo hacia el protestantismo a causa de su *carácter propio*, una actitud que encuentra eco en un sector de la prensa metropolitana entre junio y septiembre de 1907, del que puede ser un buen botón de muestra el artículo publicado el 22 de julio de 1907 en *Le Matin*, titulado: *Le protestantisme voilà*

---

[781] DUTEIL, SIMON. *Laïcisation dans les colonies françaises. Le cas de Madagascar. (1904-1913).* En: WEIL, PATRICK. *Politiques de la Laïcité au XXe siècle.* PUF. París. 2007. Páginas 265 a 267. ZORN, JEAN-FRANÇOIS. *La Séparation des Églises et de l'État à Madagascar.* En: CHANTIN, JEAN-PIERRE y MOULINET, DANIEL. (Dir.). *La Séparation de 1905. Les hommes et les lieux.* Les editions de l'atelier. París. 2005. Páginas 204 a 207.

[782] ZORN, JEAN-FRANÇOIS. *La Séparation des Églises et de l'État à Madagascar.* En: CHANTIN, JEAN-PIERRE y MOULINET, DANIEL. (Dir.). *La Séparation de 1905. Les hommes et les lieux.* Les editions de l'atelier. París. 2005. Página 207.

le danger!, y que ve en el protestantismo un peligro para la expansión colonial francesa. Augagneur llega a prohibir la realización de colectas fuera de los templos, y el canto a los asistentes a ceremonias fúnebres, que sólo sería permitido al oficiante europeo, cuyo discurso debería haber sido previamente comunicado a la administración.[783]

Augagneur dejará definitivamente Madagascar el 13 de diciembre de 1909, siendo reemplazado por Albert Picquié, que toma posesión de su puesto en octubre de 1910. Éste se mostrará pronto partidario de una estricta regulación de la instrucción religiosa, incluso respecto a la ofrecida fuera de las horas de clase, con el fin de evitar que *las misiones francesas y extranjeras*, (no se apoyaran), *sobre esta tolerancia para extender más su influencia.* Cuando se publica el Decreto de 11 de marzo de 1913, que trata de desarrollar la aplicación de la Ley de separación de 1905 en Madagascar, la situación en este territorio colonial era sustancialmente diferente a la que existía en la metrópoli, pues allí regía de hecho una situación de separación, al no contemplar el legislador ningún tipo de presupuesto, ni haber ningún tipo de servicio o establecimiento de culto, que hubiera que eventualmente *suprimir*, ni *sucesión* que tener que organizar. El artículo 17 del decreto trataba de aplacar las quejas de las *Sociétés de misión* en cuanto a las reuniones en edificios privados, permitiendo la celebración de las mismas si un número mínimo de 10 fieles lo requiriese y no hubiera ningún edificio de culto disponible en un radio de 5 kilómetros, debiendo presentarse previamente una solicitud de autorización administrativa en la que se hiciera constar la naturaleza del culto a celebrar, y el local en que tendrían lugar las reuniones. El artículo 21 suprimía la necesidad de autorización administrativa para la realización de ceremonias religiosas familiares con ocasión de nacimientos, matrimonios y defunciones. Además el artículo 14 simplificaba el régimen de autorizaciones, de manera que una asamblea de fieles pudieran reunirse periódicamente, bastando con una autorización inicial, sin necesidad de reiterar las mismas, cada vez que volviera a reunirse, pero dejaba abierta la posibilidad de prohibir la apertura de centros de culto, vigilar su ejercicio y reprimir los problemas que eventualmente se suscitaran, (artículos 4, 5 y 6). El decreto no creaba *asociaciones cultuales* en sentido estricto,

---

[783] ZORN, JEAN-FRANÇOIS. *La Séparation des Églises et de l'État à Madagascar.* En: CHANTIN, JEAN-PIERRE y MOULINET, DANIEL. (Dir.). *La Séparation de 1905. Les hommes et les lieux.* Les editions de l'atelier. París. 2005. Páginas 209 y 211.

y ello por dos motivos, el primero por deferencia hacia la Iglesia católica, que las había rechazado sistemáticamente en los territorios metropolitanos, y el segundo porque no se adecuaba a la estructura episcopaliana de la Iglesia anglicana, por el contrario crea las denominadas *colectividades de fieles,* a las que no dotaba de un contenido jurídico preciso, aunque el obispo católico de Antananarivo recelaba sobre que las mismas no fueran sino unas asociaciones cultuales encubiertas, pese a no haberse querido adoptar dicha denominación, criticando que las mismas no estuvieran funcionalmente sometidas a la estructura jerárquica de la Iglesia católica. Una Ordenanza de 1 de octubre de 1962 procederá a introducir cambios sustantivos en dicha normativa, al suprimir la necesidad de autorización previa para poder realizar celebraciones de culto, creando *asociaciones cultuales*, dando un cuerpo jurídico más definido a las *colectividades de fieles* creadas en 1913.[784]

2.2.6. Los Decretos Mandel y su aplicación en los territorios coloniales

Los denominados *Decretos Mandel*, de 16 de enero y 6 de diciembre de 1939, proceden a una cierta *armonización* legislativa en materia de libertad religiosa en los territorios coloniales franceses, pero lejos del tenor del espíritu de derecho *común* propio de la Ley de 1905.[785] Los Decretos Mandel dotan de un estatuto a las misiones católicas y protestantes en estos territorios, que se inspira en el modelo colonial aplicado a Togo y Camerún. Crean los denominados *consejos de administración* con el fin de representar a las misiones religiosas en los actos de la vida civil, y asegurar la gestión de sus bienes.[786]

---

[784] DUTEIL, SIMON. *Laïcisation dans les colonies françaises. Le cas de Madagascar. (1904-1913).* En: WEIL, PATRICK. *Politiques de la Laïcité au XXe siècle.* PUF. París. 2007. Páginas 281 y ss. ZORN, JEAN-FRANÇOIS. *La Séparation des Églises et de l´État à Madagascar.* En: CHANTIN, JEAN-PIERRE y MOULINET, DANIEL. (Dir.). *La Séparation de 1905. Les hommes et les lieux.* Les editions de l´atelier. París. 2005. Páginas 212 y 213.

[785] DUCOMTE, JEAN MICHEL. *La Loi de 1905. Quand l´État se séparait des Églises.* Milan. Toulouse. 2005. Página 37.

[786] BARBIER, MAURICE. *La Laïcité.* L´Harmattan. París. 1995. Página 96. POULAT, ÉMILE. *De «L´esprit laïque» à notre «laïcité publique».* En: CHANTIN, JEAN-PIERRE y

POULAT se hace eco de las reflexiones escritas por Bertrand Fravreau,[787] quien fuera biógrafo de Georges Mandel, Ministro francés de Colonias desde el 10 de abril de 1938 al 18 de mayo de 1940, según el cual estos decretos fueron obra de su gabinete de colaboradores, y que el propio Mandel no los prestó interés ni atención. En su día fueron apreciados como una obra de aperturismo político y liberalismo republicano, y POULAT los califica como *bien intencionados*, (pues tal y como se hace eco la exposición de motivos, se trata de remediar la *situación jurídica indeterminada* en la que se encontraban los establecimientos misioneros católicos y las correlativas sociedades protestantes, y la necesidad de subsanar esta *laguna legal*), pero *poco pensados*, pues en lugar de invocar el contenido del artículo 43.2 de la Ley de separación de 1905, que prescribía la aplicación de la misma a las colonias, e inspirarse en el Decreto de 11 de marzo de 1913 relativo a Madagascar, (que es ignorado), se hace referencia al Decreto de 28 de febrero de 1926, que había regulado la situación en las excolonias alemanas de Togo y Camerún, puestas bajo mandato francés por el Tratado de Versalles.[788]

Sin embargo el Decreto de 16 de enero de 1939 no tomaba en consideración que el régimen jurídico de las misiones cristianas no era el mismo en derecho alemán, (en el que gozaban de personalidad civil), que en derecho francés, (donde no era así). Por otra parte, mientras que la Ley de separación hablaba de *asociaciones cultuales*, la herencia alemana sugería otra vía diferente, de forma que de modo semejante a la organización de las colonias alemanas se estructuraba en torno a un jefe del territorio asesorado por un consejo de administración consultivo, se constituiría un consejo de administración junto al jefe de misión, compuesto por los miembros por él elegidos con la aprobación del jefe del territorio. Dicho consejo era el único que gozaba de personalidad civil y tenía amplios poderes de gestión. Se preveían dos únicos límites: sólo las

---

MOULINET, DANIEL. (Dir.). *La Séparation de 1905. Les hommes et les lieux*. Les editions de l´atelier. París. 2005. Página 244.

[787] FAVREAU, BERTRAND. *Georges Mandel ou la passion de la République*. París. Fayard. 1996.

[788] POULAT, ÉMILE y GELBARD, MAURICE. *Scruter la loi de 1905. La République française et la Religion*. Fayard. Millau. 2010. Páginas 229 y 230.

misiones *cristianas* accederían a dicho estatuto, y entre ellas, solo las misiones *admitidas* por el jefe del territorio podrían disfrutar del mismo.[789]

Llama la atención que el Decreto Mandel no haga referencia a ningún principio, sino únicamente a la necesidad de poner fin a una situación jurídicamente insatisfactoria. Cita el Decreto de 1911 aplicado a las Antillas, pero omite hacer referencia alguna a los de 1907, sobre Argelia y 1913, referido a Madagascar, así como a la Ordenanza de 1828 sobre Guayana. Contiene imprecisiones terminológicas, y supone una vuelta al modelo del Antiguo Régimen y al sistema concordatario, al reservar al poder civil el nombramiento de los jefes de misión no católicos, algo a lo que había renunciado la Ley de separación de 1905, lo cual podría muy bien ser visto como nada más y nada menos que una implícita derogación de la citada Ley.[790]

2.2.7. La situación a día de hoy

A día de hoy, Martinica, Guadalupe y Reunión, están sujetas a la Ley de 1905. En Guayana el catolicismo es el único culto reconocido. En Saint-Pierre-et-Miquelon, Nueva Caledonia, y Polinesia, subsiste un modelo inspirado en los Decretos Mandel de 16 de enero y 6 de diciembre de 1939. En Saint-Pierre-et-Miquelon, el Consejo General subvenciona el culto católico, y las corporaciones locales aseguran el mantenimiento y la calefacción en las iglesias. Y en Mayotte, (que cuenta con una población de unas 70.000 personas, y que a diferencia de las Comores que accedieron a la independencia en 1975, continúan bajo soberanía francesa, a raíz del referéndum de 8 de febrero de 1976), la mayoritaria religión musulmana constituye la base del estatuto de las personas, siendo designado el muftí por parte del prefecto, disponiendo el derecho islámico, como derecho local, de un estatuto cuasi oficial, es decir, se define un régimen legal muy semejante, cuando no paralelo, al de un modelo concordatario.[791]

---

[789] POULAT, ÉMILE y GELBARD, MAURICE. *Scruter la loi de 1905. La République française et la Religion.* Fayard. Millau. 2010. Página 230.

[790] POULAT, ÉMILE y GELBARD, MAURICE. *Scruter la loi de 1905. La République française et la Religion.* Fayard. Millau. 2010. Páginas 230 y 231.

[791] AMSON, DANIEL. *La Querelle religieuse.* Odile Jakob. París. 2004. Página 317. BOYER, ALAIN. *La loi de 1905 : de la guerre au dialogue. Réflexions autour de la loi de*

Actualmente perviven reminiscencias de financiación pública de los ministros de culto de los credos reconocidos, en los dos departamentos de Alsacia, y en Mosela, y en ciertos territorios de ultramar, en particular en Guayana, Saint-Pierre-et-Miquelon, (donde el Consejo general atribuye una subvención al culto católico, y los municipios corren a cargo del mantenimiento de las parroquias), y Mayotte, (donde existe una pequeña partida anual a la misión católica).[792]

Unos tres millones de ciudadanos franceses no están sujetos a la Ley de separación. De ellos, 2.760.000 residen en Alsacia-Mosela, 160.000 en Guayana y 70.000 en Mayotte. Representan aproximadamente el 5% de la población de la Francia metropolitana y de los departamentos y territorios de ultramar.[793]

1905. En: MARTY, NICOLAS y GAUDELET, BRUNO. (Dir.) *Centenaire de la Loi de Séparation des églises et de l'État du 9 décembre 1905.* Presses Universitaires de Perpignan. Perpignan. 2007. Página 38. ÉTÈVENAUX, JEAN. *L'Église et l'État. La grand histoire de la laïcité.* Saint-Léger Éditions. 2012. Página 213. DUCOMTE, JEAN MICHEL. *La Loi de 1905. Quand l'État se séparait des Églises.* Milan. Toulouse. 2005. Página 37. DUCOMTE, JEAN-MICHEL. *La laicïcité.* Milan. Toulouse. 2009. Página 31.

[792] BARBIER, MAURICE. *La Laïcité.* L'Harmattan. París. 1995. Página 96.

[793] AMSON, DANIEL. *La Querelle religieuse.* Odile Jakob. París. 2004. Página 317.

CAPÍTULO IX. BÚSQUEDA DE UNA *ENTENTE CORDIALE* CON LA IGLESIA CATÓLICA

1. LA I GUERRA MUNDIAL: ANTECEDENTES Y CONSECUENCIAS

Los inconvenientes de la falta de relaciones diplomáticas entre el Vaticano y Francia, no tardaron en dejarse sentir, especialmente a partir de 1912, a raíz de las Guerras Balcánicas, y de la compleja posición del Imperio Austro Húngaro en la política europea, lo que obliga a tener que mantener contactos no oficiales con la Santa Sede, a través del personal de la embajada francesa en Italia, una iniciativa que en un primer momento va a correr a cargo del joven secretario de la misma, el católico Joseph Ollé-Laprune, que inicia los primeros contactos a título privado, (de 1906 a 1912), que es movilizado en 1914, y fallece pronto en el frente, siendo oficiosamente reemplazado por Charles Loiseau, que contacta con el cardenal Gasparri, Secretario de Estado. Unos lazos que han sido tejidos entre bambalinas con la colaboración de Aristide Briand, Louis Méjan y monseñor Mignot, arzobispo de Albi. La victoria aliada de 1918, no hace sino incrementar el sentimiento de necesidad a la hora de reanudar estas relaciones.[794]

---

[794] CORRAL SALVADOR, CARLOS. *Desenvolvimiento del régimen de laicidad en Francia desde 1905.* En: *Miscelanea Comillas.* Volúmenes 47-48. Página 737. ÉTÈVENAUX, JEAN. *L'Église et l'État. La grand histoire de la laïcité.* Saint-Léger Éditions. 2012. Página 191. POULAT, ÉMILE. *Aux carrefours stratégiques de l'Église de France. XXe siècle.* Berg International. París. 2009. Página 56. POULAT, ÉMILE y GELBARD, MAURICE. *Scruter la loi de 1905. La République française et la Religion.* Fayard. Millau. 2010. Página 309.

Por otra parte, a raíz de la I Guerra Mundial se observa una relajación de las tensiones entre la Iglesia católica y Francia. A ello contribuyen una serie de factores, entre los que merece la pena destacar el acceso al pontificado del cardenal Giacomo della Chiesa, arzobispo de Bolonia desde 1907, como Benedicto XV, elegido Papa el 3 de septiembre de 1914, que a diferencia de su antecesor contaba con experiencia diplomática, al haber sido secretario del cardenal Mariano Rampolla, primero en la nunciatura de Madrid, (1883), y después en la Secretaría de Estado, (1887), en la que en 1901 pasó a ser sustituto. El nuevo Pontífice tenía una mentalidad cercana a la de León XIII, con el que había trabajado cercanamente y poseía un talante moderado, y conciliador, mostrándose pronto partidario de una actitud filo francesa. Reemplaza en la Secretaría de Estado a Merry del Val por Gasparri, un hombre bien situado para evaluar las consecuencias desastrosas provocadas por la camarilla de intransigentes, y sus posiciones maximalistas. Repelerá los movimientos integristas que se estaban gestando en el seno de la Iglesia, siendo prueba ello su rechazo a la *Action Française,* que será finalmente condenada por la Santa Sede. La actitud inaugurada por Benedicto XV encontrará continuidad durante el pontificado de Pío XI, en la política desplegada en la Secretaría de Estado del Vaticano por el cardenal Pietro Gasparri.[795]

El comienzo de la I Guerra Mundial, y la declaración de guerra a Alemania, el 2 de agosto de 1914, había provocado en Francia, una reacción unificada de respuesta nacional ante la brutalidad de las tropas alemanas, que no dudan en bombardear e incendiar la catedral de Reims en septiem-

[795] Pietro Gasparri era buen conocedor de lo que ocurría en Francia, pues había sido profesor en el Instituto Católico de París, hasta que el cardenal Rampolla le llamó en 1901 al Vaticano, donde desempeñará el puesto de Secretario de la Santa Congregación de Asuntos Extraordinarios durante 4 años, precisamente en el momento es que es promulgada la Ley de separación. Su paciencia y tenacidad le ayudarán a superar las reticencias francesas a la hora de retomar el diálogo con la Santa Sede, realizando una labor clave a la hora de posibilitar la sustitución de las *asociaciones cultuales* por las *asociaciones diocesanas.* Será objeto de duros ataques desde sectores próximos a la *Action Française*, donde es acuñado el término despectivo de *GasParísmo,* manteniendo una tensa relación con Merry del Val, el que fuera Secretario de Estado y *mano derecha* de Pío X, Pontífice en cuyo proceso de beatificación llegará a testificar en contra, por haber bendecido y estimulado a la asociación dedicada, entre otras cosas, a espiar a sacerdotes y miembros de la jerarquía. PORTERO SÁNCHEZ, LUIS. *En el centenario de la Ley francesa de 1905.* En: *RGDCDEE.* Número 11. Mayo de 2006. Páginas 17-19. SCOT, JEAN PAUL. *L'État chez lui, l'Église chez elle. Comprendre la loi de 1905.* Le Seuil. París. 2005. Página 332.

bre de 1914, símbolo de la identidad nacional. Se produce un llamamiento a la unidad por parte del Presidente Poincaré, y se toman decisiones que tienden a apaciguar los ánimos. Un ejemplo es la Circular de 2 de agosto de 1914 del Ministro de Interior, Louis Malvy, suspendiendo las medidas de dispersión y liquidación de las congregaciones religiosas que no se hubieran adecuado a la Ley. En octubre de 1915, el Gobierno Briand incorpora en su gabinete a Émile Combes (separatista convencido) y a Denys Cochin, (católico monárquico, fundador de la *Ligue pour la liberté de l´enseignement,* asumiendo el Ministerio de Estado, aunque dimitirá en agosto de 1917). Los católicos se movilizan a favor de la patria y tratan de justificar la participación en el conflicto bélico a partir de las teorías de San Agustín sobre la guerra justa, dando a conocer en el extranjero la posición francesa, como monseñor Baudrillart, rector del Instituto Católico de París, que preside en 1915 el comité católico de propaganda francesa en el extranjero. La actitud pacifista de Benedicto XV, y su obsesión por el cese de los combates, pronto levantarán suspicacias. Su posicionamiento neutralista llega a no ser entendido por los propios católicos franceses, siendo acusado de excesiva condescendencia con las potencias centrales, y en particular con Austria-Hungría, especialmente influyente en la curia. Cuando en 1917 se brinde nuevamente como mediador en un eventual proceso de paz, su ofrecimiento será interpretado como una forma de salvar a Austria-Hungría de un inmediato hundimiento, y de reblandecer la firme determinación francesa.[796]

Esta situación contrasta con la movilización de sacerdotes con motivo de los acontecimientos bélicos, que afecta a unos 25.000 religiosos, entre sacerdotes y seminaristas, así como un buen número de capellanes militares. Uno de cada 6 sacerdotes y religiosos movilizados han muerto a resultas de la I Guerra Mundial, unos 4.608 sacerdotes y religiosos, de los cuales 1.517 pertenecían al clero regular. En algunas diócesis, como la de Lyon, solo siguen en sus funciones 1.655 sacerdotes, al estar movilizados unos 642, permaneciendo 74 parroquias vacantes. La renovación del clero católico se pone en peligro, al haber perecido en la contienda

---

[796] BARBIER, MAURICE. *La Laïcité.* L´Harmattan. París. 1995. Página 56. BAUBÉROT, JEAN. *Histoire de la laïcité en France.* Presses Universitaires de France. París. 2000. Página 93. LATREILLE, A. y RÉMOND, R. *Histoire du Catholicisme en France. III. La période Contemporaine.* Editions Spes. París. 1962. 2ª Edición. Página 557, 560 y 561. MAYEUR, JEAN-MARIE. *La question laïque. XIXe-XXe siècle.* Fayard. 1997. Página 162.

1.300 seminaristas. Las consecuencias no son menos dramáticas para los protestantes, al fallecer 42 pastores y 49 estudiantes de teología, sobre un total de 150, lo que representaba 1/3 del total de estos últimos. Las bajas entre los estudiantes de teología católicos y protestantes, unidos a la reducción en el número de vocaciones, en comparación con el siglo anterior, se hará sentir en la formación de nuevos ministros de culto. Católicos, protestantes y judíos han demostrado que su patriotismo no puede ser puesto en cuestión. Un comité católico, presidido por los cardenales Luçon, de Reims, y Amette, de París, así como por el Ministro de Estado Denys Cochin, organiza una campaña dirigida a mentalizar a los católicos de países extranjeros neutrales, sobre la realidad de la guerra, desde el punto de vista francés. En otoño de 1914, el cardenal Sevin, de Lyon, realiza un llamamiento al Presidente de la República, para que los poderes públicos se unan a las plegarias públicas solemnes celebradas en todas las diócesis de Francia, siguiendo el ejemplo de lo ocurrido en Inglaterra y América, donde los Jefes de Estado han establecido jornadas nacionales de súplica. La respuesta que le llega es que *las leyes no admiten en modo alguno la intervención de los poderes públicos en las manifestaciones cultuales*. Poner a rezar a toda Francia como nación podría ser interpretado como poner en duda el principio de laicidad del Estado. Pero a las exequias fúnebres celebradas en los Inválidos, a raíz del fallecimiento del general Joseph Gallieni, el 27 de mayo de 1916, asistirá el Presidente de la República. En 1917, el laico Georges Clemenceau promociona al frente del ejército aliado, al militar católico Ferdinand Foch, formado en los jesuitas, convencido de su valía para el cargo, algo en lo que no andaba para nada desencaminado. Foch adoptará una posición de exquisita neutralidad oficial, negándose a secundar las demandas provenientes en 1918 de los cardenales Andrieu y Mercier, a favor de plegarias públicas, y las autoridades francesas rechazarán la invitación de monseñor Annette para asistir al *Te Deum* de la victoria sobre Alemania, organizado por el arzobispo de París, el 11 de noviembre de 1918, no acudiendo ni el Presidente de la República, Poincaré, ni el del Gobierno, Clemenceau, únicamente asistirá la esposa de Poincaré. Habrá que esperar a la inauguración de la restauración de la catedral de Reims en 1938, para ver entrar en una iglesia a un Jefe del Estado, el Presidente Albert Lebrun. Durante su mandato, el general De Gaulle, asistirá al *Magnificat* celebrado en *Notre Dame* tras la liberación de París en agosto de 1944, así como al *Te Deum* de la Victoria, el 8 de mayo de 1945, en Estrasburgo, y al día siguiente en París. El católico De Gaulle sin embargo, siendo Presidente de la República, no comulgará en ceremonias religiosas en las que asistiera en tal condición, para respetar la separación, una tradición que seguirá posteriormente Pompidou.[797]

Cuando acabada la guerra, tenga lugar la Conferencia de París con el fin de desarrollar los trabajos dirigidos a la redacción de los Tratados de Paz con las potencias derrotadas, las deliberaciones de los vencedores apenas tendrán en cuenta a la Santa Sede, cuyo observador, el cardenal Bonaventura Cerretti, conseguirá no obstante la inclusión de un artículo, el 438, por el que se garantizaban los derechos de las misiones en los territorios de ultramar, pero por lo demás, el Vaticano no será tenido en cuenta a la hora de elaborar las bases de unos Tratados de Paz, que en realidad no pasarán de ser meros armisticios para veinte años, como premonitoriamente señalará el mariscal Foch, que no vivirá no obstante lo suficiente como para ver su profecía cumplida.[798]

Un nuevo escenario de relaciones entre Francia y la Santa Sede comienza a dibujarse en el horizonte, un tanto menos tenso, con excepción del amago anticlerical del gabinete Herriot y el Cartel de Izquierdas.[799]

La reincorporación de los 3 departamentos de Alto Rin, Bajo Rin y Mosela, bajo soberanía de Francia, se hace con el acuerdo de respetar la vigencia del Concordato de 1801 en los mismos, comprometiéndose el Estado a correr con el sostenimiento de los ministros de los cultos reco-

---

[797] CAIRE-JABINET, MARIE PAULE. *Histoire des religions en France. (16e-20e siècles).* Armand Colin. París. 2000. Página 115. ÉTÈVENAUX, JEAN. *L'Église et l'État. La grand histoire de la laïcité.* Saint-Léger Éditions. 2012. Página 191. HILAIRE, Y.M. *Des forces religieuses et morales revalorisées.* En: CHOLVY, GÉRARD y HILAIRE, YVES-MARIE. *Histoire religieuse de la France Contemporaine. 1880/1930.* Privat. Toulouse. 1986. Páginas 257 y 259. LATREILLE, A. y RÉMOND, R. *Histoire du Catholicisme en France. III. La période Contemporaine.* Editions Spes. París. 1962. 2ª Edición. Páginas 558 a 560. POULAT, ÉMILE y GELBARD, MAURICE. *Scruter la loi de 1905. La République française et la Religion.* Fayard. Millau. 2010. Página 332.

[798] LATREILLE, A. y RÉMOND, R. *Histoire du Catholicisme en France. III. La période Contemporaine.* Editions Spes. París. 1962. 2ª Edición. Página 561.

[799] POULAT, ÉMILE. *Privatización y liberalización del culto en Francia. La ley francesa de 9 de diciembre de 1905.* En: *AHIg.* 14 (2005). Páginas 79 y 80.

nocidos, respetar la confesionalidad de la escuela, y el mantenimiento de la enseñanza religiosa.[800]

La preservación del Concordato de 1801 en estos territorios tiene como consecuencia que en el procedimiento de designación de los futuros obispos católicos de estas nuevas diócesis francesas vaya a tener que intervenir el Presidente de la República francesa, algo que difícilmente podría hacerse sin el acuerdo con el Papa, y que obliga a las dos partes a mover ficha para llegar a un modo de entendimiento, poniendo todo su empeño en ello el cardenal Anette, arzobispo de París. Entre las autoridades republicanas del momento no faltaban los nostálgicos del modelo concordatario en que el Gobierno francés se inmiscuía en el nombramiento de los obispos católicos, no habiendo sido desarmada la hostilidad hacia el poder temporal de los obispos nombrados por Pío X. A ello había que unir la necesidad de dar una solución al régimen jurídico de la Facultad de Teología de Estrasburgo, que había sido creada en 1902 por el Imperio alemán en virtud de una convención con la Santa Sede.[801] Con el fin de relajar tensiones el Papa admite la dimisión de los obispos alemanes de Metz y Estrasburgo, pues Alsacia y Lorena pasan de nuevo a estar bajo soberanía francesa al terminar la I Guerra Mundial, los cuales son sustituidos por dos obispos franceses, siguiendo el procedimiento concordatario.[802]

La situación en determinados territorios coloniales aconsejaba también llegar a un cierto acuerdo, especialmente si se tiene en cuenta la especial influencia francesa en algunos territorios del antiguo Imperio otomano, en los cuales Francia había venido ejerciendo un cierto patronato sobre los católicos allí residentes. A ello había que unir la presencia de congregaciones religiosas con frecuencia no autorizadas en Francia, pero que venían desarrollando una notable actividad en campos como los de la educación y la sanidad. Y además estaba el caso particular de

---

[800] LATREILLE, A. y RÉMOND, R. *Histoire du Catholicisme en France. III. La période Contemporaine.* Editions Spes. París. 1962. 2ª Edición. Página 563.

[801] POULAT, ÉMILE. *Aux carrefours stratégiques de l'Église de France. XXe siècle.* Berg International. París. 2009. Páginas 56 y 57. POULAT, ÉMILE y GELBARD, MAURICE. *Scruter la loi de 1905. La République française et la Religion.* Fayard. Millau. 2010. Páginas 309 y 310.

[802] DUCOMTE, JEAN MICHEL. *La Loi de 1905. Quand l'État se séparait des Églises.* Milan. Toulouse. 2005. Página 34.

Marruecos, bajo protectorado francés desde 1911, pero que estaba sujeto a la jurisdicción canónica del obispo español de Cádiz.[803]

2. HACIA EL RESTABLECIMIENTO DE RELACIONES DIPLOMÁTICAS ENTRE FRANCIA Y LA SANTA SEDE

Se trataba de trazar un itinerario de *regreso a Roma, sin pasar por Canossa*. A ello contribuye la posición pragmática de un importante sector de políticos franceses, (entre ellos el propio Briand, que había sido el ponente de la Ley de 1905), y la hábil actuación de monseñor Alfred Baudrillart, que actúa como intermediario oficioso, y todo esto a pesar de la oposición del siempre beligerante Clemenceau, que es finalmente derrotado en esta empresa, tras ser descartado, *con más habilidad que elegancia,* el día en que cometió el error de presentarse como candidato a la Presidencia de la República, elección de la cual sale derrotado en 1920. Aún así, será preciso vencer la resistencia de los socialistas y radicales, que no ven con buenos ojos la presencia de un nuncio en París, siendo derrotados en la Cámara de Diputados, aunque consiguen prolongar su resistencia en el Senado, pues para restablecer las relaciones diplomáticas se precisaba primero reinstaurar la dotación presupuestaria de la misma, primero con carácter anual, y más tarde, de modo definitivo. Se comienza enviando a un encargado de negocios, Jean Doulcet, en marzo de 1920. Un acontecimiento puntual que permite avanzar en el proceso de descongelación de la situación, y de la reanudación de las relaciones diplomáticas es la canonización de Juana de Arco, en Roma el 16 de abril de 1920. A la ceremonia es enviada una embajada francesa extraordinaria, encabezada por Gabriel Hanotaux, ex Ministro de Asuntos Exteriores y embajador extraordinario, aunque los cardenales y obispos franceses presentes en la misma hacen saber sus recelos. La Ley de 10 de julio de 1920 declara fiesta nacional de la Patria, a la festividad de Juana de Arco, fijada el segundo domingo de mayo, en contrapunto a la festividad del trabajo, del primero de mes. Estas celebraciones servirán de preludio al restablecimiento de relaciones diplomáticas en 1921. Pronto Aristide

[803] POULAT, ÉMILE. *Aux carrefours stratégiques de l'Église de France. XXe siècle.* Berg International. París. 2009. Páginas 56 y 57. POULAT, ÉMILE y GELBARD, MAURICE. *Scruter la loi de 1905. La République française et la Religion.* Fayard. Millau. 2010. Página 310.

Briand, que ocupa la presidencia del Gobierno y el Ministerio de Asuntos Exteriores, nombra el 17 de mayo de 1921 a un nuevo embajador ante la Santa Sede, Charles Jonnart, respetado político de centro izquierda, y poco después, el Presidente Alexandre Millerand recibía en París al nuevo nuncio, monseñor Bonaventura Cerretti. Para restañar las buenas relaciones Benedicto XV, hace saber a las autoridades francesas, que en las sucesivas nominaciones episcopales, el nuncio les comunicaría el nombre del elegido, con el fin de permitir al Gobierno francés la formulación de eventuales *objeciones de orden político,* una prerrogativa que en dicho momento sólo era reconocida a los países concordatarios católicos. En mayo de 1921, el cardenal Gasparri hace saber que la Santa Sede consultará en lo sucesivo al Gobierno francés para *saber si tiene algo que decir desde el punto de vista político* sobre los candidatos elegidos para ocupar las sedes episcopales vacantes en Francia. Una fórmula que ofrece *connotaciones* de regreso a un cierto modelo *cuasi concordatario*, en que la Santa Sede nombrará y consagrará a los obispos, pero reserva al Estado francés algo que más o menos equivale a un cierto derecho de *veto*. Una fórmula que tiene ventajas para ambas partes, pues al Vaticano le permite designar libremente a los obispos con la garantía de que el Estado no será hostil a los obispos de este modo escogidos, y al Estado francés le garantiza que los nuevos obispos no sean enemigos del régimen republicano, como sucedió con buena parte de los nombrados por Pío X.[804]

El 22 de enero de 1922, fallece Benedicto XV, su sucesor, Pío XI pronto muestra su petición de una nueva Ley sobre el culto católico, pero la nueva Cámara, aunque es de color conservador, tiene una clara orientación laica, y no parece estar dispuesta a acceder a todas las pretensiones que vengan del Vaticano.[805]

---

[804] LATREILLE, A. y RÉMOND, R. *Histoire du Catholicisme en France. III. La période Contemporaine.* Editions Spes. París. 1962. 2ª Edición. Páginas 564 y 565. POULAT, ÉMILE. *Aux carrefours stratégiques de l'Église de France. XXe siècle.* Berg International. París. 2009. Páginas 57 y 58. SCOT, JEAN PAUL. *L'État chez lui, l'Église chez elle. Comprendre la loi de 1905.* Le Seuil. París. 2005. Página 334.

[805] POULAT, ÉMILE. *Aux carrefours stratégiques de l'Église de France. XXe siècle.* Berg International. París. 2009. Páginas 58 y ss POULAT, ÉMILE y GELBARD, MAURICE. *Scruter la loi de 1905. La République française et la Religion.* Fayard. Millau. 2010. Página 311.

3. EL PASO DE LAS ASOCIACIONES *CULTUALES* A LAS ASOCIACIONES *DIOCESANAS*

3.1. Fórmulaciones previas

Uno de los principales focos de rechazo de la Ley de separación de 1905, por parte de la Iglesia católica, era sin duda el tema de las asociaciones cultuales. Entre las posibles soluciones jurídicas podría haber estado el reciclado de la figura de las *asociaciones parroquiales,* una construcción que había aparecido a partir de 1904, con el fin de servir a la revitalización de la actuación conjunta de fieles y sacerdotes, pudiendo servir como ejemplo la creada el 8 de diciembre de 1904 por monseñor Mignot, en la diócesis de Albi, dirigida por 12 laicos, 6 hombres y 6 mujeres, y de las que el párroco formaba parte por derecho propio. De hecho se llegó a crear la expectativa, en algunos sectores sociales, que las mismas pudieran servir para formar el núcleo de las *asociaciones cultuales*, en caso que el Papa lo autorizase. Pero con la promulgación de la encíclica *Vehementer Nos,* primero, y muy especialmente tras la *Gravissimo Officii,* dicha posible solución quedó claramente descartada. Otra fórmula que pudiera haber sido útil la encontramos en la ensayada por monseñor Lecot, arzobispo de Burdeos, y su *asociación diocesana de la Gironde,* constituida a principios de 1906 y clausurada por su sucesor en febrero de 1909, o las denominadas *asociaciones cultuales canónicas*, apadrinadas también en 1906 por monseñor Fulbert Petit, arzobispo de Besançon y monseñor Catteau, obispo de Luçon, estrechamente vinculadas a los respectivos obispos diocesanos, pero que finalmente no llegaron a constituirse. En 1906 se propuso la creación de crear *comités parroquiales* en lugar de *Asociaciones,* pues éste era un término que levantaba no pocas suspicacias. En mayo de 1907, en el congreso diocesano convocado por el arzobispado de París, se habló por parte de monseñor Amette de la constitución de *asociaciones* que fueran *libres*, es decir, *no declaradas* ante la prefectura correspondiente, y llega a aprobarse la creación de *comités* parroquiales, allí donde no existieran *asociaciones* parroquiales, que serían presididos por el cura párroco, y estarían ligados al despacho diocesano presidido por el arzobispo.[806]

---

[806] BARBIER, EMMANUEL. *Histoire du catholicisme liberal et du catholicisme social en France. Du Concile Vatican à l'avènement de S.S. Benoît XV, (1870-1914).* Tomo IV. Imp. Cadoret. Burdeos. 1923-1924. Página 175.

Otra fórmula jurídica que se estudió fue la de las *mutualidades eclesiásticas*, que conforme a la Ley votada el 10 de abril de 1908, deberían ser *aprobadas* por el Gobierno, que es rechazada el 17 de mayo de 1908, por Pío X, al no poder admitir una receta en la que resultara imposible descartar de las mismas a personas que no se encontraran en comunión con la Iglesia, y que en el fondo estaba *despojada explícitamente de todo carácter eclesiástico y a las que por la Ley, se prohibía cualquier intervención legal del episcopado.*[807]

3.2. Las asociaciones diocesanas

La indefinición en que había quedado el estatuto jurídico de la Iglesia, a raíz del rechazo de la Ley de separación, y la negativa de Pío X a la constitución de las denominadas *asociaciones cultuales*, no era para nada beneficioso.

Monseñor Chapon, obispo de Niza, asume la iniciativa de retomar el proyecto de asociaciones *canónico legales* que había recibido el apoyo mayoritario del episcopado francés en 1906, (y por lo tanto susceptible de ser considerado por aquel entonces como *sumisionista,* al poder civil, por sus detractores, al haberse mostrado partidario de aceptar las asociaciones cultuales), iniciando contactos informales con Méjean y Briand, para tantear la disposición del Gobierno francés. Monseñor Chapon diseña un borrador de posibles estatutos de las *nuevas* asociaciones. POULAT dice que si el obispo de Niza *pasaba por liberal*, los estatutos de sus asociaciones *no lo parecen*, como botón de muestra cabe señalar cómo el artículo 13.2 del mismo preveía que la *Asociación para el ejercicio del culto católico de la diócesis de Niza,* pudiera recibir subvenciones estatales, departamentales o municipales, algo que era radicalmente contrario al artículo 2 de la Ley de separación de 1905, que expresamente las prohibía. Por ello la Santa Sede, sabia y prudentemente, pedirá un control de legalidad de los estatutos en proyecto.[808] Una de las cuestiones clave a dilucidar era saber si el Gobierno estaría o no dispuesto a aceptar una

[807] BARBIER, EMMANUEL. *Histoire du catholicisme liberal et du catholicisme social en France. Du Concile Vatican à l'avènement de S.S. Benoît XV, (1870-1914).* Tomo IV. Imp. Cadoret. Burdeos. 1923-1924. Páginas 181 a 183.

[808] POULAT, ÉMILE. *Les Diocesáines.* La documentation Française. París. 2007. Páginas 132 y ss.

única asociación diocesana por departamento, que tuviera la máxima autoridad civil y canónica sobre todas las parroquias, y si esta solución podría asimilarse a las *asociaciones cultuales católicas*, a los efectos de la Ley de 1905. Pero dentro de un importante sector del episcopado francés, se aprecia una clara resistencia intransigente a buscar soluciones jurídicas que pudieran ser tachadas de *acomodaticias* al derecho positivo francés, algo que sabía perfectamente Benedicto XV, que tenía *pavor* a la hostilidad de los obispos nombrados por Pío X, hacía fórmulas pactistas con el poder público, y se tentaba muy bien la ropa. Briand manifiesta, en diciembre de 1921, que dicha proposición de asociaciones diocesanas, que tenían a su frente a un obispo, y que estaban enteramente integradas por miembros del clero diocesano, que no serían sino meros comités consultivos, encargados exclusivamente de la administración material de los bienes de la Iglesia, era conciliable con la Ley de separación.[809]

El fallecimiento de Benedicto XV, en 1922, y la elección de Pío XI podía parecer que colmaba las esperanzas del sector del episcopado galo más resistente a los cambios, (al menos por la elección de su nombre *Pío,* que podría hacer pensar en que de este modo se quería continuar con la política de *firmeza* de Pío X), pero el nuevo Pontífice les decepciona pronto al mantener a Gasparri al frente de la Secretaría de Estado.[810]

En 1923 se trabaja por llegar a un *acuerdo* entre ambas partes sobre un proyecto de asociaciones cultuales diocesanas, que sin necesidad de modificar la redacción de la Ley de separación de 1905, ni de retirar las declaraciones pontificias de condena que pesaban sobre la misma, permitirá por vía interpretativa llegar a un acuerdo que fuera asumible por todos. Es decir, se estaba buscando una fórmula aceptable por la Santa Sede, y que a la par fuese conforme a la Ley de 1905. Monseñor Chapon, obispo de Niza, que en 1906 se había mostrado favorable a la aceptación de las asociaciones cultuales *canónico legales*, se encarga de redactar un anteproyecto, que finalmente se somete a la expertización de 3 jurisconsultos católicos, que dan su visto bueno, y el 13 de diciembre

---

809 LARKIN, MAURICE. *L'Église et l'État en France. 1905: La crise de la Séparation.* Privat. Toulouse. 2004. Página 242.

810 LARKIN, MAURICE. *L'Église et l'État en France. 1905: La crise de la Séparation.* Privat. Toulouse. 2004. Páginas 208 y ss. SCOT, JEAN PAUL. *L'État chez lui, l'Église chez elle. Comprendre la loi de 1905*. Le Seuil. París. 2005. Página 335.

de 1923, al Consejo de Estado, reunido en asamblea general, confirma el posicionamiento de aquéllos.[811]

Lo cierto es que durante quince años, la jurisprudencia del Consejo de Estado, había venido garantizando el respeto de las reglas generales de organización del culto católico, lo cual despejaba en buena parte obstáculos en el camino. A pesar de ello, los cardenales franceses habían manifestado unánimemente una postura de *resistencia respetuosa.* Por otra parte, la inclinación de Benedicto XV a aceptar la fórmula de las asociaciones cultuales, en caso de hacerse de forma *pura y simple*, podría ser interpretada como un desaire a la condenación hecha por su predecesor, Pío X, y asumida por el episcopado francés, al seguir sin fisuras las instrucciones venidas de Roma. Tanto Benedicto XV, como su sucesor Pío XI, comprenderán inmediatamente que resultaba incompatible pretender conseguir el restablecimiento de relaciones diplomáticas, y mantener *numantinamente* la oposición a las asociaciones cultuales, y en general, la condena de la legislación secularizadora que giraba alrededor de la Ley de separación de 1905.[812]

La fórmula de las asociaciones diocesanas es el resultado de unas largas negociaciones, y comienza a cristalizar cuando el 7 de mayo de 1923, el nuncio apostólico entrega un primer boceto de texto legal al Presidente del Consejo, Raymond Poincaré, que permitirá la creación de las denominadas *associations diocésaines* bajo un estatuto especial, que actuarían *bajo la autoridad del obispo, en comunión con la Santa Sede y en conformidad con la constitución de la Iglesia católica.* Poincaré, un republicano de derechas, pensaba que la Ley de separación era una buena Ley, entendiendo que la separación no equivalía a una *guerra a las*

---

811 LARKIN, MAURICE. *L'Église et l'État en France. 1905: La crise de la Séparation.* Privat. Toulouse. 2004. Páginas 242 y ss. POULAT, ÉMILE. *Aux carrefours stratégiques de l'Église de France. XXe siècle.* Berg International. París. 2009. Páginas 58. POULAT, ÉMILE y GELBARD, MAURICE. *Scruter la loi de 1905. La République française et la Religion.* Fayard. Millau. 2010. Página 312.

812 LATREILLE, A. y RÉMOND, R. *Histoire du Catholicisme en France. III. La période Contemporaine.* Editions Spes. París. 1962. 2ª Edición. Páginas 565 y 566.

creencias religiosas, y que las leyes de 1905 y 1907,[813] *no han querido molestar ni al catolicismo, ni a ninguna otra religión.*[814]

La opinión del Consejo de Estado de 13 de diciembre de 1923, reconocerá la legalidad del nuevo estatuto de las *associations diocésaines,* entendiendo que el mismo era compatible con la Ley de asociaciones de 1901 y la Ley de separación de 1905. Para evitar posibles susceptibilidades, el propio Poincaré manifestará expresamente que las nuevas asociaciones no tendrán otro objetivo que el de *subvenir a los gastos y al mantenimiento del culto católico,* sin entrometerse para nada en su ejercicio. Esta nueva categoría jurídica perseguía conjurar tanto el riesgo de una democratización descontrolada como de un posible cisma.[815]

Las *asociaciones cultuales diocesanas* aparecen ante nosotros como el resultado de un delicado encaje de bolillos, pues no entrañan una modificación de la Ley francesa de 1905, ni un levantamiento de la condena pontificia a las asociaciones cultuales, sino que en realidad suponen un alarde a la hora de recurrir a soluciones imaginativas a la hora de proceder a la interpretación del derecho, que permitiera dibujar una fórmula aceptable para todos.[816]

Pío XI deseaba que el acuerdo bilateral sobre el nuevo estatuto de asociaciones diocesanas, fuese ratificado por el Parlamento, pero las autoridades francesas le hacen saber que someterlo a dicha ratificación podía ser arriesgado. Raymond Poincaré, Presidente del Consejo y Ministro de Asuntos Exteriores, compromete su palabra de defender ante los tribunales la legalidad de la fórmula acordada mediante el intercambio de cartas diplomáticas, en caso de ser cuestionada. La encíclica *Maximam Gravissimamque,* de 18 de enero de 1924, de Pío XI autorizará el estable-

---

[813] En referencia indirecta a la Ley de 2 de enero de 1907, sobre el ejercicio público de culto y la atribución de los edificios afectados al ejercicio del culto.

[814] BONAFOUX, CORINNE. *La relance de la question de la laïcité au tournant des années 1920.* En: WEIL, PATRICK. *Politiques de la Laïcité au XXe siècle.* PUF. París. 2007. Página 287.

[815] DUCOMTE, JEAN MICHEL. *La Loi de 1905. Quand l´État se séparait des Églises.* Milan. Toulouse. 2005. Página 35.

[816] POULAT, ÉMILE. *De «L´esprit laïque» à notre «laïcité publique».* En: CHANTIN, JEAN-PIERRE y MOULINET, DANIEL. (Dir.). *La Séparation de 1905. Les hommes et les lieux.* Les editions de l´atelier. París. 2005. Página 243.

cimiento de asociaciones diocesanas,[817] y entre 1924 y 1926, se despliega el proceso de constitución de las mismas, a razón de una por diócesis, (23 de ellas en 1924, y 18 más en 1925),[818] algo que muy bien pudiera haber sido hecho 17 años antes, eso sí, siempre que se hubiera tenido *un poco más de tacto* y habilidad negociadora. En el fondo, la nueva solución aportaba poco más que lo que Briand había ya concedido mediante la Ley de 28 de marzo de 1907, ante la frontal negativa pontificia a adoptar cualquier fórmula de compromiso con las autoridades republicanas. No iluminado precisamente por la *clarividencia*, Merry del Val desconfiará de la *nueva* fórmula hasta el final, al escribir a un obispo francés en diciembre de 1921 que era *triste y desconcertante ver con qué facilidad se estaba dispuesto a dejarse engañar, a creer que todo ha cambiado, a dejar ahora su confianza donde nosotros únicamente tenemos nada más que apariencias, promesas pasajeras, interpretaciones discutibles, incluso ilegales, que podrían ser desaprobadas mañana en nombre de esa laicidad, declarada intangible.* Hombre de ideas firmes, Merry del Val mantendrá su postura hasta su fallecimiento en 1930.[819]

Autorizadas por Pío XI, se impulsa su constitución, conforme al modelo tipo de estatutos que habían recibido el visto bueno del Consejo de Estado. Entre 1924 y 1926, se procederá finalmente a la erección de las asociaciones diocesanas, de modo que cada una de las diócesis de Francia, cuente con la suya propia. Al nuevo *modus vivendi*, se llega sin necesidad de modificar la Ley de separación de 1905, y sin que la condena pontificia que pesaba sobre la misma, hubiera sido levantada. Este *acuerdo*, sobre cómo interpretar la Ley, que ha sido sancionado mediante un intercambio de letras diplomáticas, sin que haya habido una negociación, ni una convención, no será denunciado, ni transgredido nunca, ni será objeto de tramitación parlamentaria. Es decir, la separación no supone un obstáculo que impida el restablecimiento de relaciones entre la Iglesia y el Estado, pero sin embargo será determinante para que las mismas se

---

[817] POULAT, ÉMILE. *Les Diocesáines.* La documentation Française. París. 2007. Páginas 397 y ss.

[818] PORTIER, PHILIPPE. *L'épiscopat français et la loi de Séparation. Retour sur un processus de reconnaissance.* En: WEIL, PATRICK. *Politiques de la Laïcité au XXe siècle.* PUF. París. 2007. Página 221.

[819] LARKIN, MAURICE. *L'Église et l'État en France. 1905: La crise de la Séparation.* Privat. Toulouse. 2004. Páginas 242 y 243. POULAT, ÉMILE. *Aux carrefours stratégiques de l'Église de France. XXe siècle.* Berg International. París. 2009. Página 59.

establezcan sobre unas bases diferentes a las que rigieron durante la etapa concordataria. La III República va a decantarse finalmente por rechazar una separación *integral,* para optar por otra de carácter *liberal.* Se ha pasado de la ruptura del pacto *concordatario* en 1904, a un acuerdo sin pacto *laico* en 1923-1924.[820]

Las asociaciones diocesanas venían a poner fin a 18 años de *nomadismo mental,* y pudieran haber sido un útil instrumento para recuperar los bienes perdidos, (al no haber sido constituidas las asociaciones cultuales previstas en la Ley de separación y por lo tanto no reivindicados por la Iglesia), al menos respecto a todos aquéllos que no hubieran sido ya objeto de adjudicación, algo a lo que tanto Briand como Méjan parecían estar dispuestos a transigir, pero la victoria del *Cartel de Izquierdas,* en las elecciones de 1924, y con ello de los partidarios de las ideas republicanas tradicionales, pone fin a dichas expectativas, debiendo esperarse al Decreto Ley del mariscal Petain de 15 de febrero de 1941, que restituye a la Iglesia los bienes que le fueron incautados a raíz de la aplicación de la Ley de separación y que no habían sido adjudicados a terceros a esa fecha. LARKIN entiende que aquello pudo representar unos 22.000.000 millones de francos, apenas un 1% del valor a precios constantes de aquello a lo que la Iglesia había rehusado en 1906, con su negativa a constituir las asociaciones cultuales. Pese a todo ello, desde un punto de vista pragmático, *poco era mejor que nada.*[821]

4. EL PARÉNTESIS DE ÉDOUARD HERRIOT Y EL *CARTEL DE IZQUIERDAS*

Ese clima de buen entendimiento pudo romperse a raíz de las elecciones de 1924, al situarse Édouard Herriot al frente de la nueva coalición gobernante, el Cartel de Izquierdas, con un programa que es anunciado en

---

[820] POULAT, ÉMILE. *Aux carrefours stratégiques de l'Église de France. XXe siècle.* Berg International. París. 2009. Páginas 59. POULAT, ÉMILE y GELBARD, MAURICE. *Scruter la loi de 1905. La République française et la Religion.* Fayard. Millau. 2010. Páginas 313 y 320. RÉMOND, RENÉ. *Les raisons d'une révision.* En: ZARKA, CHARLES YVES. *Faut-il reviser la Loi de 1905?* Presses Universitaires de France. París. 2005. Páginas 66 y 67.

[821] LARKIN, MAURICE. *L'Église et l'État en France. 1905: La crise de la Séparation.* Privat. Toulouse. 2004. Páginas 244 y 245.

una declaración de 17 de junio de 1924, que incluiría la introducción de la legislación laica en Alsacia-Lorena, la expulsión de las congregaciones religiosas y la ruptura de las relaciones diplomáticas con el Vaticano, con la supresión de la correspondiente embajada. Ese mismo día Robert Schuman expresa en la Cámara de Diputados la oposición de casi todos los diputados alsacianos y moselanos contra la supresión del Concordato y sus sustitución por la legislación separatista, algo que es rechazado por 21 diputados sobre un total de 24. El clima se caldea en dichos territorios, sucediéndose una serie de peticiones populares, mociones en 675 municipios y consejos generales, y grandes manifestaciones públicas. El 20 de julio de 1924, en un gran mitin celebrado en Estrasburgo, el padre Bergey, afirma no estar dispuesto a soportar las *novatadas* de los discípulos de Bismarck, cualquier que sea el lado de la frontera en el que se encuentren. El modelo aplicado durante la dominación prusiana por Guillermo II, aparece ante los ojos de los católicos franceses como una opción mejor que la del jacobinismo de Herriot.[822]

El general De Castelnau, hombre de gran prestigio militar, (aunque sus desencuentros con Foch, le costaron el bastón de mariscal), organiza la respuesta de los católicos contra la política de Herriot, cuyo programa anticlerical queda pronto superado, en el caso de la nueva política que se desea introducir en Alsacia y Mosela, por el posicionamiento del Consejo de Estado, que el 24 de enero de 1925 dictamina la compatibilidad del marco legal local con el principio de indivisibilidad republicano, y la propia resistencia popular en dichos territorios reincorporados a Francia tras la I Guerra Mundial. Por otra parte la campaña anticlerical, y una nueva eventual contraofensiva contra las congregaciones religiosas basada en una aplicación estricta de la legislación de Combes, no figuraba entre las prioridades del electorado, incluso el más progresista, más preocupado por la política social y por cuestiones más prosaicas, como el sistema tributario y los impuestos a satisfacer al erario público. Los cardinales y arzobispos franceses condenan en marzo la legislación escolar, que *aniquila la inteligencia de los niños, pervierte su voluntad y falsea su conciencia.* François Albert, Ministro de Instrucción Pública, se

---

[822] HILAIRE, Y.M. *Castelnau fait reculer le Cartel des gauches.* En: CHOLVY, GÉRARD y HILAIRE, YVES-MARIE. *Histoire religieuse de la France Contemporaine. 1880/1930.* Privat. Toulouse. 1986. Páginas 283 y 284. SÉVILLIA, JEAN. *Quand les catholiques étaient hors la loi.* Perrin. París. 2006. Páginas 249 y ss.

encarga de denunciar lo que a su juicio es una *cruzada negra,* y Herriot que hace suprimir en la Cámara de Diputados el 2 de febrero, los créditos presupuestarios de la embajada ante el Vaticano, pero su gabinete cae en abril, a causa de su cuestionada política financiera. El nuevo Presidente del Gobierno, el matemático Paul Painlevé, anuncia que mantendrá la embajada en el Vaticano, y que la política respecto a las provincias recuperadas se haría dentro del reconocimiento de los derechos adquiridos, y del celoso respeto de la entente general y la unidad nacional. Este final supone un éxito del general Castelnau, frente al Cartel de Izquierdas.[823]

El 8 de mayo de 1929, al celebrarse el V Centenario de la Liberación de Orleans, el Presidente de la República, Gastón Doumergue, protestante, acoge al cardenal legado del Papa Pío XI, asistiendo a la misa celebrada en la catedral, donde se celebraron todos los honores litúrgicos compatibles con la religión reformada, recibiendo la felicitación del Jefe del Estado, que pronuncia estas conciliadoras palabras: *Usted ha comprendido que nosotros queríamos hacer de estas fiestas una ocasión para el acercamiento entre la III República y la Iglesia.*

La entente entre el cardenal Jean Verdier y León Blum, permite la construcción de nuevos edificios religiosos, (*las obras del cardenal,* sobre una fórmula enfitéutica entre ayuntamientos y asociaciones cultuales), algo que beneficia no sólo a la Iglesia católica, sino también a las confesiones religiosas minoritarias, en particular a la comunidad judía.[824]

5. LA II GUERRA MUNDIAL Y EL RÉGIMEN DE VICHY

En 1939, sendos decretos de Mandel configuran un estatuto civil a favor de las misiones católicas y protestantes en las colonias francesas, que se inspira en el modelo alemán aplicado en Togo y Camerún.

---

[823] HILAIRE, Y.M. *Castelnau fait reculer le Cartel des gauches.* En: CHOLVY, GÉRARD y HILAIRE, YVES-MARIE. *Histoire religieuse de la France Contemporaine. 1880/1930.* Privat. Toulouse. 1986. Páginas 286 y 287. LARKIN, MAURICE. *L'Église et l'État en France. 1905: La crise de la Séparation.* Privat. Toulouse. 2004. Páginas 244. SÉVILLIA, JEAN. *Quand les catholiques étaient hors la loi.* Perrin. París. 2006. Páginas 251 y ss.

[824] JUSDADO RUIZ-CAPILLAS, MIGUEL ÁNGEL. *Laicismo en Francia: Precedentes de la Ley de separación de 1905. (En el Centenario de la Ley).* En: *ADEE.* Vol. XXII. 2006. Página 349.

La llegada al poder del mariscal Pétain, favorece un acercamiento entre el poder político establecido y la Iglesia católica. La divisa *Travail, Famille, Patrie,* era también compartida por la Iglesia, en palabras del cardenal Gerlier, arzobispo de Lyon, *esas tres palabras son las nuestras.*[825] Jacques Chevalier, Ministro de Educación, anhela poner fin a la *escuela sin Dios*, y restablecer la evocación de los *deberes ante Dios.* La Ley de 3 de septiembre de 1940, publicada poco antes del comienzo del nuevo curso escolar, deroga en su artículo único, el artículo 14 de la Ley de 1 de julio de 1901 y la Ley de 7 de julio de 1904, mejorando el régimen jurídico de las congregaciones religiosas en lo que concierne al sistema educativo, suprimiendo la prohibición de ejercer la enseñanza y dirigir centros educativos, que pesaba sobre los miembros de las congregaciones religiosas no autorizadas. Con esta Ley, se daba en cierto modo cobertura legal a la Circular del Ministro del Interior Malvy, dirigida a los prefectos el 2 de agosto de 1914, en plena *Union Sacrée,* con motivo de la I Guerra Mundial, buscando apaciguar los ánimos en la guerra escolar. El 6 de enero de 1941, se restablece la enseñanza facultativa de la religión en las escuelas públicas.[826]

La política antisemita del Gobierno de Vichy encontrará su directa traducción en normas como las Leyes de 3 de octubre de 1940, (que deroga el *Decreto Marchandeau*, que desde el 21 de abril de 1939, punía todo ataque mediante la prensa, dirigido a todo *grupo de personas que pertenecieran por su origen a una raza o religión determinada*) y 2 de junio de 1941, (que limitaba el acceso de los judíos a la mayor parte de las funciones públicas, y muy en especial, la judicatura y el magisterio,[827] les prohibía el ejercicio de la profesión periodística o el desempeño de puestos directivos en empresas cinematográficas, teatrales o de radiodifusión). Con ello se pone fin al principio de igualdad y no discriminación por motivos religiosos, con unas consecuencias dramáticas para la población judía francesa, que aún hoy continúan siendo causa de profunda vergüen-

[825] *Ces trois mots sont les nôtres*, sic.

[826] BARBIER, MAURICE. *La Laïcité.* L´Harmattan. París. 1995. Página 56. ÉTÈVENAUX, JEAN. *L´Église et l´État. La grand histoire de la laïcité.* Saint-Léger Éditions. 2012. Página 195. DUCOMTE, JEAN MICHEL. *La Loi de 1905. Quand l´État se séparait des Églises.* Milan. Toulouse. 2005. Página 40. MAYEUR, JEAN-MARIE. *La question laïque. XIXe-XXe siècle.* Fayard. 1997. Página 162.

[827] Salvo que pudieran acreditar su condición de combatientes en las campañas de 1914-1918 y 1939-1940, o hubieran sido condecorados con la Legión de Honor a título militar.

za, por su verdadera falta de humanidad, mancillando irremediablemente la memoria de quienes las promulgaron.[828]

La Ley de 15 de febrero de 1941, procede a restituir a las asociaciones diocesanas católicas, bienes destinados al culto católico que pertenecieron en épocas pasadas a algún establecimiento público de culto, que aún no hubieran sido objeto de ningún decreto de atribución. Algunos de éstos tendrán una profunda carga simbólica, como ocurre con la gruta de Lourdes, que es entregada a la asociación diocesana de Tarbes. Esta norma será prorrogada el 31 de diciembre de 1942, *por una duración de 6 meses después del cese de las hostilidades.*[829]

La Ley de 2 de noviembre de 1941 permitirá a los departamentos conceder subvenciones a favor de los centros docentes privados, sobre la base de la precariedad de sus recursos, lo cual pudiera conllevar su cierre.[830]

Una Ley de 8 de abril de 1942 suprime el delito de congregación no autorizada, y prevé un procedimiento de reconocimiento legal de las confesiones religiosas, mediante un Decreto emitido previo parecer favorable del Consejo de Estado, relajando el régimen anterior, que exigía una *Ley ad hoc*. En un primer momento esta norma será aplicada a las carmelitas de Créteil, autorizadas por Decreto de 27 de agosto de 1943. Además se extiende a las asociaciones cultuales el beneficioso régimen fiscal propio de las entidades de utilidad pública.[831]

La Ley de 25 de diciembre de 1942, modifica el artículo 19 de la Ley de 9 de diciembre de 1905, permitiendo a las asociaciones diocesanas recibir *liberalidades testamentarias y entre vivos, destinadas al cumplimiento de su objeto*. Asimismo precisa que las cantidades satisfechas en concepto de reparaciones de edificios de culto, (con independencia de

---

[828] AMSON, DANIEL. *La Querelle religieuse.* Odile Jakob. París. 2004. Página 320.

[829] ÉTÈVENAUX, JEAN. *L'Église et l'État. La grand histoire de la laïcité.* Saint-Léger Éditions. 2012. Página 196. DUCOMTE, JEAN MICHEL. *La Loi de 1905. Quand l'État se séparait des Églises.* Milan. Toulouse. 2005. Página 41.

[830] BAUBÉROT, JEAN. *Histoire de la laïcité en France.* Presses Universitaires de France. París. 2000. Página 100.

[831] ÉTÈVENAUX, JEAN. *L'Église et l'État. La grand histoire de la laïcité.* Saint-Léger Éditions. 2012. Páginas 196 y 197. BAUBÉROT, JEAN. *Histoire de la laïcité en France.* Presses Universitaires de France. París. 2000. Página 99. LATREILLE, A. y RÉMOND, R. *Histoire du Catholicisme en France. III. La période Contemporaine.* Editions Spes. París. 1962. 2ª Edición. Página 613.

estar o no clasificados como monumentos históricos), no serían consideradas como subvenciones. Estas normas son mantenidas con motivo de la *Liberación* y permanecen en vigor hoy en día.[832]

Llega incluso a plantearse la negociación de un posible nuevo Concordato, pero todo quedó en agua de borrajas. Detrás de las intenciones en este sentido manifestadas por Pierre Laval, se encuentra, en opinión de ÉTÈVENAUX, el deseo no declarado de controlar a los obispos, pero Pío XII se cuida mucho de no tener cuentas ni servidumbres abiertas con el Estado francés.[833]

6. LA REINSTAURACIÓN REPUBLICANA AL TERMINAR LA II GUERRA MUNDIAL

La declaración del episcopado francés de 13 de noviembre de 1945, incidirá en los posibles sentidos del término *laicidad* susceptibles de ser aceptados por parte de la Iglesia. Uno de ellos consistiría en entender la soberana autonomía del Estado en su dominio del orden temporal, su derecho a regir sólo toda la organización política, judicial, administrativa, fiscal y militar, y todo lo que afecta a la técnica política o económica. Así interpretada, la laicidad estaría en plena conformidad con la doctrina católica. La Iglesia no tendría por qué inmiscuirse en los asuntos políticos del Estado. Un segundo sentido, asimismo admisible, consistiría en la denominada *laicidad del Estado,* entendida como el que en un país dividido por diferentes creencias religiosas, el Estado debe dejar libertad a cada ciudadano para que pueda practicar sin obstáculos su propia religión. Por el contrario, no cabría admitir la *laicidad* si la misma fuera entendida como *una concepción materialista y atea de la vida humana y de la sociedad* y *un sistema de Gobierno político que impone esta concepción a los funcionarios hasta en su vida privada, en las escuelas públicas, y a toda la nación.* Ni tampoco como *la voluntad del Estado de no someterse a ninguna moral superior y de no reconocer otra cosa que su propio interés, como regla de su acción.* Estamos ante una toma

---

[832] BARBIER, MAURICE. *La Laïcité.* L'Harmattan. París. 1995. Página 56. ÉTÈVENAUX, JEAN. *L'Église et l'État. La grand histoire de la laïcité.* Saint-Léger Éditions. 2012. Página 196.

[833] ÉTÈVENAUX, JEAN. *L'Église et l'État. La grand histoire de la laïcité.* Saint-Léger Éditions. 2012. Página 195.

de posición especialmente oportuna, pues se enmarca en el momento previo al inicio del nuevo debate constitucional inmediatamente posterior a la II Guerra Mundial, y que contrasta con tomas de posición previas del episcopado.[834]

En 1946, un Gobierno tripartito rige los destinos del país: comunista, socialista y los democratacristianos del MRP, (Movimiento Republicano Popular). En 1945 las mujeres han conseguido el derecho al voto, no sin ciertas suspicacias desde la izquierda anticlerical, por el temor a la sumisión de las mismas al clero.[835] Al acabar la II Guerra Mundial, la nueva Constitución de 27 de octubre de 1946 afirma solemnemente en su artículo 1 que Francia es una República *laica,* a propuesta del partido comunista y con la aquiescencia del MRP en el debate suscitado el 21 de agosto de 1946, por entender que la laicidad, entendida en el sentido de *neutralidad* del Estado, *era conforme a la tradición republicana.* La enmienda venía precedida de una Exposición de motivos en la que se afirmaba que *es necesario que la laicidad del Estado, que se traduce por la separación de la Iglesia y del Estado, y el principio de que el Estado no reconoce ni protege ningún culto, ni ninguna religión, sean inscritos en la Constitución.*[836] Curiosamente, se trata de una cuestión que no va a suscitar gran controversia. Para Alfred Coste-Floret, miembro del MRP y ponente en la comisión constitucional, que acepta la enmienda comunista, la laicidad deberá ser entendida *en el sentido de la neutralidad del Estado.* Maurice Schuman incidirá en que la laicidad conlleva la independencia frente a toda autoridad no reconocida por el conjunto de la Nación, con el fin de permitir a la propia nación comportarse imparcialmente frente a cada uno de los miembros de la comunidad nacional, sin establecer favoritismos de uno u otro tipo. De la laicidad se harán derivar tanto la neutralidad, como la libertad de conciencia. Para el comunista Etienne Fajon, uno de los autores de la enmienda, la laicidad implica *la neutralidad del Estado frente a todas las religiones y todos los cultos.* El socialista

[834] BARBIER, MAURICE. *La Laïcité.* L'Harmattan. París. 1995. Página 61. TAWIL, EMMANUEL. *Laïcité de l'État & liberté de l'Église.* Artège. Perpignan. 2013. Páginas 103 a 106.

[835] BAUBÉROT, JEAN. *Histoire de la laïcité en France.* Presses Universitaires de France. París. 2000. Página 101.

[836] *Francia es una República indivisible, laica, democrática y social,* artículo 1. *La organización de la enseñanza pública, gratuita y laica en todos los grados es un deber del Estado,* (Preámbulo).

André Philip, presidente de la comisión constitucional, entenderá que la laicidad es *la afirmación de un cierto número de valores positivos y es ese el sentido profundo de la moral laica,* implicando la independencia del Estado frente a todas las opiniones filosóficas y religiosas.[837]

Una afirmación que vuelve a reiterarse en la Constitución de 1958, en la cual viene a añadirse la afirmación que la República *respeta todas las creencias*. En este momento histórico, la idea de laicidad ha dejado de estar bajo sospecha de encubrir una posible instrumentalización antirreligiosa, especialmente contra la Iglesia católica. La laicidad había sido previamente aceptada por la Asamblea episcopal francesa celebrada el 13 de noviembre de 1945, como una *souveraine autonomie de l'État.*[838] Los Preámbulos de las Constituciones de 1946 y 1958, al hacer alusión explícita a la Declaración de 1789, han introducido una *curiosa* referencia a *la presencia* y a *los auspicios del Ser supremo,* en el Estado laico por excelencia de Europa occidental.[839]

El gran debate que se abre en la Francia de postguerra va a ser dilucidar qué va a ocurrir con la financiación pública de la enseñanza privada, una cuestión que se acababa de plantear con la legislación escolar del Gobierno de Vichy, y que es bien vista por amplios sectores católicos, que desean mantener dicha financiación. La Constitución de 1946 encomienda al Estado *la organización de la enseñanza pública gratuita en todos los grados.* Desde los sectores más laicos se sostiene que la escuela pública debe financiarse con fondos públicos, y la escuela privada con fondos privados.[840] Los Decretos Poinso-Chapuis de 1948 otorgan ayudas financieras a la escolarización de menores en situación económica precaria. Un paso más allá en esta dirección es dado en 1951 por las Leyes Marie y Barangé, la primera extiende el sistema de becas estatales a los alumnos de las escuelas privadas, y la segunda contempla

---

[837] BARBIER, MAURICE. *La Laïcité.* L'Harmattan. París. 1995. Páginas 59 a 61. TAWIL, EMMANUEL. *Laïcité de l'État & liberté de l'Église.* Artège. Perpignan. 2013. Páginas 101 y 102.

[838] BAUBÉROT, JEAN. *Histoire de la laïcité en France.* Presses Universitaires de France. París. 2000. Páginas 101 y 102. DUCOMTE, JEAN MICHEL. *La Loi de 1905. Quand l'État se séparait des Églises.* Milan. Toulouse. 2005. Página 42.

[839] ÉTÈVENAUX, JEAN. *L'Église et l'État. La grand histoire de la laïcité.* Saint-Léger Éditions. 2012. Página 212.

[840] *À école publique, fonds publics, à école privée, fonds privés,* sic.

una especie de cantidad mensual por alumno, sin discriminar entre la escuela pública y la privada.[841]

La Constitución de 1958 volverá a calificar a Francia, como una República *laica,* sin definir esta última palabra. Aunque algunos obispos mostraron su deseo de suprimir dicha palabra, lo cierto es que la misma será mantenida, pues supone un paso adelante, desde el sentimiento de un amplio sector de la sociedad francesa, al que no se está dispuesto a renunciar. Monseñor Chappoulie, obispo de Angers, considerará que este término, *laica,* se *presta a peligrosos equívocos*, pero que puede ser *aceptable,* si el mismo se interpreta como que *el poder temporal se distingue del espiritual*, por lo que a su modo de ver, no impediría que los católicos pudieran votar a favor de la Constitución. A esta misma conclusión llegará monseñor Lefebvre, obispo de Bourges, en una declaración *más prudente,* así como otros prelados franceses, que afirmarán que el mantenimiento de dicho vocablo no obligaba a los católicos a abstenerse o a votar en contra de la nueva Constitución.[842]

El 31 de diciembre de 1959, la Ley Debré *resuelve* el problema de la guerra escolar, al entender que la enseñanza privada *ha adquirido sus cartas de nobleza republicana,* permitiendo a los establecimientos de enseñanza privados con ideario propio, en su inmensa mayoría de titularidad católica, la posibilidad de ser financiados con fondos públicos, y sentó las bases de los centros concertados con contrato simple o de asociación, suponiendo un jaque mate a la laicización total del sistema educativo, siendo objeto de una profunda controversia social, recogiéndose infructuosamente en su contra 11 millones de firmas. En contrapartida a las importantes ayudas económicas reconocidas, (retribución de los docentes, y sostenimiento de los gastos de funcionamiento por el Estado), los programas de enseñanza deberán ser adaptados, y los alumnos tendrán que ser aceptados *sin distinción de origen, de opiniones o de creencia ... en el respeto total a la libertad de conciencia.* Los centros docentes que suscriban el oportuno convenio con el Estado, conservarán su *carácter propio,* que en la inmensa mayoría de los casos tendrá carácter confesional. La Ley es aprobada en la Asamblea Nacional por 427 votos a favor y únicamente 71 votos en contra, (entre ellos básicamente parlamentarios

---

[841] DUCOMTE, JEAN MICHEL. *La Loi de 1905. Quand l'État se séparait des Églises.* Milan. Toulouse. 2005. Página 43.

[842] BARBIER, MAURICE. *La Laïcité.* L'Harmattan. París. 1995. Páginas 63 y 64.

comunistas y socialistas).[843] Este marco jurídico ha sido actualizado por la Ley Guermeur en 1977, y más tarde en 1985, tras la retirada del proyecto presentado por el ministro socialista de Educación, Alain Savary, que en 1984 había pretendido hacer desaparecer el sistema de enseñanza privada concertada, suscitando grandes manifestaciones en contra. Por otra parte un Decreto de 22 de abril de 1960, permite crear capellanías en centros escolares públicos, a instancias de los padres.[844]

7. CUESTIONES CANDENTES

La no aplicación de la Ley de separación de 1905 en determinadas partes del territorio de la República francesa a día de hoy, como ocurre con Haut-Rhin, Bas-Rhin y Moselle, y en los territorios de ultramar es vista por autores como DUCOMTE[845] como un anacronismo histórico, ahora que se han apaciguado las pasiones que suscitó su promulgación y puesta en acción, que no puede tratar de ser justificado con argumentos como la necesidad de compensar a la Iglesia por la nacionalización de sus bienes en épocas revolucionarias pretéritas.

El complejo fenómeno que representan las denominadas *sectas*, presenta problemas de no siempre fácil solución, y cuestiones cuya respuesta es con frecuencia difícil. Con ironía señala DUCOMTE[846] que *una religión es un secta que ha triunfado*,[847] y aunque cuestiones como la *manipulación mental* o la *desestabilización psicológica* deben ser re-

843 DELANNOY, JEAN-PIERRE. *Le centenaire de la Loi de Separation du 9 decembre de 1905: Commemoration d'un evenement juridique ou reaffirmation du príncipe du laïcité?* En: *ADEE*. Vol. XXII. 2007. Página 436. DUCOMTE, JEAN-MICHEL. *La laicïcité*. Milan. Toulouse. 2009. Página 62.

844 POUCET, BRUNO. *L'application de la loi Debré*. En: WEIL, PATRICK. *Politiques de la Laïcité au XXe siècle*. PUF. París. 2007. Páginas 505 a 530. ÉTÈVENAUX, JEAN. *L'Église et l'État. La grand histoire de la laïcité*. Saint-Léger Éditions. 2012. Página 203. JUSDADO RUIZ-CAPILLAS, MIGUEL ÁNGEL. *Laicismo en Francia: Precedentes de la Ley de Separación de 1905. (En el Centenario de la Ley)*. En: *ADEE*. Vol. XXII. 2006. Páginas 351 y 352.

845 DUCOMTE, JEAN MICHEL. *La Loi de 1905. Quand l'État se séparait des Églises*. Milan. Toulouse. 2005. Página 46.

846 DUCOMTE, JEAN MICHEL. *La Loi de 1905. Quand l'État se séparait des Églises*. Milan. Toulouse. 2005. Página 48.

847 *Une religion, c'est une secte qui a réussi*, sic.

chazadas, la aplicación del propio concepto de secta resulta francamente difícil, arduo, y arriesgado.

La irrupción en escena del islam ha supuesto un nuevo factor, que no estaba previsto en 1905, y en el que converge la influencia de consideraciones de política internacional, que no contribuyen necesariamente a facilitar la adopción de una serena perspectiva a la hora de afrontar su tratamiento jurídico. La Ley de 1905 no propone solución alguna de cara a afrontar los nuevos retos que el islam suscita, habiendo resultado infructuosos los esfuerzos de las autoridades públicas por conseguir unos *interlocutores cualificados* con los que organizar el culto musulmán, una aspiración que puede ser legítima, pero que por otro lado puede muy bien ser entendida como contraria a la inspiración de la Ley de 1905, que prohíbe a los poderes públicos reconocer ningún culto, pues apunta más bien a la vieja política napoleónica del sistema de *cultos reconocidos*. Tal vez sea pronto para juzgar el intento del Gobierno de Jacques Chirac de resolver este problema creando el *Conseil français du culte musulman*, CFCM, no faltando voces críticas como la de DELACAMPAGNE, que se cuestionan hasta qué punto es suficientemente representativo, y transparente su elección.[848]

El propio DELACAMPAGNE cree que es preciso proceder a adaptar la Ley de 1905, a los retos que presenta el islam, defendiendo un mayor control de las autoridades públicas sobre las reuniones de la comunidad islámica y sus ceremonias religiosas, (algo no necesariamente llamado a ser aceptado unánimemente, o al menos sin controversia), y aplicando con celo los límites de orden público sobre cuestiones que pueden vulnerar principios comúnmente aceptados en la sociedad francesa, en lo que respecta a la posición de la mujer en sus relaciones con el hombre, o vigilando y sancionando suficientemente eventuales incitaciones o llamamientos al odio religioso, e inspeccionando el discurso sostenido en algunas escuelas musulmanas privadas. A ello, se uniría una eventual necesidad de controlar la *coloración ideológica* de las fuentes *extranje-*

---

[848] DELACAMPAGNE, CHRISTIAN. *Adapter la loi à notre temps.* En: ZARKA, CHARLES YVES. *Faut-il reviser la Loi de 1905?* Presses Universitaires de France. París. 2005. Páginas 88 y 89. DUCOMTE, JEAN MICHEL. *La Loi de 1905. Quand l'État se séparait des Églises.* Milan. Toulouse. 2005. Página 51. RÉMOND, RENÉ. *Les raisons d'une révision.* En: ZARKA, CHARLES YVES. *Faut-il reviser la Loi de 1905?* Presses Universitaires de France. París. 2005. Página 77.

ras que financian el culto musulmán, y el riesgo de apoyo económico a actividades terroristas, o cuando menos, contrarias al orden público y los principios constitucionales franceses, sin contar con el problema de la formación de los ministros de culto musulmanes, o la necesidad de facilitar la construcción de mezquitas, en un país en que la minoría musulmana carece de la red de iglesias, templos o sinagogas de las comunidades católica, protestante o judía. Se trata de planteamientos a nuestro juicio que son extremadamente sensibles, y que en función de cómo se pongan en práctica pueden resolver la cuestión de la integración del islam, o por el contrario, constituir una agravamiento del problema, conllevando incluso una vulneración de derechos fundamentales. Los conflictos planteados sólo se pueden resolver aplicando a estos ciudadanos los mismos derechos y obligaciones que se aplican al resto, respecto de los cuales el Estado no actúa teniendo en cuenta cuál es su religión.[849]

La diversidad religiosa en el espacio escolar ha marcado la agenda de la discusión jurídica, especialmente en lo relativo a los *símbolos religiosos*. El Consejo de Estado en su pronunciamiento de 27 de septiembre de 1989, ha subrayado que la enseñanza debe ser dispensada dentro del respeto a la *neutralidad de los programas y de los educadores*, así como de la *libertad de conciencia de los alumnos*. El informe Stassi, entregado el 11 de diciembre de 2003 aboga por la supresión en el espacio educativo público de los símbolos religiosos ostentosos que indiquen una determinada adscripción religiosa por parte de los alumnos.[850]

---

[849] ARECES PIÑOL, MARÍA TERESA. *Francia: Cien años de laicidad.* En: *Laicidad y Libertades. Escritos Jurídicos.* Número 5. Volumen I. Madrid. 2005. Página 93. DELACAMPAGNE, CHRISTIAN. *Adapter la loi à notre temps.* En: ZARKA, CHARLES YVES. *Faut-il reviser la Loi de 1905?* Presses Universitaires de France. París. 2005. Páginas 94 y ss.

[850] DUCOMTE, JEAN MICHEL. *La Loi de 1905. Quand l'État se séparait des Églises.* Milan. Toulouse. 2005. Página 58 y 59.

CONCLUSIONES

Las causas que justifican la génesis de la Ley de separación pueden ser de dos tipos: coyunturales y estructurales. Las primeras explicarían su origen en una serie de hechos puntuales e imprevistos, que se concatenan en un breve periodo de tiempo, como son el affaire Dreyfus y sus consecuencias, el resultado de la ofensiva anticlerical frente a la intransigencia teocrática de Pío X, (por otro lado comprensible en su contexto histórico),[851] la crisis por las nominaciones episcopales, y la ruptura del Concordato y de relaciones diplomáticas entre París y el Vaticano. Quizás la historia hubiera sido muy distinta si Combes no hubiera sustituido a Waldeck-Rousseau, el 6 de junio de 1902, o si a la muerte de León XIII, el 20 de julio de 1903, su sucesor hubiera sido el francófilo Rampolla en lugar del poco diplomático Patriarca de Venecia, Giuseppe Sarto, el futuro Pío X. Pero también cabe una explicación estructural, que se basa en una perspectiva a largo plazo, que situaría a la Ley de separación como el resultado de una larga evolución histórica que supone el jaque mate del modelo concordatario de cultos reconocidos diseñado por Napoleón, y con ello los últimos vestigios del Antiguo Régimen que unían a una Iglesia aún nacional, con un Estado incompletamente secularizado. Sería el colofón de un proceso que se inicia en la Edad Media con las trifulcas entre Felipe IV, el Hermoso, y Bonifacio VIII, y que encuentra su continuación en el Renacimiento con la Reforma y la lucha por el reconocimiento de la libertad religiosa, o al menos de la tolerancia, y cuya

[851] SÉVILLIA, JEAN. *Quand les catholiques étaient hors la loi.* Perrin. París. 2006. Página 191.

penúltima etapa se encuentra en la Revolución, cuya obra secularizadora habría sido cerrada en falso por Bonaparte. SCOT pone el dedo en la llaga al incidir en la paradójica situación de un Presidente del Gobierno que se aferra a la aplicación del modelo concordatario de designación de obispos, y que a la vez está sentando las bases para denunciarlo, y cómo una minoría de representantes parlamentarios favorable a la separación, va a ser la que finalmente se lleve el gato al agua. Todo ello lleva a tener que analizar de manera conjunta un escenario general de estructuras sociales, mentales o culturales, sino también sus relaciones con iniciativas políticas coyunturales, que contribuyen decisivamente al desencadenamiento de los hechos, tal y como acontecieron. El cambio de mayoría parlamentaria que se opera entre 1902 y 1905 se debe no sólo a la ruptura circunstancial de relaciones diplomáticas con el Vaticano, sino también al influjo que ejercerá en la mentalidad de las gentes, (y de su clase política), la ideología de los ilustrados y revolucionarios del siglo XVIII.[852]

La República defiende los principios de neutralidad y libertad religiosa y de conciencia, unas ideas que van en contra de las líneas ideológicas que inspiran el programa concordatario. De este modo, el derecho de libertad de culto va a encontrar su fundamento en el principio de libertad de conciencia, que se atribuye de manera prácticamente ilimitada, y no únicamente circunscrita a un cierto número tasado de cultos *reconocidos,* no pudiéndose aceptar el mero reconocimiento del derecho de libertad religiosa a un limitado conjunto de ciudadanos, lo cual tiene como consecuencias, a título de ejemplo, la derogación de la Ley de 18 de noviembre de 1814, que imponía el descanso dominical, de los artículos 280 y 296 del decreto de 13 de octubre de 1863, sobre el carácter religioso de los honores militares, la supresión de las plegarias públicas al comienzo de las sesiones parlamentarias, o la misa del Espíritu Santo, al principio del año judicial, poniéndose fin a la enseñanza religiosa en la educación primaria, a la par que se garantiza la laicidad del personal docente.[853]

A pesar del carácter moderado de alguno de sus protagonistas, como Briand, la separación va a ser *abrupta*, al tener lugar en un clima viciado y conflictual. La Ley es adoptada por una amplia mayoría parlamentaria,

[852] SCOT, JEAN PAUL. *L'État chez lui, l'Église chez elle. Comprendre la loi de 1905.* Le Seuil. París. 2005. Páginas 117 y 118.

[853] LENIAUD, JEAN-MUCHEL. *L'Administration des Cultes pendant la période concordataire.* Nouvelles Editions Latines. París. 1988. Páginas 26 y 27.

pero con una oposición importante, (341 diputados a favor frente a 233 en contra y 181 senadores contra 102), y muchas de sus disposiciones o bien son inadaptadas, o resultan muy difícil de aplicar, por lo que resulta *inadecuado,* o cuando menos *excesivo,* hablar de la existencia de un *pacto laico*. El prestigioso constitucionalista DUGUIT, enemigo por cierto de los sistemas de representación mayoritaria y defensor de los sistemas proporcionales, criticará el modo de formación de las mayorías parlamentarias entre 1881 y 1919, por no representar más que a una minoría del país, al entender que no es sino un falso señuelo creer que son fiel imagen de la mayoría del país, y de forma estimada calculará, que los 341 diputados que aprueban la Ley, representaban a 2.647.315 electores, sobre 10.967.000 inscritos, es decir, un cuarto del total.[854] No fue una Ley *negociada,* sino *impuesta* a la Iglesia. Es percibida por la Iglesia de forma desgarrada como una sanción, y un acto de hostilidad. Paradójicamente, la separación se hace de modo incompleto, pues se limita a suprimir la financiación pública a las confesiones religiosas, pero reserva al Estado determinadas prerrogativas que son abusivas, que exceden sus competencias legítimas, como la imposición de un patrón organizativo homogéneo, (el de las asociaciones cultuales), a una serie de confesiones religiosas de muy diversa naturaleza y características organizativas, desconociendo la especificidad de la Iglesia católica. Se aprecia una excesiva tendencia a legislar y a olvidar lo que exigiría una estricta neutralidad. Por ello estamos ante una separación imperfecta e inacabada, como señala BARBIER.[855]

Con la consolidación del principio de laicidad del Estado, la Iglesia y el Estado se separan, no por acuerdo mutuo, sino de forma abrupta, primero de hecho, y luego de derecho. Ello supone también un antes y un después en la historia de las relaciones entre la Iglesia y el Estado en Francia, supone el final de un movimiento neogalicano en que el Estado soberano aspira a ejercer el control sobre una Iglesia sumisa, y cuyo último heredero será el mismísimo Combes, partidario de mantener el control sobre las nominaciones episcopales, al utilizar el Concordato

[854] DUGUIT, LÉON. *Traité de Droit Constitutionnel.* Tomo II. Ed. Boccard. París. 1927. Páginas 728 a 732. POULAT, ÉMILE. *Notre laïcité publique. "La France est une République laïque".* Berg. París. 2003. Página 112.

[855] BARBIER, MAURICE. *La Laïcité.* L'Harmattan. París. 1995. Páginas 50 y 51.

napoleónico como un instrumento neogalicano con el que ejercer un control sobre la Iglesia.[856]

Un significativo sector de los católicos franceses vivirán como un verdadero drama la discusión, aprobación y puesta en práctica de la Ley de separación, al hacer saltar por los aires el *manto protector* que representaba el Concordato. Con el fin de la *tutela* estatal, desaparecen también algunos de sus efectos *colaterales,* como la injerencia estatal en la designación de las diócesis católicas y la dependencia económica frente al Estado, que no necesariamente redundaban en beneficio de la Iglesia, la cual recupera su plena autonomía organizativa y su independencia material frente al poder público. A largo plazo ambas consecuencias redundarán en la configuración de una Iglesia más libre e independiente, aunque de ello no se dieran cuenta muchos de los católicos que hace un siglo vivieron en primera persona el desarrollo de los acontecimientos. Como señalara el diputado conservador católico Denys Cochin, al embajador de Francia en Italia, Barrère, en 1921, *Pío X no ha sabido ver que la Ley de 1905 marcaba una parada de la persecución religiosa*, y que *ha habido un límite que ni los más ardientes han querido y osado sobrepasar.*[857] Es decir, la propia intransigencia de Pío X, hizo que la Ley de separación de 1905 tuviera unas consecuencias que van a ir más allá de lo que la propia Ley establecía, llamando la atención que un par de décadas más tarde, se superase la disputa con la fórmula de las *asociaciones diocesanas*, que muy bien pudiera haberse ensayado dos décadas antes, como las *asociaciones parroquiales,* apadrinadas por monseñor Mignot, en la diócesis de Albi, o la *asociación diocesana de la Gironde* diseñada por monseñor Lecot, arzobispo de Burdeos, de fugaz existencia (1906-1909), o las *asociaciones cultuales canónicas*, ligadas a monseñor Fulbert Petit, arzobispo de Besançon y monseñor Catteau, obispo de Luçon.

La separación se lleva a cabo de modo unilateral e incompleto.

1) Es el Estado quien decide poner fin a su compromiso previo de financiar a los cultos reconocidos. Es algo perfectamente posible desde el punto de vista de su plena soberanía legislativa. Pero lo hace con cierta *torpeza*, y sin concertación con las confesiones religiosas afectadas, sin

[856] SCOT, JEAN PAUL. *L'État chez lui, l'Église chez elle. Comprendre la loi de 1905*. Le Seuil. París. 2005. Página 341 y 344.

[857] MAYEUR, JEAN-MARIE. *La question laïque. XIXe-XXe siècle*. Fayard. 1997. Página 114.

molestarse en denunciar formalmente el Concordato con la Santa Sede, con la cual se acaban de romper relaciones diplomáticas en 1904. A ello hay que unir que a pesar de la moderación de algunos de sus protagonistas, como Briand, se realiza en malas condiciones y en un clima de conflicto. Se adopta por una clara mayoría parlamentaria, pero también con una importante oposición, que impide hablar de la existencia de un *pacto laico,* o al menos, hacerlo sin falsear la realidad.[858] Aunque autores como Jean Baubérot han defendido con ardor la idea de un *pacto laico,*[859] que ha seducido especialmente a la Federación protestante de Francia y a la *Ligue française de l'enseignement,* llegándose a elaborar en 1989 el documento *Vers un nouveau pacte laïque?,* lo cierto es que algunos autores no dejan de mostrar una cierta distancia sobre dicha apreciación de los hechos históricos, hablando con sutil ironía del *pacto no encontrable,* para ello POULAT se basa en que dicha idea *pactista* descansa sobre una *ficción sociológica,* de un pacto anterior, *del cual nadie ha oído hablar,* pues si se repasan los acontecimientos históricos, resulta imposible ocultar la *violencia fundacional* que impuso la separación, tras un siglo de Concordato, que en términos comparativos fue una *luna de miel.* La Ley de separación no surge de un *acuerdo* entre las *partes* implicadas, sino más bien un *acto de fuerza,* viniendo a poner fin a la obra laica acometida por la Revolución, y que había sido clausurada por el Concordato. No olvidemos que el *liberal* Jacques Piou, denunció en la Cámara el 12 de noviembre de 1906, en nombre de los católicos franceses, esta *ley perseguidora* y *llena de trampas.* Por lo tanto si estamos ante un *pacto,* habría que definir *dónde* y *cuándo* tuvo lugar, *entre qué actores* y sobre *qué base.* En 1905 los espíritus estaban enfrentados, las posiciones contrapuestas, y de tal manera rígidas que resulta *quimérico,* e incluso *superfluo,* tratar de buscar un punto común de consenso.[860]

2) Se pone en práctica de un modo incompleto, al contemplarse excepciones de carácter geográfico, (Alsacia-Mosela y territorios de ultramar), así como de comprensión de la misma, y aplicarse de un modo

---

858 BARBIER, MAURICE. *La Laïcité.* L'Harmattan. París. 1995. Página 50.

859 BAUBÉROT, JEAN. *Vers un nouveau pacte laïque?* Seuil. París. 1990.

860 POULAT, ÉMILE. *Notre laïcité publique. "La France est une République laïque".* Berg. París. 2003. Páginas 106 a 108.

sui generis. Así, el peso de la historia ha creado una situación particular, sorprendente en un país *laico, centralizado* y *cartesiano.*[861]

La Ley de separación de 1905 será vista por un amplio sector de los católicos franceses como una norma hostil, una *ley de combate* y una *monstruosa injusticia,* que será condenada por el Papa. Pero a la vez tendrá la paradójica *virtud* de no contentar tampoco a los radicales extremistas, que hubieran deseado imponer a la Iglesia católica unas reglas contrarias a sus principios de organización interna, sustrayéndola de la influencia de la Santa Sede. Por el contrario, sus progenitores pensaban en modelar una Ley de *compromiso* y de *pacificación*, pues era esa la verdadera intención de Briand y de Luis Méjean, que desde la sombra, tratan de situar a la Ley en tal dirección. La Ley de 1905 no privará a las confesiones religiosas del uso de los lugares de culto, instándose a las mismas a constituir las oportunas *asociaciones cultuales*, una *traje* que presenta especiales problemas de adaptación en el caso de la Iglesia católica, debido a su peculiar estructura jerarquizada, que sitúa a los obispos al frente de las respectivas diócesis, por ello se hará necesario llevarlo al *sastre*, para que ajuste el *patrón* al *cliente*, surgiendo de este modo las *asociaciones diocesanas.* Así, la Iglesia católica acabará también *pasando* bajo el *aro* de la separación.[862]

La sociedad se seculariza a marchas forzadas, y aunque la separación tiene una incidencia relativamente baja en las áreas de fuerte tradición religiosa, en las regiones en las que la misma es débil, acelera la descristianización, al instalarse la idea que *un verdadero republicano no frecuenta la Iglesia.* En ciudades como Limoges, la proporción de no bautizados que en 1899 era de únicamente el 2,5% de la población, llega al 34% en 1914, y el porcentaje de matrimonios civiles pasa del 14% en 1899, al 60% en 1915.[863]

---

[861] BEDOUELLE, GUY y COSTA, JEAN-PAUL. *Les lacïcités à la française.* PUF. París. 1998. Página 149. BOYER, ALAIN. *La loi de 1905 : de la guerre au dialogue. Réflexions autour de la loi de 1905.* En: MARTY, NICOLAS y GAUDELET, BRUNO. (Dir.) *Centenaire de la Loi de Séparation des églises et de l'État du 9 décembre 1905.* Presses Universitaires de Perpignan. Perpignan. 2007. Páginas 38 y ss.

[862] BOYER, ALAIN. *Le droit des religions en France.* Presses Universitaires de France. París. 1973. Páginas 45 y 46

[863] SÉVILLIA, JEAN. *Quand les catholiques étaient hors la loi.* Perrin. París. 2006. Página 229.

La Ley de separación de 1905 contribuye a consolidar en Francia un modelo de *derecho común*, demostrando una especial *plasticidad* para adaptarse a la evolución de la realidad francesa que la ha hecho pervivir por espacio de más de un siglo, algo que sin lugar a dudas pudiera sorprender a los *amantes de la legislación especial,* como NAVARRO VALLS,[864] tal vez porque como señala POLO SABAU,[865] *no hay nada más contemporáneo y por tanto menos anacrónico que la reivindicación de la efectiva vigencia del valor de la igualdad en materia de reconocimiento y tutela de los derechos fundamentales en el Estado constitucional.* Lo cual contrasta sin duda con la tendencia a convertirse en una *captación* de *ventajas y privilegios por los grupos socialmente predominantes en la que acaba convirtiéndose, con demasiada frecuencia, la regulación concordataria*, como ocurriera con el Concordato napoleónico, que en realidad era un arma de doble filo para la Iglesia católica, pues le hacía extraordinariamente dependiente del poder establecido, al estar condicionada respecto al mismo económicamente, y al producirse una intensa intervención del poder civil en el nombramiento de la jerarquía eclesiástica.

Coincidimos con ARECES PIÑOL en que el balance que se puede hacer un siglo después de la instauración del principio de laicidad en Francia a través de la Ley de separación de 1905, es en principio positivo, pues superados los conflictos iniciales, la laicidad francesa ha terminado por asentarse sobre el diálogo entre el poder civil y las confesiones religiosas, incluida la Iglesia católica, a partir de una pragmática adaptación a los nuevos retos planteados.[866]

---

[864] NAVARRO VALLS, RAFAEL. *La revisión de los acuerdos entre el Estado y la Santa Sede: entre necesidad y posibilidad.* En: *www.elconfidencial.com* Edición del 16 de febrero de 2012.

[865] POLO SABAU, JOSÉ RAMÓN. *Dimensiones de la libertad religiosa en el Derecho español.* Bosch. 2014. Páginas 50 y 51.

[866] ARECES PIÑOL, MARÍA TERESA. *Francia: Cien años de laicidad.* En: *Laicidad y Libertades. Escritos Jurídicos.* Número 5. Volumen I. Madrid. 2005. Página 94.

BIBLIOGRAFÍA

ACHI, RABERH. *Laïcité d'empire. Les débats sur l'application du régime de séparation à l'islam impérial.* En: WEIL, PATRICK. *Politiques de la Laïcité au XXe siècle.* PUF. París. 2007. Páginas 237 a 263.

ALBERTINI, PIERRE. *L'École en France du XIXe siècle à nos jours de la maternelle à l'universitè.* Hachette. París. 2006.

AMALVI, CHRISTIAN. *L'exemple des grands hommes de l'historire de France à l'école et au foyer (1814-1914).* En: CABANEL, PATRICK. *Religion et culture dans les societés et dans les États européens de 1800 à 1914.* Editions Jacques Marseille. París. 2001. Páginas 374 a 394.

AMALVI, CHRISTIAN. *«La guerre de Cents Ans»: affrontements de mémoire et croisades religieuses liées au passé national en France de 1800 à1914.* En: FRÉCHET, HÉLÈNE. (Coord.) *Religion et culture de 1800 à 1914.* Editions du Temps. París. 2001. Páginas 193 a 226.

AMSON, DANIEL. *La Querelle religieuse.* Odile Jakob. París. 2004.

ANNE, PIERRE. *La démission de monseigneur Le Nordez. Un fait décisif de la scission entre la France et le Saint-Siège.* En: SCHIAPPA, JEAN-MARC. (Coord.). *1905! La loi de séparation des Églises et de l'État.* Syllepse. París. 2005. Páginas 115 a 121.

ARECES PIÑOL, MARÍA TERESA. *Francia: Cien años de laicidad.* En: *Laicidad y Libertades. Escritos Jurídicos.* Número 5. Volumen I. Madrid. 2005. Páginas 59 a 94.

AYOUN, RICHARD. *Le judaïsme en France au XIXe siècle.* En: FRÉCHET, HÉLÈNE. (Coord.) *Religion et culture de 1800 à 1914.* Editions du Temps. París. 2001. Páginas 150 a 173.

BARATTE, LÉON. *Rapports de l'autorité civile et de l'autorité religieuse en matière de sépulture (ancien droit et droit actuel).* Association ouvrière. Le Mans. 1904. Página 118.

BARBIER, MAURICE. *La Laïcité.* L'Harmattan. París. 1995.

BARBIER, EMMANUEL. *Histoire du catholicisme liberal et du catholicisme social en France. Du Concile Vatican à l'avènement de S.S. Benoît XV, (1870-1914).* Tomo IV. Imp. Cadoret. Burdeos. 1923-1924.

BASDEVANT-GAUDEMET, BRIGITTE. *State and Church in France.* En: ROBBERS, GERHARD. (Ed.). *State and Church in the European Union.* Nomos Verlagsgesellschaft. Baden-Baden. 2005. Páginas 157 a 186.

BAUBÉROT, JEAN. *Vers un nouveau pacte laïque?* Seuil. París. 1990.

BAUBÉROT, JEAN. *Histoire de la laïcité en France.* Presses Universitaires de France. París. 2000.

BAUBÉROT, JEAN. *Des cultes reconnus à la laïcité. Religion, politique et culture dans la France du XIXe siècle.* En: FRÉCHET, HÉLÈNE. (Coord.) *Religion et culture de 1800 à 1914.* Editions du Temps. París. 2001. Páginas 227 a 248.

BAUBÉROT, JEAN. *Laïcité 1905-2005, entre passion et raison.* Seuil. París. 2004.

BAUBÉROT, JEAN. *La loi de 1905 est plus qu'une loi.* En: ZARKA, CHARLES YVES. *Faut-il reviser la Loi de 1905?* Presses Universitaires de France. París. 2005. Páginas 105 a 131.

BAUBÉROT, JEAN y MILOT, MICHELINE. *Laïcités sans frontières.* Seuil. París. 2011.

BAUDOUT, PIERRE-IVES. *La mort en attente de laïcisation (1887-1904).* En: WEIL, PATRICK. *Politiques de la Laïcité au XXe siècle.* PUF. París. 2007. Páginas 391 a 416.

BEDOUELLE, GUY y COSTA, JEAN-PAUL. *Les lacïcités à la française.* PUF. París. 1998.

BELLANGER, EMMANUEL. *La mort laïcisée, neutralisée et rationalisée. Municipalisation des pompes funèbres, syndicalisation des communes et magistère mayoral en banlieu Parísienne au XXe siècle.* En: WEIL, PATRICK. *Politiques de la Laïcité au XXe siècle.* PUF. París. 2007. Páginas 417 a 439.

BELLON, CHRISTOPHE. *La séparation des Eglises et de l'État. De la genèse à l'application de la loi de 1905.* En: *Histoires & Géographes.* Número 391. Páginas 193 a 220.

BENELBAZ, CLÉMENT. *Le principe de laïcité en droit public francais.* L´Harmattan. París. 2011.

BERTRAND, RÉGIS. *Limites d´une laïcisation de la mort.* En: CHANTIN, JEAN-PIERRE y MOULINET, DANIEL. (Dir.). *La Séparation de 1905. Les hommes et les lieux.* Les editions de l´atelier. París. 2005. Páginas 37 a 49.

BÉTHOUART, BRUNO. *Religion et culture en Europe Occidentale de 1800 a 1914.* Editions du Temps. París. 2001.

BEYLARD, HUGES. *Au service de la presse: Paul Feron-Vrau, 1864-1955.* Les editions du Centurion. París. 1961.

BINCHY, DANIEL ANTHONY. *Church and State in Fascist Italy.* Oxford University Press. Oxford. 1941.

BON, DENIS. *El caso Dreyfus.* Editorial de Vecchi. Barcelona. 2000.

BONAFOUX, CORINNE. *Les enjeux politiques et culturels de la liberté de l´enseignement en France, 1800-1914.* En: FRÉCHET, HÉLÈNE. (Coord.) *Religion et culture de 1800 à 1914.* Editions du Temps. París. 2001. Páginas 279 a 291.

BONAFOUX, CORINNE. *La relance de la question de la laïcité au tournant des années 1920.* En: WEIL, PATRICK. *Politiques de la Laïcité au XXe siècle.* PUF. París. 2007. Páginas 285 a 300.

BONNEFOY, JEANINE. *Catéchismes expression du cléricalisme et du pouvoir occulte (1870-1890).* L´Harmattan. París. 2001.

BONNET, JEAN-LOUIS. *L´enseignement religieux dans les écoles primaires publiques d´Alsace-Moselle.* En: MESSNER, FRANCIS y WOEHRLING, JEAN MARIE. *Les statuts de l´enseignament religieux.* Dalloz. París. 1996. Páginas 95 a 101.

BONET-MAURY, GASTON. *La liberté de conscience en France depuis l´Édit de Nantes jusqu´à la séparation (1598-1905).* Félix Alcan Editeur. París. 1909.

BOYER, ALAIN. *Le droit des religions en France.* Presses Universitaires de France. París. 1973.

BOYER, ALAIN. *La loi de 1905: de la guerre au dialogue. Réflexions autour de la loi de 1905.* En: MARTY, NICOLAS y GAUDELET, BRUNO. (Dir.) *Centenaire de la Loi de Séparation des églises et de l´État du 9 décembre 1905.* Presses Universitaires de Perpignan. Perpignan. 2007. Páginas 33 a 41.

BRULEY, YVES. (Recop.) *1905 La séparation des églises et de l´État. Les textes fondateurs.* Perrin. París. 2004.

CABANEL, PATRICK. *Le Dieu de la République. Aux sources protestantes de la laïcité, (1860-1900).* Presses Universitaires de Rennes. Rennes. 2003.

CABANEL, PATRICK. *Les mots de la Laïcité.* Presses Universitaires du Mirail. Toulouse. 2004.

CABANEL, PATRIK. *1905, la séparation des Églises et de l´État en 30 questions*. Geste. La Crèche. 2005.

CABANEL, PATRICK. *La révolte des Inventaires.* En: CHANTIN, JEAN-PIERRE y MOULINET, DANIEL. (Dir.). *La Séparation de 1905. Les hommes et les lieux.* Les editions de l´atelier. París. 2005. Páginas 91 a 108.

CABANEL, PATRICK. *Entre religions et laïcité. La voie française: XIXe-XXIe siècles*. Privat. París. 2007.

CAIRE-JABINET, MARIE PAULE. *Histoire des religions en France. (16e-20e siècles).* Armand Colin. París. 2000.

CAPÉRAN, LOUIS. *L´invasion laïque. De l´avènement de Combes au vote de la séparation*. Desclée de Brouver & Cie. París. 1935.

CAPÉRAN, LOUIS. *L´Anticléricalisme et l´affaire Dreyfus. 1897-1899.* Imprimiere Régionale. Toulouse. 1948.

CARPENTIER, JEAN y LEBRUN, FRANÇOIS. *Histoire de France.* Ed. du Seuil. París. 2000.

CASTRO JOVER, ADORACIÓN. *Laicidad y actividad positiva de los poderes públicos*. En: *Revista General de Derecho Canónico y Derecho Eclesiástico del Estado*. Número 3. Octubre de 2003. Iustel. 2003. Páginas 1 a 32.

CELADOR ANGÓN, ÓSCAR. *Religión y derechos humanos*. En: *Historia de los Derechos Fundamentales*, Tomo IV, Vol. 1, Libro II. Dykinson. Madrid. 2013. Páginas 579 a 624.

CELADOR ANGÓN, ÓSCAR. *Libertad de Conciencia y Escuela en Estados Unidos*. Dykinson. Madrid. 2013.

CHANTIN, JEAN-PIERRE. *Les cultuelles: des catholiques contre Rome?* En: CHANTIN, JEAN-PIERRE y MOULINET, DANIEL. (Dir.). *La Séparation de 1905. Les hommes et les lieux.* Les editions de l´atelier. París. 2005. Páginas 109 a 123.

CHARLIER-DAGRAS, MARIE-DOMINIQUE. *La Laïcité française à l´épreuve de l´intégration européenne. Pluralisme et convergences.* L´Harmattan. París. 2002.

CHOLVY, GÉRARD. *Les protestants.* En: CHOLVY, GÉRARD y HILAIRE, YVES-MARIE. *Histoire religieuse de la France Contemporaine. 1880/1930.* Privat. Toulouse. 1986. Páginas 36 a 50.

CHOLVY, GÉRARD. *Face à la sécularisation de l'enseignement primaire: une analyse quantitative des capacités de résistances des diocèses français (1879-1895).* En: CABANEL, PATRICK. *Religion et culture dans les societés et dans les États européens de 1800 à 1914.* Editions Jacques Marseille. París. 2001. Páginas 395 a 419.

CHOLVY, GÉRARD. *Le XIXe. «Grand siècle» des religieuses françaises.* Artège. Perpignan. 2012.

CORRAL SALVADOR, CARLOS. *Desenvolvimiento del régimen de laicidad en Francia desde 1905.* En: *Miscelanea Comillas.* Volúmenes 47-48. Páginas 751 a 753.

COULON, PAUL. *La Séparation en Afrique Équatoriale Française (1905-1921).* En: CHANTIN, JEAN-PIERRE y MOULINET, DANIEL. (Dir.). *La Séparation de 1905. Les hommes et les lieux.* Les editions de l'atelier. París. 2005. Páginas 185 a 199.

DA COSTA SEABRA, JOÃO MARÍA FÉLIX. *A Lei Portuguesa da Separação do Estado das Igrejas de 20 de abril de 1911.* Centro Cultural de Lisboa Pedro Hispano. Lisboa. 2008.

DA COSTA SEABRA, JOÃO MARÍA FÉLIX. *O Estado e a Igreja em Portugal no início do Século XX. A Lei da Separação de 1911.* Principia. Cascais. 2009.

DANE, PIERRE. *Les Dissidents du Bocage. De la Révolution à la «Petite Église».* Éditions du Petit Pavé. Saint-Jean des Mauvrets. 2004.

DANSETTE, ADRIEN. *Histoire religieuse de la France contemporaine. Sous la IIIème République.* Flammarion. 1951.

DARCOS, XAVIER. *L'Etat et les Églises. La question laïque.* Odile Jakob. París. 2006.

DARCOS, XAVIER. *La escuela republicana en Francia: obligatoria, gratuita y laica. La escuela de Jules Ferry, 1880-1905.* Prensas Universitarias de Zaragoza. Zaragoza. 2008.

DARMON, OLIVIER. *Judaïsme et République: l'acceptation de la loi de 1905.* En: MARTY, NICOLAS y GAUDELET, BRUNO. (Dir.) *Centenaire de la Loi de Séparation des églises et de l'État du 9 décembre 1905.* Presses Universitaires de Perpignan. Perpignan. 2007. Páginas 93 a 97.

DELACAMPAGNE, CHRISTIAN. *Adapter la loi à notre temps.* En: ZARKA, CHARLES YVES. *Faut-il reviser la Loi de 1905?* Presses Universitaires de France. París. 2005. Páginas 79 a 102.

DE LANESSAN, JEAN-LOUIS. *L´État et les églises en France depuis les origines jusqu´à la séparation.* Félix Alcan Editeur. París. 1906.

DELANNOY, JEAN-PIERRE. *Le centenaire de la Loi de Separation du 9 decembre de 1905: Commemoration d´un evenement juridique ou reaffirmation du príncipe du laïcité?.* En: *ADEE.* Vol. XXII. 2007. Páginas 423 a 444.

DELISLE, PHILIPPE. *Les Antilles: Séparation différée et apaisée.* En: CHANTIN, JEAN-PIERRE y MOULINET, DANIEL. (Dir.). *La Séparation de 1905. Les hommes et les lieux.* Les editions de l´atelier. París. 2005. Páginas 157 a 170.

DELLA SUDDA, MAGALI. *Les femmes catholiques à l´épreuve de la laïcité. La Ligue patriotique des Françaises ou la primière mobilisation fémenine de masse. (1902-1914).* En: WEIL, PATRICK. *Politiques de la Laïcité au XXe siècle.* PUF. París. 2007. Páginas 123 a 142.

DELMAIRE, DANIELLE. *Les communautés juives.* En: CHOLVY, GÉRARD y HILAIRE, YVES-MARIE. *Histoire religieuse de la France Contemporaine. 1880/1930.* Privat. Toulouse. 1986. Páginas 50 a 56.

DELMAIRE, DANIELLE. *Les juifs face à la Séparation.* En: CHANTIN, JEAN-PIERRE y MOULINET, DANIEL. (Dir.). *La Séparation de 1905. Les hommes et les lieux.* Les editions de l´atelier. París. 2005. Páginas 141 a 154.

DÉMIER, FRANCIS. *La France du XIXe siècle. 1814-1914.* Éditions du Seuil. París. 2007.

DE MONTCLOS, XAVIER. *Le Toast d´Alger. Documents.* De Boccard. 1966.

DENÈFLE, SYLVETTE. *Sociologie de la sécularisation. Être sans-religion en France à la fin du XXe siècle.* L´Harmattan. París. 1997.

DROCHON, JEAN-EMMANUEL B. *La Petite Église. Essai historique sur le schisme anticoncordataire.* Maison de la Bonne Presse. París. 1894.

DUCOMTE, JEAN MICHEL. *La Loi de 1905. Quand l´État se séparait des Églises.* Milan. Toulouse. 2005.

DUCOMTE, JEAN-MICHEL. *El modelo francés de laicidad y el debate sobre el código de laicidad en las instituciones públicas.* En: LLAMAZARES FERNÁNDEZ, DIONISIO. *Libertad de conciencia y*

laicidad en las instituciones y servicios públicos. Dykinson. Madrid. 2005. Páginas 339 y ss.
DUCOMTE, JEAN-MICHEL. *La laicïcité.* Milan. Toulouse. 2009.
DUCOMTE, JEAN-MICHEL. *Laïcité, Laïcité(s)?* Privat. Toulouse. 2012.
DUGUIT, L. *Traité de droit constitutionnel.* Tomo V. 2ª Edición.
DUMONS, BRUNO y MOULINET, DANIEL. *Les laïcs catholiques face à la Séparation.* En: CHANTIN, JEAN-PIERRE y MOULINET, DANIEL. (Dir.). *La Séparation de 1905. Les hommes et les lieux.* Les editions de l´atelier. París. 2005. Páginas 67 a 89.
DUTEIL, SIMON. *Laïcisation dans les colonies françaises. Le cas de Madagascar. (1904-1913).* En: WEIL, PATRICK. *Politiques de la Laïcité au XXe siècle.* PUF. París. 2007. Páginas 265 a 284.
ENCREVÉ, ANDRÉ. *Les protestants réformés face à la laïcisation de l´école au début des années 1880.* En: FRÉCHET, HÉLÈNE. (Coord.) *Religion et culture de 1800 à 1914.* Editions du Temps. París. 2001. Páginas 249 a 278.
ESMEIN, A. *Eléments de droit constitutionnel français et comparé.* Tomo II. Sirey. París. 1921.
ÉTÈVENAUX, JEAN. *L´Église et l´État. La grand histoire de la laïcité.* Saint-Léger Éditions. 2012.
FABRE, RÉMI. *Un siglo después de la Ley de separación de las Iglesias y el Estado. La laicidad francesa en entredicho.* En: *Historia contemporánea.* Número 42. Páginas 403 a 427.
FABRÉ, REMI. *L´élaboration de la loi de 1905.* En: WEIL, PATRICK. *Politiques de la Laïcité au XXe siècle.* PUF. París. 2007. Páginas 47 a 75.
FAVREAU, BERTRAND. *Georges Mandel ou la passion de la République.* París. Fayard. 1996.
FOYER, JEAN. La genèse de la loi de séparation. En: *Archives de Philosophie du Droit.* Número 48. 2004. Páginas 75-83.
FRANCE, ANATOLE. *L´Eglise et la Republique.* Bosch. Utrecht. 1964.
GAILLARD, JEAN-MICHEL. *Un siècle d´école republicaine.* Editions du Seuil. París. 2000.
GALLEGO BLANCO, E. *Relaciones entre la Iglesia y el Estado en la Edad Media.* Ediciones de la Revista de Occidente. Madrid. 1973.
GARRISON, JANINE. *L´Édit de Nantes et sa révocation.* Ed. du Seuil. París. 1985.
GAUTHIER, G. y NICOLET, C. (Ed.) *La Laïcité en mémoire.* Édilif. 1987. Páginas 203 a 215.

GIOLITTO, PIERRE. *Histoire de l´enseignement primaire au XXe siècle. L´organisation pédagogique.* Nathan. París. 1983.

GONZÁLEZ URIBE, H. *Teoría Política.* Ed. Porrúa. México. 1972.

GRAETZ, MICHAEL. *Les juifs en France au XIXe siècle. De la Révolution française à l´Alliance israélite universelle.* Seuil. París. 1989.

GUGELOT, FRÉDÉRIC. *La conversion des intellectuels au catholicisme en France. 1885-1935.* CNRS. París. 1998.

HARISMENDY, PATRICK. *Les protestants face à la Séparation.* En: CHANTIN, JEAN-PIERRE y MOULINET, DANIEL. (Dir.). *La Séparation de 1905. Les hommes et les lieux.* Les editions de l´atelier. París. 2005. Páginas 125 a 140.

HAURIOU, M. *Principes de Droit Public.* Sirey. 1910.

HERNÁNDEZ SÁNCHEZ, F. J. *Cartularios de Toledo. Catálogo Documental.* Fundación Ramón Areces. Madrid. 1996.

HILAIRE, Y.M. *L´école publique devient laïque.* En: CHOLVY, GÉRARD y HILAIRE, YVES-MARIE. *Histoire religieuse de la France Contemporaine. 1880/1930.* Privat. Toulouse. 1986. Páginas 57 a 66.

HILAIRE, Y.M. y FABRE, R. *Vers de nouveaux rapports entre les Eglises et l´Etat.* En: CHOLVY, GÉRARD y HILAIRE, YVES-MARIE. *Histoire religieuse de la France Contemporaine. 1880/1930.* Privat. Toulouse. 1986. Páginas 107 a 111.

HILAIRE, Y.M. *Vers de nouveaux rapports entre les Eglises et l´Etat.* En: CHOLVY, GÉRARD y HILAIRE, YVES-MARIE. *Histoire religieuse de la France Contemporaine. 1880/1930.* Privat. Toulouse. 1986. Páginas 111 a 113.

HILAIRE, Y.M. *Rome choisit l´intransigeance.* En: CHOLVY, GÉRARD y HILAIRE, YVES-MARIE. *Histoire religieuse de la France Contemporaine. 1880/1930.* Privat. Toulouse. 1986. Páginas 114 a 116.

HILAIRE, Y.M. *Des forces religieuses et morales revalorisées.* En: CHOLVY, GÉRARD y HILAIRE, YVES-MARIE. *Histoire religieuse de la France Contemporaine. 1880/1930.* Privat. Toulouse. 1986. Páginas 257 a 261.

HILAIRE, Y.M. *Castelnau fait reculer le Cartel des gauches.* En: CHOLVY, GÉRARD y HILAIRE, YVES-MARIE. *Histoire religieuse de la France Contemporaine. 1880/1930.* Privat. Toulouse. 1986. Páginas 282 a 294.

IANCU, CAROL. *Les juifs en France: De l´émancipation à l´intégration.* En: AMALVI, CHRISTIAN. (Coord.). *Mouvements religieux et culturels en France de 1800 à 1914.* Sedes. Lieja. 2001. Páginas 92 a 109.

JANSSEN, GUY. *La Petite Église en 30 questions.* Geste Éditions. La Crèche. 2006.

JAURÉS, JEAN. *Seamos laicos. Educación y laicidad.* Trama editorial. Madrid. 2011.

JOLY, LAURENT. *Les nationalistes et la loi de Séparation (1905-1906).* En: WEIL, PATRICK. *Politiques de la Laïcité au XXe siècle.* PUF. París. 2007. Páginas 99 a 121.

JUSDADO RUIZ-CAPILLAS, MIGUEL ÁNGEL. *Laicismo en Francia: Precedentes de la Ley de Separación de 1905. (En el Centenario de la Ley).* En: *ADEE.* Vol. XXII. 2006.

LADERO QUESADA, MIGUEL ÁNGEL. *Fiscalidad y poder real en Castilla (1252-1369).* Editorial Complutense. Madrid. 1993. Página 197.

LAFON, JACQUES. *Les prêtes, les fidèles et l´État. Le ménage a trois du XIXe siècle.* Beauchesne. París. 1987.

LALOUETTE, JACQUELINE. *La séparation des églises et de l´État.* Éditions du Seuil. París. 2005.

LANFREY, ANDRÉ. *Sécularisation séparation et guerre scolaire. Les catholiques françaises et l´école (1901-1914).* CERF. París. 2003.

LARKIN, MAURICE. *L´Église et l´État en France. 1905: La crise de la Séparation.* Privat. Toulouse. 2004.

LATREILLE, A. y RÉMOND, R. *Histoire du Catholicisme en France. III. La période Contemporaine.* Editions Spes. París. 1962. 2ª Edición.

LEDUC, JEAN. *L´enracinement de la république. 1879-1918.* Hachette. París. 1997.

LENIAUD, JEAN-MUCHEL. *L´Administration des Cultes pendant la période concordataire.* Nouvelles Editions Latines. París. 1988.

LLAMAZARES FERNÁNDEZ, DIONISIO. *Derecho de la Libertad de Conciencia. I. Libertad de conciencia y laicidad.* Thomson – Civitas. Madrid. 2007.

LLAMAZARES FERNÁNDEZ, DIONISIO. *Prólogo* a la obra: JAURÉS, JEAN. *Seamos laicos. Educación y laicidad.* Trama editorial. Madrid. 2011. Páginas 7 a 13.

LOCHAK, DANIÈLE. *La laïcité française à l´épreuve de l´intégration européenne. Pluralisme et convergences.* L´Harmattan. París. 2002.

MACÍAS OTÓN, ELENA. *La legislación reguladora del principio de laicidad en la escuela francesa.* En: *Anales de Derecho.* Número 26. 2008. Páginas 621 a 631.

MANSILLA REOYO, D. *Catálogo documental del Archivo Catedral de Burgos (804-1416).* Consejo Superior de Investigaciones Científicas. Instituto "Enrique Flórez". Madrid-Barcelona. 1971.

MARTY, NICOLAS. *L´emergence de la loi de 1905 et son contexte.* En: MARTY, NICOLAS y GAUDELET, BRUNO. (Dir.) *Centenaire de la Loi de Séparation des églises et de l´État du 9 décembre 1905.* Presses Universitaires de Perpignan. Perpignan. 2007. Páginas 23 a 32.

MAUDIT, ANNE-MARIE y MAUDIT, JEAN. *La France contre la France. La séparation de l´Église et de l´État. 1900-1906.* Plon. París. 1984.

MAYEUR, FRANÇOISE. *Histoire générale de l´enseignement et de l´éducation en France . III.* Nouvelle Libraire de France. 1981. Página 545.

MAYEUR, FRANÇOISE. *Histoire de l´enseignement et de l´éducation. III. 1789-1930.* Perrin. 2004.

MAYEUR, JEAN-MARIE. *La separation de l´Eglise et de l´État. (1905).* Firmin- Didot. París. 1966.

MAYEUR, JEAN-MARIE. *La vie politique sous la Troisième République. 1870-1940.* Editions du Seuil. París. 1984.

MAYEUR, JEAN-MARIE. *La question laïque. XIXe-XXe siècle.* Fayard. 1997.

MAYEUR, JEAN-MARIE. *La separation des Eglises et de l´État, (1905).* L´Atelier. París. 2005.

MÉGRINE, BERNARD. *La question scolaire en France.* Presses Universitaires de France. París. 1960.

MÉJAN, LOUISE VIOLETTE. *La Séparation des Églises et de l´État. L´oeuvre de Louis Méjan.* PUF. 1959. Páginas 115 a 118.

MINART, GÉRARD. *Les opposants à Napoléon. 1800-1815 L´élimination des royalistes et des républicains.* Privat. Toulouse. 2003.

NAVARRO VALLS, RAFAEL. *La revisión de los acuerdos entre el Estado y la Santa Sede: entre necesidad y posibilidad.* En: www.elconfidencial.com Edición del 16 de febrero de 2012.

NIETO SORIA, JOSÉ MANUEL. *Las relaciones entre monarquía y episcopado en Castilla. 1252-1312.* Universidad Complutense de Madrid. Madrid. 1983.

NOBLEMAIRE, GEORGES. *Concordat ou Séparation. Réflexions sur les rapports de l´Église catholique et de l´État français précédées d´une lettre de M. Ribot.* Plon-Nourrit. París. 1904.

NORA, PIERRE. *Le Dictionnaire de pédagogie de Ferdinand de Buisson, cathédrale de l'école primaire.* En: NORA, PIERRE. *Les Lieux de mémoire.* Tomo I. *La Répulique.* Gallinard. 1984. Páginas 353 a 378.

ORLANDIS, JOSÉ. *Historia de la Iglesia (I). La Iglesia Antigua y Medieval.* Ediciones Palabra. Madrid. 1982. 4ª Edición.

ORLANDIS, JOSÉ. *Ciento veinticinco años de escuela laica en Francia.* En: *AHig* 14, 2005. Páginas 83 a 90.

OZOUF, MONA. *L'École, l'Église et la République, (1871-1914).* Éditions Cana / Jean Offredo. París. 1982.

PARDO PRIETO, PAULINO CÉSAR. *Laicidad y Acuerdos del Estado con Confesiones religiosas.* Tirant lo Blanch. Valencia. 2008.

PEÑA-RUIZ, HENRI. *Permanence de la loi de 1905.* En: ZARKA, CHARLES YVES. *Faut-il reviser la Loi de 1905?* Presses Universitaires de France. París. 2005. Páginas 133 a 153.

PEÑA-RUIZ, HENRI y TEJEDOR DE LA IGLESIA, CÉSAR. *Antología laica. 66 textos comentados para comprender el laicismo.* Ediciones de la Universidad de Salamanca. Salamanca. 2009.

PICHOT-BRAVARD, PHILIPPE. *Le pape ou l'empereur. Les catholiques et Napoléon III.* Tempora. Perpignan. 2008.

PIERRARD, PIERRE. *Un siècle de l'Église de France. 1900/2000.* Desclée de Brouwer. París. 2000.

PIETRI, JEAN-PAUL. *L'enseignement religieux dans les établissements secondaires publics d'Alsace-Moselle.* En: MESSNER, FRANCIS y WOEHRLING, JEAN MARIE. *Les statuts de l'enseignament religieux.* Dalloz. París. 1996. Páginas 103 a 112.

POLO SABAU, JOSÉ RAMÓN. *Dimensiones de la libertad religiosa en el Derecho español.* Bosch. 2014.

PORTERO SÁNCHEZ, LUIS. *En el centenario de la Ley francesa de 1905.* En: *RGDCDEE.* Número 11. Mayo de 2006. Páginas 1 a 28.

PORTIER, PHILIPPE. *L'épiscopat français et la loi de Séparation. Retour sur un processus de reconnaissance.* En: WEIL, PATRICK. *Politiques de la Laïcité au XXe siècle.* PUF. París. 2007. Páginas 203 a 236.

POUCET, BRUNO. *L'application de la loi Debré.* En: WEIL, PATRICK. *Politiques de la Laïcité au XXe siècle.* PUF. París. 2007. Páginas 505 a 530.

POULAT, ÉMILE. *Liberté, laïcité. La guerre des deux France et la modernité.* Le Cerf-Cujas. 1987.

POULAT, ÉMILE. *Notre laïcité publique. "La France est une République laïque"*. Berg. París. 2003.

POULAT, ÉMILE. *Privatización y liberalización del culto en Francia. La ley francesa de 9 de diciembre de 1905*. En: *AHIg*. 14 (2005). Páginas 69-82.

POULAT, ÉMILE. *De «L'esprit laïque» à notre «laïcité publique»*. En: CHANTIN, JEAN-PIERRE y MOULINET, DANIEL. (Dir.). *La Séparation de 1905. Les hommes et les lieux*. Les editions de l'atelier. París. 2005. Páginas 237 a 244.

POULAT, ÉMILE. *Les Diocesáines*. La documentation Française. París. 2007.

POULAT, ÉMILE. *Aux carrefours stratégiques de l'Église de France. XXe siècle*. Berg International. París. 2009.

POULAT, ÉMILE y GELBARD, MAURICE. *Scruter la loi de 1905. La République française et la Religion*. Fayard. Millau. 2010.

RAUX, GEORGES. *La République et le Concordat de 1801*. Ancienne Maison Quantin. Librairies-Imprimeries Réunies. París. 1895.

REINA, VÍCTOR. *Laicidad y escuela pública en Francia*. En: *Estudios jurídicos en homenaje al profesor Vidal Guitarte*. Servicio de Publicaciones de la Diputació de Castelló y de la Facultad de Derecho de la Universitat Jaume I y de la Universidad de Valencia. Valencia. 1999. Páginas 793 a 798.

RÉMOND, RENÉ. *L'anticléricalisme en France de 1815 à nous jours*. Fayard. 1976.

RÉMOND, RENÉ. *Une laïcité pour tous*. Textuel. París. 1998.

RÉMOND, RENÉ. *Les raisons d'une révision*. En: ZARKA, CHARLES YVES. *Faut-il reviser la Loi de 1905?* Presses Universitaires de France. París. 2005. Páginas 59 a 78.

RIMBAUD, THIERRY. *Le principe de séparation des cultes et de l'État en Droit public comparé*. LGDJ. París. 2004.

RIVIÈRE, J. *Le problème de l'Eglise et de l'État au temps de Philippe le Bel. Etude de théologie positive*. París. 1926.

ROCA, MARÍA JOSÉ. *Laicidad del Estado y garantías en el ejercicio de la libertad: Dos caras de la misma moneda*. En: *El Cronista del Estado Social y Democrático de Derecho. Marzo de 2009*. Iustel. 2009. Páginas 44 a 51.

SAAÏDIA, OISSILA. *«L'autre France» face à la Séparation*. En: CHANTIN, JEAN-PIERRE y MOULINET, DANIEL. (Dir.). *La Séparation de 1905. Les hommes et les lieux.* Les editions de l´atelier. París. 2005. Páginas 171 a 183.

SABA, A. *Storia della Chiesa (II) Dal potere temporale dei papi a Bonifacio VIII.* Unione Tipografico-Editrice Torinense. Turín. 1940.

SACQUIN, MICHÈLE. *La question protestante en France au XIXe siècle. Fictions et réalité.* En: FRÉCHET, HÉLÈNE. (Coord.) *Religion et culture de 1800 à 1914.* Editions du Temps. París. 2001. Páginas 177 a 192.

SCHIAPPA, JEAN-MARC. *Quelques lignes en guise de rappel: Le monde en 1905.* En: SCHIAPPA, JEAN-MARC. (Coord.). *1905 ! La loi de séparation des Églises et de l´État.* Syllepse. París. 2005. Páginas 5 a 11.

SECONDY, LOUIS. *L´enseignement secondaire catholique de 1850 à 1914: Les grandes options éducatives.* En: FRÉCHET, HÉLÈNE. (Coord.) *Religion et culture de 1800 à 1914.* Editions du Temps. París. 2001. Páginas 71 a 92.

SERÉE DE ROCH, LUDOVIC. *Administration & Fiscalité des biens d´Église.* Ed. Artège. Perpignan. 2012.

SÉVILLIA, JEAN. *Quand les catholiques étaient hors la loi.* Perrin. París. 2006.

SIAT, GUY. *Les écoles normales et les institutions universitaires de formation des maîtres en Alsace-Moselle au regard du statut scolaire local.* En: MESSNER, FRANCIS y WOEHRLING, JEAN MARIE. *Les statuts de l´enseignament religieux.* Dalloz. París. 1996. Páginas 77 a 94.

SIAT, JEANNINE. *Naissance et développement de la Doctrine sociale de l´Église en France et en Allemagne de 1848 à 1914.* En: CARRIER-REYAUD, BRIGITTE. (Dir.) *Histoire de la religion et de la culture en Europe de 1800 à 1914.* Ellipses. París. 2001. Páginas 45 a 51.

SIAT, JEANNINE. *Le Kulturkampf: crise politique, crise religieuse?* En: CARRIER-REYAUD, BRIGITTE. (Dir.) *Histoire de la religion et de la culture en Europe de 1800 à 1914.* Ellipses. París. 2001. Páginas 71 a 77.

SIAT, JEANNINE. *Les catholiques en France, du Concordat à la Séparation de l´Église.* En: CARRIER-REYAUD, BRIGITTE. (Dir.) *Histoire de la religion et de la culture en Europe de 1800 à 1914.* Ellipses. París. 2001. Páginas 78 a 84.

SICARD, GERMAIN. *La laïcité de Jules Ferry.* En: D´ONORIO, JÖEL, (Dir.). *La Laïcité au défi de la Modernité.* París. 1990. Páginas 73 a 99.

SIMON-NAHUM, PERRINE. *La République et les républicains adversaires du religieux et des religions.* En: FONTAINE, MARION; MONIER,

FRÉDÉRIC y PROCHASSON, CHRISTOPHE. *Une contre-histoire de la IIIe République.* La Découverte. París. 2013. Páginas 189 a 200.

SORREL, CHRISTIAN. *La formation du clergé catholique en France de 1800 à 1914.* En: FRÉCHET, HÉLÈNE. (Coord.) *Religion et culture de 1800 à 1914.* Editions du Temps. París. 2001. Páginas 28 a 46.

SORREL, CHRISTIAN. *Les évéques à l'heure de la Séparation.* En: CHANTIN, JEAN-PIERRE y MOULINET, DANIEL. (Dir.). *La Séparation de 1905. Les hommes et les lieux.* Les editions de l'atelier. París. 2005. Páginas 53 a 66.

SCOT, JEAN PAUL. *L'État chez lui, l'Église chez elle. Comprendre la loi de 1905.* Le Seuil. París. 2005.

SCOT, JEAN PAUL. *Gènese de la loi de 1905.* En: ZARKA, CHARLES YVES. *Faut-il reviser la Loi de 1905?* Presses Universitaires de France. París. 2005. Páginas 7 a 56.

SCOT, JEAN PAUL. *EL Estado a lo suyo; la Iglesia a lo suyo.* En: PEÑA RUIZ, HENRI y TEJEDOR DE LA IGLESIA, CÉSAR. *Antología laica. 66 textos comentados para comprender el laicismo.* Ediciones Universidad de Salamanca. Salamanca. 2009. Páginas 214 a 218.

SCHWARTZ, RÉMY. *La jurisprudence de la loi de 1905.* En: *Arch. Phil. Droit.* Número 48. 2004. Páginas 85 a 94.

TACKETT, TIMOTHY. *La Revolution, l'Église, la France: le serment de 1791.* París. CERF. 1986.

TAWIL, EMMANUEL. *Laïcité de l'État & liberté de l'Église.* Artège. Perpignan. 2013.

THÉRY, GUSTAVE. *Commentaires et examen critique de la loi du 9 décembre 1905 sur la Séparation des Églises et de l'État.* Imprimerie de la Croix du Nord. Lille. 1906.

TOMÉI, SAMUEL. *Ferdinand Buisson, séparatiste radical.* En: SCHIAPPA, JEAN-MARC. (Coord.). *1905 ! La loi de séparation des Églises et de l'État.* Syllepse. París. 2005. Páginas 123 a 134.

TORRES GUTIÉRREZ, ALEJANDRO. *Orígenes canónico-medievales del concepto moderno de Estado.* En: *Escritos en Honor de Javier Hervada. Ius Canonicum. Volumen Especial. 1999.* Instituto Martín de Azpilcueta. Facultad de Derecho Canónico. Universidad de Navarra. Pamplona. 1999. Páginas 987 a 998.

TORRES GUTIÉRREZ, ALEJANDRO. *Iglesia y Fisco en la Historia de España.* Servicio de Publicaciones de la Facultad de Derecho de la UCM. Madrid. 2000.

TORRES GUTIÉRREZ, ALEJANDRO. *El Derecho de Libertad religiosa en Portugal*. Dykinson. Madrid. 2009.

TRONCHET, GUILLAUME. *Le cabinet Rouvier et l´administration préfectorale dans la crise des Inventaires (janvier-mars 1906)*. En: WEIL, PATRICK. *Politiques de la Laïcité au XXe siècle*. PUF. París. 2007. Páginas 77 a 97.

VANDENBUSSCHE, ROBERT. *Les Églises et l´État: d´une séparation à l´autre, 1789-1905*. En: VV.AA. *Les Églises et l´État d´une séparation à l´autre. 1789-1905*. Snoeck. 2005. Páginas 13 a 32.

VAN KLEY, DALE K. *Les origines religieuses de la Révolution française. 1560-1791*. Seuil. París. 2002.

VERNE, PIERRE. *Le Petit Père Combes*. En: SCHIAPPA, JEAN-MARC. (Coord.). *1905 ! La loi de séparation des Églises et de l´État*. Syllepse. París. 2005. Páginas 111 a 114.

VERNEY-CARRON, NICOLE. *Catholicisme et bourgeoisie en France au XIXe siècle*. En: CARRIER-REYAUD, BRIGITTE. (Dir.) *Histoire de la religion et de la culture en Europe de 1800 à 1914*. Ellipses. París. 2001. Páginas 37 a 44.

VOVELLE, MICHEL. *Du serment constitutionnel à l´ex-voto peint: un exemple d´histoire régressive*. En: LE GOLF, JACQUES y RÉMOND, RENÉ. (Dir.) *Histoire de la France religieuse*. Tome III. *Du roi Très Chrétien à la laïcité républicaine*. JOUTARD, PHILIPPE. (Dir.) Seuil. París. 1991. Páginas 208 a 234.

WOOD, CH. T. *Felipe "el Hermoso" y Bonifacio VIII. El Estado contra el Papado*. Trad. de Luisa Pasamanik. *Philip the Fair and Boniface VIII*. Unión Tipográfica Editorial Hispano Americana. México. 1968.

ZARKA, CHARLES YVES. *Nouvelles conditions du rapport des religions à la laïcitè*. En: ZARKA, CHARLES YVES. *Faut-il reviser la Loi de 1905?* Presses Universitaires de France. París. 2005. Páginas 157 a 176.

ZORN, JEAN-FRANÇOIS. *La Séparation des Églises et de l´État à Madagascar*. En: CHANTIN, JEAN-PIERRE y MOULINET, DANIEL. (Dir.). *La Séparation de 1905. Les hommes et les lieux*. Les editions de l´atelier. París. 2005. Páginas 201 a 217.

Made in United States
Cleveland, OH
05 November 2026

47659887R00233